中国近代
思想家文库

◎

林则徐卷

杨国桢 编

中国人民大学出版社
·北京·

《中国近代思想家文库》编纂委员会名单

总　序

　　对于近代的理解，虽不见得所有人都是一致的，但总的说来，对于近代这个词所涵的基本意义，人们还是有共识的。一个国家、一个民族走入近代，就意味着以工业化为主导的经济取代了以地主经济、领主经济或自然经济为主导的中世纪的经济形态，也还意味着，它不再是孤立的或是封闭与半封闭的，而是以某种形式加入到世界总的发展进程。尤其重要的是，它以某种形式的民主制度取代君主专制或其他不同形式的专制制度。中国是个幅员广大、人口众多、历史悠久的多民族国家，由于长期历史发展是自成一体的，与外界的交往比较有限，其生产方式的代谢迟缓了一些。如果说，世界的近代是从 17 世纪开始的，那么中国的近代则是从 19 世纪中期才开始的。现在国内学界比较一致的认识，是把 1840 年到 1949 年视为中国的近代。

　　中国的近代起始的标志是 1840 年的鸦片战争。原来相对封闭的国门被拥有近代种种优势的英帝国以军舰、大炮再加上种种卑鄙的欺诈打开了。从此，中国不情愿地加入到世界秩序中，沦为半殖民地。原来独立的大一统的中央集权的君主专制国家，如今独立已经极大地被限制，大一统也逐渐残缺不全，中央集权因列强的侵夺也不完全名实相符了。后来因太平天国运动，地方军政势力崛起，形成内轻外重的形势，也使中央集权被弱化。经历第二次鸦片战争、中法战争、甲午战争、八国联军入侵的战争以及辛亥革命后的多次内外战争，直至日本全面侵略中国的战争，致使中国的经济、政治、教育、文化，都无法顺利走上近代发展的轨道。古今之间，新旧之间，中外之间，混杂、矛盾、冲突。总之，鸦片战争后的中国，既未能成为近代国家，更不能维持原有的统治秩序。而外患内忧咄咄逼人，人们都有某种程度"国将不国"的忧虑。

　　"天下兴亡，匹夫有责"，读书明理的士大夫，或今所谓知识分子，尤为敏感，在空前的危机与挑战面前，皆思有所献替。于是发生种种救亡图存的思想与主张。有的从所能见及的西方国家发展的经验中借鉴某些东西，形成自己的改革方案；有的从历史回忆中拾取某些智慧，形成某种民族复兴的设想；有的则力图把西方的和中国所固有的一些东西加以调和或结合，形成某种救亡图强的主张。这些方案、设想、主张，从世界上"最先进的"，到"最落后的"，几乎样样都有。就提出这些方案、设想、主张者的初衷而言，绝大多数都含着几分救国的意愿。其先进与落后，是否可行，能否成功，尽可充分讨论，但可不必过为诛心之论。显而易见，既然救国的问题最为紧迫，人们所心营目注者自然是种种与救国的方案直接相关的思想学说，而作为产生这些学说的更基础性的理论，及其他各种知识、思想，则关注者少。

围绕着救国、强国的大议题，知识精英们参考世界上种种思想学说，加以研究、选择，认为其中比较适用的思想学说，拿来向国人宣传，并赢得一部分人的认可。于是互相推引，互相激励，更加发挥，演而成潮。在近代中国，曾经得到比较广泛的传播的思想学说，或者够得上思潮的，主要有以下几种：

（一）进化论。近代西方思想较早被引介到中国，而又发生绝大影响的，要属进化论。中国人逐渐相信，进化是宇宙之铁则，不进化就必遭淘汰。以此思想警醒国人，颇曾有助于振作民族精神。但随后不久，社会达尔文主义伴随而来，不免发生一些负面的影响。人们对进化的了解，也存在某些片面性，有时把进化理解为一条简单的直线。辩证法思想帮助人们形成内容更丰富和更加符合实际的发展观念，减少或避免片面性的进化观念的某些负面影响。

（二）民族主义。中国古代的民族主义思想，其核心是"非我族类，其心必异"，所以最重"华夷之辨"。鸦片战争前后一段时期，中国人的民族思想，大体仍是如此。后来渐渐认识到"今之夷狄，非古之夷狄"，"西人治国有法度，不得以古旧之夷狄视之"。但当时中国正遭受西方列强的侵略和掠夺，追求民族独立是民族主义之第一义。20世纪初，中国知识精英开始有了"中华民族"的概念。于是，渐渐形成以建立近代民族国家为核心的近代民族主义。结束清朝君主专制，创立中华民国，是这一思想的初步实现。第一次世界大战爆发，中国加入"协约国"，第一次以主动的姿态参与世界事务，接着俄国十月革命爆发，这两件事对近代中国的发展历程造成绝大影响。同时也将中国人的民族主义提升到一个新的层次，即与国际主义（或世界主义）发生紧密联系。也可以说，中国人更加自觉地用世界的眼光来观察中国的问题。新生的中国共产党和改组后的国民党都是如此。民族主义成为中国的知识精英用来应对近代中国所面临的种种危机和种种挑战的一个重要的思想武器。

（三）社会主义。社会主义作为一种模糊的理想是早在古代就有的，而且不论东方和西方都曾有过。但作为近代思潮，它是于 19 世纪在批判近代资本主义的基础上产生的。起初仍带有空想的性质，直到马克思和恩格斯才创立起科学社会主义。20 世纪初期，社会主义开始传入中国。当时的传播者不太了解科学社会主义与以往的社会主义学说的本质区别。有一部分人，明显地受到无政府主义的强烈影响，更远离科学社会主义。直到五四新文化运动兴起之后，中国人始较严格地引介、宣传科学社会主义。但有一段时间，无政府主义仍是一股很大的思想潮流。中国共产党的成立，从思想上说，是战胜无政府主义的结果。中国共产党把在中国实现社会主义乃至共产主义作为自己的奋斗目标。此后，社会主义者，多次同各种非科学社会主义思想的信仰者进行论争并不断克服种种非科学社会主义思想的影响。

（四）自由主义。自由主义也是从清末就被介绍到中国来，只是信从者一直寥寥。直到五四新文化运动兴起，具有欧美教育背景的知识精英的数量渐渐多起来，自由主义始渐渐形成一股思想潮流。自由主义强调个性解放、意志自由和自己承担责任，在政治上反对一切专制主义。在中国的社会条件下，自由主义缺乏社会基础。在政治激烈动荡的时候，自由主义者很难凝聚成一股有组织的力量；在稍稍平和的时候，他们往往更多沉浸在自己的专业中。所以，在中国近代史上，自由主义不曾有，也不可能有大的作为。

（五）激进主义与保守主义。处于转型期的社会，旧的东西尚未完全退出舞台，新的东西也还未能巩固地树立起来，新旧冲突往往要持续很长的时间，有时甚至达到很激烈的程度。凡助推新东西成长的，人们便视为进步的；凡帮助旧东西排斥新东西的，人们便视为保守的。其实，与保守主义对应的，应是进步主义；与顽固主义相对的则应是激进主义。不过在通常话语环境中人们不太严格加以区分。中国历史悠久，特别是君主专制制度持续两千余年，旧东西积累异常丰富，社会转型极其不易。而世界的发展却进步甚速。中国的一部分精英分子往往特别急切地想改造中国社会，总想找出最厉害的手段，选一条最捷近的路，以最快的速度实现全盘改造。这类思想、主张及其采取的行动，皆属激进主义。在中共党史上，它表现为"左"倾或极左的机会主义。从极端的激进主义到极端的顽固主义，中间有着各种程度的进步与保守的流派。社会的稳定，或社会和平改革的成功，都依赖有一个实力雄厚的中间力量。但因种种原因，中国社会的中间力量一直未能成长到足够的程度。进步主义与保守主义，以及激进主义与顽固主义，不断进行斗争，而实际所获进步不大。

（六）革命与和平改革。中国近代史上，革命运动与和平改革运动交替进行，有时又是平行发展。两者的宗旨都是为改变原有的君主专制制度而代之以某种形式的近代民主制度。有很长一个时期，有两种错误的观念，一是把革命理解为仅仅是指以暴力取得政权的行动，二是与此相关联，把暴力革命与和平改革对立起来，认为革命是推动历史进步的，而改革是维护旧有统治秩序的。这两种论调既无理论根据，也不合历史实际。凡是有助于改变君主专制制度的探索，无论暴力的或和平的改革都是应予肯定的。

中国近代揭幕之时，西方列强正在疯狂地侵略与掠夺殖民地和半殖民地，中国是它们互相争夺的最后一块、也是最大的资源地。而这时的中国，沿袭了两千年的君主专制制度已到了奄奄一息的末日，统治当局腐朽无能，对外不足以御侮，对内不足以言治，其统治的合法性和统治的能力均招致怀疑。革命运动与改革的呼声，以及自发的民变接连不断。国家、民族的命运真的到了千钧一发之际，危机极端紧迫。先觉分子救国之心切，每遇稍具新意义的思想学说便急不可待地学习引介。于是西方思想学说纷纷涌进中国，各阶层、各领域，凡能读书读报者，受其影响，各依其家庭、职业、教育之不同背景而选择自以为不错的一种，接受之，信仰之，传播之。于是西方几百年里相继风行的思想学说，在短时期内纷纷涌进中国。在清末最后的十几年里是这样，五四时期在较高的水准上重复出现这种情况。

这种情况直接造成两个重要的历史现象：一个是中国社会的实际代谢过程（亦即社会转型过程）相对迟缓，而思想的代谢过程却来得格外神速。另一个是在西方原是差不多三百年的历史中渐次出现的各种思想学说，集中在几年或十几年的时间里狂泻而来，人们不及深入研究、审慎抉择，便匆忙引介、传播，引介者、传播者、听闻者，都难免有些消化不良。其实，这种情况在清末，在五四时期，都已有人觉察。我们现在指出这些问题并非苛求前人，而是要引为教训。

　　同时我们也看到，中国近代思想无比的多样性与复杂性呈现出绚丽多彩的姿态，各种思想持续不断地展开论争，这又构成中国近代思想史的一个突出特点。有些论争为我们留下了非常丰富的思想资料。如兴洋务与反洋务之争，变法与反变法之争，革命与改良之争，共和与立宪之争，东西文化之争，文言与白话之争，新旧伦理之争，科学与人生观之争，中国社会性质的论争，社会史的论争，人权与约法之争，全盘西化与本位文化之争，民主与独裁之争，等等。这些争论都不同程度地关联着一直影响甚至困扰着中国人的几个核心问题，即所谓中西问题、古今问题与心物关系问题。

　　中国近代思想的光谱虽比较齐全，但各种思想的存在状态及其影响力是很不平衡的。有些思想信从者多，言论著作亦多，且略成系统；有些可能只有很少的人做过介绍或略加研究；有的还可能因种种原因，只存在私人载记中，当时未及面世。然这些思想，其中有很多并不因时间久远而失去其价值。因为就总的情况说，我们还没有完成社会的近代转型，所以先贤们对某些问题的思考，在今天对我们仍有参考借鉴的价值。我们编辑这套《中国近代思想家文库》，希望尽可能全面地、系统地整理出近代中国思想家的思想成果，一则借以保存这份珍贵遗产，再则为研究思想史提供方便，三则为有心于中国思想文化建设者提供参考借鉴的便利。

　　考虑到中国近代思想的上述诸特点，我们编辑本《文库》时，对于思想家不取太严格的界定，凡在某一学科、某一领域，有其独立思考、提出特别见解和主张者，都尽量收入。虽然其中有些主张与表述有时代和个人的局限，但为反映近代思想发展的轨迹，以供今人参考，我们亦保留其原貌。所以本《文库》实为"中国近代思想集成"。

　　本《文库》入选的思想家，主要是活跃在1840年至1949年之间的思想人物。但中共领袖人物，因有较为丰富的研究著述，本《文库》则未收入。

　　编辑如此规模的《文库》，对象范围的确定，材料的搜集，版本的比勘，体例的斟酌，在在皆非易事。限于我们的水平，容有瑕隙，敬请方家指正。

《中国近代思想家文库》编纂委员会

目　录

导　言 ……………………………………………………………… 1

文　选 …………………………………………………………… 13

《林希五先生文集》后序　（1806） ……………………… 15

重修于忠肃公祠墓记　（1822） ………………………… 17

答奉化令杨丹山明府国翰书　（1823） ……………… 19

《三吴同官录》序　（1823） …………………………… 21

通饬州县解案章程札　（1824） ………………………… 23

通饬各属选练忤作札　（1824） ………………………… 25

为筹浚三江水道需费动用银款请具奏事　（1824） …… 26

闽县义塾记　（1825） …………………………………… 28

致邹锡淳书　（1825） …………………………………… 29

辞两淮盐政呈　（1826） ………………………………… 30

龙树院雅集记（附跋）　（1830） ……………………… 31

由襄阳赴省传牌　（1830） ……………………………… 33

关防告示　（1830） ……………………………………… 34

定期放告颁发状式告示　（1830） ……………………… 36

上程梓庭中丞书　（1831） ……………………………… 37

起程赴河东新任折 （1831） ……………………………………… 40

江苏查赈章程 （1831） …………………………………………… 42

验催运河挑工并赴黄河两岸查料折 （1832） ………………… 46

查验豫东各厅垛完竣折 （1832） ……………………………… 48

复奏访察碎石工程情形折 （1832） …………………………… 50

奏报到苏接篆日期折 （1832） ………………………………… 53

英船窜入羊山洋面业已押令出境折 （1832） ………………… 55

请以姚莹补授长洲知县折 （1832） …………………………… 57

请定乡试同考官校阅章程并预防士子剿袭诸弊折 （1832） … 58

英船如夹带鸦片即饬令全数起除当众焚烧片 （1832） ……… 61

江苏被灾情形请分别给赈蠲缓折 （1832） …………………… 62

《筹济编》序 （1832） …………………………………………… 65

密陈司道府考语折 （1832） …………………………………… 67

致郑瑞麒书 （1833） …………………………………………… 68

复陈恭甫先生书 （1833） ……………………………………… 69

会奏查议银昂钱贱除弊便民事宜折 （1833） ………………… 72

致潘曾沂书 （1833） …………………………………………… 76

《绘水集》序 （1833） …………………………………………… 78

太仓等州县卫帮续被歉收请缓新赋折 （1833） ……………… 80

江苏阴雨连绵田稻歉收情形片 （1833） ……………………… 82

答陶云汀宫保书 （1834） ……………………………………… 86

再答陶宫保书 （1834） ………………………………………… 88

筹挑刘河白茆河以工代赈折 （1834） ………………………… 90

《江南催耕课稻编》叙 （1834） ………………………………… 93

验收刘河挑工并出力人员请奖折 （1834） …………………… 95

会奏白茆河挑工验收并出力人员请奖折 （1834） …………… 98

查议浒墅关各口征税事宜折 （1835） ………………………… 100

永禁滕鲍各坝越漏南北货税告示 （1835） …………………… 103

批苏松常镇太五府州会禀豁免积年民欠查办章程 （1835） … 105

刘河节省银两拨挑七浦等河折 （1835） ……………………… 108

亲勘海塘各工片 （1835） ……………………………………… 110

甲午纲淮北盐课奏销额款全清折 （1836） …………………… 112

筹办通漕要道折　（1836） ……………………………… 114

验收苏松太等处水利工程折　（1836） ………………… 118

节交霜降黄运安澜折　（1836） ………………………… 120

湖滨崇善堂记　（1836） ………………………………… 122

巡河日记　（1836） ……………………………………… 123

宝苏局及附近岛屿并无私铸夹带折　（1836） ………… 129

畿辅水利议　（1836） …………………………………… 132

《娄水文征》序　（1836） ……………………………… 160

铜船夹私越卡折　（1837） ……………………………… 162

附奏获私变价按引提课片　（1837） …………………… 164

审拟监利县粮书抗土闹局各情折　（1837） …………… 165

筹防襄河堤工折　（1837） ……………………………… 170

陈明前奏蓝正樽已毙系为存大体而靖人心折　（1837） …………… 172

防汛事宜　（1837） ……………………………………… 174

整顿槎务折　（1838） …………………………………… 176

筹议严禁鸦片章程折（附戒烟方）　（1838） ………… 181

查勘江汉堤工折　（1838） ……………………………… 188

查拿烟贩收缴烟具情形折　（1838） …………………… 190

钱票无甚关碍宜重禁吃烟以杜弊源片　（1838） ……… 192

江汉安澜堤防巩固折　（1838） ………………………… 195

奉旨前往广东查办海口事件传牌稿　（1839） ………… 197

复龚自珍书　（1839） …………………………………… 198

密拿汉奸札稿　（1839） ………………………………… 199

关防示稿　（1839） ……………………………………… 202

收呈示稿　（1839） ……………………………………… 203

恭报抵粤日期折　（1839） ……………………………… 204

附奏粤省鸦片情形片　（1839） ………………………… 206

晓谕粤省士商军民人等速戒鸦片告示（1839） ……… 208

谕各国夷人呈缴烟土稿　（1839） ……………………… 211

会奏夷人趸船鸦片尽数呈缴折　（1839） ……………… 213

致莲友书　（1839） ……………………………………… 216

附奏夷人带鸦片罪名应议专条夹片　（1839） ………… 218

虎门销烟告示 （1839）…………………………………… 220

会奏销化烟土一律完竣折 （1839）…………………… 221

沥陈民间烟土枪具仍宜收缴折 （1839）…………… 223

拟谕英国国王檄（附英船主啳喇收领照会文

书字据）（1839）…………………………………… 227

会奏细察夷情务绝鸦片来源片 （1839）…………… 230

会奏巡阅澳门情形折 （1839）………………………… 233

致望云庐书 （1839）…………………………………… 235

致邓廷桢书 （1839）…………………………………… 236

会奏穿鼻尖沙嘴叠次轰击夷船情形折 （1839）… 237

会奏察看英夷反复情形遵旨不准交易折 （1839）… 242

复奏遵旨体察漕务情形通盘筹画折 （1839）……… 245

滑达尔各国律例 （1839）……………………………… 253

复议骆秉章条陈整饬洋务章程折 （1840）………… 256

密陈驾驭澳夷情形片（附钞译信六）（1840）……… 260

复奏曾望颜条陈封关禁海事宜折 （1840）………… 265

洋商捐输防夷经费折 （1840）………………………… 269

焚剿夷船办艇擒获接济汉奸情形折 （1840）……… 271

英夷续来兵船情形片 （1840）………………………… 274

英夷兵船情形片（附说帖）（1840）………………… 276

英夷鸱张安民告示 （1840）…………………………… 279

英夷在浙洋滋事密陈攻剿事宜片 （1840）………… 281

致怡良书 （1840）……………………………………… 283

密陈夷务不能歇手片 （1840）………………………… 285

四洲志·英吉利国 （1840）…………………………… 288

四洲志·弥利坚国即育奈士迭国 （1840）………… 295

澳门月报 （1840）……………………………………… 307

答奕将军防御粤省六条 （1841）……………………… 324

致戴絅孙书 （1841）…………………………………… 328

致友人书 （1842）……………………………………… 330

复吴子序编修书 （1842）……………………………… 331

致李星沅书 （1842）…………………………………… 334

致苏廷玉书　（1842）　…………………………………………… 335

同游龙门香山寺记　（1842）　……………………………………… 337

致姚椿王柏心书（附手迹底稿）　（1842）　……………………… 338

致江鸿升书　（1842）　……………………………………………… 342

致林汝舟书　（1845）　……………………………………………… 344

查勘哈密地亩严禁私垦勒租索费告示　（1845）　………………… 346

《壶舟诗存》序　（1845）　………………………………………… 349

商议新疆南路八城回民生计片　（1846）　………………………… 351

请缓征被旱富平等县银粮折　（1846）　…………………………… 353

神木府谷两县秋旱请缓征抚恤折　（1846）　……………………… 355

筹议银钱出纳陕省碍难改易折　（1847）　………………………… 357

酌筹平粜量抚极贫片　（1847）　…………………………………… 360

析产阄书　（1847）　………………………………………………… 362

复奏汉回情形片　（1847）　………………………………………… 363

致林汝舟书　（1847）　……………………………………………… 365

复邵蕙西懿辰中翰　（1848）　……………………………………… 366

复署贵州安顺府胡林翼　（1849）　………………………………… 368

查勘矿厂情形试行开采折　（1849）　……………………………… 370

保山县城内回民移置官乃山相安情形折　（1849）　……………… 376

密保永昌府张亮基片　（1849）　…………………………………… 379

《大定府志》序　（1849）　………………………………………… 380

豫备罢官后应用之项（附记陕西陋规）　（1849）　……………… 382

致姚椿书　（1850）　………………………………………………… 383

联名致徐继畬书　（1850）　………………………………………… 385

致刘齐衔书　（1850）　……………………………………………… 387

致沈葆桢书　（1850）　……………………………………………… 389

致林昌彝书　（1850）　……………………………………………… 390

致沈葆桢书　（1850）　……………………………………………… 391

诗　词　……………………………………………………………… 393

汤阴谒岳忠武祠　（1819）　………………………………………… 395

裕州水发，村民昇舆以济，感而作歌　（1819）　………………… 395

驿马行 （1819） …………………………………… 396

病马行 （1819） …………………………………… 396

即 目 （1819） …………………………………… 397

舆人行 （1819） …………………………………… 397

河内吊玉溪生 （1819） …………………………… 398

答程春海同年恩泽赠行 （1820） ………………… 398

答陈恭甫前辈寿祺 （1822） ……………………… 399

题李海帆宗传《海上钓鳌图》 （1822） ………… 400

题王竹屿通守凤生《江声帆影阁图》 （1823） … 400

题达诚斋达三榷使诗集，即以赠行 （1823） …… 401

和陶云汀抚部《海运初发，赴吴淞口致告海神，

　　登炮台作》原韵 （1826） …………………… 401

题孙平叔宫保平台纪事册子 （1827） …………… 402

题梁芷林方伯《藤花书屋图》 （1827） ………… 403

题潘功甫舍人曾沂《宣南诗社图卷》 （1827） … 404

区田歌为潘功甫舍人作 （1827） ………………… 405

武侯庙观琴 （1827） ……………………………… 405

秋 怀 （1827） …………………………………… 406

和冯云伯登府《志局即事》原韵 （1829） ……… 406

题文信国手札后 （1829） ………………………… 407

贺新郎 （1830） …………………………………… 407

题王竹屿都转《黄河归棹图》 （1830） ………… 408

题黄树斋爵滋《思树芳兰图》 （1830） ………… 409

题彭鲁青大令《冶山饯别图》 （1830） ………… 409

题梁芷林方伯《目送归鸿图》 （1832） ………… 410

买陂塘 （1833） …………………………………… 411

壶中天 （1833） …………………………………… 411

送赵菊言少司寇盛奎还朝，次王竹屿都转韵 （1834） … 412

酬吴瀹斋侍郎其浚 （1839） ……………………… 412

高阳台 （1839） …………………………………… 412

和邓嶰筠前辈廷桢《虎门即事》原韵 （1839） … 413

次韵和嶰筠前辈 （1839） ………………………… 413

题关滋圃《延龄瑞菊图》　(1839)　……………………………… 414

月华清　(1839)　………………………………………………… 414

中秋巘筼尚书招余及关滋圃军门天培饮沙角炮台，

　　眺月有作　(1839)　……………………………………… 415

和韵三首　(1839)　…………………………………………… 415

庚子岁暮杂感　(1841)　……………………………………… 416

辛丑三月十七日室人生日有感　(1841)　………………… 416

赠汪少海　(1841)　…………………………………………… 417

乙未在吴，张同庄明府珍枭出《萝月听诗图》，冗中仅题额应之，

　　辛丑重晤武林，则余亦有荷戈之役矣，率成志感　(1841)　…… 417

张仲甫舍人闻余改役东河，以诗志喜，因叠《寄谢武林诸君》

　　韵答之　(1841)　…………………………………………… 418

喜桂丹盟超万擢保定同知，寄贺以诗，并答来书所询近状，

　　即次见示和杨雪茮原韵　(1841)　…………………… 418

壬寅二月祥符河复，仍由河干遣戍伊犁，蒲城相国涕泣为别，

　　愧无以慰其意，呈诗二首　(1842)　………………… 419

次韵潘功甫舍人见赠三首　(1842)　……………………… 419

壬寅四月道出华阴，承海珊明府二兄招，同陈赓堂、刘闻石两

　　司马偕游华山，赋此奉柬，即希是正（附跋）　(1842)　……… 420

赴戍登程，口占示家人　(1842)　………………………… 421

程玉樵方伯德润饯余于兰州藩廨之若己有园，

　　次韵奉谢　(1842)　………………………………………… 421

留别海帆　(1842)　…………………………………………… 422

次韵答姚春木　(1842)　……………………………………… 422

次韵答王子寿柏心　(1842)　……………………………… 423

次韵答宗涤楼稷辰赠行　(1842)　………………………… 423

子茂簿君自兰泉送余至凉州，且赋七律四章赠行，

　　次韵奉答　(1842)　………………………………………… 423

将出玉关，得巘筼前辈自伊犁来书，赋此却寄　(1842)　……… 424

出嘉峪关感赋　(1842)　……………………………………… 425

载书出关　(1842)　…………………………………………… 425

途中大雪　(1842)　…………………………………………… 426

戏为塞外绝句 （1842）……………………………………………… 426

哭故相王文恪公 （1842）………………………………………… 427

室人赋《述怀纪事》七古二章，以手稿寄余，

　　喜成四章 （1843）………………………………………………… 427

伊江除夕书怀 （1843）…………………………………………… 428

元夕与嶰筠饮，遂出步月，口占一律 （1843）……………… 429

送伊犁领军开子捷开明阿 （1843）…………………………… 429

金缕曲 （1843）…………………………………………………… 430

金缕曲 （1843）…………………………………………………… 430

七夕次嶰筠韵 （1843）…………………………………………… 431

买陂塘 （1843）…………………………………………………… 431

送嶰筠赐环东归 （1843）……………………………………… 432

又和《中秋感怀》原韵 （1843）………………………………… 432

送文一飞河帅文冲入关归养 （1843）………………………… 433

哭张亨甫 （1844）………………………………………………… 433

壶舟以前后《放言》诗寄示，奉次二首 （1845）…………… 433

回疆竹枝词三十首 （1845）…………………………………… 434

柬全小汀全庆 （1845）…………………………………………… 436

姜海珊大令以余游华山诗装成长卷属题 （1846）………… 436

袁午桥礼部甲三闻余乞疾寄赠，依韵答之 （1849）……… 437

留别滇中同人 （1849）…………………………………………… 437

舆 纤 （1849）…………………………………………………… 438

次家啸云树梅见赠韵 （1849）………………………………… 438

蔡香祖大令廷兰寄示《海南杂著》，读竟率题 （1850）…… 439

又题《啸云丛记》二首 （1850）………………………………… 439

题明张忠烈公遗像 …………………………………………… 440

林则徐年谱简编 ………………………………………………… 441

导　言

　　林则徐是中国近代著名的爱国政治家、思想家和民族英雄。他领导的禁烟抗英斗争和探求西方知识的努力，在近代历史上起了先驱者的作用，产生积极的影响。他的经世思想和政治实践，是中华民族宝贵的精神财富。

一

　　林则徐（1785—1850），字元抚，又字少穆、石麟，晚号栎社散人、瓶泉居士、濛池流寓、俟村老人、俟村退叟、七十二峰退叟，福建侯官（今福州市）人。乾隆五十年（1785），出生于下层知识分子家庭。嘉庆三年（1798）考中秀才，入鳌峰书院读书。九年（1804）中举，次年在京会试，榜发未中。十一年（1806）应房永清之聘为闽县书廪、厦门海防同知书记。十二年（1807）入福建巡抚张师诚幕府，相从四五年，“尽识先朝掌故及兵刑诸大政，益以经世自励”。十四年（1809）第二次应会试，仍名落孙山。

　　嘉庆十六年（1811），第三次应会试，成进士，改庶吉士。十九年（1814）散馆，授编修。居京师七年，充国史馆协修、撰文官、派翻书房行走、清秘堂办事、丙子江西乡试副考官、己卯会试同考官、云南乡试正考官、江南道监察御史。二十四年（1819）冬，参加宣南诗社，与师友诗文唱酬。二十五年（1820），外放浙江杭嘉湖道，次年，父病挂印回闽。

　　道光二年（1822），上京“循例报痊”，受道光帝召见，下旨仍发浙省以道员用。六月，到杭州听候补用，受委监视本科闱务。八月，简放江苏淮海道，未即赴任，暂署浙江盐政使。十二月赴淮海道任，不足半月，便升任江苏按察使。三年（1823）十月，上京述职。十一月，道光帝召见两次，鼓励他"好好谨守立品，勉为良臣"。四年（1824）正月，兼署江苏布政使，经理灾后重建，倡议疏浚三江水道。七月，两江总督孙玉庭、江南河道总督张文浩荐举林则徐"综办江浙水利"，道光帝批示："即朕特派，非伊而谁？"命到时，因母丧回籍守制，未赴任。五年（1825）四月，奉命"夺情"穿素服赴高家堰等处督修南河堤工。秋，奉命赴上海筹办海运，以构劳成疾辞归。六年（1826），命以三品卿衔署理两淮盐政，因病未痊，辞未赴任。七年（1827）二月，服阙上京觐见，五月命为陕西按察使，署布政使事。闰五月抵西安上任。旋擢江宁布政使，因新任未到暂留。十月，因父丧迎养途中，自陕南奔赴浙江，扶柩回籍，守制三年。道光十年（1830）三月服阙上京。七月，道光帝召见，命为湖北布政使。"一岁建藩三省"，是年八月，抵武昌任湖北布政使；十一年（1831）三月，到开封任河南布政使；八月，到南京任江宁布政使。十月，离任总司江北赈抚事宜。道光帝以其"出膺外任已历十年，品学俱优，办事细心可靠"，擢升林则徐为东河河道总督。十二月，到山东济宁接任东河河道总督。

道光十二年（1832）二月，命调江苏巡抚。六月，到苏州任江苏巡抚，直至十六年（1836）。其间在十五年（1835）十一月至十六年三月、十六年七至十一月，两度署理两江总督兼两淮盐政。十二月，上京觐见。十七年（1837）正月，命为湖广总督。三月，抵武昌上任。六、七月，阅视襄河新旧堤工，督防夏汛。八至十月，赴湖南校阅营伍。十八年（1838）五月，复奏支持黄爵滋禁烟疏，率先在湖广开展禁烟运动。七月，赴襄河、荆江各处阅视堤工。十月，奉旨来京陛见。十一月，道光帝召见八次，十五日第五次召见后，命为钦差大臣，驰驿前往广东查办海口事件，该省水师兼归节制。二十三日出京南下。十九年（1839）正月二十五日抵广州。会同两广总督邓廷桢、广东巡抚怡良、粤海关监督豫堃、广东水师提督关天培等，力杜鸦片来源，收缴英国鸦片230多万斤。三月，因陶澍力荐替代，道光帝命调补两江总督，待禁烟事竣赴任。四五月，在虎门当众销毁收缴的鸦片。严缉走私烟贩，惩治受贿官吏，要求义律交凶。整顿海防，屡挫义律挑起的九龙炮战、穿鼻洋海战。十二月，免两江总督职，实授两广总督，二十年（1840）正月初一日，接任两广总督。

道光二十年九月，被诬革职，留粤听候查办原委。十二月，大角沙角炮台失陷后，奉命"协办夷务"。二十一年（1841）正月，义律宣布英军占领香港，林则徐劝说怡良上奏揭露真相。三月二十五日，奉命以四品卿衔，赴浙听候谕旨。四月二十一日，抵浙江镇海军营。五月二十五日，革去四品卿衔，发往伊犁"效力赎罪"。七月十五日，途经仪征，奉旨发往东河"效力赎罪"。八月，抵开封祥符六堡工地，协助王鼎办理堵口工程，襄办文案，稽核总局。

道光二十二年（1842）二月，祥符河工合龙，奉旨仍遣戍伊犁。四月，行抵西安，因病请假暂留。七月，自西安起程，十一月初九日，抵伊犁惠远城。伊犁将军布彦泰派差"掌粮饷处事"。在戍三年，研讨新疆史地，讲求防边强边之策，参与开垦阿齐乌苏荒地，捐资承修水渠龙口工程。二十五年（1845），与全庆查勘南疆六城垦地，续勘吐鲁番伊拉里克、哈密塔尔纳沁垦地。十一月，得旨赦还，以四五品京堂回京候补，旋命署理陕甘总督。十二月，在凉州接篆。二十六年（1846）二月，驻扎西宁，查办循化厅卡外黑错寺事件。三月，卸署理陕甘总督任，到兰州养病。七月，到西安接任陕西巡抚。十一月，因病奏请开缺，得旨赏假三月。二十七年（1847）三月，升云贵总督。六月到任，处理回汉互斗事件。二十八年（1848）三月，督师迤西，平定保山七哨香把会暴乱。二十九年（1849）二月，整顿云南矿政，六月，以病奏请开缺回籍调理。八月，卸任。

道光三十年（1850）三月，抵福州。六月，因英人租住神光寺风波，与闽浙总督刘韵珂、福建巡抚徐继畬议论未合。咸丰帝命迅速来京，听候简用，以疾辞。九月十三日，咸丰帝起用为钦差大臣，十月初二日，带病从福州起程，驰驿迅赴广西，中途病发，十九日逝于广东潮州普宁会馆，终年66岁。赠太子太傅衔，照总督例赐恤。赐祭葬。谥文忠。

二

林则徐从政三十年，处理过诸多棘手的国内政事，尤以治理、整顿经济见长，是一位公正清廉、办事认真的政治家。他对于后人起过影响的进步思想，都是在政治实践中形成和体现出来的。

一、公正廉洁的施政理念

林则徐没有任何权贵背景，进入仕途后青云直上，得力于道光帝和上司的赏识和提携，也靠自己的不懈努力，在政治实践中贯彻公正廉洁的施政理念。

林则徐自幼秉承"尚风气，重然诺，视人之急犹己家"，"不妄与一事，不妄取一文"的家教，清白处世，诚信待人。当官之后，作风正派，廉洁自律。他鄙视和谴责"所习乃脂韦，所志在饱温，色厉实内荏，骄昼而乞昏"的利禄徒，决心"但当保涓洁，弗逐流波奔"。所到之处，严禁铺张，杜绝馈赠。赴湖北布政使任时，他从襄阳发出传牌，声明："所雇船只，系照民价自行给发，不许沿途支付水脚，亦无须添篙帮纤。行李仆从，俱系随身，并无前站及后路分路行走之人。伙食一切，亦已自行买备，沿途无须致送下程酒食等物。所属官员，只在本境马头接见，毋庸远迎。"钦差使粤，他从良乡发出传牌："本部堂系由外任出差，与部院大员稍异，且州县驿站之累，皆已备知，尤宜加意体恤。所有尖宿公馆，只用家常饭菜，不必备办整桌酒席，尤不得用燕窝烧烤，以节糜费。此非客气，切勿故违。至随身丁弁人夫，不许暗受分毫站规、门包等项。需索者即须扭禀，私送者定行特参。言出法随，各宜懔遵毋违。"广东禁烟，外国人认为这是林则徐贪污受贿的大好机会，但他没有这样做。收缴的鸦片，他亲自监督，在虎门海滩销毁殆尽，允许沿海居民和外国人到现场观看，他们不得不承认：鸦片是在最彻底的手段下被销毁了，林则徐的手从来没有被贿赂沾污过。美国在华传教士卫三畏在《中国总论》中评论说："全部事务的处理，在人类历史上也必将是一个最为卓越的事件。"

严于律己，才能执政为民。这个为官之道的道德底线，他始终坚持，出污泥而不染。流放新疆，赐环东归，位居署理陕甘总督、陕西巡抚，林则徐为儿子分家时，"目下无现银可分"。有人根据张集馨《道咸宦海见闻录》记有"停征后，道署应酬一概不减，终年不名一文，而督抚将军陋规如常支送"，说林则徐收取陋规，有贪污受贿的嫌疑。这是没有事实根据的。林则徐在《滇黔杂识》中记录"陕西陋规俱不收"的清单，证明他的清白。再从他云贵总督任上退休预留养老的款项看，他能够动用的只有二万余两白银，其中分给三个儿子各一千两，小女出阁费一千两，夫人丧葬二千两，预留自己将来丧葬二千两，购买二手房五千两，补助三个儿子进京盘费各五百两，刊刻诗文及奏疏、杂著二千两，帮助亲友三千两，红白应酬二千两，应还人情一千两。

"察吏为安民之本，而率属以正己为先。"林则徐以自身的表率引领官风的端正。以"事事体民情而出之","知民情所以向背之自，而顺以导之于所安"自责与厚望于同僚。他认为："察吏莫先于自察，必将各属大小政务逐一求尽于心，然后能举以验属员之尽心与否。盖徇人者浮，任己者实，凡事之未经悉心筹画者，纵能言其梗概，而以就中曲折，反复推究，即粉饰之伎立穷。"对僚属勤加考察，赏当其功，罚当其罪，对上司和同僚巧妙协调关系，化解施政中的阻力，使政务得以顺利推进，达到和衷共济，共襄盛举。

"为国首以人才为重"。林则徐不结党营私，而是出于公心，扶植人才。他认为："有才而不用，与无才同，用之而不使之尽其才，与不用同。且当其未用之先，犹有所冀也，及用之而不能尽其才，或且以文法绳之，猜忌谴之，则其人之志困而不能自伸，而天下之有才者，闻之亦多自阻。"执政者应当"培养之、扶植之，使天下之才皆足以为我用"。他一生保荐者不过数十人，如冯桂芬、姚莹、张亮基、左宗棠等，皆名重一时。

"器识远大，处事精详"是林则徐施政的特点。他在江苏按察使任上，就榜示"求通民情，愿闻己过"。他通过调查研究，抓住官场疲顽拖沓的"不治之症"开刀，详定解审程序，提高取证效率，杜绝提解司差的需索和胥吏的勒索，严禁讼师包揽词讼。核实案情，严办诬告，避免出现冤假错案。在处理松江饥民闹府署案时，他对闹事的一般饥民不加穷治，体现了宽容；对失职的官吏请予革职、交部察议处分，体现出公正持平。又禁囤积、招徕米商，平抑粮价，从而缓解了官府与饥民的紧张关系，被誉为"林青天"。江苏巡抚任上，他还不顾报灾过期和朝旨斥责，为"多宽一分追呼，即多培一分元气"，破格具奏，为民请命。

"苟利国家生死以，岂因祸福避趋之。"在他失去执政权力时，也不忘尽力为人民做好事。南疆勘垦时，他不顾朝廷的反对，为当地维吾尔族人民争取屯田的权利，清理哈密王公霸占的一万余亩土地，招民耕种。

二、除弊兴利的改革思想

林则徐从政的嘉道年间，清朝由盛转衰，积弊丛生，民生凋敝，社会矛盾突出。他早年接受"民为邦本"思想的熏陶，关注与民生有关的社会问题。从政以后，他在不同的职任上，尽其所能地力振因循，除弊兴利。

河工水利是经济社会的命脉。防洪抗灾，兴修水利，发展农业生产，是林则徐关注民生的重点。早在任江南道监察御史时，他调查河南河工料贩囤积居奇的弊端，奏请查办。外放后，他"管领江淮河汉"，勘察浙江海塘，查出"旧海塘于十八层中每有薄脆者搀杂"，严厉督促整改；在江苏黄河、淮河、运河交汇的高家堰决口工地督修堤工；奉命规划综理江浙七府水利；董办福州小西湖修浚工程；在武昌修复江汉溃堤。东河河道总督任上，他周历黄河两岸工地，将南北十五厅七千余垛逐一查验，对料垛弊端进行彻底的清除。总结垛工的经验，完善了治河名臣黎世序抛石护垛的做法。在江苏巡抚任上，他对防灾救灾的制度进行了改革，制定严密的办赈章程，张榜公布赈款，防止侵吞，倡导设立当牛局、丰备义仓、养婴院，遍设粥厂、粥担，照顾边远极贫的老弱病残，减轻灾民的损失。发动以工代赈，组织灾后重建。他坚信"水利为农田之本"，"水道多一分之疏通，即田畴多一分之利赖"，大兴水利工程，挑浚通漕运道、江南刘河、白茆河水系，在滨海之处建闸坝防止海潮倒灌，蓄清刷浑；进而对江北皮大河等进行疏浚和治理。推广使用明末西方传入的水车"龙尾车"，以求"人力可以半省，天灾可以半免，岁入可以倍多"。引进稻种，在抚署旁租地试种，推广种植双季稻，增加粮食产量。为彻底解决江淮水患，提出黄河改道北流，从山东入海，"而以今之黄河于淮涸出洪泽湖"，"复泗州、虹县之旧"的治理方略。湖广总督任上，督防长江大汛，亲临第一线，指挥抢险，提出长江"溃在下游者轻，上游则重……设使上游失事，如顶灌足，即成异灾。故防守之道尤须于上游加意"。赴戍途中，奉命折回东河"效力赎罪"，襄助王鼎，堵塞祥符决口，保住开封城。流放伊犁，参与阿齐乌苏垦务，认修水渠龙口首段工程；南疆勘垦，查验伊拉里克续修水渠工程。

南漕北运是清朝的大政。江苏巡抚任上，林则徐针对漕务"致弊之故，人人能言，而救弊之方，人人束手"，提出纠正漕弊之法，以期"当执法者，不敢以姑息启玩心，当设法者，不敢以拘牵碍大局"。道光十九年（1839），履行两江总督职责，提出筹议漕务四条，"或正本清源，或补偏救弊；或为补救外之补救，或为本源中之本源；近则先计一时，远则勉图经久"。补救外之补救，他认为："现在河运甚形棘手，未卜日后如何，而海道直捷易通，亦不敢不豫留地步。""海运若行，或以官运，或以商运，或运正供额漕，或运采买米石，尚当细酌情形，另行从长计议。"本源中之本源，即兴办直隶水田。这是他在《畿辅水利议》提出过的主张。

　　林则徐暂署浙江盐运使期间，协助浙江巡抚帅承瀛整理盐政，创订规制。署理两江总督兼两淮盐政，继续推行淮北盐票，维护陶澍的盐政改革。湖广总督任上，整顿两湖盐务，取缔私盐浸灌，改订获私奖赏办法，严禁官弁胥役需索；招徕水贩，疏销淮盐；照顾贫民生计，鼓励挑卖私盐的穷民改贩官盐，先给票挑赴四乡，卖完缴价。为挽救白银外流、银贵钱贱、商民交困的危机，林则徐提出自铸银币、允许民间通行钱票，以及招集商民，"听其朋资伙办"云南银矿等方案。

　　林则徐在内政方面的除弊兴利，着眼于"裕国足民"，是渐进式的改革，也是其爱国主义思想的重要表现。虽然他的除弊兴利存在许多不足，有的并未实现，没有产生社会效果，但他超越时人的思想，值得后人总结和珍视。

　　三、救国方案的可贵探索

　　林则徐致力于内政改革的时候，资本主义英国以坚船利炮为后盾，以鸦片为武器敲开中国的大门，威胁中国的经济安全、社会安全和主权安全。他早年在厦门当海防同知书记，开始接触到鸦片走私和鸦片流毒的社会问题。"鸦片以土易银，直可谓之谋财害命……其为厉于国计民生，尤堪发指。"清除毒品鸦片，成为他长期关注的政务之一。在江苏、湖广的禁毒实践，使他进一步认识到禁毒与否，关系到国家民族的存亡，"若犹泄泄视之，是使数十年后，中原几无可以御敌之兵，且无可以充饷之银，兴思及此，能无股栗！夫财者，亿兆养命之源，自当为亿兆惜之。果皆散在内地，何妨损上益下，藏富于民。无如漏向外洋，岂宜借寇资盗，不亟为计？"到广东查办海口事件，以禁毒、拒毒的文明形式抵制英国的渗透，是民族自救的正义行动。他不避个人风险，以身许国，"苟有裨国家，虽顶踵捐糜，亦不敢自惜"。被诬罢官，他坚持禁毒不能歇手，"鸦片之为害甚于洪水猛兽，即尧舜在今日，亦不能不为驱除。圣人执法惩奸，实为天下万世计，而天下万世之人亦断无以鸦片为不必禁之理。"这是为世界禁毒史证明了的至理名言，代表了人类的良知，具有普世的价值。

　　在严厉禁烟的同时，林则徐反对封关禁海，以"广东民人，以海面为生者，尤倍于陆地"，反对不准大小民船出海，断绝民人的生计；借"市井之谈"，反映民间要求开放华民出国贸易的愿望。维护正当的中外贸易，主张区别正当商人与鸦片商人，"奉法者来之，抗法者去之"；区别和平贸易的国家与挑起战火的英国，"以夷治夷"。巡阅澳门，争取澳葡当局的中立。面对英国的武力挑衅，他坚决抵抗，表现出鲜明的爱国主义立场。相信民心可用，"所有沿海村庄，不但正士端人衔之刺骨，即渔舟村店亦俱恨其强梁，必能自保身家，团练抵御"。约定如英国兵船一进省河，允许"人人持刀痛杀"，但不得杀害无辜的外国人，否则要"立斩抵偿"。他批驳禁烟启衅的谬论，"若谓夷兵之来，系由禁烟而起，而彼之以鸦片入内地者，早已包藏祸心……鸦片之流毒于内地，犹痈疽之流毒于人身也。痈疽生则以渐而成脓，鸦片来则以渐而致寇，原属意计中事"。并警告说："若使威不能克，即恐患无已时，且他国效尤，更不可不虑。"林则徐对鸦片战争起源的这种认识，是入木三分的。

为了杜绝鸦片来源，林则徐积极了解外国情事，探求救国救世之方。到广州不久，便不拘一格起用知晓外文的人才，组织翻译英文书报；向懂得中外事务的人士咨询，甚至直接与外国人接触。他第一个引进国际法，用于办理具结惩凶的对英交涉；第一个倡导"师夷之长技以制夷"，学习西方船炮技术，密购西洋大铜炮、生铁大炮二百门，军舰二只，并加以仿造；第一个把海战提到战略地位上加以研究，反思"专于陆守"的错误，认识到"剿夷而不谋船炮水军，是自取败也"，倡导建立一支有独立指挥系统、器良技熟、胆壮心齐，"往来海中，追奔逐北，彼所能往者，我亦能往"的新式水军，切中海洋关系近代中国生存发展的主题，具有不可忽视的思想价值。他身处逆境，关心边疆防务，提出强边、富边、固边的主张。林则徐的这些思想开启了近代中国人向西方寻找真理的先河，代表了中国早期近代化启动的方向，在近代思想史上写下浓重的一笔。

三

林则徐的著作包括奏折、公牍、文稿、诗词、信札、日记和译编。此外，还有笔记和杂录。道光二十九年（1849）年，林则徐罢官退休之际，预备将自己的作品刊刻出版，不料一年后逝世，未能实现。百余年来，经过历代学者的努力，陆续出版了《林文忠公政书》、《政书蒐遗》、《滇轺纪程》、《荷戈纪程》、《畿辅水利议》、《云左山房诗钞》、《信及录》、《云左山房文钞》、《林则徐集》、《林则徐书简》、《林则徐信札》、《林则徐诗集》等。2002年由海峡文艺出版社出版的《林则徐全集》十册，是目前最为完备的版本。

　　奏折是林则徐在地方施政给朝廷的工作报告，是其执政理念和政绩的实录。林则徐具衔的正折和夹片，上奏后为清廷留存或录副，《林则徐全集》所收奏折共有 1138 件，加上清单等附件，共计 1232 件，绝大部分来自清宫档案，为中国第一历史档案馆收藏。林则徐对其主稿的折片留有录副，整理编排，抄成奏稿若干册。道光二十三年（1843），李星沅在陕西巡抚任上，曾向留寓西安的林则徐长子林汝舟借读过湖广督任内奏稿和督粤奏稿。清末民初，福州林氏后裔据家藏尚存奏稿抄本十数大册，刊刻《林文忠公政书》、《政书蒐遗》。存世林氏家藏奏稿底本仅有《使粤奏稿》和《两广奏稿》四大册，用四周双边红格云左山房笺抄写，每叶十八行，每行二十字。奏折原文之外，还收录全部朱批，和有关奏折的"军机大臣字寄"，1988 年由南京大学出版社出版，题为《林氏家藏使粤两广奏稿》。其中少数未见原档，已收录入《林则徐全集》。英国国家档案馆所藏外交部档案中，有道光二十年（1840）林则徐被革职时《恭缴朱批奏折清单》（F.O.931/107）记：江苏巡抚任内有朱批正折 333 件、夹片 160 件；两次署两江总督任内有朱批正折 50 件、夹片 17 件；湖广总督任内有朱批正折 99 件、夹片 37 件；钦差广东查办事件有朱批正折 35 件、夹片 17 件；两广总督任内有朱批正折 51 件、夹片 30 件，统共 829 件，而《林则徐全集》所收该时期的奏折、夹片共有 780 件（有一部分不在朱批奏折统计范围之内），可知还有不少遗漏。

　　公牍是林则徐在施政中下达的指示、批示、告示，表达政治思想和采取具体措施的文件。在许多方面，公牍是对奏折内容的补充。存世的林则徐公牍，较大宗者是广东禁烟时的公牍；其中与英国领事义律等的交涉文书，原件收入英国外交部档案，为日本学者佐佐木正哉搜集，编入《鸦片战争前中英交涉文书》中。林则徐保留的底稿或原抄件，辑为《信及录》，1916 年，林氏后裔据家藏稿本在福州出版。其中一部分公牍，在发布时为英美来华商人和传教士所搜集，编译成书或在报纸上刊登。《林则徐全集》收录了从《中国丛报》回译的公牍。据吴义雄的访求，在其他英文报纸和公文集中，至少还有 10 余件未收。一部分作为情报抄送英国政府，我在英国国家档案馆见到了几件，《林则徐全集》亦未收。江苏大兴农田水利的公牍，为《重浚江南水利全书》所收。其他时期的公牍，缺佚甚多，仅存零散的数篇。至于林则徐手笔的公牍，目前仅见在西宁审理番案给陈德培的签条，在昆明审理京控案的《折狱问条》，已收入《林则徐全集》。

林则徐政余的文稿，首推《畿辅水利议》（即《北直水利书》、《西北水利》），这是反映林则徐经济思想的重要文献，也是他一生唯一的专著，酝酿写作于京官时期，定稿于江苏巡抚任上。其他单篇短文，主要是为友人所写的序跋、记传、祭文和碑铭，生前辑为《云左山房文钞》五卷，原稿尚存。1916 年，上海广益书局出版王清穆校刊的《云左山房文钞》四卷。林氏后人还辑有《文忠公文稿》、《文忠公骈文稿》，有抄本。一些序跋的原稿已佚，但被友人或其后人刊刻在文集里，《林则徐全集》尽力搜求，仍有漏收的，如《〈瑞榴堂诗集〉序》，见托浑布《瑞榴堂诗集》，收入《续修四库四书》第 1513 册，上海古籍出版社2002 年版。

林则徐的诗词，自编有《试帖诗稿》、《己卯以后诗稿》（含《使滇小草》）、《黑头公集》（佚）、《拜石山房诗草》（佚）、《云左山房诗钞》。光绪十二年（1886），《云左山房诗钞》由福州林氏刊刻。刊刻本与存世的诗词手稿，包括公私藏的散件，大多已收入《林则徐全集》，《己卯以后诗稿》原抄本影印收入《林则徐翰墨》，2008 年福建美术出版社出版，仅《试帖诗稿》（残本）和少量散件未搜集到。

信札是私人之间的通信。林则徐对于朋僚、亲友的来信，大多亲笔作答，而且书法优美，被时人视为治札名家。给友人的书札，一般在日记上记载发信日期，有的还录有稿底。不少为收信人珍藏，或影印，或勒刻，保存至今。林则徐对家人的来信和给家人的书札，以家信与家书为目，列有号码，有的按年编号，有的以一段时期统一编号。编入《林则徐全集》的有一千余封。我曾整理过林则徐书札佚目，有家书 194封，致师友书 388 封，实际上远不止此数。

日记是每天活动的记录。林则徐日记生前抄有副本，流传下来的原件和抄件，完整的仅有七年，不完全的有十六年（包括清末刊刻的己卯日记《滇轺纪程》和壬寅日记《荷戈纪程》），其余年份均付阙如。

译编是林则徐在道光十九、二十年（1839、1840）组织翻译的英文书报。所译英文报纸主要是当时迁往澳门出版的《广州纪事报》、《广州周报》、《中国丛报》，还有《新加坡自由报》及印度孟买出版的报纸，先是零星译出，后按时间前后统订数本，汇为《澳门新闻纸》。林则徐尝令抄录多份，分送有关官员参考，是中国最早的《参考消息》。现存原抄本六册，是林则徐送给邓廷桢参考而由其后人保存下来，现藏南京图书馆。影印件收入《澳门问题史料集》（上册），1998 年由中华全国图书馆文献缩微复制中心出版。《澳门月报》是《澳门新闻纸》的专题选辑本。《四洲志》译自英国慕瑞著《世界地理大全》，是嘱托魏源编撰《海国图志》的蓝本，原稿已佚，据《中国丛报》报导，此书有刊本，计二十卷，今未见。存世的部分为魏源辑入《海国图志》。当时在华外国人把《海国图志》视为林则徐的译作，日本出版的《海国图志》署名"欧罗巴人原撰，侯官林则徐译，邵阳魏源重辑"。《滑达尔各国律例》摘译自瑞士滑达尔著《万国公法》，内容涉及战争，敌对诸措施如封锁、禁运等。原编入《四洲志》，最早的刊本是魏源《海国图志》六十卷本。此外，还译有《华事夷言》，有抄本流行，今不见，《海国图志》百卷本有《录要》；《在中国做鸦片贸易罪过论》，已佚。

此外，林则徐的笔记、杂录，虽非林则徐的著作，但也是研究林则徐思想的重要资料。上海社会科学院历史研究所藏有《洋事杂录》（陈德培摘抄本），已收入《林则徐全集》。福州林则徐纪念馆藏有《衙斋杂录》，已影印收入《林则徐翰墨》，2008 年福建美术出版社出版。存世还有福建师范大学图书馆藏《云左山房杂录》，福州林则徐纪念馆藏《林文忠公手抄故实》，首都博物馆藏有林则徐手记的备忘录《滇黔杂识》，均未刊。

本卷在《林则徐全集》的基础上，在有限的篇幅内，遴选出反映林则徐思想主张及其政治实践的主要代表性作品。根据林则徐是一位政治家的特点，选文中奏折和公牍占有较大的比重。与《林则徐全集》本稍有不同的，一是对标题的处理。奏折原件本无标题，由于林则徐自编过奏稿，原始抄本所拟的标题似是他自拟或经他认可的，所以优先选择原始抄本所拟；次用《林文忠公政书》所拟，因其出自林氏家藏的原始抄本。采自不见档案、原始抄本的已刊文本，保留原拟标题。在无可参照的情形下，才采用全集编者所拟。二是对个别奏折的日期作了订正。与奏折、公牍相配合，选用了相关的文稿、信札、日记和译编。文稿中以《畿辅水利议》最重要，篇幅也不长，特全文收录。日记仅选收道光十六年（1836）十月他微服私访，在盐城皮大河调查的《巡河日记》。译编选用《滑达尔各国律例》、《澳门月报》和《四洲志》中的英吉利国、弥利坚国部分，以展示睁眼看世界的视野。林则徐早年以及罢官流放时期和退休家居时的思想资料，所选则以信札、诗词为主。由于信札具有沟通思想、交换意见的性质，林则徐写给挚友和家人的信札，往往直截了当地倾吐自己的思想感情，而无须顾忌讳饰，比较真实和客观地记录了所发生的历史事件和他的种种考虑和判断，对于研究林则徐早年和晚年的思想有重要的参考价值。林则徐的诗词具有强烈的记实性，笔力雄健，风格高壮，"卓识闳论，亦时流露其间"。特别是落职之后，"诗情老来更猖狂"，感慨时事，直抒胸臆，体现以国事为重的忧患意识，可以作为思想史资料来利用。此外，本卷还酌收《林则徐全集》未收的书信《复邵蕙西懿辰中翰》、游华山诗书赠姜申墦（海珊）诗卷和杂录《滇黔杂识》二则。

文

选

《林希五先生文集》后序
（1806 年 8 月）*

　　丙寅岁，吾宗敬庐先生集同里诸耆宿，月一聚会，至则谈文学，互质所著，竟日乃散。则徐以侍家君往，获闻绪论。座中溥堂、希五、士辉三君子，俱以文集著，徐愿得观而未敢请也。

　　一日，谒希五先生，为崇邑宰魏某乞文，因并求先生所著集。先生知徐之不足示，而又念其愿学之切也，出一卷予之，且命曰："尔其据所见为序。"先生文岂待徐序者？抑徐岂知所以序先生文者？而顾以是命，盖以验其能读与否，且读而能领其意、审其要义否也。袖归，卒读之，漏下三刻，反复若不能已。

　　徐维先生之文，理足词茂，叙事明洁而达于议论，大体出入唐宋诸家，而得力于柳州集者为多。夫柳州以窜逐故，得自肆力于文章，切劘〈斫〉削，戛戛乎言必己出，是以玉佩琼琚，大放厥词，其文与韩相上下。先生梗直独操，出于天性，而道高毁来，身处冷官，触怒权贵，至于文致周内，下狱按荒，垂白在堂，孤身万里，士君子固有遇人不淑、守正被害如先生者乎？此固见者之所怒目而闻者之所扼腕也。观集中《辨惑》一首，指陈道义，炳若日星。读圣贤书，所学何事？古今人不平则鸣，大率类此。盖先生之于柳州，惟其神似，故其文之得力者为多也。

　　徐幼时即闻先生事，逮先生以恩宥旋籍，徐年方冠，心敬慕之，欲修一见，然犹恐先生岩岩独立、绝不与后生小子以可炙之路。及以父执礼进谒，乃知先生处己若虚、诲人不倦如是也。即先生之文，间有自发

---

　　* 本文作于嘉庆十一年七月，即公历 1806 年 8 月 14 日至 9 月 11 日，本书仅标明当月初一所对应的公历月份，即 1806 年 8 月，全书同。

悲愤，然皆平心言事，绝未尝以进奸雄、退处士、崇势利、羞贫贱者为过激之论。其余传记诸作，亦皆恬淡有法，不蹈畸异，文之和平又如此也。乌乎！向之测先生者，不綦浅哉！

昔人谓司马子长系狱以后，为文愈高，且周览天下名山大川，故能得其灵气。徐闻先生患难时，手不释卷，并于狱中著《大学中庸要义》等书，遗遗后行集若干卷，其帙尚未获见，要皆粹然儒者之言，婉乎风人之旨。可知丈夫不得志于时，则以其事传之来学。今先生老而益壮，设馆授徒，都人士多从之游。先生既以古文词立教，犹且时自刻励，精益求精，穷研史汉之文，旁参诸子之书。每有所作，与溥堂、士辉二先生及同社诸耆宿往来商榷，一语不苟。他日斯集行世，后进英髦咸资准酌。先生之文不朽，先生之教其亦不衰矣。

则徐初识读书门径，以谋食故驰四方，未获时受长者训诲，今秋又将为鹭门之役矣。承先生命，附言简末，以志愿学之诚。濒行书此，不胜太息云。丙寅秋七月，宗后学则徐稽首谨叙。

（录自林雨化《林希五文集》卷首，道光十年刊本）

重修于忠肃公祠墓记
（1822 年 7 月）

忠肃于公之祠于杭也，其一在清河坊，曰怜忠，为公故居；其一在西湖三台山麓，曰旌功，则公丘墓在焉。维公纯忠伟伐，与岳忠武同昭天壤，千古以两少保称。拜公祠者，士夫以兴其感愤，又从而嗟叹永言之。虽妇孺无知，亦不自解而生祗肃。或斋宿其中以祈梦，应如响，故奔走于祠无虚日。然之天竺、之净慈、之他佛寺者，膜拜已，辄委金钱以去，命曰香资，而于公祠独否。公裔孙依丙舍，亦世守清白罔替，恂恂然，落落然。

前年奉祠生于潢，以旌功祠之宜修，请大府命。前钱塘令宣君周视之，入门则前庭圮，升阶则殿宇之右二楹又圮，降而适门左，为梦神祠，亦半圮。又左数十武为文丞相祠，虽未圮，亦岌岌矣。盖是祠既濒湖，其地卑湿，山岚之所蒸郁，林木之所翳蔚，易蠹易腐，故垣墉栋宇之缮完，自乾隆乙卯迄今不三十年，而顿失旧观，无足怪也。于是大府允其请，斥白金八百余两，属后钱塘令方君终始其事，又得绅士陈君桐生、许君乃谷集赀成之。凡五阅月而讫工，是为道光壬午春二月。

余以夏六月再至杭，闻之窃喜。顷之，或语余以公墓犹弥骞，祠后三楹亦半朽苦漏，其前之阶碱堂础圻且如龟。余曰是未可已也，爰集数同志，复酿四百金，畀今钱塘令吕君，俾悉瓷治之。及是而骞者朽者圻者，与向所为圮者、半圮而岌岌者，乃咸坚好如初。墓顶累新砖凡三成，加灰，庭五楹皆幂以石，则昔所无也。

自福田利益之说中于人心，纲常之有待于扶树，匪细故矣。如公浩气不磨于宇宙，祠墓之有无，初不足为加损。然守土者顾听其陨剥而莫之省，尚奚以言治哉？余拜公墓，纍纍然凡七，盖公祔于先茔，而子弟孙曾以次祔焉。惟祠文信国于墓左，其义无考，岂以公生平向慕信国，尝悬画像拜之，故为是以成公志耶？九原而有知也，公方尚友信国，进而尚友岳忠武，相与徜徉于湖光山色间，感念志事，抚膺言怀，亦庶乎其不孤已。

（录自浙江省图书馆藏《云左山房文钞原稿》卷一）

答奉化令杨丹山明府国翰书 *
(1823 年 7 月)

　　丹山年兄明府足下：昨吴小宋茂才来署，辱承手书注问，不颂而规，辞意周详，敷陈剀切，爱人以德，纫佩奚涯。足下深悉民情，勤求治体，风裁卓荦，操守洁清，宜乎到处攀辕。循良茂绩，仁湖重莅，舆论久孚，又不仅青绶银章，祝升华之鼎盛也。

　　仆吴闿四月，劳拙时形。州县既鲜任事之员，风俗复有积重之势，是以下车伊始，不得不大声疾呼，而玩愒已深，清敉不易，殷忧昕夕，益懔梦丝。承示数条，事理确当。仆以为令牧之贤否，惟视公事为凭，采虚声，听谀言，皆无当也。才德兼备、表里粹然者，今日诚难其人，但能守洁矢勤，不至阘冗无绪，便可量为鼓励。至若自部以下，纠摘不胜其多，且受代人员未必尽皆可靠，则又徒滋纷扰，无补治功。惟有随事随时留心董劝，期于贤者思奋，不肖者知戒，如是而已。

　　吴中有不治之证二：在官曰疲，在民曰奢。即如游手好闲之民，本业不恒，日用无节，包揽伎船，开设烟馆，要结胥役，把持地方，渐渍既非一朝，芟除势难净尽，惟有将积蠹有名之棍，密访严拿，期于闾阎稍靖。而此辈窥伺甚工，趋避甚巧，一人耳目断不能周，要在州县官实力奉行，以安良除莠为务，乃有实际耳。

　　此间窃匪之多，从来未有，而捕役实无得力之人。屡经限比亲提，严查窝线，虽连获数起，中有积匪十余名，所破之案不少，而根株难净，愤懑殊深。此由州县之宽，致滋保捕之玩，亦难治之一端也。两江案牍繁多，视浙省不啻数倍，仆受事之初，京控多至三十余起。省中承

　　* 杨国翰，字丹山，云南顺宁人，林则徐嘉庆二十四年（1819）典试云南时所录取的举人。嘉庆二十五年（1820）进士，时任奉化知县。

审各员，以提人为宕延之计，而各属延不解审，委员四出，音耗杳然。因而详定章程，严立限制：省中所提人证，均请由司核定，始准札提。无甚关要者，取供录送，并令该州县各自批解，委员全行撤回。其紧要被证，逾限不到，即予特参。并严督在省委员，排日提讯，可结即结。自通饬以后，批解尚能如期，数月以来，结者已什之九。无如奏交、咨交之案又复源源而来，竟与数年前山东情形相似。现惟严办诬告，力拿讼师，以冀此风稍息。至州县解省之累，仆深知之。是以将淮、徐、海三府州属，仿照江西之赣南，粤东之雷、潮等处，遣军以下及秋审人犯，均由巡道勘转，不复解司，经大府奏蒙恩允。此非存推诿之见，不过略免拖累耳。仆于命、盗各案，必先核其初报。如情罪未协，即于初报先驳，俾易复讯改正，免致招解之后重行发回。若案情不错，断不任犯狡供，致贻州县之累。司书胆玩已久，既往之事不可问者颇多，只因投鼠忌器，是以未兴刑狱，而随时约束，实费心神。现在一切谳牍，皆出亲裁，不肯稍有假手。所有各属积案，通饬清厘，细故控司者，一概不准，庶讼师鬼蜮伎俩穷于所施。然而一人之身，面面受敌，劳而寡效，兢惕弥深。

今年梅雨滞淫，沟塍漫溢，久经开霁，积潦未消，加以连日东南风大，水无所归，顷已大暑届期，仍难补种，苏、常等属，均须办灾。闻杭、嘉、湖诸郡，同此疮痍。贵治距省较远，能无患否？风便尚祈见示，并仆有办理未到之处，仍望切实指陈，俾资韦佩，则拜贶良多矣。专此。复颂时祺，不宣。

（录自《云左山房文钞》卷四，上海广益书局 1926 年石印本）

《三吴同官录》序
（1823 年）

　　江苏为东南大邦，山川秀良，风俗和美，其士民多文而少质，亦皆能读诗书，识俎豆，服田力穑，束身以听长吏之教。而长吏之官于是者，苟其政无苛暴，事事体民情而出之，则民之爱长吏也如父兄。虽江之南北，或因地气别强弱，而独其固结不可以自解之情，专有以窥长吏瘝痹之微而成其向背，盖善为感者莫吴之民若也。凡郡县以下亲民之官，尤无不旦暮与民相见，诚得一二贤有才者，知民情所以向背之自，而顺以导之于所安，则有以平其阴阳之毗，而为化民成俗之由。唐宋以来，类多以名宦称者，职是故也。

　　道光三年正月，某奉天子命陈臬是邦，于是有《三吴同官录》之辑，此非特考一时聚散之迹，判异日升沉之分而已。今夫泰山之出云也，一肤寸之末耳，不崇朝而为雨，则布濩乎天下，是故官无崇卑，必尽其职。材不材之相去，未可以目睫之见求也。今天子停捐纳，汰浮冗，所以廓〔廓〕清吏治之途者，至深且备。而今大学士两江总督济宁孙公、今江苏巡抚仁和韩公，廉静以律己，精勤以率属，一时江南北之凡为吏者，虽其人不必尽贤有才，即贤有才者亦自有其差等，而但使洁身自好，求顺乎凡民之情，则其不至蹈苞苴簠簋之辱，自戾于吏治整饬之时，其大较可信者矣。且夫不逢盘错，不足以试利器也；不涉邛崃，不足以骋良骖也。

　　今年近江濒湖诸郡县，夏秋以来，淫雨害稼，农夫辍耒而叹，为数十年间所未有，而自二千石以下，牧令丞佐之官多能禁遏抑，广劝募，省刑诘虓，推广大吏之意，以求乎民情之顺而后止，可见是邦之民驯而致之为甚易，而官是邦者，固宜勉勉焉，益知所当务矣。夫著于录者，同一姓氏也，同一阶秩也，或他日视之，而曰如某某者贤有才，如某某之贤有才者今居某官。此某所以厚望于同官，而不敢不以之自儆者夫。

（录自浙江省图书馆藏《云左山房文钞原稿》卷一）

通饬州县解案章程札
（1824 年）

札各府州厅县知悉：

照得提省委审之案，非奉钦、部要件，即关命、盗重情，例限綦严，不容延缓。该州县奉到司中行提人证之文，自应赶紧提解，以免迟延。乃各属每每抗不批解，或迟之又久，仅以一两名搪塞，是以司中不得不委员专差前往守提。该州县见有员役络绎而来，舟车薪水，需费孔多，乃始上紧提人。其用札檄行提者，概若罔闻。此岂实心办公之道？

本司深知司差到地，无不需索于州县差房，该差不能解囊，仍然取给于原被两造，馈送之外，且可分润其余，甚至索诈无辜，贿脱要证，朋谋串扰，靡恶不为，此差提之弊也。委员往返守候，沿途水陆已有供应之烦，该州县适馆授餐，应付夫马盘川，尤为受累。且有不肖佐杂，诡传上司口意，骗吓诈财，稍不遂欲，则又回省时编造谣言，密施暗箭，不特于公无益，更易播弄是非，此委员之弊也。本司既已访悉情形，自当力除积习，是以到任以后，除京控奏案奉院宪指名委员，及实在重大之案临时酌量委提外，其余一切案件，概以札檄行提，严谕司书不许送差提委提之稿。第恐该州县官吏视札提为具文，出一票以了事，书差见本官不为上紧，即将紧要犯证得钱卖放，转将无干牵涉之人提解一二聊以塞责。全不思省中羁犯以待，承审之员及各上司无不伫盼要证解省，质明定谳。至于有人解到，仍非必须到案能以质办空伪之人，以至重案久延，无辜拖累，甚至犯人瘐毙在监，余人拖毙在寓。兴思及此，忍乎否乎？夫州县有管理刑名词讼之责，每案到手，其中紧要犯证，核卷便知。果能提解为期，原不待上司之三令五申，差催络绎。至于在省审问之后，补提人证，自因讯出别情，不得不行提质对。如果案情已定，谁肯任意株连？

惟是省中委员，亦有疲玩积习。其始未经核案，率听书吏开单，将牵涉无干之人全行移提，弊之一也。不就现到之人先审，概以案证未齐为词，短少一名，亦必守株静待，弊之二也。限期已迫，设法补提，以避处分而展例限，其实所提之人仍非要证，弊之三也。凡此弊端，本司皆已尽悉。业经立定章程，责令承审各员只许摘提要证，并先就现到之人虚衷讯问，其有必须补提者，须将案中何项情节，应待此人到案方能辨别真伪之处，切实具禀到司，始准飞札行提。如提到仍非要证，案悬莫结，即将委员记过。如此严立限制，省中既无滥提，倘尚抗延不解，则该州县实难辞咎矣。

合亟剀切通饬。札到某，遇有本司行提案件，即饬查明札内指提之人，勒差按名提齐解省。除往返程途外，总不得过二十日之限。并将全案卷中情节详细核明，如有无关紧要、由该州县取供送核即可办理、毋须解质者，即由该属就近传案，讯取切实供词，送省核叙；即札内有名，亦可免其解质。若札内虽无其人而卷中有名，实系紧要、证见不到不能定案者，亦即添传到案，一并解质。但不可误会本司之意，将应提者率行宽免，不应提者混行提解，操纵任私，高下其手。一经察出，定干重咎。至于行提卷宗册籍，一体照此办理。

该属务宜痛改从前因循恶习，振刷精神，一经奉文，立即选差干役，酌给盘费，上紧查提，依限起解。倘有仍蹈故辙，以札题为□常，竟不寓目，以致有呼无应，要案迟延，则是不知本司格外体恤之苦心，而甘受差提委提之骚扰，惟有将任催罔应之员，详请院宪撤回参办，以儆玩惕；其玩误差承，亦即锁提来辕，枷责革究。本司为清厘案牍、节省拖累起见，不惮谆谆告诫。其各善体此意，实力奉行，慎勿阳奉阴违，自贻伊戚。切速。特札。

（录自《林则徐集·公牍》，北京中华书局 1963 年版）

通饬各属选练仵作札
（1824 年）

札各属知悉：

照得各州县办理命案全凭相验，而相验得实全靠仵作。苏省命案繁多，且常有检骨之案，乃访查仵作中熟谙者甚少。现在数次开检，争传丹徒仵作经启坤前往。以江苏若大省分，而检验专恃一人，已属可诧。况经启坤年逾八十，安能久用！亟宜广为选募，加意讲求，以免临时缺乏。

查定例："大县额设仵作三名，中县二名，小县一名。额设之外，再募一二人，令其跟随学习。每名给发《洗冤录》一部，拣选明白刑书与之讲解。如能明白，则从优给赏；倘有悖谬，则分别责革。州县召募非人，懈于查察，以及额缺虚悬，不行募补，俱应查参议处。若州县不将仵作补足，因而私侵工食银两者，革职提问。"立法如此郑重，可见仵作之关系非浅。何得平时听其缺额，绝不讲求；遇有蒸检之案，官吏俱皆束手，辄思借才邻邑，纷纷禀请饬调，殊非慎重人命之道。合行通饬。札到，该某速饬各州〈县〉将额设仵作募足充数，令其认真学习，挑选谙熟之人，遵照部颁《洗冤录》，将检骨验尸之法详细讲明传受。该某每月当堂考问数次，如果讲解明白，从优奖赏；尚讲解错谬者，初次责罚，二次枷示，三次革役，另行募充。毋得缺额不补，懈于查察，侵蚀工食，致干参处。凡一府所属有开检之案，由府传知邻近属县，派拨仵作两三名前往学习，庶阅历多而见识定，不致混行填报，可免检验不实之咎。

再，州县为亲民之官，人命至重，凡有检验，必须亲自动手，细辨尸伤轻重，正凶自无枉纵。若避忌臭秽，远坐而观，香烟熏隔，任听唱报，不复亲手扪按，设有弊误，咎将谁归？各宜懔遵毋怠！仍将遵办缘由禀复。特札。

（录自《林则徐集·公牍》）

为筹浚三江水道需费动用银款请具奏事*
（1824 年）

为酌筹疏浚三江水道约需经费并动用银款详请具奏事：

窃照三江水道游塞，上年雨水成灾，积水未消，皆由各河淤塞使然，必须设法疏浚，俾资宣泄，旱涝有备。前蒙札委前任淮海道沈惇彝来苏，会同苏松太道周历查勘大概形势，约估工需银九十余万两，禀蒙批司会道督同各府州筹措经费，妥议详奏；并蒙附片奏明，钦奉谕旨："通省水利攸关甚巨，岂有坐令贻误之理，必当随时相度，计出万全，方为克称职守。然要在得有实效，勿徒费周章也。悉心查勘，妥议具奏，详慎行之。"钦此。恭录行司。当经移行各道府州确切勘估，酌定次第兴办章程，妥议详办去后，未据详到。

本司道等伏查历届挑河成案，均于得沾水利之州县分别摊征，此次自应照办。但被灾之后，未便遽摊，惟当于藩库借款动垫。查苏库有酌留添肥银四十八万，此项银两奉文酌留之始，原备地方紧要公用，所以从前河工赈济等项紧急需用，均于此款内借给有案。嗣于筹备封贮案内，奉部议令即将本省收捐监银，按年提归原款，已于嘉庆二十一年归补足数，惟因上年苏省水灾案内，续又借拨各属买米平粜，并奉户部指拨本省赈济之用，现在仅存库银七千六百六十一两零。查借拨平粜米价一项，应即饬催各属解还归款，其指拨本省赈饷一项，亦奉户部奏准行，令在于上年筹备直隶河工经费开捐监生案内陆续归还，是苏库封贮银项，仍应补足四十八万之数。但捐监银两，自上年十月开捐起截至本年二月止，甫经收存银五万两，蒙于月报奏片内声明解部备拨，则封贮本款一时尚未归还。又查江宁藩库内封贮之款，亦以监饷归补，前于道

---

* 此件由江苏布政使诚端领衔，林则徐与苏松太道龚丽正会衔。

光二年十二月内奉旨以江宁监银收足十万两先行解部，续收五万两归补封贮，今于道光四年二月份奏报，收存宁库捐监银一十万三百五十两，亦声明轮应解部之款。

本司道等愚见，际此挑河要工无项可垫，惟有先借封贮以济工需，而封贮本款原拨未归，惟有先留监银以资放给。盖监银解部原为办理北直水利之用，今本省之三江水道亦须赶紧兴挑，与北直工程同为紧要，且东南为财赋所出，若不设法筹办，蓄泄无资，旱涝皆足为害。如上年被水成灾，蠲缓赈贷，不但无入，而又上耗国用，下损民财，贻患匪浅。请将江宁、江苏两藩库现存捐监银共一十五万三百五十两，先行提归封贮款内，以应本年挑浚工需。此后本省捐监银两，并请免其解部，尽数提归封贮之款，即于该款内陆续拨给挑浚经费，仍俟工竣，按照得沾水利之各州厅县分别摊征还款。如此则工程可以分年而办，库款可以按数而归。除饬各府州将应浚各河，督同各该地方官查照历届借挑成案，勘估工段丈尺，分案造册绘图贴说，并将如何摊征还款之处，妥议章程，另行详请核办外，合将应浚三吴水利绘图，并筹动银款先行具详，伏候鉴核具奏。为此备由另册，呈乞照详施行。①

（录自《林则徐集·公牍》）

---

① 总督孙玉庭批："仰候抚部院会核具奏。缴。图存。"苏抚韩文绮批："已据详会同阁督部堂恭折具奏抄折行知矣。仍饬各府州将应浚各河，督同各该地方官查照历届借挑成案，确勘估计，分案造册绘具图说，由该司道复加确勘，并如何分年摊征还款，妥议章程，详请核办。事关水利民生，均毋稍任延误，并候阁督部堂批示。缴。"

闽县义塾记
（1825 年 2 月）

　　治莫重于教，教莫先于养蒙。古者庠序而外，家必有塾，时术之义备焉。晚近难言之矣，小民困于饥寒，不能赡身家，奚暇课子弟。于是总丱之徒，目不识诗书礼乐之文，口不道孝悌忠信之言。里党征逐，习于匪僻，比长而不知悔。岂无颖悟之质，而终于不可教悔者，非一朝一夕之故也。

　　夫三代以前，吏即为师。《周礼》党正州长之职，皆以教治与政令并掌之。盖其德行道义足为民表，而职任又必以教化为重，不如是则为旷官。故吏之于民，若父兄之训子弟，不敢任其不率也。后世吏与儒异趣，政与化殊途，牧令疲于簿书，而教士之职仅以文学博士领之。微论称职者鲜，即其受教之人，亦惟青衿子弟而已，未尝外及也。夫童蒙不养，何以逮于成人？家塾已废，何由登之庠序？贫民既不暇言学，牧令又不暇言教，其流必胥里党之子弟尽习为匪僻而不可挽，岂非人心风俗之大惧也哉！

　　莱臧明府来宰闽邑，独以教化为重，悯贫民之不能延师也，甫下车，即捐清俸倡设义塾于郡学之侧，聘董茂才羹墀主其教，凡愿学者咸得造焉。严其出入之规，密其诵习之程，复以公余亲至其地，课其勤惰而劝惩之。一时觿緱象勺之侣，虽窭人子亦近近然知所向学。此一举也有数善焉：广教育也，恤贫穷也，植始基也，遏邪僻也。吏与儒同其趣，而政与化同其途也。由是推诸一邑之内，无不设塾之乡，无不入塾之童，行之以实，持之以久，且使凡为邑者咸取则焉，是诚人心风俗之大幸也。可不重欤，可不重欤！

　　（录自福建省图书馆藏沈祖牟辑《云左山房文钞》，福州崇斋钞本）

致邹锡淳书*
（1825 年 9 月 11 日）

　　吴舫连朝之聚，胸境廓然，然不免杂以酬应。金阊门外，匆匆一别，竟如撒手抟沙。弟于尔日移棹胥门，向夕即解维而去。溯洄之念，想同之也。伏计二兄大人小住金陵，公勤增著。昨藕庚寄来海运折稿，简要不烦，自是出诸鸿笔，佩羡，佩羡！此时旆从在淮在镇，抑或在苏，未得确音，为念。津沽之行，果可脱身否？最所悬切者此也。然额漕全征，筹运愈亟，清水断不能蓄高于黄，故有黄流改道之奏。此事弟未习地形，亦不敢妄议，不审尊意谓为何如也。

　　贱体自二十左右，呕逆全止，饮食渐进。现虽间日仍发一疟，而势甚轻微，惟面目手足尚属虚浮，畏风如虎，房门之外不敢举步，夜间亦多不成寐，此阴亏故耳。日服补药一剂，精神总不见振作，或者未甚得法。窃拟数日后如可出门，竟于苏、扬一带访良医诊视，加意培补。盖南段十三分均已完工，中段亦蒙改委仓莲因催办，弟可无事也。如上洋之议已定，自不厌弟随同画诺，倘待熟筹，则孱躯瘦馁难支，惟乞格外恕之耳。顷有苏信之便，草草泐此报慰，言不尽意，伏惟鉴之。敬请公眉二兄大人行安。

　　　　　　　　愚弟制林则徐顿首　七月廿九日蒋坝泐

　　再，昨闻言路有以弟之赴工为折料者，不识果否？然本意中之事，待弟言归而始发矢，未免稍落后着耳。弟在籍在浦所向大府口陈笔述者，心迹似未尝不明，必欲以之建言，则亦听之而已。闻有留中之说，不识果否？便中尚乞探示并询明其人为祷。幸勿宣露，感感！心叩。即丙。

　　　　　　　　　　　　（录自手札原件，故宫博物院藏）

----

　　* 邹锡淳，字公眉，时任道员，分督南河河工。

辞两淮盐政呈
（1826 年 6 月下旬）

　　具呈原任江苏按察使林则徐，为恭谢天恩，并沥陈服制未满及患病未痊实情，仰求转奏，恳请另行简放事：

　　窃则徐在籍守制，于本年五月初十日奉到闽浙总督部堂孙、福建巡抚部院韩公文内开："准吏部咨，道光六年四月十九日奉上谕：'现届两淮盐政更换之期，著林则徐以三品卿衔署理两淮盐政。曾燠俟林则徐到任交代后再行来京。'钦此。"

　　伏念则徐才识暗陋，荷蒙皇上豢养生成，由编修用至臬司，未效涓埃，刻深悚惧。道光四年八月丁母忧，回籍守制。五年二月，以南河高家堰要工，钦奉谕旨派令督催，遵即驰赴工次，催办竣事。嗣因染患疟疾，经两江总督琦奏蒙恩准回籍调理，并即终制。兹蒙恩命，以三品卿衔署理两淮盐政。则徐自顾何人，得蒙格外鸿施，畀兹重任，且于未经起复之际，特沛恩纶，尤为梦想所不到，虽捐縻顶踵，无以仰答高深。惟念则徐居忧未届再期，前此奉旨催办河工，幸准呈明以素服从事。此次署理盐政，系有职任，非催工可比，若不易服，则与官常仪注不符；若遽易服，更与守制定期相悖。且因病疟日久，身体软弱，不克支持，一时实难就道。而盐政责任重大，现届更换之期，若延缓误公，益滋咎戾。再四思维，不得不据实呈明。伏乞大人据情代奏，仰恳皇上天恩，将两淮盐政另赐简放，以重职守。容后则徐服满之后，病体见痊，即照例起复进京，泥首宫门，求赏差使，以期勉竭驽驷，仰酬高厚鸿慈于万一。

　　所有则徐感悚下忱，谨据实具呈，伏祈大人察核转奏，不胜翘仁之至。切呈。

（录自《林则徐集·公牍》）

龙树院雅集记（附跋）
（1830 年 4 月）

　　余之由京秩外迁也，十有一年于兹矣。其间三至毂下，无旬日留，中朝故交置酒相劳，每不获往。惟辛未同岁生公宴，必作竟日叙，骊驹在门，低徊留之不能去。惜未尝纪其时月，为后会所取证，犹有歉焉。今岁孟夏，余由闽释服复诣阙。先一月，周芸皋观察已自杭至，诸同人喜吾两人之来，文酒款洽无虚日，然始犹未毕集也。闰四月二十二日，乃遍征同岁生集宣武坊南之龙树院，会者三十有四人。

　　是日也，宿雨新霁，微风未薰。其地有琳宫梵宇，林木幽蔚，院中古槐蟠拿若鳞爪，俗所称龙爪槐是也。院前三楹，僧月亭所新拓，轩楹洞开，野色在户，左右两小楼可朝西山，其东与陶然亭衡宇相望。南则复城雉堞，森森然雄于郊畿。俯视菰芦葭苇，一碧无际，雨后积潦渐澄，凫鸭相出没，风过萧萧作声，夏日有凉秋意。游宴之乐，几忘其在软红尘土中也。

　　酒数巡，余揖诸君而言曰：自吾侪释褐至今，二十寒暑矣。向之第进士者二百四十七人，中外分职已区其半。自时厥后，人事错迁，搴裳联袂之侣，有日减无日增。今十干再周，而觞咏于斯者犹三十四人，虽视前数科为盛，然追维畴曩，抑亦感慨系之矣。所恃志合道同，不为势交，且偕出大贤之门，师承有自，平居以文字相切劘、德性相观摩、树立猷守相期许。当时鼎甲三人，于未散馆之先同典秋赋，已为数十年仅见之盛事。而此廿年中，内外迁擢、持衡建节、鸣驹拥传者，踵趾相接，咸以文学、政事为世推仰。即轻陋如余，亦滥叨主恩，厕秩二品，以附诸君子之末光，不其幸欤！顾揽镜窥形，须鬓非昔，即向之翩翩年少者，亦皆皤皤然逾强而艾矣。岁月不居，抟沙聚散，可勿念乎！昔李绛对唐宪宗曰："同年乃九州四海之人，情于何有？"此论矫枉，诚不值一噱耳。朋友为人伦之一，况一科同举？虽以人合，而有天焉。吾夫子论交，要之以久敬。诸君于吾及芸皋也，喜其来，惜其别，惓惓然惟恐不得晨夕聚，历二十年犹一日，非久而敬之者欤。然则后此之会，胥于今日乎取证也，乌可以不志？同人曰善，于是劈素濡墨，图而记之如右。

是日会者，翰林学士许莱山邦光，侍读祝薵畦庆蕃，中允蒋笙陔立镛、荣及亭第，赞善全紫坦奎，给谏王柳溪云锦、龚莲舫绥，侍御朱小云壬林、宋芸皋劭毂，郎中毛春门鼎亨、喻莱峰元准，员外莫豫堂焜、海云峰濂、谷美田善禾、达粤千英、徐访廉宝森、陈克庵焯，主事余邃岩寅元、陆少庐尧松、冯紫屏元锡、赵兰友廷熙，内阁典籍梁徽垣慎侦，中书舍人顾秋浦涛、王羲亭璟、易莲航镜清、刘顺伯晋、卫璞庵如玉、端木侣艺坦，太守杨古生兆璜，大令黄素峰杨镳、陈陆园柱勋、周拳园凤喈。图者前汉黄德道周芸皋凯，作记者前江宁布政使林少穆则徐也。道光十年岁在庚寅日躔鹑首之次。

（录自浙江省图书馆藏《云左山房文钞原稿》卷三）

跋
（1830 年 8 月 18 日）

此记余已亲书一通，留之京师，以为后会之证。嗣诸同年又属芸皋别绘一图以自藏弆，并索余重录此记。余适拜楚藩之命，匆匆首途，未暇作楷，因觅友人代书。同人以为此卷传之后来，恐有疑为膺本者，须余一跋定之。是秋七月一日，复饯余龙树院，遂为莱山大兄书此。倚装之际，又添一段墨缘矣。少穆弟林则徐手识。

（录自《泉州文博》1995 年创刊号所载影印件，手迹
所题之《龙树院雅集图》现藏泉州文物商店）

由襄阳赴省传牌
（1830 年 9 月）

为传知事：

照得本司自京来楚，现已行抵襄阳，由水路赴省。所雇船只，系照民价自行给发，不许沿途支付水脚，亦无须添篙帮纤。行李仆从，俱系随身，并无前站及后路分路行走之人。伙食一切，亦已自行买备，沿途无须致送下程酒食等物。所属官员，只在本境马头接见，毋庸远迎。为此，牌仰沿途经过各站遵照。倘有借名影射，私索水脚站规及一切供应者，该地方官立即严拿惩办，不得稍有徇纵。切切。须至传知者。

（录自《林则徐集·公牍》）

关防告示
（1830 年 9 月）

为关防诈伪事：

照得本司起家儒素，通籍词垣，由侍御而陟监司，历廉访而开藩翰。典试于西江、南诏，又校礼闱；临民于两浙、三吴，旋移秦陇。兹复仰膺恩命，承乏楚邦，任恐难胜，而志惟求慊，才虽未逮，而守必不渝。是以随事亲裁，无一端之假手；奉公洁己，恒五夜以扪心。惟楚省为水陆通衢，商民云集，恐有招摇撞骗情事。除严密查拿外，合亟胪列条款，出示晓谕。为此，示仰各属士商军民人等知悉：如有各种情弊，许即赴司首告，或就近禀报地方官拿究，以凭惩办。倘知情容隐，或朋比为奸，察出一并重办。各宜懔遵，毋贻后悔！特示。

一、本司于所属官员升调署补差委等事，应挨次者，循照旧章；应酌拣者，秉公亲决，一面详请宪示，一面挂牌示知，断不听昏夜之营求，任吏胥之高下。倘有诡称与本司亲朋故旧，可代关说，以及丁胥人等向外招摇，混称打点照应者，无论事体大小，犯必立惩。有能指首到官者，所首得实，定加重赏。

一、本司接收呈词，俱由内署批示。即各属详禀，事关要件，亦不由房拟批。如有包讼之徒，串通吏胥商买批语者，旁人查得实据，许其首告到司，立即究办，决不庇护。至上控案件，除府州县批语堂断应准抄粘外，其有抄录属详者，该民人何由得见？显系奸胥卖给，本司必根究其人，照招摇撞骗例惩办。各属衙门务皆一体严究，不可徇纵。

一、各属解司银两，先将起解款目、银数、日期由马递具禀。其司颁连批，随银投缴。除收库之后，将连批送院验截，同照票库收一并印发外，一面先将兑收缘由，札行该属知照。倘有狡猾银匠，串通奸胥舞弊，无难觉察惩办，切勿以身试法。

一、捐监具呈上兑，均由内署按卯按名，层层稽核。除印发实收仍照例另换部照外，先于收卯之后填榜示知。如有假捏情弊，无难水落石出，切勿受人愚弄。

一、本司署内丁胥差役，概不滥予差遣。倘有伪称奉差密访，恐吓所在官司，并滥借驿马需索饭食者，各属有所见闻，立即拿究，不可容隐干咎。若吓诈平民，借端滋扰，一经首告，或被访闻，尤必尽法严办，决不姑贷。

一、汉口为贸易码头，流寓人多，易滋诈伪。本司于盐商龖馆，断不荐人，更无代人托销货物、劝帮银钱之事。兹已垂诸令申，岂肯自食其言。如有伪投名帖书函者，该商立即送究。倘敢将用印官封改移影射，尤必照例严办，以示惩儆。

一、本司署中食用，一切俱照时价发买，不使丝毫短欠。如有影射扰累者，许该铺户指名禀究。

以上各条，只举其显而易见者，此外诈伪之弊，悉数难终。本司深恐耳目未周，失于觉察，凡在所属，务体本司不自欺罔之心，不肯回护之见，随时随事，杜渐防微，庶几弊绝风清，令行政肃，是所厚望焉。

（录自《林则徐集·公牍》）

定期放告颁发状式告示
（1830 年 9 月）

为特颁状式以杜架耸而清讼源事：

照得下车伊始，应即示期放告，现定于本月□□日在二门亲收呈词。但恐健讼之徒砌词妄告，特颁简明状式，以儆习顽。

古者金矢听辞，原许下情上达。近因讼师播弄，动辄捏架大题，告一人而罗织多人，告一事而牵连数事。非夹行密字，即累纸粘单。或加人恶名，或诋人闺阃，或避审而瞒情越诉，或畏罪而妇女出头。田土未明，动称纠党抢割；山场互控，混指毁坟灭尸。甚至已驳之词，匿批重控；审结之案，翻旧为新。种种诳张，难以枚举。在讼棍奸唆牟利，只图侥准一时，而代书兜揽得钱，遂亦混行加戳。卒之审虚反坐，拖累无辜，而唆讼之人转得逍遥事外，实堪痛恨！

本司悯愚民之被骗，期尘牍之就清，欲端风俗而正人心，先禁刁唆以全善类。经云："易则易知，简则易从。"本司所颁状式，只许据事直书，每状不得过一百数十字，凡愚民略知文义，即能照式书写。其中纵有委琐情节，尽可于投审时当堂供明，何得以一面之辞哓哓置喙耶？如此删繁就简，即有狡猾讼师，亦无所施其伎俩，于民既便，官又不烦，于澄清讼源之道良有裨益。倘违式妄具白呈，不加代书戳记，于不放告日期，以并非迫不及待之情，拦舆混渎，除不准外，定发首领官责戒。若代书于违式之呈，混加戳记，尤必从重责革不贷。特示。

（录自《林则徐集·公牍》）

上程梓庭中丞书 *
（1831 年 8 月下旬）

　　敬禀者：六月二十九日奉抚宪转准宪台会咨："以苏省沿江一带被水较重，民食不敷，筹借藩库银两，分赴河南等省采买米麦，行令晓谕行铺，务照市价平卖，并代雇西河牛船只，装运济食。"等因。仰见大人饥溺为怀，恫瘝在抱之至意。某前任苏臬，曾因灾赈而费周章，回思集泽之鸣，敢惮泛舟之役？闻命之下，倍觉休戚关心。

　　当查豫省粮食马头，如朱仙镇、周家口二处，行镇固多，第俱由淮河下达洪湖，此时水势甚大，内河则下桥土浅，有碍通船，洪湖则巨浸汪洋，又虞风暴。且由豫省淮河以达江境，闻须展转易船盘运，殊多费事。其西河牛船只专走黄河，与淮河系属两路。惟商丘县之刘家口，粮行滨临河侧，在彼购买粮食，即以黄河船载运抵江，最为直截。特未知该处粮行，较之朱仙镇、周家口大小何如？所购之七八万石，果可就此一处采买否？顷已飞札归德守令，先行密查刘家口粮食多寡及市价情形，星速禀复。其朱仙镇、周家口二处，亦一体访查市粮食价及现在船只是否可通。并饬查沿河一带尚有何处市集可买粮食，便于河船载运之处，禀复查办。总拟于苏省委员未到之先，即行定局。如果只须刘家口一处可敷采买，则委员一到商丘，即留其在彼盘收装运，更为简便。惟此事若即宣诸令甲，则铺户之抬价居奇与居民之闻风闭籴，均非禁令之所能止。惟有先委干员亲赴马头，查明时价，立即会同地方官传齐行户，付以定银，便将粮食分贮，以俟部下委员到时验明收买，如此庶不至多糜经费。

　　至西河牛船只，现在访闻极大者可装千石，而此处恒不数见，此外

---

　　* 程祖洛，字问源，号梓庭，安徽歙县人。嘉庆四年（1799）进士，时任江苏巡抚。

自三百石至六七百石不等。今酌中以五百石为断，则购买粮食八万石，即须雇船一百六十号。倘于此时先行出示晓谕，不特行埠抬价，即船户亦必躲匿无踪，迨苏省委员到时，转难措手。兹已密委数员，分赴沿河一带，查明船数，立即会同地方官封雇，不使先期泄漏。惟查道光五年，委员以雇船受累，曾蒙宪察，此次各员均有惩羹之见。某告以前届系盘运漕粮，须听部议核减，此次事非昔比，只须照民价雇至清江浦之彭家码头或铁心坝听候转盘，似有向来定价，即增减亦当有限。

至大米一项，豫省仅光、固、信阳一带出产，只足以供本省买食，势不能接济邻省，此宪台久在豫省之所深知者。而小米、高粱苏省民人又不惯于煮食，恐运到仍属无济。且以一麦二谷计之，运费加重，似不若专买麦石之为得宜。虽本年豫麦歉收，盖藏亦少，而目下缓急相通，自应照数尽力采买。倘刘家口既不敷买，而淮船又难运载，或另筹陆路较近之处，驳送上船，统容查明，再行酌办。再，小米如尚可资济食，并祈速赐示知，以便购办，较之专买麦石者，取材又觉稍宽矣。

以上所议，或奉中丞之指授，或出守令之筹商，咸体大人保赤之诚，不敢稍分畛域。至办法之当否，仍宜恭候宪裁。故将大概情形，特由五百里先行飞禀。

抑某更有请者：查三吴之繁庶甲于直省，若但官为采买，仍恐不足济荒。向来洞庭山一带米商最多，每有殷实之户以此为业。若能借给帑银，令其联具保领，辗轳转运，事竣缴还，免其关税，并严禁吏胥索费，伊等无不乐从。癸未年即曾办过，惟比时川、湖大稔，颇异今岁情形。然苏省客米，亦不尽恃川、湖，如六安、庐州一带米船，向皆来苏售卖。忆从前曾给彩绸红布，以示招徕，且不抑其售价，俾源源踵至，其价自平。似枫桥、平望、长安镇等处米行，皆可传其头人，假以词色，责成招贩。又苏省城乡大户多有盖藏，只须州县善为劝谕，令各图有谷之家即在本图平粜，分合多寡不拘一格，仍官为核数，酌予奖励，谕以损富济贫可免强丐豪夺之累，似富户皆所乐从。

至抚恤赈贷，总以确查户口为第一义。从前余运司在长洲任内办理最善，凡其所查之户，自散给口粮后，官赈因之，乡赈亦因之，穷民多沾实惠。无他，先自捐出杂费，然后一一可以认真也。又前金匮令齐彦槐于嘉庆十九年办理图赈，亦颇得法，道光三年因之。今苏、常二郡所刊《征信录》，似亦可资采择也。

以上谅皆宪台所早经筹画、督饬无遗者，某远隔铃辕，未由分焦劳于万一，不揣梼昧，谬陈瞽说之愚，伏维鉴而诲之，是所至幸。

（录自《云左山房文钞》卷四，上海广益书局 1926 年石印本）

起程赴河东新任折
（1831 年 12 月 18 日）

奏为钦遵谕旨前赴东河新任，恭折复奏，仰祈圣鉴事：

窃臣于十一月十三日在扬州勘灾途次，承准军机大臣字寄："道光十一年十一月初五日奉上谕：'林则徐奏，接奉补授总河谕旨，具折谢恩，所称向未谙习河防形势及土埽各工作法，俱属真情，并非有意推诿。朕因林则徐由翰林出身，曾任御史，出膺外任已历十年，品学俱优，办事细心可靠，特畀以总河重任。据称伊于河防工程未经讲求，朕原恐熟悉河务之员深知属员弊窦，或意存瞻顾，不肯认真查出，林则徐非河员出身，正可厘剔弊端，毋庸徇隐。该河督惟当不避嫌怨，破除情面，督率所属，于修防要务悉心请求，亲历查勘，务合机宜，以副重寄。着即前赴新任，毋得再以不谙河务为词也。将此谕令知之。'钦此。"臣跪诵之下，悚惶感激，莫可名言。

伏念臣不谙河务之真情，已蒙圣明俯鉴，犹荷垂慈逾格，温谕下颁，宽之以工务之讲求，期之以弊端之厘剔。办事敢云可靠，聆天语而益懔细心；品学讵易言优，绎圣训而务除情面。且蒙谕令即赴新任，毋得再辞。臣汗背铭心，自不敢复行渎恳。而念责成之至重，恨知识之全无，不知如何始可仰答高深，有不胜其战兢悚栗者。

至臣前在江宁藩司任内，经督臣陶澍传奉谕旨，令臣与常镇道张岳崧总司江北赈务；并以左都御史白镕奏，有积惯吞赈之兴化县民顾瑞华、张文华等迎递呈词，敕交臣等严切根究，按律惩治。臣行至扬州，业经会同张岳崧审明定拟，详请督抚臣复核具奏。兹新任江宁藩司赵盛奎赴任过扬，臣随经接晤，当将现办灾赈各事宜详为告述，并将已未复查各处灾户大小口数，分别移交办理。现在淮、扬一带灾区赈务，随查随放，均称安静。臣即由扬州起程，遵旨前赴东河新任。

再，查东河所辖运道岁办冬挑工程，此时亟应兴举，若俟到任后再行往勘，恐致迟误。臣现拟取道闸河，先行顺途履勘，以便兴工挑办，免致耽延。

除到任日期另行奏报外，所有微臣遵旨起程赴任缘由，谨先恭折复奏，伏乞皇上圣鉴。谨奏。

十一月二十九日朱批："一切勉力为之，务除河工积习，统归诚实，方合任用尽职之道，朕有厚望于汝也。慎勉毋忽！"

（录自《林则徐集·奏稿》，北京中华书局 1963 年版）

江苏查赈章程
（1831 年）

为饬发查赈章程事：

照得此次江、扬、淮、海等属赈恤事宜，叠经三令五申，期与各属洗心涤虑。但恐明不足以察积弊，诚不足以格众心，陋习尚未尽除，奸徒尚未尽慑。当兹挨查户口之际，最为紧要关键，合再严立章程，刊刷颁行，共相遵守。凡我在事各员，官职虽有崇卑，天良总难泯灭。经此更番申儆之后，若不力办清赈，则是别有肺肠，惟执法从事而已。所有章程开列于左。

一、官员吏役均须免其赔累以清办赈之源也。查委员下乡，备尝艰苦，舟舆仆隶，需费孔多。例销薪水每日一钱，随从三分，实不足以敷食用，致有受乡保之供应、纵丁役之侵渔者。乃或鉴此弊端，概令州县捐廉贴补，而灾岁疮痍满目，州县安有余赀？如必责以捐赔，只得将饥口增多，钱价缩少。初意但求免累，尚非侵入己囊。岂知一涉通融，则人人得而挟制，骑虎之势，有不至于串冒分肥而不止者。智士仁人所宜慎之于始也。查委员每人跟随两仆，并带书差五六名，每日船价、饭食约共需银二两，以一月为度，即需六十两。灾重者一县十员，其次递减至五六员，自应按数核给，俾资食用。除现任正印以上本员不给外，其候补正佐各员与现任佐杂皆应一体准给。此项经费，拟于官捐银内提出二万两，分别州县灾分轻重，派委查赈几员，核计需银若干，发交该州县转给。所有委员下乡船只饭食，均以此项自行开发，已极从容，不准州县另为给付，尤不准收受地保、圩长丝毫供应。随从人等如有需索情弊，将本员一并参办。

一、各衙门陋规宜尽行裁革也。查州县请领赈银，司道府书向有厘头，造册核销，又有使费。赈务所以不清，大率由此。今议将司书纸饭另行筹款赏给，不准向州县索取分毫，道府衙门亦应一体裁禁。即如赈济花名细册，已于道光二年奉部删除，则本省亦毋须纷纷造送。应自此次为始，各属只造花名册一份送司查核，此外一概免造。若各衙门书吏仍有私索规费、遇事吹求者，该州县立即指禀，以凭究办。徇隐者予受同罪，决不姑宽。

一、书役地保宜责令委员严加约束也。办赈弊端百出，而随查之书役地保为尤甚。造册有册费，给票有票钱，灾民无力出钱，则删减口数，以多报少。奸民暗地勾串，则又浮开口数，以少报多。积弊累累，指不胜屈。且伊等视委员非其本管官，辄敢吓制愚弄，无所不至。在明干之员虽能自主，尚不免因息事而姑容，彼暗弱者之堕其术中，更无论矣。此次应将书役地保交各委员严加管束，如有舞弊逞刁，轻则当场责惩，重则移县究办。倘能实心出力，亦由委员移县酌赏，庶几有所忌惮而呼应亦灵。至赈册、赈票，皆责令委员亲填，不许以役保所造为据。如委员懒惰失察，任其滋弊，即无受贿亦当立予严参。

一、印委各员宜令互相稽察也。此次委查之员，应各给木戳一颗，刊明"承查某州县户口某员戳记"字样，俾其携带下乡。除查完一户用油灰书其门首，查完一村将户口揭榜通衢，如有舛错，准于五日内呈明更正外，应另将各村总数随时汇开清折，径行报司外，用木戳官封，写明"灾赈公文马上飞申"字样，并编列号次，以凭查考。其赈票上亦以木戳盖之，使验票即知为何员所查。仍将查过底册移送州县，则印官无从添入户口矣。印官接到委员底册，立即下乡抽查。如其有册无榜或册榜不符，即将该委员揭参撤换。藩司与该管道府仍节次亲查，核对榜册，若印委通同回护，定即一并参办。

一、应赈不应赈之人宜详细区别以防争论也。赈银原以赒困乏，其有微本经营与手艺得以资生者，即不宜滥入。乃乡愚习于蛮野，往往力可支持之户，亦要混作贫民。且必争为极贫，而不愿为次贫；又欲概填大口，而不愿有小口。在襁褓而硬求入册，约宾朋而凑报多人。田地本坐熟庄而借题影射养赡，非无亲族而诡说零丁。若斯之类，不胜枚举。应由该州县申明定例及历办应赈不应赈条款，另缮高脚牌令地保捎负，随同委员明白晓谕，以杜争论之端。倘宣示后仍复强争，即属明知故犯，应先除名扣赈，再行严拿重惩。如一乡之中无理取闹者多，必有指使之人，应先将地保、圩长痛加惩治。

一、严禁灾头以戢刁风也。灾之轻重，户之极次，口之名寡，皆应静候印委各员查明册报。乃有刁生、劣监、土豪、地棍倡为灾头名色，号召愚民，敛钱作费，到处连名递呈。及委员查赈时，呼群结队，牵挽喧嚣，不令挨户入查，直欲先抢赈票。又暗使妇女泼水掷土，围轿拦舟。或请委员上楼而绝其梯，或诱委员入庙而扃其镝。此种混行搅闹，目无法纪，尤为可恶。现已拿获在泰州滋闹之灾头王玉林、夏体元等，奏明严行审办。应责令该委员于查赈时访有前项灾头，立即锁拿。一面具文通禀，一面移送该州县严讯，按律定拟。倘值刁徒滋闹，委员坐困在乡，而州县漠然坐视，许该委员据实禀揭，立即撤参示儆。

一、棚栖灾民宜附庄给赈以示体恤也。查逃荒灾民以荒就熟者多，以荒就荒者少，应令印委各员于查赈之时详加体察。如系外来乞食之过路流民，自应不准入册。其有搭棚栖止者，或由本属别村暂移高阜，或系外县人氏寄居堤塍，应先询明原籍村庄，谕令回籍领赈。其原籍实在无处栖身，不愿回归者，若强令遣回，转虞失所。应即准其附庄列入册尾，照次贫予以赈济，以免流离。仍一面开列花名户口，移明原籍，以防重领。其虽系棚栖而积有余粮或小本营生者，仍不给赈，以杜影射。

一、闻赈归来宜明立限制以防重冒也。例载闻赈归来者并准入册赈恤。此次流民外出者甚多，若不论到籍先后，概予补给，则若辈有恃无恐，必俟行橐充盈之后，始肯言旋。而放赈早已过时，亦恐倍滋弊混。除出示晓谕，务于大赈未散以前各还原籍外，现令查赈委员将各村外出之户，皆用另册登明。俟其回归之时，验有留养资送之州县移来名册可查，并本籍房屋与委员查赈时册载相符者，方准一体给赈。仍按其何月归来，即以何月为始，庶免两处跨领之弊。其延至展赈毕后始归者，若非散处别村，业已附庄给赈，即系留养熟地，所获较赈为多，应不准其补给。

一、领银易钱须择价善之区设法购运也。查历届散赈所报钱价，比平时每减到十分之一。其弊一由于市侩之乘机射利，跌价病民；一由于州县之据彼注兹，将多报少。独不思在官多散一钱，即穷黎多得一钱之益，为民父母，于此而不用吾情，乌乎用吾情？况此次办赈规费即议革除，纸饭又有津贴，并将应发银两预先解到府州，更何词之可借乎？查刻下省城库纹一两易足钱一千三百文，该地方官应将现领之银，速即探明何处多换钱文，即向何处交易。虽不免有盘运之费，而水路运脚总不甚多，比之偏僻地方易钱，自必有赢无绌。将来即按其所报钱数，以定其办赈之优劣。如每大口一月赈银能给钱至二百文以上者，定当列为优等，详明奖励；若仅给一百七十文以下，则须将因何少换之故，切实声明，以凭查访。如有克扣，法立随之。勿以向来积习相沿，恬不为怪也。

一、赏票名目应严行革除也。委员赴乡查赈，每于截数之后，随查人等求赏赈票，以资酬劳。殊不思伊等给有饭食，即不敷用，亦应由地方官捐资另赏，岂可以拯灾之帑项作为赏犒之私恩。且此次饭食已由各官捐廉优给，更不得借口赔贴，应将赏票永远禁革。倘仍私相予受，察出倍惩。

以上十条，皆目前查赈要务。汇核各属所禀，参以闻见，通饬遵行。至放赈之时，宜于适中之地多设厂所，妥为散放。钱数不可短少，赈票不许质卖。总期民沾实惠，弊绝风清，乃不负司牧之任，是所厚望焉。

朱批："览。"

（录自《历史档案》1997 年第 4 期，原件藏中国第一历史档案馆）

验催运河挑工并赴黄河两岸查料折 *
（1832 年 2 月 23 日）

　　河东河道总督臣林则徐跪奏，为验催运河挑工，统计已完六分，现仍督饬趱办，臣即赴黄河两岸查料勘工，恭折奏祈圣鉴事：

　　窃照东省运河挑工，截至正月初六日，已办三分有余，经臣于奏报折内声明亲往验催。旬余以来，周历沿河工次，南至滕汛之十字河一带，北至汶上等汛塘长各河挨次履勘。凡已经挑完工段，除出土外，其錾凿大块坚冰，累累山积。询之土人，佥称历年河冻，未见如今年之厚，是以挑工之费力，器具之损伤，亦较往年加至数倍。

　　臣目睹现挑之处，先须凿起两三层冰块，或将冻土打松，然后得施畚捣。及至挑动之后，不免渗水，虽经随挑随岸，而隔夜即又冻结。昨已节交雨水，河冰尚在坚凝，其贴边垫崖之积弊，因土冻不能胶粘，已无所施其技。臣当将所挑宽深尺寸逐段丈量，验其灰印志桩，均相符合，尚无偷减情弊。惟沿堤出土之路，渐被泥浆抛撒，逐条冻积，名曰泥龙，往往工段挑完而泥龙尚未除净。虽据各讯员弁禀称，向系全工完后一律起除，但日积日多，挑运更为费事，且一经春雨，更恐冲入河心。臣复严饬工员押令夫役，凡挑完一段即起净一段泥龙①，其已挑未净之处，官差夫头均先量予惩责。并因巨嘉讯主簿督挑工内有稍偏于东岸之处，虽量明丈尺无差，并非弊窦，但不居中挑挖，侧注一边，则靠西浅处，诚恐日久积淤，河身遂窄，不可不防其渐②。现值趱工紧急之际，臣先将该汛主簿徐恂摘去顶戴，责令督夫加挑，展宽丈尺，务使一律均匀。俟工竣时查验，如果协宜，给还顶戴；倘不如式，立即咨革示

儆。兹截至正月二十一日，统计各汛挑有六分工程。此后天气融和，施工自易为力。

臣因黄河各厅购办料物，亟应亲往查验，并有督催土工，勘办春镶事宜，均难延缓，即于拜折后，由济起程，前赴豫、东黄河两岸周历履勘。惟查历届验料，往返不过半月，臣于河务未能谙悉，必得将各工形势细加体察，谘访研求，每到一工，即不敢忽略走过。且思料物为修防根本，果皆堆垛结实，防险当自裕如，若查料之时稍任以虚作实，以旧作新，则冒项误工，即无有甚于此者。臣惟有细加拆验①，计束称斤②，总当从实从严③，不敢稍为将就④。但岁添两料共有七千余垛之多，逐一亲查，即不免多需时日。其运河未完挑工，一时不及兼顾，惟当责成运河道往来量验，并督饬厅营讯闸，妥速趱挑。现在只余四分工程，自可依限全完，不误启坝铺水。臣仍随时密加稽察，如有草率偷减，即行据实严参，不敢稍有徇隐。

所有运河挑工已完分数，并臣现赴黄河查验工料缘由，理合恭折具奏，伏乞皇上圣鉴。谨奏。

正月二十二日

道光十二年二月初一日奉朱批："知道了。"钦此。

（录自军机处录副）

---

①②③④ "验"、"斤"、"严"、"就"四字旁均加朱圈。"就"字旁又有朱批："一力勉行，方为不负委任。"

查验豫东各厅垛完竣折 *
(1832 年 3 月 28 日)

　　河东河道总督、新授江苏巡抚臣林则徐跪奏，为豫、东黄河各厅料物查验完竣，并将办理未能尽善之厅员，请旨撤任，责令翻堆赔补，以杜弊混，仰祈圣鉴事：

　　窃臣于本年正月间验过运河挑工之后，即于二十二日由济起程，稽查黄河两岸料物，当经恭折奏蒙圣鉴在案。旋由北岸之曹考厅上堤，查至上游黄沁厅，问渡而南，循顺东行，复从归河渡过北岸，查验下游之曹河、粮河两厅，计时一月有余，业经竣事。

　　窃思秸料为修防第一要件，即为河工第一弊端，前次荷蒙特派钦差，查出虚松残朽等弊，降革示惩，俾在工大小官员咸知儆惕。臣仰膺简任，且叠蒙训示谆谆，办工虽尚未谙，查料必先核实。到任以来，讲求访问，因知堆料积弊更仆难数。盖料物应贮于有工处所，而河堤地段本不甚宽，兵夫堡房既经林立，积上杂料又复纷纭，秫秸每垛长至六丈，宽至一丈五尺，占地已多，故堤顶未能尽堆。惟头一层在堤上者谓之门垛，其余则为滩垛，为底厂。大抵门垛近在目前，多属完整，滩垛、底厂即为掩藏之薮，最易蒙混。其显然架井虚空、朽黑霉烂者，固无难一望而知。更有理旧翻新名曰并垛，以新盖旧名曰戴帽，中填碎料杂草以衬高宽，旁插短节秸根以掩空洞，若非抽拔拆视，殊难悉其底里。臣周历履勘，总于每垛夹档之中，逐一穿行，量其高宽丈尺，相其新旧虚实，有松即抽，有疑即拆，按垛以计束，按束以称斤，无一垛不量，亦无一厅不拆，兵夫居民观者如堵，工员难以藏掩。闻上年自奉旨严饬之后，各厅办料皆尚认真。此次所验料垛，除上年旧料剔留抵办不

---

　　* 标题据《林文忠公政书》东河奏稿拟。

领钱粮外，其新购之料，丈尺多有出额，间有三五处长欠数寸，臣先亦疑其偷减，及至拆束称斤，仍无短少。细查其故，始知垛夫堆垛，每高至尺余，必须用木板四面打紧，乃可加堆，而秸料尾细根粗，一板之敲有轻有重，即两尾相接有紧有宽，故有前面不足而后面有余，上截不足而下截有余者，均之无关于弊窦。惟一垛之中成色竟不能一律，缘民间种植高粱，种类本不齐一，有黄色而鲜明者，亦有似黝似红而质性亦甚坚挺者，是以前次部议章程，总以适用为断。

以臣所查，南北两岸十五厅之操垛，上南同知罗绶所办，最为高大结实，簇簇生新；曹考、睢宁、商虞三厅次之；余亦大都如式。惟兰仪同知于卿保所办料内，拆至蔡家楼一处，垛底有潮湿之料。虽据禀称，系上冬雨雪之中赶买赶堆，不及晒晾，目下并未霉烂。但此料晾干之后，即恐斤重有差，办理殊为未善。若遵照不适工用之例革去顶戴，又与实在霉烂短斤者无所区别。如仅责令翻晒补足，该员在任，复恐易于掩饰。据开归道张坦具禀前来，相应请旨将兰仪同知于卿保撤任，免其革去顶戴，即责成接印之员逐垛拆晾，如晾干有所折耗，仍著落于卿保赔补。俟补完之后，另行察看，量予补用。至曹河、粮河两厅料垛，以层纵层横，逐排相间，望之似乎架井，而尺寸加大，斤重仍复不差，查系堆手粗疏，尚非偷减弊混，但究属未尽合式，应令拆改另堆。该管兖沂道徐受荃先经查验，已据禀请翻堆，即饬该道督视验报，另行复查核办。又，商虞厅有秸料被烧一案，已于另折奏明办理。所有各厅麻斤积土，亦已点验如数。土工次第碶筑，尚皆踊跃，应俟大汛前完竣，一律验收。

大河水势，先于正月杪因积凌初化，长水二三尺不等，近已逐渐消落，各工一律稳固。所有春厢埽段，饬据各道撙节估计，均比上年有减无增。臣核定后，已令照估厢修，务使加压稳实，以防桃汛长水。至运河挑工，现亦将次完竣。臣查料毕后，应先回济督办启坝放水、迎济新漕各事宜，仍须再至工次督防桃汛，另行次第奏报。

所有查竣豫、东各厅料物情形，理合恭折具奏。

再，臣经过地方，麦苗出土青葱，已占丰稔，堪以仰慰宸怀。合并附陈，伏乞皇上圣鉴训示。谨奏。

二月二十七日

道光十二年三月初四日奉朱批："向来河工查验料垛，从未有如此认真者。揆诸天理人情，深可慨也！另有旨。"钦此。

（录自军机处录副）

复奏访察碎石工程情形折 *
（1832 年 4 月 26 日）

河东河道总督、调任江苏巡抚臣林则徐跪奏，为遵旨访查东河碎石工程情形，据实复奏，仰祈圣鉴事：

窃臣于上年十一月内在江南途次，承准军机大臣字寄："道光十一年十一月初二日奉上谕：'本日严烺奏豫省上南、中河、曹考三厅险工酌抛碎石一折，已明降谕旨，准于豫省藩库照数拨发，赶紧采运矣。此项碎石工程起于南河，道光七年九月间始据严烺奏：兰仪厅柴坝十八埽以上，已将碎石盖护，化险为平。十八埽以下及下北十一堡，厢修岁无虚日，此外年复一年，更恐危险堪虞。现饬各道仿照柴坝碎石成案，分别估办，以为固工节费之计等语。是年兰仪、下北两厅当经降旨准行。既用碎石抛护，则岁料防险等项自应节省，乃历年以来碎石工程无岁无之，而其采办来年岁料及请拨防险银两并未节省丝毫。究竟此项碎石工程是否黄河有益？如果有益，何以岁料并不见节省，徒添出碎石一项费用？林则徐系朕特简，甫经到任，无所用其回护，此时亦不必呕呕，著明查暗访，悉心体察情形，据实复奏。将此谕令知之。'钦此。"当经臣附片陈明，俟到东河访查情形，再行复奏在案。

自到任以来，将碎石档册逐一检查，从前豫、东黄河本无抛护成案，因道光元年前两江督臣孙玉庭、南河河臣黎世序会奏，以"碎石工程实资巩固，并无流弊，东河从前未抛碎石，是以漫决频仍，请饬一体照办；即创始之初多费数十万金，而日后工固澜安，不惟节费，实可利民"等语。旋奉谕旨，敕令仿照兼办。二年春间，前河臣严烺复奏请于北岸黄泌厅马营挑坝酌量试抛，继因河势不定，仅抛两段而止。迨五年

---

* 标题据《林文忠公政书》东河奏稿拟。

间，调任河臣张井以南岸兰仪厅柴坝工程险要，议办碎石，两次奏准抛护一万四千八百余方，该处险工因成平稳。迨后北岸之下北、祥河、曹考，南岸之中河、下南等厅，先后仿照请办，经严烺节次奏准各在案。

查此项动用钱粮，除马营坝试抛两段不计外，自道光五年至十一年已抛碎石，共用银六十五万余两，上冬估办之上南等三厅方价七万四千余两，尚不在此数之内。核之历年采办岁料及请拨防险银两，均未减少。诚如圣谕："碎石工程如果有益，何以岁料并不见节省？"随于两次上堤，周历查访，并询之年老兵民，咸谓"未办碎石以前，诚不知其有济与否，既办之后，每遇险工紧急，溃埽塌堤，力加抛护，即不至于溃塌，功效甚著"等语。臣于伏秋抢险虽未经历，而人言凿凿，异口同声，因就埽前有石之处细加测量，悉心揣度。缘埽工势成陡立，溜行迅急，每易淘深，是以埽前之水辄至数丈，而碎石斜分入水，铺作坦坡，既以假护埽根，并可纡回溜势。《考工记》所谓"善防者水淫之"，似即此意也。豫、东河堤多系沙土，不能专恃为固。堤单而护之以埽，埽陡而护之以石，总在迎溜最险之处始行估抛。盖东河采运碎石比南河远近悬殊，方价倍蓰，难以多办，而其化险为平，频岁安澜之效，未尝不资于此。是碎石之于河工有益，实可断为必然，而非敢随声附和者也。

惟何以未能省料之故，诘询员弁兵夫，或谓"抛石本在埽前，只能保埽段之不外游，而不能禁旧埽之不下蛰。故虽有石之埽，仍不免择要加厢，惟较诸未经抛石之埽，需料自然大减。但统计两岸堤工，长至二十余万丈，而堤前之有埽者不过六千八百余丈，埽前之有石者甫及二百七十余丈。豫、东河面宽阔，溜势时有变迁，此工闭而彼工生，购料防险诸费即难概省"等语。臣核其所言，似亦近理。

然思用料之节省与否，天事居其半，人事亦居其半。譬如极险之工忽然淤闭，平缓之处忽又生工，每非恒情所能测度，工生则料费，工闭则料省，此存乎天事也。亦有出于人为者，如顺堤厢埽，费料实多，惟溜到堤根，即不能不资以抢护，而工非自闭，亦不能不逐岁加厢。若工员果悉机宜，善揣溜势，则于工之将生未生，预筑挑坝，使之溜向外趋，埽即可省。盖挡溜者埽，而引溜者亦埽，观于埽前水深，其故可想。一坝得力，可护数段之工，则不须顺堤厢埽，而所省无算矣。然若审势未确，挑护失宜，坝守不住，仍复退厢顺堤埽，则劳费更不啻十倍。此又人事之难言者也。总之，有治人无治法，在工人员果皆讲明利弊，自无枉费之工，果皆激发天良，自无妄开之费。至料物贮于堤上，督道常川往来，注目留心，不徇情面，似亦无可藏掩。伏读皇上批臣前折，有"如此勤劳，弊自绝矣。作官皆当如是，河工尤当如是"之谕，仰见圣明洞烛，训勉至周，臣兢悚之余，永当服膺遵守。大抵核实查验，即岁料与碎石并用，未尝无渐省之方。如其不实，则虽裁去碎石一项，而他物称是，亦可借端滋弊。要在认真督查而已。

臣仰奉谕旨："明查暗访，不必哑哑。"谨于两次巡工，反复推求，悉心体察，据实缮折复奏。

再，查东省运河各厅临湖堤工，亦有兼用碎石之案，由来已久，岁销钱粮无多，合并陈明，伏乞皇上圣鉴。谨奏。

三月二十六日

道光十二年四月初四日奉朱批：　　　　钦此。

（录自军机处录副）

奏报到苏接篆日期折 *
（1832 年 7 月 7 日）

江苏巡抚臣林则徐跪奏，为恭报微臣到苏接篆日期，叩谢天恩，仰祈圣鉴事：

窃臣钦奉恩命，补授江苏巡抚，于五月二十五日交卸河东〈河道总〉督篆务，即行起程来苏，当经恭折奏闻在案。兹于六月初八日行至苏州，准护抚臣梁章钜饬委扬州府知府黄在厚、臣标中军参将吉祥保，恭赍江苏巡抚关防，暨王命旗牌书籍文卷，移交前来。臣即于是日恭设香案，望阙叩头，祗领任事。

伏念臣才识庸愚，前荷圣恩，曾任江苏藩臬，刑名钱谷职在分司，尚恐未能周妥，今蒙简畀封圻重任，刑钱皆所统司，报称愈难，悚惶愈切。窃思刑钱本相为表里，而江苏刑钱事件，其势每至于相妨。盖一省设两藩司，钱谷最为繁重，而漕务已成痼疾，辗转生奸，尤难逃圣明洞鉴。若概绳之以法，则不独州县之浮勒，旗丁之刁难，胥吏之侵渔，莠民之挟制，均为法所不宥，即凡漕船经由处所，与一切干涉漕政衙门，在在皆有把持，几于无一可恕。所最堪怜悯者，独此小户之良民耳！乃至极敝之余，大户之包抗日多，而小户之良民日少。昔所谓利薮，今变为漏卮，盈余半属虚名，挪垫转贻隐患，正恐漕额愈大之州县，仓库愈不完善。其致弊之故，人人能言，而救弊之方，人人束手。因循则伊于胡底，惩创则立见误公。是刑名之难，实因钱谷之繁而滋甚也。臣身膺重任，总当极力挽回，断不敢稍存畏难之见。且前次谢恩折内，钦奉朱批：“知人难，得人尤难。汝当知朕之苦衷，一切勉力而行，毋负委任，朕有厚望焉。钦此。”臣再三跪诵，感极涕零。自揣具有天良，宜何如

---

* 标题据《林文忠公政书》江苏奏稿卷一拟。

殚竭血诚，上副鸿慈委任。惟有持清勤以端其本，慎张弛以善其施。整顿钱漕，先惩已甚，清厘仓库，尤贵截流。当执法者，不敢以姑息启玩心；当设法者，不敢以拘牵碍全局。且值灾荒之后，元气未复，正须培养拊循，自不宜求治过急，致涉孟浪。一切地方公事，与督臣和衷商榷，设诚致行，使刑钱不致相妨而适相为用，庶几积疲渐振，治效渐臻，以答高厚生成于万一。

至臣入境以后，察看民情，均甚安帖。二麦收成中稔，虽上年被水之处种植不多，而客贩云集，加以采买平粜，源源接济，市价已见平减。日来连得雨泽，农田正在插秧。惟因上游时疫流行，江、淮亦被传染。臣在途次会晤督臣陶澍，知已广施方药，救济颇多。现在督饬各属清理囹圄，存恤老疾，勤修职业，以召时和，祈禳兼行，以祛疹伤，冀副我圣主怀保如伤之至意。

所有微臣接篆日期，除恭疏题报外，理合缮折具奏，伏乞皇上圣鉴。谨奏。

六月初十日

道光十二年六月二十七日奉朱批："知道了。"钦此。

（录自军机处录副）

英船窜入羊山洋面业已押令出境折
（1832 年 7 月 17 日）

两江总督臣陶澍、江苏巡抚臣林则徐跪奏，为查明嘆咭唎国夷船业已押送出境，并知会前途挨次押令南回，以符定例，恭折复奏，仰祈圣鉴事：

承准军机大臣字寄："道光十二年六月初九日奉上谕：'富呢扬阿奏，嘆咭唎国夷船由闽至浙，欲赴宁波海关销货，当饬驱逐开行等语。嘆咭唎国夷船向不准其赴闽、浙贸易，今值南风司令，竟敢乘便飘入内洋，希图获利，自不可稍任更张，致违定例。虽经该省驱逐出境，难保其不此逐彼窜。著琦善、陶澍、钠尔经额、林则徐严饬所属巡防将弁，认真稽查。倘该夷船阑入内洋，立即驱逐出境，断不可任其就地销货；并严禁内地奸民及不肖将弁等图利交接，务使弊绝风清，以肃洋政。'等因。钦此。"

查前项夷船，臣陶澍于清江回省途次，接据苏松镇总兵关天培、〈苏〉松太道吴其泰等禀称："该夷有大船一只约有七八十人，小船一只约二十余人，因被闽、浙两省驱逐，于五月二十二日乘风驶入江南羊山洋面停泊。"经前护抚臣梁章钜奏明在案。臣思夷情狡诈，贪图贸易，显违定例，兼恐内地奸民乘机勾串，别滋事端，不可不严为防范。现当南风司令，若竟任其放洋，不即设法截阻，一经驱逐，势必乘风而北，由山东径抵天津，又添往返。臣陶澍比即饬委常镇道王瑞征驰往吴淞海口，会同该管镇道，密派巡洋舟师，三面迎住，使之不得近岸，兼断其驶北之路。一面整顿兵威，严禁沿海小船毋许接近夷船，以防暗地销售夷货。并令海营多备巡船，押护至浙省交替，俾令挨次由闽折回粤省。臣林则徐赴任过镇会晤，商及驱逐，所见相同；初八日抵任江苏，复加札飞饬速办。即据该镇道等报称："晓谕该夷人等，以天朝禁令只准在广东贸易，其余各省皆不准买卖，令其作速回帆。该夷自闽、浙而至江南，未能抵岸，未免心存希冀。比见苏松镇船只排列海上，地方兵役严查小船，不准拢近，该夷性本多疑，时刻扒上桅杆瞭望，见沿海一带塘岸布列官兵，颇露惶惧。该船有胡夏米、甲利，略通汉语，即向巡船声称：伊等并非匪人，因想求交易而来，今蒙晓谕，伊等已经悔悟，不敢再求买卖；现值风狂雨大，实在不能开船，只求俟风色稍转，即速开船回去等语。迨六月十一日晚间，风色稍转西南，即促令开行，该夷船不敢逗遛，即起碇开帆向东南折戗而去。"苏松镇总兵关天培亲自督押，另饬游击林明瑞押赴浙江交界，以便交替护送，该镇现报于十二日申刻押护出境，入浙江洋面。该夷船前在江洋因风暂泊，甚属安静，并未进口滋事，内地民人亦无与夷船私相交易之事。臣等现已飞咨前途，一体派列巡船押护南行，俾令由浙至闽，回返粤东，以免此逐彼窜，上副圣主肃清洋政至意。

再，该夷船乘风寄泊羊山洋面，该营弁失于防范，旋即并力堵截，不准进口，此时押送出境，办押尚为妥速，应请免其开参。

除咨会浙江、福建接替押送外，臣等谨会同江南提督臣王应凤，恭折具奏，伏乞皇上圣鉴。谨奏。

六月二十日

道光十二年七月初七日奏朱批："另有旨。"钦此。

（录自军机处录副）

请以姚莹补授长洲知县折
（1832 年 7 月 22 日）

　　两江总督臣陶澍、江苏巡抚臣林则徐跪奏，为省会首邑需员，恭恳圣恩，俯准补授，以裨地方事：

　　窃照长洲县知县陈玉成，经臣陶澍会同前护抚臣梁章钜奏请升补泰州知州，荷蒙恩允。所遗长洲县知县员缺，系冲繁疲难四项相兼，例应在外拣调；且地居省会，政务殷繁，时有发审案件，非精明干练之员，不足以资治理。臣等与藩臬两司于通省知县内逐加遴选，非现居要缺，即人地未宜，实无合例堪调之员。惟查有拣发候补知县姚莹，年四十六岁，安徽桐城县进士，归班选授福建平和县知县，调繁龙溪县，复调台湾县，兼署台湾府海防同知，调署噶吗兰通判，因案革职。先在噶吗兰洋面拿获戕官洋盗十一名，奏蒙恩准送部引见，奉旨改为降二级用。旋又捐复引见，奉旨："照例用。"钦此。道光十一年七月奉旨发往江苏差遣补用。八月二十九日到省。因催办回空军船出力保奏，钦奉上谕："姚莹著不论班次，尽先补用。"钦此。该员老成干练，为守兼优，系奉旨不论班次尽先补用之员，且前在福建曾任海疆繁要知县，以之请补省会要缺知县，实堪胜任。查前次出有金坛县选缺，该员亦在应补之列，当经咨准部复，应归插班补用，不积候补班次。今长洲县为省会要缺，人地更属相宜，与例亦符。据藩臬两司会详请奏前来。臣等札商，意见相同。合无仰恳皇上天恩，俯准以拣发候补知县姚莹补授长洲县知县，实于省会要缺有裨，臣等亦可收指臂之助。如蒙俞允，该员系候补知县请补知县，衔缺相当，毋庸送部引见。

　　臣等谨合词恭折具奏，伏乞皇上圣鉴训示。谨奏。

　　六月二十五日

　　　　道光十二年七月十六日奉朱批：　　　　钦此。

　　　　　　　　　　　　　　　　　　　　　（录自军机处录副）

请定乡试同考官校阅章程
并预防士子剿袭诸弊折 *
（1832 年 7 月 22 日）

　　江苏巡抚臣林则徐跪奏，为乡试届期，请定同考官校阅章程，并预防士子剿袭雷同之弊，恭折奏祈圣鉴事：

　　窃臣钦奉上谕："本年壬辰科江南乡试，著派林则徐入闱监临。"钦此。臣到苏接篆，已近闱期，当即遵照科场条例，将监临应办事宜预为布置。

　　伏查本年四月内钦奉上谕："三载宾兴，为抡才大典，各直省主试，经朕特加简任，宜何如涤虑洗心，认真校阅，务求为国得人。顺天同考官及会试同考官，俱系翰詹、科道、部属，该员等甲第本高，又经朕亲加校试，尚无荒谬之人充选，所以得人较盛。各直省同考官，则年老举人居多，势不能振作精神，悉心阅卷。即有近科进士，亦不免经手簿书钱谷，文理日就荒芜。各省督抚虽照例考试帘官，仍恐视为具文，全恃主试搜阅落卷，庶可严去取而拔真才。嗣后各直省督抚务将帘官认真考校，不得以年老荒谬之员滥行充数。"等因。钦此。又，上年十月内钦奉上谕："著各直省督抚将书肆小本板片，概行销毁。其贡院左右，如有公然售卖小本文策者，枷责严办。倘士子尚有不知检束，怀挟徼幸者，即著斥革。其恃众逞强不服约束者，枷号示众，治以应得之咎。士子中式后，除策学援引经史语句相同毋庸议外，其四书经文有全篇剿袭旧文者，一经磨勘官签出，立即斥革，务期永绝此弊，以端士习。"等因。钦此。仰见我皇上慎重抡才、清厘积弊之至意。

　　窃查江南为人文渊薮，入闱士子多至一万四五千人，额设同考官十八房，每房约须校阅八百余卷，稍有草率，即恐遗滥交讧。臣闻近科房

---

　　* 标题据《林文忠公政书》江苏奏稿卷一拟。

官每有争先荐卷之弊，以为荐早则获隽者多，荐迟则中额已满，难于入彀。故于头场分卷到手，辄将首艺中幅略观大概，谓之望气，其合意者汇为一束，以备加圈呈荐；稍不称意，即置落卷之列，不为下笔。原其初心，仍欲俟佳卷荐完，再将落卷复加细看，以决去取。乃头场荐卷未毕，而二、三场试卷已陆续送入内帘，因又赶觅已荐之字号，连经文、策问一并加圈，亟随头场呈荐。盖恐别房之荐卷三场均已齐全，而该房仅有头场，不能早供考官比较，则所中即不及别房之多。是以相率效尤，总以赶早荐完为分房之捷诀。直至三场荐卷俱已毕事，然后将先前略观大意之落卷，批点塞责。彼时中卷已定，意兴阑珊，纵或见为佳文，亦诿诸其人之命。于是误分段落者有之，误读破句者有之，并有文非荒疏，仅点首艺开讲数句而即摈弃者。其批驳之词，不曰欠精警，即曰少出色。此等批语，竟可预先书就，不论何等文字，皆得以此贬之。似此校阅情形，定弃取于俄顷之间，判升沉于恍惚之际，诚如圣谕："回思未第之先，与多士何异？乃于落卷漠不关情，设身处地，于心何忍？"

臣前任京职，曾充乡试考官二次、会试同考官一次，自揣学疏识浅，惟有细心勤阅，庶少屈抑人才。历在闱中，刊刻批语板片，刷成批纸，分别首艺、次艺、三艺及诗。凡头场四篇，逐篇皆有批语。被黜之卷，必将如何疵颣之处分篇批出，自录底本，不使有一篇批语相同者。此次臣职任监临，除考试帘官，必择文理优长精神振作之员，不敢以年老荒庸滥行充数外，窃拟将臣逐篇分批之章程，责令该帘官循照办理。除二、三场批语不拘外，首场四篇必使逐一批出。凡泛而不切字样，如"欠精警"、"少出色"之类，概不许用。盖三艺统批，往往借口赅括，转不切当；逐篇分批，则于此一篇之得失利病，非了然于心，不能了然于口 [目]。该帘官受此绳束，不敢草率了事，于衡才似有裨益。至揭晓之后，臣仍将落卷复加查核，如首场文艺非有大疵，仅点数行而止者，据实参奏，予以处分，尤足以儆惰心而免物议。

惟思首场三文一诗，每卷约有二千余字，如果认真校阅，则穷日之力只能以四十本为度，每房卷帙八百余本，约须兼旬，始可了一首场。查例载"大省于九月十五日内揭晓，不得匆促趱办"等语。近科揭晓之期，往往赶早。此次钦遵新奉谕旨，主考官须将落卷全行校阅，江南卷帙最繁，则揭晓之期自应照例以九月十五日为断。如临时尚虞匆促，或再仰恳圣恩宽展数日，总不出九月中旬之期，庶主考、房官均得悉心细阅，真才自不致有遗矣。

至士子敦品自爱者固多，而希图幸获者亦复不少，科场搜检当从严，惟人数至一万数千之多，难保全无遗漏。且往往因搜检而愈形拥挤，因拥挤而不免稽迟。查嘉庆癸酉科江南乡试，因首场封门太迟，奏请议处。是于认真搜检之中，又须不误日时，方为得体。臣查夹带之弊，约有三端：一则专带文中典故，以及经解策料，虽有所取资，而尚须运用。一则坊刻小本成文之类，明知不可抄袭，只图采掇成篇。一则分倩多人，将四书题文全行制就，携带入场，见题即抄，不费思索，闻近科以此幸获者，颇不乏人。是以平时言馆地者，教读之外，别有作文席面，每撰一篇，自二三百文至洋钱一圆不等。文名愈著之士，揽作愈多。且众人争托其名以售，文艺大半脱胎录旧，并非独出心裁，而一篇或售卖两家，一稿又传抄数手，如斯之类，必犯雷同。但帘官眼力不齐，雷同者未必均在一房，故有通篇一样之文，此中而彼黜者。臣前在江西典试，取中之文已经发刻，及搜阅落卷，竟查出许多雷同，将已刻者复经黜去。虽彼时未被幸获，而事后无所示惩，究恐不知自爱之徒仍存徼幸万一之想。查录旧幸中，例有斥革之条。但闱墨只刻前魁，其通榜中式之文，榜后即已解部，未必人人得见。即间有录旧雷同之卷，而事无左证，孰肯坏其已成之名。是以剿袭幸售，仍无忌惮。惟于场内阅卷之际，对出雷同，即记档册，于撤闱后加以惩儆，庶可杜其恶习。且本科钦遵谕旨，将落卷通行校阅，雷同剿袭者更无所逃。臣请移行主考、帘官，记其字号，揭晓之后移臣查办。除策学援引语句毋庸议外，其四书经文雷同至三行以上者，正途贡监生员，照考案事例以次降等，罚令对读；若系俊秀监生，以后不许应试。至全篇雷同剿袭者，毋论正途、俊秀，概行斥革，永不准考。如此则士子皆有畏惮之心，不敢录旧，而倩人作文者恐其无益有害，则怀挟之弊似可立除，而真才愈以辈出矣。

臣职在监临，意存杜弊，不揣冒昧，敬陈管见。是否可行，伏乞皇上圣鉴训示。谨奏。

六月二十五日

道光十二年七月十六日奉朱批：　　钦此。

（录自军机处录副）

英船如夹带鸦片即饬令全数起除
当众焚烧片 *
（1832 年 8 月 15 日）

再，查该夷人胡夏米等，因在广东争占马头被逐，不敢回国，是以由粤而闽而浙而江，直至山东各沿海处所，往来游奕，无非希冀销售货物。经各省委员明白晓谕，伊等亦知例禁綦严，不准贸易。但恐该夷船尚有夹带违禁之鸦片烟土等物，在于海口勾串奸商，哄诱居民，私相授受，此则贻害非浅，不可不亟为查察，加以惩创。况该夷船从未到过江浙海口，即宁波、上海各洋行亦无与彼熟识之人，乃竟敢于到处停泊，投递禀词，恳求贸易，恐有汉奸从中指引，或代为主谋，皆所不免。现被东省驱逐之后，折回南行，若再入江境内洋，停泊海口，即当①密派文武大员前至该夷船严行搜查。如有鸦片烟土等物，饬令尽数起除，传同夷众当面焚烧，毋许稍有留剩；一面密访船内汉奸，指名查拿，令其自行交出，以便讯明从重奏办。倘夷人胆敢抗违，即行多派水师弁兵，排列巡船，申明禁令，示以声威，靖其桀骜之气，庶外夷咸知儆惧，而洋政愈以肃清。

是否有当，谨将酌拟办法先行附片密陈，伏祈圣鉴。谨奏。

道光十二年八月初五日奉朱批："此事总以不准停泊销货为正办，再要明白交替，不可两省推卸。若因此别生枝节，致启衅端，则责有攸归矣。凛之。另有旨。"钦此。

（录自军机处录副）

---

* 此片由两江总督陶澍领衔。

① 自"南行"至"即当"旁，朱批："日者不当视为易易，含混入奏；而今亦不必如此张皇，妄逞才能。"

江苏被灾情形请分别给赈蠲缓折
（1832 年 11 月 19 日）

两江总督臣陶澍、江苏巡抚臣林则徐跪奏，为查明江苏省各州厅县卫秋禾被水被旱成灾分数及勘不成灾情形，恭恳圣恩，分别给赈、蠲缓、赏给口粮，以普皇仁，仰祈圣鉴事：

窃照江苏省本年六七月间，江北雨水过多，江南雨泽稀少。迨八月以后，江南各属幸得透雨，仍属有秋；惟高田已受旱伤，收成歉薄。江北各属，或因山水暴发，江潮泛涨，不及疏消；或因湖河漫溢，各坝启放，减水下注，并因桃南厅河堤决口，掣溜入湖，低洼处所难以宣泄，田庐节次被淹。历经臣林则徐于月报雨水粮价折内陆续奏闻，一面行司委员勘办，并将桃源、萧、丰三县暨徐州卫乏食军民先后奏蒙恩准抚恤在案。

兹据江宁布政使赵盛奎详称：该司接据各属报灾之后，因臣陶澍公出，委令代折代行，并臣林则徐奏委接办文闱事务，未能出省，当经移行道府州，督同印委各员陆续确勘详复。由司复明：桃源、海州、大河三州县卫被淹较重，成灾九分、八分、六分不等；山阳、清河、铜山、萧县、沭阳、徐州等六县卫被淹稍轻，成灾五分；句容、江浦、六合、阜宁、安东、盐城、高邮、泰州、东台、江都、甘泉、仪征、兴化、宝应、丰县、沛县、砀山、邳州、宿迁、睢宁、赣榆、淮安、扬州等二十三州县卫，均系勘不成灾，照例分别给赈、蠲缓。又据署苏州布政使桂良详称，本年苏、松等属被旱歉收各州厅县卫，业经委员查勘，由司核明：武进、丹徒、丹阳、金坛、溧阳、镇洋等六县，均系勘不成灾，照例缓征；又长洲、元和、吴县、吴江、震泽、常熟、昭文、昆山、新阳、华亭、奉贤、娄县、金山、上海、南汇、青浦、川沙、宜兴、荆溪、靖江、太仓等二十一州厅县，及苏州、太仓、镇海、金山等四卫帮，收成减色，除本年新赋照常征收外，请将旧欠钱粮分别递缓各等情，详请具奏前来。

臣等伏查江苏省各州厅县卫本年被水被旱情形，已据该司道府州督同印委各员层层查勘明确，所有成灾六分以上之桃源县、海州及大河卫，小民生计维艰，相应恭恳皇上天恩，俯准按照灾分，查明极、次贫户口，分别给赈，贫生、兵属、饥军，一律查办，概以折色散放，照例每大口给银一钱五分，小口七分五厘，小建扣除。所需赈济银两，另行专案奏明拨用。该州县卫成灾九分、八分、六分、五分田地，并山阳、清河、铜山、萧县、沭阳、徐州六县卫成灾五分田地，应征道光十二年地丁、屯折、漕粮、漕项银米，按分蠲免，蠲剩银米照例分别带征。以上各属成灾境内有勘不成灾之区，同句容、江浦、六合、武进、丹徒、丹阳、金坛、溧阳、阜宁、安东、盐城、高邮、泰州、东台、江都、甘泉、仪征、兴化、宝应、丰县、沛县、砀山、邳州、宿迁、睢宁、镇洋、赣榆、淮安、扬州等二十九州县卫勘不成灾田地，应征道光十二年地漕各项银米，缓至道光十三年秋成后，分作二年带征。又成灾及勘不成灾田地应征癸巳年新赋，亦请缓至该年秋成后启征。又淮、扬等属减则芦苇田地，并海州暨沭阳县一水一麦田地应征钱粮，请照历届成案一体缓征。至各州县芦课、学租、河滩场租、摊征河银、出借籽种口粮、新升芦苇牧马各草场，复赋、筹饷等款，并抄案入官地亩错杂民田之内，俱照坐落地方一律分别查办。盐场灶地，另由盐务衙门办理。

至六分灾之次贫与五分灾及勘不成灾之贫民，例不给赈，惟桃源、海州、〈沭〉阳三州县及大河卫坐落桃源、沭阳二县之军民，均因频年积歉，户鲜盖藏，被淹之余，益形困苦，并请于今冬赏给一月口粮。其余各灾属无力贫民，如有应行酌借籽粮之处，俟来春察看情形，分别查办。又查赈员役薪水、饭食、工费、纸张等项，例于抄案银内动拨，毋庸动支耗羡，设有不敷，另行奏咨筹给，事竣造册报销。又阜宁、清河、桃源、宿迁、海州、沭阳、赣榆等七州县漕粮，向例民折官办，本年该州县均有灾歉，应请查照嘉庆十五年秋灾案内奏准章程，将灾田米麦缓俟成熟之年再行采办；熟田米麦分别办运。所有应缓漕价各数，统于奏销案内照数登报。又江、淮各属应行带完道光二年以前旧欠地漕等项银米麦豆，因系积歉之区，经前督抚臣奏准自道光三年并四年秋成后起，各就最近年份带征一年。本年复被灾歉，民力拮据，应请将分征案内应带最远一年，及已启征未完，并道光三年至十一年灾熟钱粮，凡坐落本年灾区者，一并缓至道光十三年秋后分别启征。其熟田项下应行带征旧欠钱粮，本应按限启征，惟据各州县以频年积歉，民力维艰，详请递缓。现经饬司体察民情，复加确核，俟详到另行具奏。

又武进、丹徒、丹阳、金坛、溧阳、镇洋等六县勘不成灾之区，除节年旧欠各项钱粮，应请照例缓征外，其成熟田数收成亦未能甚丰，若将新旧银米一律征输，民力恐有未逮。并请将该六县附近歉区未完旧欠，同长洲、元和、吴县、吴江、震泽、常熟、昭文、昆山、新阳、华亭、奉贤、娄县、金山、上海、南汇、青浦、川沙、宜兴、荆溪、靖江、太仓等二十一州厅县，及苏州、太仓、镇海、金山等四卫帮，应征道光十一年以前灾缓旧欠银米，各照分征原案及递缓年限，分别递展征收；其熟田新赋，仍行照常启征。

除将各属被水被旱情形，并新旧蠲缓各数另行题咨外，所有臣等查明分别办理缘由，谨合词恭折具奏，伏乞皇上圣鉴。谨奏。

闰九月二十七日

　　道光十二年十月十五日奉朱批：　钦此。

（录自军机处录副）

《筹济编》序 *
（1832 年 11 月）

　　《筹济编》三十二卷，常熟杨静闲比部所辑，盖取古今荒政之可行者，类次排纂，条分件系之，疏通证明之。良以救荒无善策，而不可无策，与其遇荒而补苴，何如未荒而筹备，诚使为民牧者，事理洞达于平时，偶值偏灾，措之有本，上以纾圣天子宵旰之忧，下以托穷黎数十百万之命。於戏，其用心可不为至哉！

　　今夫牧民之官，民之身家之所寄也。年谷顺成，安于无事，民与官若相远，一有旱干水溢，则哀号之声、颠连之状，不忍闻而不能不闻，不忍睹而不能不睹。彼民所冀于官之闻之睹之者，谓必有以生活我也。夫民固力能自生活者也，至力穷而望之于官，良足悲矣。居官者诚知民以生活望我，而我必有以生活之，则筹备之方，不可不图之于早也。良医之为医也，布指知脉，取古方损益之，药性之温凉，质剂之轻重，了然于胸中，施之以其宜，而后沉疴可蠲，元气可复。若临证而取办，其不殆也仅矣。先生是书，古方之大成也，有未病之方，有既病之方，有病后摄补之方，而医之道尽矣。牧民者，民之医也。庸医误一人，病者犹戒而绝之，官之所医奚翅数十百万辈，且皆在涸辙困逼、九死一生之时，得其方则生，不得则速之死，既为之官即为之医矣，其得谓生死与我无与乎？有是方而无待于用，不失为良医；有是方而适资其用，又各视夫时与地以损益之，民之疾痛庶可少瘳也哉！虽然，法之所以行者，意也。必使意之及民无弗实，而法始不为虚文；且必先使意之在己无弗实，而法始不为虚器。夫法本无弊者也，意不实则弊生。因弊而废法，

---

　　* 与杨景仁《筹济编》卷首略有差异。末署"道光壬辰冬十月年家子林则徐拜撰"。《林则徐全集》作"道光十三年"，误。

是以噎废食也。故官能实一事之意，即民受一事之赐，凡政皆然，况救荒其尤亟者乎！

先生是书，感癸未之灾而作。是岁也，（某）则徐陈臬江苏，与赈恤蠲缓之事。迨膺简命来抚此邦，甚惧无以乐利吾民，所愿牧民之官通民疾苦，而意无弗实，则是书皆扁鹊、仓公所宜读者也，益愿与郡县诸君共勉之矣。

先生讳景仁，嘉庆戊午科举人，由中书历官刑部安徽司员外郎。别著有《式敬编》五卷，慎庶狱也。次子希铨，与（某）则徐同岁举进士，入词馆。季子希镛，举辛巳恩科顺天乡试。留心民瘼者，其后必昌，矧有抚字之任者乎？是又可以劝矣。

（录自浙江省图书馆藏《云左山房文钞原稿》卷三）

密陈司道府考语折
（1832 年）

奏为密陈藩臬道府考语，仰祈圣鉴事：

窃照司道暨知府各员贤否，例应于年终出具切实考语，密奏一次。臣仰蒙畀任封圻，察吏是其专责，如有庸劣不职之员，即应随时参劾，原不必俟及年终。若同在循职之中，而才具互有短长，器识各有深浅，非时刻留心察看，未易周知。查上司所以考察属员者，非于公牍中观其事理，即于接见时询以语言。然各属禀谒之时，谁不能撮拾地方一二情形，以备应对；即公牍事件，有实在自费心力者，有专任幕友吏胥者。但就皮面观之，鲜不被其掩饰。臣窃谓察吏莫先于自察，必将各属大小政务逐一求尽于心，然后能举以验属员之尽心与否。盖徇人者浮，任己者实，凡事之未经悉心筹画者，纵能言其梗概，而以就中曲折，反复推究，即粉饰之伎立穷。若上司之心先未贯彻于此事之始终，又何从察其情伪，则表率甚不易言也。

臣暗昧无能，惟恃此不敢不尽之心，事事与属员求其实际，半载以来，随时考察，虽不敢谓灼见无遗，而司道府之立心行事，人品官声，尚可陈其梗概。除扬州、徐州两府甫经请补，尚未到任，未便注考外，其余各员，谨就臣管见所及，出具切实考语，手缮清单，恭呈御览。伏乞皇上圣鉴。谨奏。

（录自《林文忠公政书》江苏奏稿卷一，光绪二年（1876 年）
福州林氏刊本）

致郑瑞麒书
（1833 年 1 月 19 日）

　　二十日寄上一函，想已达览。比维五兄大人履禧增吉，潭祉同绥为颂。此间兵差络绎，筹办大难，事过之后，不知又添几许亏空。弟到苏以来，力与各属屏除浮费，事事俭之又俭，冀以补苴，今则变本而加厉矣，能不令人焦急□得闽信，知陆路提督、金门镇军均已到台，程制军亦由省赴厦东渡矣。但近到应有捷音，何以日来转无驿递过去？殊为悬盼。闻豫、陕之外，更拨有川、黔兵丁，恐不免劳师袭远，地方益不可支。但祝早晚即平，犹可截止耳。家乡秋收本极歉薄，台米又复不到，上游遏粜，市价至五六千文，弟之隐忧，不〈在〉台郡而在内地也。兹乘差便，抽冗草渍数字，借请台安，恕不尽意。

　　　　　　　　　　　　　　　　　　十一月廿八夜　心叩

　　附寄各函仍祈饬送，不必哑哑。

　　再，李瀛门比部书院筹画至再，因正席早已无虚，只得于宝山添一副席，岁修百金而已。温翰初靖江之席已留，昨闻其与上海温令言，欲换至上海，以便支修，亦与云汀先生商明，为之调换，而修金但能如旧。晤雨人兄，先为致及是荷。又顿首。

　　　　　　　　　　　　　　　　　（录自厦门大学历史系藏抄件）

复陈恭甫先生书
（1833 年 2 月）

恭甫老前辈大人阁下：奉别已三载，前后惠书，积至数寸，而裁报阙如。若非河海之量，安能保其无他，复不吝教诲如是，铭心汗背，匪可言喻。

则徐庚寅之秋自都至楚，明年春移汴梁，其秋再移江淮，办灾未毕，谬领宣防，辞不获已。去春载奉抚吴之命，以得离河上为幸。然吴中凋敝之余，谈者鲜不以为畏途，以芝林之敏练，犹复知难而退，况贱子乎？受事甫半月，即以监临文闱，移驻白下。今河事孔亟，淮扬告灾，未待撤帘，驰往抚视。是冬始返吴下，未几而兵差矣。仆仆从事，迄今未能少休。突既不黔，炊又无米，劳累之余，精力日以消沮，心绪日以恶劳。每欲伸纸一抒胸臆，自非数行可了，而他冗辄复间之。中辍之后，便不能续，至今案头零笺即有奉报之书未及终幅者，不敢复达于左右也。来教期许殷切，且多忧时感事之语，知名山中无时不以苍生系念，钦佩奚似。

则徐见近年以来，吏之与民愈不能以恩义相结，人心日以不靖。如陈连、黄番婆等之事，固在意中，而仅见诸海外之隅，犹为不幸中之幸耳。台变明知不能持久，事起之际，鄙意总以内地之米为忧，致当事书，谓除截留江、浙槽米海运赴闽之外，别无他策，而江苏有搭漕二十万石，乃于正漕之外补还旧岁年额者，尤可挹注。昨奉谕旨，因此间距闽较远，故仅浙漕十万，而苏漕不准截留。此外江西及浙中购买之米，未知果能如议否？则徐已将上海之船尽数封雇，派水师将领押往乍浦协运，究未知浙米果于何日兑上商船？如或迟延，恐望梅终难止渴也。近来江、浙漕运已成不治之症，定例冬兑冬开者，今春兑夏开，天庚正供尚复如是，则泛舟之役可知，然犹愈于无，或人心因之少定耳。海东遭此蹂躏之后，西成东作，想各愆期。比接乡书，又闻台米到省，果非讹传欤？新节东渡，专办善后，能不迁就，为久远计，则非旦夕可毕。闻水沙连地广而腴，若乘此兵力厚集之时，似可清理，但不知果有格碍或转生他患否？新节能除情面，任谤怨，亦近今所难，若再虚怀延访，谅可收群策之效。则徐愧不能有益于乡里，但祝岁事顺成，安靖为福耳。

江苏之病，更比吾闽为难治者，以"局面太大，积重难返"二语尽之。自道光三年至今，总未得一大好年岁，而钱漕之重，势不能如汤文正之请减赋，故一年累似一年。江北连岁水灾，更不可问。如洪泽湖蓄淮济运，即以敌黄，在前人可谓夺造化之巧。自河底淤高，而御坝永不能启，洪湖之水涓滴不入于黄，则惟导之归江。而港汊纡回，运河吃重，高邮四坝，无岁不开，下河七州县无岁而不鱼鳖。黠者告荒包赈，健者逃荒横索，皆虎狼也，惟老病之人则以沟壑为归己计耳。官斯土者，岂无人心，但可为民食计，亦未尝不竭其思力。其如处处如是，岁岁如是，赈恤之请于朝者无可更加，捐输之劝于乡者亦已屡次，智勇俱困，为之奈何！

则徐窃不自量，谓欲救江、淮之困，必须改黄河于山东入海，而以今之黄河于淮洇出洪泽湖以为帝藉。江浙之漕米可以稍轻，而运费遂有所从出。于张秋划南北岸，分造南北运船，隔岸转艘，漕既无误，河亦可治，江淮之间民困可苏矣。尝谓古之善治河者如神禹。禹之治河，固非后人所可思议，若汉之王景，非不可学者。何以王景治河由千〈乘〉入海之后，史册中不闻河患者千六百年？大抵南行非河之性，故屡治而屡为患耳。则徐久欲将此意上陈，而非常之论，正不独为黎民所惧，近日都中物议以则徐为以议论炫长者，且此议必为风水之说所阻，明知不行，不敢饶舌。缘来教询以河事及江、淮之民困何由苏，故不禁纵笔及之。伏望启所未知，匡所不逮，易胜感祷！

孙文靖公墓志出自巨手，其嗣君以书丹属则徐，辞不获已，公冗未清，尚未搦管。而闽中人祀名宦之请，已奉特旨允行，其嗣君遂欲添叙入文，自应寄烦大笔补入，庶机杼不致参差。惟其葬期在四月十三，刻石约须一月，祈即添叙寄至则徐处，能于二月中旬递到，自无不及。抑闻江左名士颇有以此文为稍长者，在老前辈与文靖至契，惟恐言之不详，但其事迹过多，是否尚可酌删，乞裁示之。莱臧亦附一函，统祈察入。

客冬美文大兄过苏，曾于肆中购有《读史方舆纪要》等书，嘱为转托云锦号寄回。其信其书，均于过身之后，由无锡曾大令着人送到。知专为寄书而设，无甚要事，则徐侍添手信，亦复有稽代寄，为罪。兹统祈检收。

（录自福建省图书馆藏沈祖牟辑《云左山房文钞》）

会奏查议银昂钱贱除弊便民事宜折 *
（1833 年 4 月）

奏为遵旨体察银钱贵贱情形，酌筹便民除弊事宜，恭折复奏，仰祈圣鉴事：

窃臣等承准军机大臣字寄："钦奉上谕：'据给事中孙兰枝奏，江、浙两省钱贱银昂，商民交困，并胪陈受弊除弊各款一折。著陶澍等悉心筹议，体察情形，务当力除积弊，平价便民，不得视为具文，致有名无实。原折著钞给阅看。'等因。钦此。"当即恭录，转行江苏藩臬各司，分别移行确查妥议去后。兹据江宁藩司赵盛奎、苏州藩司陈銮、臬司额腾伊体察情形，会议详复前来。

臣等伏查给事中孙兰枝所奏："地丁、漕粮、盐课、关税及民间买卖，皆因钱贱银昂，以致商民交困。"自系确有所见。因而议及禁私铸，收小钱，定洋钱之价，期于扫除积弊，阜裕财源。惟是银钱贵在流通，而各处情形不同，时价亦非一宁，若不详加体察，欲使银价骤平，诚恐法有难行，转滋窒碍。即如洋钱一项，江苏商贾辐辏，行使最多，民间每洋钱一枚大概可作漕平纹银七钱三分，当价昂之时，并有作至七钱六七分以上者。夫以色低平短之洋钱，而其价浮于足纹之上，诚为轻重倒置。该给事中奏称："以内地足色纹银，尽变为外洋低色银钱。"洵属见远之论。无如闾阎市肆久已通行，长落听其自然，恬不为怪。一旦勒令平价，则凡生意营运之人，先以贵价收入洋钱者，皆令以贱价出之，每洋钱一枚折耗百数十文，合计千枚即折耗百数十千文，恐民间生计因而日绌，非穷蹙停闭，即抗阻不行，仍属于公无裨。且有佣趁工人，积至

---

* 《林则徐全集》据中国人民银行参事室金融史料组编《中国近代货币资料·第一辑》第14 页（中华书局 1964 年第 1 版）作四月初六日，误。四月初六日是北京收到奏报日期。

累月经年，始将工资易得洋钱数枚，存贮待用，一旦价值亏折，贫民见小，尤恐情有难堪。臣等询诸年老商民，金谓：百年以前，洋钱尚未盛行，则抑价可也，即厉禁亦可也。自粤贩愈通愈广，民间用洋钱之处转比用银为多，其势断难骤遏。盖民情图省图便，寻常交接，应用银一两者，易而用洋钱一枚，自觉节省，而且毋须弹兑，又便取携，是以不胫而走，价虽浮而人乐用。此系实在情形。

或云：欲抑洋钱，莫如官局先铸银钱，每一枚以纹银五钱为准，轮廓肉好，悉照制钱之式，一面用清文铸其局名，一面用汉文铸"道光通宝"四字，暂将官局铜钱停卯，改铸此钱，其经费比铸铜钱省至什倍。先于兵饷搭放，使民间流通使用，即照纹银时价兑换，而藩库之耗羡杂款，亦准以此上兑。计银钱两枚即合纹银一两，与耗银倾成小锞者不甚参差，库中收放，并无失体。盖推广制钱之式以为银钱，期于便民利用，并非仿洋钱而为之也。且洋钱一枚，即抑价亦系六钱五分，如局铸银钱重只五钱，比之洋钱更为节省。初行之时，洋钱并不必禁，俟试行数月，察看民间乐用此钱，再为斟酌定制。似此逐渐改移，不致遽形亏折等语。臣等察听此言，似属有理，然钱法攸关，理宜上出圣裁，非臣下所敢轻议，故商民虽有此论，臣等不敢据以请行。

惟自洋钱通用以来，内地之纹银日耗，此时抑价固多窒碍，究宜设法以截其流，只得于听从民便之中稍示限制。嗣后商民日用洋钱，其易钱多寡之数，虽不必官为定价，致涉纷更，而成色之高低，戥平之轻重，应令悉照纹银为准，不得以色低平短之洋钱反浮于足纹之上。如此则洋钱与纹银价值尚不致过于轩轾，而其捶烂翦碎者尤不敢辗转流行，或亦截流之一道也。

至原奏称："鸦片烟由洋进口，潜易内地纹银。"此尤大弊之源，较之以洋钱易纹银，其害愈烈。盖洋钱虽有折耗，尚不至成色全亏，而鸦片以土易银，直可谓之谋财害命。如该给事中所奏，每年出洋银数百万两，积而计之，尚可问乎？臣等查江南地本繁华，贩卖买食鸦片烟之人原皆不少，节经严切查拿，随案惩办，近日并无私种罂粟花作浆熬膏之人。盖罂粟之产于地，非旦夕可成，因新例有私种罂粟即将田地入官之条，若奸民在地上种植，难瞒往来耳目，一经告发究办，财产两空，故此法一立，即可杜绝。且以两害相较，即使内地有人私种，其所卖之银仍在内地，究与出洋者有间。无如莠民之嗜好愈结愈深，以臣所闻，内地之所谓葵浆等种者，不甚行销，而必以来自外洋方为适口。故自鸦片盛行之后，外洋并不必以洋钱易纹银，而直以此物为奇货，其为厉于国计民生，尤堪发指。臣等随时认真访察，力拿严惩。诚恐流毒既深，此拿彼窜，或于大海外洋即已勾串各处奸商，分路潜销，以致未能净尽，又密饬沿海关津营县，于洋船未经进口之前，严加巡逻，务绝其源；再于进口之时，实力稽查夹带。如有偷漏纵越，或经别处发觉，即将牟利之奸商、得规之兵役，一并追究，加倍重惩，以期令在必行，法无虚立，庶可杜根株而除大害。

至纹银出洋，自应申明例禁。查户部则例内载："洋商将银两私运夷船出洋者，照例治罪。"等语。而刑部律例内，只有黄金、铜铁、铜钱出洋治罪之条，并无银两出洋作何治罪明文，恐无以慑奸商之志。近年以来，银价之贵，州县最受其亏，而银商因缘为奸，每于钱粮紧迫之时倍抬高价，州县亏空之由，与盐务之积疲，关税之短绌，均未必不由于此，要皆偷漏出洋之弊有以致之也。如蒙敕部明定例禁，颁发通行，有以纹银出洋者，执法严办，庶奸商亦知儆畏，不敢公然透越矣。

又该给事中原奏私铸宜清其源一条。查苏省宝苏局鼓铸钱文，道光六年至九年，因银贵钱贱，先后奏准停铸。嗣于道光十年起复行开炉，每年额铸七卯，照依部颁钱样如式鼓铸。开卯之时，俱经该局监督率同协理委员，常川驻局稽查。每届收卯，由藩臬两司亲往查验，所铸钱文均属坚实纯净，并无克扣搀和及于正卯之外另铸小钱情弊。惟奸民私铸小钱，最为钱法之害，久经严行查禁，而私贩一层尚难保其必无。臣等通饬各属，随时随处密访严查，一经拿获，即行从重究治。如有地保朋比，胥役分肥，并即按律惩办。第铺户留匿小钱，亦所不免，若委员挨户搜索，诚如该给事中所奏，"非特势所不行，抑且遂其讹诈骚扰之习"。查苏省嘉庆十四、二十二等年，均经奉旨设局收缴小钱，官为给价，每小钱一斤给制钱六十文，铅钱一斤给制钱二十文，历经遵办在案。该给事中所奏，"令各铺户将小钱缴局"，原系申明旧例。惟收缴必以斤计，则凡不及一斤者，未必不私自行使。伏查定例，各省铸钱，每一文重一钱二分，计每千文重七斤八两。今收小钱一斤例给价六十文，约计以小钱二文抵大钱一文；其收铅钱一斤例给价二十文，约计以铅钱三文抵大钱一文。如照此数宣诸令甲，令民间随时收买，仍俟收有成数，捶碎缴官，照例给价，则市上卖物之人必不许买物者之以一小钱抵一大钱。彼私铸者原冀以小混大，以一抵一，方可牟利，迨见小钱与大钱价值迥殊，莫可搀混，则本利俱亏，虽至愚不肯犯法为之。加以查拿严密，自可渐期净尽。其宽永钱，虽有挽使，尚不甚多，消除较易，自当随时查禁，不任稍有混淆。

　　臣等谨就见闻所及，斟酌筹议。是否有当，恭候圣裁。谨合词缮折复奏，伏祈皇上圣鉴。谨奏。

（录自《林文忠公政书》江苏奏稿卷一）

致潘曾沂书
（1833 年 5 月 30 日）

　　接读手示，并诵另件，备见恫瘝在念，钦佩难名。弟查本年民间拮据情形，由于连年积歉，生意不通，布帛滞销，织纴停歇，兼以一春阴雨，佣趁无从。是以弟于二月初间即通饬苏、松、太三属劝办图赈，并以事宜六条颁行遵照。据外州县陆续禀报，或散钱米，或设粥厂，或辘轳买运，减价平粜，至今俱未歇手。独苏城未见大办者，一以居民太稠，动手即恐不继，欲向大户劝捐，而意趣不同，难使尽行推解；又因粮艘未出，州县百孔千疮，亦力难兼顾。且见进关客米源源而来，佃算季春一月，已有二十七万石，四月朔至今，又已十万有零。天色晴明，二麦尚有六分余之望。故但于栖流所等处收养老疾贫丐，并由官分设粥担、面担，挑赴沿街沿巷，遇有饥馁者，酌给一两碗，取其可行可止，劳费轻而事易举，以俟麦收之后，察看情形，再行筹办耳。至好善之家，谅必不乏，但能损己济人，皆有所益。弟于见士临民，无不以此相告，欲其交劝于善。惟自檄行之后，不复示谕通衢者，亦恐莠民借此为题，沿门坐饭，启刁顽而滋索扰。盖作官治民之苦心，与行善于乡之义举，有不能专看一面者。所谓禹、颜易地，正未便径情而行也。

　　贵庄捐田备荒，正为青黄不接之时而设。刻下务祈倾困以出，多设一二处厂所，或减粜次贫，或折给极贫，如古人丁籴戊济之法，救济必多。至于出示劝捐，弟意此时有难办处，容再面述一一也。所不可解者，近日天晴已久，客米来多而米麦价值日昂，小民食贵，恐是奸商把持之弊。现已慎密访查，然又不敢过抑，以阻其来路。或云粮艘去尽，米价自平。果尔，则不能不略俟之。惟是本地总不食籼米，亦是一癖。弟于去夏米贵时节，曾饬城内各铺杜籼兼售，似亦可为穷民节省。今仍拟申谕一番，只略图补救，无大益也。业农之完赋，与佃农之交租，近日皆处极困之势。惟其苦乐不均，作不顺而施不恕，此中致累之故有难笔宣者。

阁下一腔心事，已吐露于《龙尾车诗·跋》，弟所以谓为仁人之言也。但欲妥立章程，事非容易，弟亦频频对人道及此事，断不能不设法变通。鄙意欲有所言，恐终不得行耳。俟晤时为阁下述之，以就有道之教。刻下转难于来件中奉答，故先缴还，并略陈胸臆如右。余容面罄，藉颂道安，不一。

名心泐　十二晚

附来图赈事宜六条，系本年二月所颁行者，又煮赈议一则，系十一年所议而近于苏城挑担仿行者，均以奉政，仍希掷还。尊函如命缴上，台谦不敢当，千万勿然。又顿首。

张河帅告病，已准开缺，麟见亭中丞来南河，并闻。

（录自上海图书馆藏《潘功甫友朋手札》手迹复印件）

《绘水集》序
(1833 年 11 月)

　　震泽王砚农征君，今所谓一乡之善士也。癸未水灾，奉其母夫人命，输白金千余两以上，恤死者、振生者，大吏为闻于朝，得邀旌门之荣。征君以是年所作《悯灾》诸诗，绘图征咏，东南士大夫凡目睹颠连之状，耳闻呼号之声者，莫不振触怀抱，形诸篇章，积时既多，遂成巨册，题曰《绘水集》。会余巡抚吴中，辱来请序。嗟乎，余何以序是编哉！方水灾时，余适陈枲于此，颠连之状，呼号之声，目不忍于睹而所睹皆是也，耳不忍于闻而所闻皆是也。幸逢天子仁圣，大□□贤明，都人士好义者众，补苴罅漏，稍事安辑。至今□□，呼号之声、颠连之状犹无时不在耳目前，而册中诸诗，多有归美余者。嗟乎，是殆滋余之咎矣乎？夫救荒无善策，为民牧者不能备之于未荒之先，使吾民凶岁无菜色，而仅恃一二荒政临事补救，即云有济，亦千百之什一耳。且此邦自癸未已来，民气未复，辛卯、壬辰又值霪潦为患，今岁一春苦雨，麦仅半稔，迨四五月，方以雨旸应时为农民幸，孰意秋来风雨油晦，有亘寒之占，黍稷方华，而地气不上腾，虽犹是芃芃然也，而秀而不实者比比矣。吴中士女业纺绩者什九，吉贝之植多于艺禾，频岁木棉又不登，价数倍于昔，而布缕之值反贱。盖人情先食后衣，岁俭苦饥，衣虽敝而惮于改，为其势然耳。然而贸布者为之裹足矣，业绩者为之辍机矣，小民生计之蹙，未有甚于今日者也。

　　国家岁转南漕四百万石，江以南四郡一州居其半。夫此四郡一州，地方五百余里耳，而天庚之供如是，京师官俸兵饷咸于是乎。惟薪年谷顺成，犹可为挹注耳，顾又遭此屡歉之余，国计与民生有两妨而无兼济。向所不忍听睹之声状，过此以往，恐将滋甚。嗟乎，是固司牧者所当返人牛羊之日，而余犹苟禄窃位于此，其尚可以终日乎哉！展君斯图，感念今昔，岂止掩卷三叹已耶！君诚一乡之善士也，其亟为桑梓策之！

（录自浙江省图书馆藏《云左山房文钞原稿》卷三）

太仓等州县卫帮续被歉收请缓新赋折
（1833 年 12 月 23 日）

奏为续查太仓、镇洋、嘉定、宝山四州县，于秋后连被阴雨，收成歉薄，恭恳圣恩，一体酌缓新赋，以纾民力事：

窃照江苏省本年秋禾被灾及勘不成灾各处，先经臣等查明会奏，请将新旧钱粮分别蠲缓在案。其时禾稻已形减色，而木棉尚有晚花，太仓州暨所属之镇洋、嘉定、宝山等县，种稻之处十仅二三，而木棉居其七八，犹冀十月之内天气暄晴，晚棉或有薄收，稍资补救。

兹据该四州县暨坐落境内之太仓、镇海、金山三卫帮先后禀报：自九月至十月下旬连遭风雨，已刈在田之稻无从晒晾，霉烂生芽，木棉先结花铃多已脱落，即晚结之铃亦经腐烂，收成失望，禀请将应征新赋与旧欠一体缓征等情。复经节次批行藩司委员勘办去后。兹据苏州藩司陈銮详称："饬据委员先后勘明具复，实系收成歉薄，勘不成灾，应请照例缓征。"等情，详请具奏前来。

臣查定例："地方遇有灾伤，先将被灾情形日期飞章题报，秋灾限九月终旬，题后续被灾伤，一例速奏，仍一面题报情形，一面遴委妥员履亩确勘，司道复查，加结详报具题。"等语。今太仓、镇洋、嘉定、宝山四州县，地处海滨，收成本属最迟，每俟立冬以后始可刈获；且向来多种木棉，纺织为业，小民终岁勤动，生计全赖于棉。本年八九月间天气阴寒，连遭风雨，花蒂摇落，收成已减，然晚棉尚有铃子，犹冀薄收，是以秋灾案内只请缓征旧欠，未将新赋一律请缓。乃自九月以后至十月下旬，复又阴雨连绵，晚花尽行腐落，即晚稻之已经刈割者，多置田间，不能晒晾，稻根霉烂，谷粒生芽，收成实为歉薄。坐落该州县之卫地，情形亦属相同。相应恭恳圣恩，俯准将太仓、镇洋、嘉定、宝山四州县及坐落之太仓、镇海、金山三卫帮续被歉收田地，应征道光十三年地漕各款银米，一体缓至十四年秋成后，分作二年带征。其该州县卫帮应征甲午年新赋，并请缓至该年秋后启征。所有带征各年旧欠钱粮，如系坐落歉区者，亦请一并递缓，以纾民力。

除饬将原报灾歉及续被歉收情形，另行汇详请题外，所有查明太仓等州县卫帮续被阴雨歉收，恳请缓征缘由，谨会同两江总督臣陶澍，合词恭折具奏，伏乞皇上圣鉴训示。谨奏。

（录自《林文忠公政书》江苏奏稿卷二）

江苏阴雨连绵田稻歉收情形片
（1833 年 12 月 23 日）

　　再，江苏连年灾歉，民情竭蹶异常，望岁之心人人急切，今夏雨旸调顺，满拟得一丰收，稍补从前积歉。乃自七月间江潮盛涨，沿江各县业已被水成灾。其时苏、松等属棉稻青葱，犹冀以江南之盈补江北之绌。盖本省漕赋在江北仅十之一，而江南居十之九，故苏、松等属秋收关系尤重。惟所种俱系晚稻，成熟最迟，秋分后稻始扬花，偏值风雨阴寒，遂多秀而不实，然大概犹不失为中稔。迨九月以后，仍复晴少雨多，昼则雾气迷濛，夜则霜威严重，虽已结成颗粒，仅得半浆。乡农传说暗荒，臣初犹未信，当于立冬前后，亲坐小舟密往各处察看，见其一穗所结多属空稃，半熟之禾变成焦黑，实为先前所不及料。然犹盼望晴霁，庶可收晒上砻，不意十月以来，滂沱不止，更有迅雷闪电，昼夜数番，自江宁以至苏、松，见闻如一。臣率属虔诚祈祷，悚惧滋深，虽中间偶尔见晴，而阳光熹微，不敌连旬甚雨。在田未刈之稻，难免被淹，即已刈者，欲晒无从，亦多发芽霉烂。乡民以熏笼烘培，勉强试砻，而米粒已酥，上砻即碎，是以业田之户至今未得收租。

　　臣先因钦奉谕旨，新漕提前赶办。当经钦遵严饬各属，勒令先具限结，将何日开仓，何日征完，何日兑足开行，登载结内，并声明"如有逾期，愿甘参办"字样呈送；如不具限状，即系才力不能胜任，立予撤参，不使恋栈贻误。各属尚皆具结遵办。然赋从租出，租未收纳，赋自何来？当此情形屡变之余，实深焦灼。

　　又各属沙地只宜种植木棉，男妇纺织为生者十居五六，连岁棉荒歇业，生计维艰。今年早花已被风摇，而晚棉结铃尚旺，如得暄晴天气，犹可收之桑榆，乃以雨雾风霜，青苞腐脱，计收成仅只一二分。小民纺织无资，率皆停机坐食。且节候已交冬至，即赶紧种麦，犹恐过时，况又雨雪纷乘，至今未已，田皆积水，难种春花。接济无资，民情更形窘迫。此在臣奏报秋灾以后歉象加增、日甚一日之情形也。

地方官以秋灾不出九月，不许妄报，原系遵守定例，然值连阴苦雨，人心难免惶惶，外县城乡不无抢掠滋闹之事。臣饬委文武大员分投弹压，现已安静。除宝山乡民因补报歉收挤至县署一案，另折奏明严拿提审外，其余情节较轻例不应奏者，亦当随案照例惩办，以儆刁风。惟据续报歉收情形，勘明属实，不得不照续被灾伤之例酌请缓征。

正在缮折具奏间，承准军机大臣字寄："钦奉上谕：'近来江苏等省几于无岁不缓，无年不赈，国家经费有常，岂容以展缓旷典，年复一年，视为相沿成例！'并奉上谕：'该督抚等不肯为国任怨，不以国计为亟，是国家徒有加惠之名，而百姓无受惠之实，无非不堪下吏私充囊橐，大吏只知博取声誉。'等因。钦此。"臣跪诵之下，兢懔惭惶，莫能言状。

伏念臣渥蒙恩遇，任重封圻，且居此财赋最繁之地，乃不能修明政事，感召和甘，致地方屡有偏灾，极知经费有常而不得不为赈恤蠲缓之请，抚衷循省，已无时不汗背靦颜。乃蒙皇上不加严遣，训敕周详，但有人心，皆当如何感愧！况臣受恩深重，何敢自昧天良？若避怨沽名，不以国计为亟，则无以仰对君父，即为覆载之所不容。臣虽至愚，何忍出此？即如上年臣到苏之后，秋成仅六分有余，而苏、松等四府一州于征兑新漕之外，尚带运十一年留漕二十万石，合计米数将及一百八十万，为历来所未有之多。原因天庾正供，不敢不竭力筹办。其辛卯年地丁，督同藩司陈銮催提严紧，亦于奏销前扫数全完，业经专折奏蒙圣鉴在案。窃维尽职之道，原以国计为最先，而国计与民生实相维系，朝廷之度支积贮无一不出于民，故下恤民生正所以上筹国计，所谓民惟邦本也。本年江潮之盛涨，系由黔、蜀、湖广、江西、安徽各省大水并入长江，其破圩淹灌之处，原不止上元等六县，臣所请抚恤，第举其最重者而言。仰蒙圣上天恩，准给口粮，灾黎感沦肌髓。嗣经官绅捐资抚恤，臣即复行奏请毋庸动项，惟将所发上元、江宁、句容、江浦、仪征五县银两，留为大赈之需。其丹徒一县捐项已有五万余两，并足以敷赈济，当将前发之银提回司库。凡此稍可节省之处，均不敢轻费帑金。惟于灾分较重、捐项又难猝集之区，则不得不酌给例赈。臣等另折请拨之十三万两，系分给十二县卫军民，虽地方广而户口多，亦只得搏节动拨。此外无非倡率劝捐，以冀随时接济。惟频年以来屡劝捐输，即绅富之家实亦力疲难继。查道光三年大灾，通省捐至一百九十五万余两，至道光十一年，灾分与前相埒，仅能捐至一百四十二万余两。其余各年捐项较绌，此时间阎匮乏，劝谕愈难，然睹此待哺灾黎，要不能不勉筹推解。臣与督臣督率司道等，各先捐廉倡导，以冀官绅富户观感乐施，凡此情形，皆人所共闻共睹。如果不肖州县捏灾冒赈，地方刁生劣监岂肯不为举发？而绅富之家又安肯听其劝谕，捐资助赈至再至三？且捏灾而转自捐廉，似亦无此愚妄之州县也。至请缓之举，只能缓其目前，仍须征于异日，非如蠲免之项虑有侵吞。州县之于钱漕未有不愿征而愿缓者，至必不得已而请缓，且年复一年，则地方调敝情形早已难逃圣鉴，然臣初亦不料其凋敝之一至于是！

今漕务濒于决裂，时刻可虞，臣不得不将现在实情为我皇上密陈梗概。查苏、松、常、镇、太仓四府一州之地，延袤仅五百余里，岁征地丁、漕项正耗额银二百数十万两，漕白正耗米一百五十余万石，又漕赠、行月、南屯、局恤等米三十余万石，比较浙省征粮多至一倍，较江西则三倍，较湖广且十余倍不止。在米贱之年，一百八九十万之米即合银五百数十万两，若米少价昂，则暗增一二百万两而人不觉。况有一石之米即有一石之费，逐层推计，无非百姓膏脂。民间终岁勤动，每亩所收，除完纳钱漕外，丰年亦仅余数斗。自道光三年水灾以来，岁无上稔，十一年又经大水，民力愈见拮据，是以近年漕欠最多，州县买米垫完，留串待征，谓之漕尾，此即亏空之一端，曾经臣缕晰奏闻，然其势已不可禁止矣。臣上冬督办漕务，将新旧一并交帮，嗣因震泽县知县张亨衢办漕迟误，奏参单审，而漕米仍设法起运，不任短少，皆因正供紧要，办理不敢从宽也。今岁秋禾约收已逊去年，兹复节节受伤，甚至发芽霉烂，询之老农，云现在纵能即晴，赶晾漕朽之谷，每亩比之上年已少收五六斗。就苏州一府额田六百万亩计之，即已少米三百余万石。合之四府一州，短少之米有不堪设想者。民间积歉已久，盖藏本极空虚，当此秋成之余，粮价日昂，实从来所未见，来岁青黄不接，不知更当何如？小民口食无资，而欲强其完纳，即追呼敲扑，法令亦有时而穷。前此漕船临开，间有缺米，州县尚能买补。近且累中加累，告贷无门。今冬情形，不但无垫米之银，更恐无可买之米。至曩时苏、松之繁富，由于百货之流通，挹彼注兹，尚堪补救。近年以来，不独江苏屡歉，即邻近各省亦连被偏灾，布匹丝绸销售稀少，权子母者即无可牟之利，任筋力者遂无可趁之工。故此次虽系勘不成灾，其实困苦之情，竟与全灾无异。臣惟有一面多劝捐资，妥为安抚；一面督同道府州县，将漕务设法筹办，总不使借口耽延。但本年已请缓征之处，尚不过十分中之二分有余，此外常、镇等处亦已纷纷续禀。臣覆其情形，略轻者无不先行驳饬。但天时如此，日后情形如何，臣实不敢预料！昼见阴霾之象，自省愆尤；宵闻风雨之声，难安寝席。并与督臣陶澍书函往复，于捐赈办漕等事，思艰图易，反复筹商，楮墨之间不禁声泪俱下。倘从此即能晴霁，歉象尚不至更加；如其不然，臣惟有再行据实奏闻，仰求训示遵办。

大江南北，为各省通衢，且中外仕宦最多，一切实情难瞒众人耳目，臣如捏饰，非无可以举发之人。我圣主子惠黎元，恩施无已，正恐一夫不获，是以查核务严，但民间困苦颠连，尚非语言所能尽。本年漕务，自须极力督办，而睹此景象，时时恐滋事端。至京仓储蓄情形，臣本未能深悉，倘通盘筹画，有可暂纾民力之处，总求恩出自上，多宽一分追呼，即多培一分元气。天心与圣心相应，定见祥和普被，屡见绥丰，长使国计民生悉致饶裕。臣不胜延颈颂祷之至！

谨将现办灾歉委无捏报缘由，沥忱附片具奏，伏乞皇上圣鉴。谨奏。

十四年正月初九日朱批："另有旨。"

（录自《林则徐集·奏稿》）

答陶云汀宫保书
（1834 年 2 月 3 日）

云汀宫保老前辈大人阁下：比以年终，事件诸费清厘，又值设局劝捐，稽查贫户，碌碌不遑，致疏肃启为歉。顷奉手翰，并准大咨，知侍前奏常郡缓征分数折，因请免其造册，上干天诘，致烦勘查复奏，闻之殊切难安。其应如何勘奏之处，自荷鼎裁酌办。惟侍此次所勘常郡灾分，照依府县禀详，定为一律普缓者，实为杜弊起见，非敢以轻率从事，请缕陈之：

缘今岁苏、松等属灾歉情形，与历届不同，常郡与苏、松又复不同。盖历届灾分虽成于秋间，灾象先见于夏令，其或旱或潦，早有大概情形。旱则在高田，而低田不与焉，涝则在低田，而高田不与焉，其界限本属井然。故通县有全熟之田，有全荒之田，有荒熟参半之田。例应剔荒征熟，合通境额田而计，居十分中之几分几厘，此历办之成法也。当其报荒之际，禾稻仍熟丁田，故委员先后履勘，得以区别轻重，定为分数。然地方既广，书吏往往因缘为奸，总因有熟有荒，有轻有重，则希图高下其手，潜向业户索费，卖给荒单，谓之注荒使费。故办一处之灾，先须防一处之弊。但情形本有轻重，理宜逐一区分，固不能因噎而废食也。若今岁之歉象，见于秋而甚于冬。当夏令时，雨旸非不周匀，禾棉非不畅茂，孰意入秋以后，风雨阴寒，稻正扬花，秀而不实；棉铃方结，遽被飘摇，加以重雾严霜，雨雪交集，收获之际，损坏愈多。揆其被歉之由，非旱非涝，大抵高低一律，本不相悬。当勘办苏、松之时，即闻舆论纷纷，谓其普律酌缓。缘与向例颇相阂隔，且彼时田禾已刈者少，未刈者多，尚可于履勘之时酌其轻重，以定分数。至常州府属在秋灾案内，原止勘办沿江被水之田，其腹地虽已减收，究比苏、松为胜，是以未准勘办。迨十月之后，阴雨连绵，至十一月初间，又五昼夜大雨不绝。已收之稻，带湿堆贮，蒸变发芽；其未收者，漂落雨潦之中，率多腐烂。据该府县迭次禀报，侍饬司委勘，情形属实。复于因公过常，亲加察看，洵系一律成歉。虽彼县与此县略有轻重之分，而一县之中，实系情形如一。若必强为区别，则禾之已刈者什九，而未刈者尚不及什一，不能以腐落在田者为歉，而成堆霉烂者为非歉，转失情事之平。且具呈报歉之民，庄庄荟集，亦必不能此准彼驳，畸重畸轻，转与舆情不顺。且通县普律酌缓，正以杜胥吏高下之弊。譬如准缓一分，则每户额征一斗者，今冬先征九升，以此推之，户户皆然，村村一律，吏胥即欲轩轾，而无可握之权，给费者不能增一分，不减费者亦不致减一分，则其无从索费也必矣。在胥吏希图借灾敛费，正乐于办理参差，而不乐于普缓；且乐于饬于［造］图册，而不乐于免造。然灾情实系一律，岂可偏枯？

侍愚钝性成，但期据实敷陈，而未计及于例未协。以例而论，秋灾不出九月，今于十一月奏请，即已非宜。然民瘼攸关，仰维圣主轸念民依，是以不揣冒昧，破格具奏。在愚昧之见，正欲以此杜弊，且以俯顺舆情也。但图册究系照例应造之件，仰蒙谕旨驳饬，自应凛遵，仍饬造送。侍前在京口捧裓之时，虽曾将此件折稿呈览，而彼时仅于后尾会列崇衔，正可留为目下复查地步。如蒙查系实情，但饬添造图册，而不改普缓章程，则不特该属办理不致掣肘，而胥吏卖荒之弊，并可永杜将来，实为于公有裨。

再，常郡续报歉收，虽经藩司核转，而通县普缓及请免造册一节，系侍经由该处查看情形，即据府禀入奏，并非出于司详。原折内前后声叙，本不相混，将来侍有应得处分，自当独任其咎，并祈于复奏折内声明为祷。

此间十六七两日已晴，十八后复雨，兹廿一至廿四透晴四日，本日早晨浓阴欲雨，幸于下午起西北风，明日或可望晴。漕务惟有竭力办理，截漕之请，各属密禀者纷纷，然其说似是而非，最滋口实。盖截之云者，取于民而不输于上之谓也。有漕可征，即不应截；若竟无漕，何截之有？但愿此后畅晴，或不致误。万一水穷山尽，则亦非截留二字所能了此大题。侍不惮为民请命，而总不敢使人议其为州县取巧也。惟兵匠行日等米，又当别论，苏属恐亦须酌留数万石。容即具稿，会列崇衔具奏，谨以先陈。至川米可否请饬该省通商运济，并免税之处，务祈指示是祷。肃此，复请勋安。恕不谨。

（录自《云左山房文钞》卷四，上海广益书局 1962 年石印本）

再答陶宫保书
（1834 年 2 月 7 日）

　　宫保老前辈大人阁下：廿五夜飞达一函，想邀鉴入。顷接廿六亥刻惠书，虔聆一一。常郡普缓新漕一案，前启已将办理缘由缕晰奏陈，未知当否？兹读台谕，想见斟酌登答备费心神，曷胜感愧。复据方伯面言钧意，以常属各县既系通境普缓，何以阖府又有二分四、五、六厘之异？又苏、松二属何未续奏等因。仰见筹虑周详，弥深佩服。侍请亦再申其说：

　　查向来办灾成法，奏案内惟将成灾之区应行蠲免者，叙明成灾几分字样；其勘不成灾只系缓征者，历届奏内并不叙及应缓分数，俟饬属查明，方于题本内声叙。其区图斗，则又于题后造送，尚有四十五日限期。此次因常郡歉收，最后准办，而彼处兑漕较苏、松为早，若不将分数即定，如何收漕？且彼时州县之心，尚在希图多缓，如苏、松、太三属分数，皆经几次加增，遂至三分以上。侍见常属各县亦极观望，与其未奏而迭禀请增，不如奏定而无可更改。彼时命意如是，致奏内转欠空洞。又欲杜绝书吏使费，故准办普缓并准免造图册。凡此皆吃力不讨好，钝滞之人所为也。吏胥之于办灾，未有不愿高低而愿画一者，有册斯有费，故乐于造册而不乐于免造。侍以今年冬办秋灾，原系破例之举，若绳之以例，则处处可挑，不独一处，故冀得以邀恩耳。至此县与彼县之分数所以未能画一者，非特旱涝之年，有地势高低之异，即今岁雨雪风雷霜雾，一县之内大致相同，而隔县则此阴彼晴，此晴彼雨，及同一雨雪，而分寸不等，皆事所常有，所谓百里不同天也。且刈获之迟早，但隔一两日，即不相同。譬如此县甲日刈禾，天尚未雨，彼县乙日始刈，雨已滂沱，则此县之分数即轻于彼县，然参差亦甚有限，故所异者在厘而不在分。且各县各报情形，彼此本不宜约会，该府亦不便意为增减，使归画一，非若一县之内，出于一令所报，自有酌剂之道。况以杜弊言之，通县一律，即吏胥无可轩轾，若别县则各不相涉矣。侍仰窥饬查之旨，未尝指此，似可毋庸声说，仍乞钧裁。

再，此次常州缓征所以续奏之故，原因秋灾案内，除武进沿江外，仅缓旧欠而未缓新漕，迨后愈变愈坏，不得不续行奏缓。若苏、松新赋，则早于秋灾案内奏准缓征，惟奏内未叙所缓分数，各县先禀一分上下，嗣因情形加重，遂增至三分以上，统照司详，于题本内逐一声叙。即武进等县普缓分数，亦在司详之内。惟侍在镇江发折时，则藩司但先具禀而未上详，倘有应得处分，侍当独任也。

现在天晴已经八日，如能再晴半月，漕事谅可无误。但现收米数，各县俱尚寥寥，而米色之潮碎，尤为历届之所未有，可否于复奏之便据实声叙？伏祈裁夺。

再，宁属借截兵米，先于原奏指明江宁、扬州两属，今闻续拨如皋、泰兴，可否附奏及之，统惟酌定。肃此驰复，敬颂元禧。

小除夕三鼓 谨上

（录自《云左山房文钞》卷四，上海广益书局 1926 年石印本）

筹挑刘河白茆河以工代赈折 *
（1834 年 2 月）

奏为刘河、白茆河年久愈形淤塞，议请撙节估挑，以工代赈，分别借帑捐办，恭折奏祈圣鉴事：

窃照苏、松、太仓等属，为钱漕最多之区，水利农田攸关重大，该境有吴淞、黄浦、刘河，即古所谓三江。其北又有白茆河，自为一大支，与三江相为表里。于道光四年间奉旨敕办三江水利，因高堰方举大工，集夫不易，仅将黄浦一路先为挑浚。道光六年谕旨敕挑吴淞江，其余刘河、白茆各工，并经奏明分年办理。惟因工费较巨，查道光四年奉旨敕办案内，曾估需银四十万余两，频年筹措维艰，只有粜变米价余剩银五万余两，奏奉恩准留作刘河工用，仍须另筹款项，方可凑办。年来河道愈形淤塞，农田连遭积歉，更宜亟修地利，以期补助天时；而地方绅民先后恳请兴挑，呈词盈帙，察看舆情，甚为急切，节经臣等饬司委员核实勘估撙节筹办去后。

兹据苏州藩司陈銮、署臬司李彦章、苏松太道吴其泰会详称：刘河为古娄江，源出太湖东北，至新阳县界与吴淞江分流而东，而绕太仓州城，历镇洋、嘉定两县境，绵长七八十里。白茆河坐落常熟、昭文两县境内，上承长洲、元和、无锡、金匮、江阴诸水，绵长五六十里。均因淤塞多年，几成平陆，旱涝俱无从灌泄，田畴即渐就荒芜，钱漕亦愈难征比。该两河急须开浚，实为目前必不可缓之工。但尾闾皆有坝身，外高于内，若必开通海口，恐潮汐倒漾，转易停淤。且口门皆有拦沙，挑浚倍为费力，即开通之后，涨沙恐复相连。今为农田起见，期于利灌溉

---

* 据折内"并以上年秋禾被歉，现在青黄不接之时"，则当为道光十四年；又兴修水利当在冬季农闲之时，且白茆河挑浚工程在"三月初一日开工兴办"（见本书《会奏白茆河挑工验收并出力人员佳奖折》），故推断此折出奏约在正月。

而便疏消，则莫若挑作清水长河，不必求通海舶，既节目前之工费，且免日后之受淤，其为利益农田，似有把握。先经该藩司檄委署苏州府知府陈经、太仓州知州李正鼎、青浦县知县蔡维新，公同履勘估计，续又添委苏州府知府沈兆沄、元和县知县平翰、前上元县知县黄冕，会同署太仓州知州周岱龄、镇洋县知县曾承显、署常熟县知县蓝蔚雯、昭文县知县张绶组，逐段丈量，分别造册呈送。并以上年秋禾被歉，现值青黄不接之时，小民力食维艰，正宜以工代赈，禀请即时兴办。复经该藩司亲往复勘，刘河自吴家坟港口起至白家厂，又盐铁老坝墓［基］起至吴家坟港，又老虎湾至红桥湾及陶家嘴、钱家嘴等处，通共约计工长一万五百一十六丈，估挑面宽十丈余尺至八丈余尺不等，底宽三丈，平水面浚深九尺。又南北两岸切滩，并挑土山土埂，以及修筑通工坝闸，挖废民田给价等项，共约估银一十六万五千三百二十余两。白茆河自支塘东胜桥起至海口止，工长七千八百四十丈，估挑面宽六丈、底宽四丈、深一丈。所需挑浚土方，并建新闸及滚水项一座，共约估银一十一万两零。惟两处工程并计，需款较多，自应分别筹办，请将刘河借项兴挑，分年摊征归款，白茆河归于官民捐办等情。详请具奏前来。

臣等伏查刘河、白茆河两处，均系早经勘估奏明必应办理之工。惟从前估计，系欲挑通入海，而议者谓其海口高于内地，潮来旋即浅河；又谓口门现有拦沙，即极力挖通，不久恐仍堵合。且凿沙通海，需费太繁，款项难筹，是以未能兴办。近因旱涝无备，田亩频至歉收，若再因循，此后愈难为力。且民间望沾水不利，与目前望赈同一急切之情，尤须乘此兴工，乃为一举两得。

窃思挑通海口，工费既大，而能否经久，转不可知，不若挑作清水河，工省利长，于农田实有裨益。缘三江之中，黄浦、吴淞两处海口，水势皆已畅出，惟因刘河、白茆两处游塞，东北一带之水溢于平畴。今将此两处河道开通，共长一百数十里，可资容纳，正不必自辟海口，而与吴淞、黄浦交汇通流，适足以助其建瓴之势。查刘河老镇本有闸座，可以随时启闭，今拟于闸外白家厂之地，再建滚水石坝一道，以堵浑潮。白茆河亦于海口缩入数段，建闸筑坝，使潮汐泥沙平时不能壅入，如遇内河水大，仍可由坝上泻出归海，则河水有清无浑，即永远有利无害。

其刘河估需土方坝工等银十六万五千三百余两，系属节省无浮，除遵照奏准之案动拨缓漕米价五万三千余两外，其余银两，查有司库现存水利经费专款银五万两，本系从前议浚三江案内奏明为苏省水利之用，应请尽数动拨。尚不敷银六万二千三百二十余两，请于封贮款内借支。所借之银，在于同沾水利之苏、松、太三属，长洲、元和、吴县、吴江、震泽、昆山、新阳、华亭、娄县、上海、青浦、太仓、镇洋、嘉定、宝山、崇明十六州县，按照银数均派，分作八年，按亩摊征。将来解还司库，除先归米价外，余皆收作水利经费专款，以备苏省将来续修各处水利之需。仍照旧案，俟收有捐监银两，首先归补封贮原额。其应挑工段，亦请循旧归于太仓、镇洋、嘉定、宝山、昆山、新阳六州县，计亩雇夫，分股承挑。

至白茆河估银一十一万两零，亦属节省办理，惟经费有常，未敢概请借帑。臣等现在率同司道府县，倡捐廉银，并淳劝常、昭两县绅商富户，以此河既系万不可缓之工，而民情又处迫不可支之景，各宜勉力捐赀，以工代赈。该绅民等闻而感奋，均各踊跃急公。现已议定章程，自可捐收如数。臣等仍督率司道，遴委廉明勤干之员，协同地方官，选董集夫，随捐随办，并责令该管道府州，于西〔两〕河工程各须认真查察。一俟工竣，由臣林则徐亲往验收，不许稍有草率偷减，并不令假手胥役地保，稍滋弊窦，以期工归实在，利济农田，仰副圣主为民兴利之至意。

除将刘河挑工取造估计报销各册、绘图，另行题咨外，其白茆河系捐办之工，应请毋庸报销。

谨合词恭折具奏，伏乞皇上圣鉴训示。谨奏。

（录自《林文忠公政书》江苏奏稿卷三）

《江南催耕课稻编》叙
（1834 年 3 月）

　　居今日而欲民无饥，则任举一术焉，可以广施生、资补助者，皆不惮讲求而尝试之，冀以收百一之效，而况其信而有征者乎？吴之民困矣，齿繁而岁屡俭，赋且甲天下，当官不能舒民困，诚予之辜矣！抑亦知二鬴之不供，由吾民四体之不勤乎？古者于耜举趾，必以春时，今岂宜有异？而江南之稻，辄以夏至始艺之，其获乃不于秋而于冬。是时严霜苦雾，饕风虐雪之厉，岁所恒有，故有垂成而不得下咽者。古谓收获如寇盗之至，今需滞若是，悔奚及乎！近者，潘功甫舍人劝行区田法，曰：深耕、早种、稀种、多收，此诚不刊之论，而从之者盖寡，非不知区田之利远且大也，惮目前之多费，以改图为弗便，所谓难与虑始耳。夫农民习其事而不明其理，惟以循常蹈故为安。吾侪读书稽古，明其理矣，而于事未习，弗躬弗亲，庶民弗信，有难以口舌争者。

　　余因就官廨前后赁民田数亩，具耰锄袯襫，举所闻树艺之法与谷种之可致者，咸与老农谋所以试之，以示率作兴事之义。于是得早稻数种，自四十日籽至六十日籽，皆于惊蛰后浸种，春分后入土，俟秧苗而分莳之。此数种者，固吾闽所传占城之稻，自宋时流布中国，至今两粤、荆湖、江右、浙东皆艺之。所获与晚稻等，岁得两熟。吾闽早稻艺于谷雨之前，小暑而获，大暑而毕，芒种时早稻犹未刈而晚稻之秧已苗，即植于早稻之隙，若寄生然而不相害，及早稻刈则晚稻随而长，田不必再耕，且早稻之根即以粪其田，而土愈肥，可谓极人事之巧矣。余尝按二十四气而绎其义，窃谓谷雨者，艺早稻时也；芒种者，艺晚稻时也，是皆顾名而可思者。天之于农，固予以再熟之时，而诞降其嘉种矣。《吴都赋》云："国税再熟之稻。"是早晚两禾皆吴中所宜也。吴民纵不欲行区田法，而于两熟之利岂独无动中乎？

然春耕之废久矣。诘其故，则宿麦在地，不可以播谷也。盖吴俗以麦予佃农而稻归于业田之家，故佃农乐种麦，不乐早稻，而种艺之法亦以失传。乃者，自去秋以逮今春，雨雪多而田水积，二麦既不能播矣，盍改图乎？江南故泽国，其土宜稻，本非如西北土性之宜麦，况下地已无麦，则艺稻尤亟矣。或曰闽粤地暖，故早种早刈，江南春寒，未必宜此；然江右、荆湘地亦非尽暖也。且如江北之下河诸邑，无岁不恃早稻为活，立秋前则皆登矣。其不能两熟者，以秋汛启坝，洪泽之水下注故耳；闻三十年前则两种而两刈也。江南地虽不暖，岂尚寒于江北乎？又或曰：早稻，籼也；晚稻，粳也。江南输粮以粳不以籼，虽种之，不足供赋。奈何？曰：余固为民食计也，以晚易早，民或不乐；早晚兼之，又何不宜！或又曰：地力不可尽，两熟之利未必胜于一熟。此说固正，然以余所见，闽中早晚二禾，亩可逾十石，其地多山田，不能腴于江南也。且江南一麦一稻，岂非再熟乎？以所不宜之麦易而为所宜之稻，非尽地力也。夫地力亦患其遗耳，耘耙不勤，粪种不施，虽再易三易，而未必有获也，反是而尽力焉，安见地力之惫乎？且即两熟不能赢于一熟，而早晚皆有秋，民先资以果腹，则号饥之时少矣。况岁功难齐，或早丰晚歉，或早歉晚丰；不得于此，或得于彼。抑亦劝农者所不废乎？所冀业田之家贷佃农以籽种，及其获也，仍以种麦例之，则愿从者众矣。至晚稻当种之时，或如闽中法，或如江右、荆湘法，相时而动可也。

余既试其事，复述其理，以质同人。适兰卿同年权三吴廉访，为余言其官粤西时，尝以是课农，著有成效，因博征广采，厘为十条，以证余说，题曰《催耕课稻编》。首纪列圣纶诰以著朝廷之重本，而时地品类以及种艺之法以次递详。且所列江南早稻诸种，皆今之苏州、松江、太仓府州志及长洲、吴县、昆山、常熟、上海诸县志所详载者，则诚物土之宜，而此邦父老之所传习，视他书所记尤信而有征，而非当官者之诳吾民也。先畴畎亩之思，其亦可以勃然兴矣。

道光甲午春二月日躔降娄之次，抚吴使者侯官林则徐叙。

（录自李彦章《江南催耕课稻编》卷首，道光二十年侯官李氏刊本）

验收刘河挑工并出力人员请奖折 *
（1834 年九十月间）

　　奏为开浚刘河，并建设石坝、涵洞各工，全行告竣，验收如式，请将格外节省余银，疏挑上游各源流淤浅处所，以资久远，并择在工尤为出力之官绅董事，分别恳恩奖励，恭折奏祈圣鉴事：

　　窃照太仓、镇洋境内之刘河，为古三江之一，前因淤塞多年，几成平陆，旱涝无备，田亩频至歉收，为目前必不可缓之工。当经臣等会折奏蒙恩旨，俯准借项兴挑，分年摊征还款。凡在苏、松、太三属得沾水利之处，无不顶感皇仁，踊跃趋事。臣等转饬司道府县督率委员董事，分段承挑，勒限完竣。并以工段绵长，如其中有可格外节省之处，亦宜随时斟酌，据实禀办。

　　嗣据署太仓州知州周岱龄、署镇洋县知县曾承显、委员前上元县知县现署元和县知县黄冕等会禀："原估各工土方丈尺，均系核实无浮，惟河势湾环之处，若相机取直，尚可加意撙节。查老虎湾至红桥湾旧河，向南围绕，今由吴家坟港取直挑至小刘河口，汇归原河，计可省工一千八百余丈。又陶家嘴、钱家嘴旧有河形，亦俱向南绕越，若再取直开挑，可省工五百余丈。又原议于闸外白家厂建滚水石坝一道，以御浑潮。兹查石坝固足御潮，但恐内河水大，宣泄欠灵，因于该坝添设涵洞五所，俾潮大时，将洞闭塞，不使浑水漫入。设遇内河水大，即可全行开放，宣泄入海，操纵较有把握。"等情。复经批饬妥办。即据藩司先后报放银两，于本年三月初八等日陆续开工，幸天气暄晴，人夫云集，印委各员及董事人等，皆能认真督率严催，所有应挑土方，于四月底即

---

　　* 折中提到"此次工竣之后，适七月二十三、四、五等日，苏淞一带大雨倾盆"云云，则出奏当在七月二十五日之后；又据"除同时捐挑之白茆河道现将次全完"，而白茆河工程系十月二十三日全行完竣。据此推断，此折时间大致在八九月间。

经挑竣。臣陶澍出赴苏、松阅伍之便，会同臣林则徐暨藩司陈銮，到工验收，沿途香花载道，钦感皇恩，欢忭异常。验量所挑丈尺，有盈无绌。惟河身既已浚深，则堤岸愈高，转有崩卸之虑。复令逐段挑切，以归一律。又海口砌筑石坝，添设涵洞，凡石料、桩木、锭镪、灰浆，购运鸠工，有需时日，复饬赶紧料理。旋据太、镇两州县暨委员具报，通工全行告竣。又经臣林则徐临工复验，河身倍见深通，堤岸一律平整，闸座俱臻坚固，涵洞最便蓄宣，均无草率偷减情弊。

查刘河自吴家坟港口起至白家厂，又盐铁老坝基起至吴家坟港，又老虎湾至红桥湾及陶家嘴、钱家嘴等处，原估工长一万五百一十六丈，面宽十丈余尺至八丈余尺不等，底宽三丈，平水面浚深九尺。又南北两岸切滩，并挑土山、土埂以及估筑通工坝闸、挖废民田给价等项，共估银一十六万五千三百二十余两。今将吴家坟、陶家嘴、钱家嘴等处取直开挑，又省工二千四百余丈，少挑土十五万六千余方，计通工土方连修筑闸坝、挖废民田给价等项，共银十三万四百二十二两零，较之原估格外节省银三万四千九百两零。据苏州藩司陈銮请将前项节省余银，留办上游淤浅处所，并查明在事尤为出力官员绅董，酌议分别奖励。详请具奏前来。

臣等伏查刘河工程，系屡经奏明必应办理之工，只因工巨费繁，有需筹措，兹以浚清堵浊之法，撙节估挑，仰荷圣恩借帑兴办，而相机取直，则于节省之中又有节省。此次工竣之后，适七月二十三、四、五等日，苏、松一带大雨倾盆，太湖附近诸山陡发蛟水，处处盛涨，拍岸盈堤，当即飞饬太仓、镇洋两州县，将该坝涵洞全行启放。据禀：滔滔东注，两日之内消水二尺有余，而秋汛大潮仍无倒灌。是刘河之容纳，与涵洞之宣泄，实已著有成效。

惟思三江之水，无不承太湖而来，而自太湖递至三江，其中泖淀等处均系经由要道，淤塞多年，前因三江尚未全疏，无暇兼顾，臣陶澍于顺勘刘河工程片内，即经声明尚须再浚上游各淀。兹刘河工程得以格外节省，即上游水道亟须择要接挑。又太仓州有七浦河一道，在州境东北，直达海口，形势较刘河为小，实则与为表里，亦因年久淤塞，佥恳一律疏通。此等水利工程，在江苏原不胜枚举，然其最为扼要之处，所系于利害者匪轻，若不乘时兴修，脉络仍多阻滞。窃思前项节省余银，本系原估应行动用之款，今因逢湾取直，极力省出，即留作挑浚支河之用，实属以公济公。合无仰垦圣恩，准将节省余银，于各处游浅河道择要兴办。所有刘河借款，仍照原估十六万五千三百二十余两之数，归于太、镇等十六州县分年摊征还款，自足以资远利而惬舆情。

至此次挑办刘河在工印委各员及绅董人等，均系自备资斧，奋勉趋公，不辞劳瘁，似应量予奖励。惟人数众多，臣等未敢悉登荐牍，谨择其尤为出力者，开具清单，恭呈御览。如蒙圣主鸿慈，俯加鼓励，该官绅等倍加感激，踊跃急公，臣等亦得收指臂之效。其出力稍次人员，在外分别记功给奖。

除同时捐挑之白茆河道现亦将次全完，容俟验收，另行具奏，并饬将刘河工长高宽丈尺、土方夫工银两各项价值细数，另开清单，一面将太湖以下泖淀支河，暨太仓州境内七浦河道，委员确勘估计银数，分别详请奏报外，所有臣等验收刘河工程缘由，谨合词恭折具奏，伏乞皇上圣鉴训示。谨奏。

（录自《林文忠公政书》江苏奏稿卷四）

会奏白茆河挑工验收并出力人员请奖折*
(1834 年 12 月 10 日)

两江总督臣陶澍、江苏巡抚臣林则徐跪奏，为捐资挑浚白茆等河，并建筑闸坝工程全行告竣，验收如式，请将捐输出力之官绅董事分别奖励，恭折奏祈圣鉴事：

窃照常熟、昭文两县境内有白茆河一道，于三江之北别成一大支，为苏、常两郡泄水尾闾，淤塞多年，几成平陆，旱涝无备，急须挑浚。前经勘估土方并建闸等项，共约需银一十一万两零。因与刘河挑工同时并举，未敢概请借帑，议由官民捐资兴办，以工代赈。奏奉谕旨："随捐随办，免其造册报销。"等因。钦此。当即转行钦遵办理。

臣陶澍、臣林则徐各倡捐银一千两，藩司陈銮捐银二千两，苏松粮道陶廷杰捐银三千两，苏松太道吴其泰捐银五千两，前任苏州府知府沈兆沄、署常熟县事试用知县蓝蔚雯各捐银一千两，昭文县知县张绥组捐银六千两。此外绅民捐项，除安徽候选道章廷榜所捐二万两内，奏明以一万两拨归白茆经费外，余皆常、昭二县绅商富户随时捐集。因系地方水利，均各踊跃乐输，统计官民捐项，较之估需银数，有盈无绌。于本年三月初一日开工兴办。并因附近白茆之徐六泾及东西护塘河，均系呼吸相通，亦须兼浚，饬据藩司陈銮亲往履勘估计，一体开挑，并先后委员分赴各工催趱。又因其时本系以工代赈，壮者固可自食其力，而老弱残废之人不能工作，饥寒可悯，复于办工经费内力加节省，量予接济，俾附近工次悉归安静。

---

* 标题据《林文忠公政书》江苏奏稿卷四拟。

臣陶澍于四月内至苏、松一带阅伍，会同臣林则徐到工量验，所挑宽深丈尺，多有逾额。沿途香花载道，间阎欢忭异常。

旋据禀报，五月十九日挑工全竣，复经臣林则徐督同藩司陈銮按段验收。自昭文县之支塘东胜桥起，至海口止，工长七千八百四十丈。原估面宽六丈、底宽四丈、深一丈，旋又将河面展宽二丈，以资容纳，河身倍见宽阔，堤岸一律坦平。惟海口建筑闸坝因需购备石料、桩木等物，未及同时兴举。复于七月施工，至十月二十三日，据报闸坝工程全行完竣，复委藩司陈銮赴工验收。兹据该司详称："验明各工，均系如式坚固，并无草率偷减情弊。统计土方夫工以及闸座工料，戽斗筑坝，并就近接济老弱饥民一切经费，共用银一十一万五千二百七十八两零。应遵前奉谕旨，免其造册报销。并查明在事出力之印委各员及董事、捐户人等，酌议分别奖励。"详请具奏前来。

臣等伏查白茆等河本系早经勘估必应办理之工，惟因需费繁多，未能遽行兴办。兹于地方连歉之后，官绅设法集捐，以工代赈，民夫得资口食，踊跃赴工，未敢借动帑金，而水利以兴，穷黎以济，洵为一举两得。加以闸坝并设，蓄泄咸资，淤塞无虞，旱涝有备。即如本年七月间太湖陡发蛟水，幸赖新河通畅，宣泄极灵，惟形如釜底之田未能即时消涸，其余连岁被淹处所，皆幸得免沉灾。成效已臻，舆情允洽。所有大小官员捐资筹办，除臣陶澍、臣林则徐暨藩司陈銮毋庸议外，其余粮道陶廷杰、苏松太道吴其泰、前任苏州府知府沈兆沄，职分较大，均不敢请邀议叙，又总办出力之委员前高邮州知州平翰，已荷圣恩升授通州知州，亦不敢请奖外，臣等会同查明，择其捐项较多、劳绩最著之印委各员，及捐输出力之乡绅董事，分缮清单，恭呈御览，仰恳圣主天恩，分别奖励，以为急公者劝。此外出力稍次员弁及捐银在三百两以下各户，应由臣等在外给奖。

除工料丈尺细数，遵旨毋庸造册报销，仍饬取捐户履历清册另行咨部给照外，所有验收白茆等河工程缘由，谨合词恭折具奏，伏乞皇上圣鉴训示。谨奏。

十一月初十日

道光十四年十一月二十六日奉朱批： 钦此。

（录自军机处录副）

查议浒墅关各口征税事宜折
（1835 年 4 月 26 日）

两江总督臣陶澍、江苏巡抚臣林则徐、苏州织造臣松桂跪奏，为遵旨查议浒关各口征税事宜，恭折复奏，仰祈圣鉴事：

窃臣等承准军机大臣字寄："道光十四年十月三十日奉上谕：'据给事中瞿溶奏，近年各关课税钱粮节次亏短，固由年岁之歉薄，实因偷漏之过多，欲除偷漏之弊，必须设法整顿。道光六年御黄坝未开，其旧册无名各商置贩货物者，准其于娄、齐门暂纳钱粮，由江海关行走。该处每年新添兼纳之税不过三千余两，而淮扬、临清各关课税因此亏缺者，何啻倍蓰。现在内河已通，娄、齐门兼纳之钱粮尚未停止，在浒关只图稍为贴补，而淮扬各关实隐受其害。至浒关之西有乌溪港税口，离大关二百余里，属常州府荆溪县，与浙江毗连，更有附近乌溪港之四安山，与长兴县交界，民间新开山路，直达金陵，不过百里，该两处偷漏之税更多。其应作何稽查之处，该省尚未议及等语。各关课税皆有定额，岂容任听奸商巧为偷漏？自应严立章程，力加整顿。著陶澍等即将该给事中所奏各情，确切查明，体察情形，悉心妥议，据实具奏，总期课额充盈，商民俱便，方为妥善。该给事中原奏，著钞给阅看。将此谕知陶澍、林则徐，并传谕松桂知之。'钦此。"臣等遵即委员前赴各该处确切查勘，一面札行苏州藩司暨府县等查访情形，据实禀复。臣松桂亦即亲诣察访。

如该给事中所奏，现在内河已通，娄、齐门兼纳之钱粮尚未停止一节。查定例："江北、江广、江宁等处货船赴苏、杭者，均进京口，归浒墅关报税。福建，浙江，关东锦州，山东登、莱、青等处货船，及本省通州土物由海对渡者，均进刘河、上海等口，归江海关报税。倘有应赴浒关货物由海关纳税者，查出治罪。"等语。是商船出海者海关收税，由内河者浒关收税，本有一定章程。虽则例所载但指北货南来者而言，其南货贩运赴北，自亦如此分别，不能听其紊越。惟从前题定海关课则轻于浒关，商情避重就轻，势所不免，且内河自浒关而外，尚须经历淮扬、临清各关，而出海则只纳一关之税，即可扬帆直达，不惟省费，且免纤缓，是以浒关则例内向有娄、齐门设役巡查之条，盖以杜内河商贩影射出海绕越行销之弊也。嗣缘蠹役奸商串通卖放，复经历任浒关监督根查海船商名字号及行销货物地方，令各行户、会馆互具保结，声明实系由海运往登、莱、青、胶州、关东等处行销，不敢影射夹带，绕越腹地等情，由娄、齐门挂号放行，听赴海关报税，立法已极周密。道光四年间，浒关监督延隆以挂号出海商名多至二百余户，不宜再任增添，当经奏准"除册内有名挂号旧商照常行运外，其新立字号呈报海运者，概行截留"。奉行未久，即经御史熊遇泰风闻胥役借端讹索，遇有重载商船迫令内河行走等情，奏奉谕旨敕查。经延隆复奏，以彼时河道阻塞，海运奸贩更有借词，若强令行走内河，既于商情不顺，若概听紊越出海，又于税课有妨，请量为变通，将娄、齐门挂号旧册有名者照旧免税验放，其旧册无名之商亦免截留，惟按浒关则例，即于娄、齐门纳税放行等因。维时臣陶澍在巡抚任内，钦奉谕旨，会同妥议。当因御黄坝未能开放，商船不得不由海道，请照延隆原奏，凡客商自苏制贩南杂茶布等货前赴上海出口，除道光五年以前由娄、齐门挂号旧册有名者，浒关毋庸纳税外，其新立字号，均于浒关暂行兼纳钱粮，由娄、齐门验放，前赴江海关输税出口；一俟御黄坝开放，河道通顺，仍照旧分别货地行走，毋庸兼纳钱粮，会折奏奉朱批："依议。认真妥办。"钦此。钦遵在案。历年以来，河路虽渐形通顺，而黄水仍未见落低，粮船尚须灌塘，御坝不能畅启，内河商贩总不敌走海之多，故娄、齐门兼纳钱粮尚未停止。然连年浒关税额，短绌依然。虽淮扬、临清各关亏缺之由，未必皆因乎此，而其于浒关无益，亦已甚明矣。

臣等思外海内河，同系国家税课，既有定例可循，自应各收各税，方为正办。惟趋避之商情百出，即征收之难易迥殊。前任监督延隆为裕课杜弊起见，先议旧册有名者准其走海，新立字号者一概截回，是除旧商倒罢之外，总不许有走海新商，其势既不可行，因而转为兼纳之议。在一时河道阻塞，不得不暂事权宜，今自应议复旧章，而尤须严行稽察。卷查升任浒关监督阿尔邦阿原定章程，令贩运关东及登、莱、青、胶州等处走海各商，报明字号，并每年所办货物约数，指定行销地方，移查属实，仍责令各会馆、行埠［户］取具互保切结，声明"如有隐混夹带，查出愿甘重罪"字样。其有闭歇增开者，随时赴关具呈，听候查明，分别注销添载，已入册者方准验放。其行销腹地之货，悉赴浒关输税，由内河行走，不得混称贩往沿海地方，妄希绕漏。如此办法，洵为公允。臣陶澍、臣林则徐与臣松桂酌商至再，似宜循照而行。至此后如有情形不同应须变通之处，容臣松桂随时悉心筹画，奏请训示。其娄、齐门兼纳钱粮，恭俟奉到批谕之日即行截止，以符旧制而免纷歧。

又该给事中所奏，浒关之西有乌溪港税口，距浙江省长兴县仅四十里，其附近之四安山，直达金陵不过百里，请即于乌溪港收税一节。臣等委员确查，并经臣松桂亲诣勘明，乌溪港坐落常州府属之荆溪县地方，离城五十里，距浙省湖州府一百四十余里，在太湖之滨，向有溇港七十余处，或建石栅，或立木栅，舟楫不通，有荆溪县湖汊巡检并太湖营外委分防巡缉，虽浒关设有分口，按月金派书役驻守，不过征收本地农船及江、浙内河航船附带零星土产。其四安镇系浙江长兴县管辖地方，距乌溪水程一百四十余里，由四安至金陵计有四百七十余里，亦非百里可达。查太湖周围数万顷，港汊七十余处，正须严防偷漏，若于乌溪港地方照大关一律收税，是货船皆可径渡太湖，借词绕越，与定例所设太湖东西两滩及兰山嘴巡船稽查之处，显相径庭，即与原奏停止娄、齐门兼纳钱粮之意，似亦矛盾；且该处港汊纷歧，易滋偷漏。所有乌溪港收税一节，应毋庸议。

惟四安一带界属浙省，或有奸商行埠［户］勾串偷越之弊，应请敕下浙江抚臣一体饬查，严禁偷漏。总期裕课便商，以仰副训谕谆谆之至意。

所有臣等遵旨查议浒关各口征税情形，谨合词恭折复奏，伏乞皇上圣鉴。谨奏。

三月二十九日

道光十五年四月十四日奉朱批：　钦此。

（录自军机处录副）

永禁滕鲍各坝越漏南北货税告示 *
（1835 年 9 月 20 日）

兵部侍郎兼都察院右副都御史、总理粮储、提督军务、巡抚江苏等处地方林，为出示严禁事：

据扬关详称："泰州滕坝内通下河盐场州县，外达口岸支河大江，本属扬关管辖。嗣因该坝离关弯远，于乾隆元年题归泰州，只许征收落地零星税银并附近泰兴土物，其江南运赴江北、江北运赴江南应在扬关由闸及分设之中、白二口输税者，概不准其征收。从前每因关闸钱粮短纳，查因该处商民偷挖滕坝，私走货船，甚将苏杭杂货绕至滕坝，直达里下河州县各场，又将北来饼豆杂粮由坝驳至口岸盘入海船，绕至江南福山、上海等处，并访有行户私设行栈，包揽绕越，或设囤船拖运，俱经各前道详请严禁，并将牙行封闭，差派委员督同中、白二口书役，前赴口岸镇及滕坝一带不时稽查。近如道光五年，泰州绅士刘江禀请改坝为闸，亦经前道详奉委员勘明，滕坝数百年不通舟楫，扬关近年缺额，全赖中闸、芒稻、白塔各口补苴。若货船可由滕、鲍等坝直至下河，则三口税银必至大绌，兼之夹带私盐，偷漏货物，势所必至。应毋庸更张，详奉各宪批准。又于道光十二年口岸镇行户李国昌包揽纸货，发交口岸司押回中闸认罚具结，各在案。是泰州各坝实为扬关第一漏卮，是以节次详禁严明，无非为剔除弊端，力加防范起见。乃奸商多方觊觎，百弊丛生，每越数年辄萌故智。其尤甚者，近于道光十二年王前道正在照案查禁，即据泰州朦禀，扬州府转禀，妄以该州滕坝向

---

　* 此告示在扬州关勒石为碑，原题《扬关奉宪永禁滕鲍各坝越漏南北货税告示碑》，兹据体例改篇名。

征税货准由口岸运赴投税，并请将中闸巡拦裁于六闸等处稽查等情。职道在任后，查与成案不符，种种窒碍，当将该州违例滥征坝税及不应私走口岸盘越滕坝缘由，并关税近年偷漏缺额情形，缕晰通详。旋奉各宪批饬：'泰州经征游地税银，岁仅二千两，且无短绌处分；而扬关每年额税多于十六万余两，近来无年不短。赔缴之外，尚应按分议处，衡情定议，岂宜更任滕坝为关闸之漏卮？自应如详饬禁，并札江藩司转饬泰州遵照，仍由该关委员督同中、白二口书役，于滕坝口岸一带不时稽查；一面出示严禁南来货船，毋许私绕口岸，以杜流弊，而符旧制。'等因到关。奉此，遵即明白出示禁止，并行扬属各州县一体严禁，另札泰州州同、口岸司巡检，就近率同中、白书役不时前赴巡查，各在案。伏查例载：'商货须直赴关口，按例输税。陆路不许绕避别口；水路不得私走支河。若有船户、脚夫包送，希图漏税等弊，将奸商船户等分别究治，地方官并予议处。'等语。今以滕坝言之，于扬关既为别口；以口岸言之，于中闸即为支河。是以稽察稍疏，一切绕越偷盘之弊即无所底止。兹查一年以来关口征税情形稍有起色，自系泰州各坝偷漏渐稀所致。惟是从前扬关详禁各案，久以视为具文，此次虽奉严禁，而奸商刁埠仍不免以冀图绕越为能，诚恐日久弊深，尤不可不防其渐。理合详情，俯赐照案出示，严禁盘坝绕越发交。职道在于口岸镇及滕、鲍各坝支河要道处所，张贴晓谕，并请勒石永禁，以垂久远。"等情前来。

查扬关由闸近提征收税课，遍有短缺，总由奸商刁贩绕越偷漏所致，是泰州滕、鲍各坝实为关闸漏卮，断难再任商贩船埠人等仍前盘坝绕越，致亏税课。据详前情，合行给示永禁。为此，示仰商贩行户船埠人等知悉：尔等贩运各货，由江南运赴江北及江北运赴江南销售者，务各恪遵定例，概赴扬关由闸及中、白二口照例输税，不得避重就轻，私自盘坝绕越。倘将应赴关闸各口输税货物私行串通偷盘过坝者，查出定将商埠人等一并从重治罪。尔等具有身家，切勿贪利图私，致蹈法网，各宜凛遵毋违。特示。

道光拾伍年柒月贰拾捌日示

（录自《金三角文丛·独特的泰州税文化》，
北京中国文联出版社 2002 年版）

批苏松常镇太五府州会禀豁免积年民欠查办章程*
(1835 年 11 月 6 日)

据禀，会议查办积欠章程七条，在该府州等期于核实稽查，使官民两无遗累，其意诚善。惟本部院细加察核，似觉意美而法未良，不得不为明白指示，如：

第一条，议请设局，委员查办，以期迅速，并谓上届即系如此办理。本部院行辕现无案卷，不知上届嘉庆二十三年果否设局查办。即使设局属实，而上届迟之七个月之久始行复奏，则设局之不能迅速，亦已明矣。且查报由于州县，而盘核则在府州，若省中设立总局，则各属均存推诿之心，既可卸责于前，更不免借口于后。而局员、局书势必纷纷多派，备添薪水、纸张之费，司库本无闲款，各属又捐解不前，筹垫透支，终贻后累。而多设一日之局，即多增一日之费，更难保局中胥吏不以驳剔为耽延。是开局易而撤局难，欲速反迟，适以遂假公济私之计。又其甚者，明调州县经书，暗带空白印册，必使到局趱造，讲定册费，方免挑驳。开弊窦而滋物议，恐将来悔不胜追矣。所请设局一节，应毋庸议。

第二条，以民欠确数，勒限各属于半月内开具简明清折通送，以免书吏从中舞弊。自应如此办理。前据司详，业已通饬遵照。惟所议半月之限，若不明定日期，仍恐相率耽延。应酌限于十月初十日以前，一律查开印折，通送察核，不得再有迟逾。如违，撤任参处。

第三条，以积年欠款，应饬开造花户细册，连串根一并呈送。此议似欲求其真实，而究竟不著痛痒。盖一县之花户不知凡几，而一户之化

---

* 此件行文抬头原有"道光十五年九月十六日奉林前部院批苏松常镇太五府州会禀豁免积年民欠查办章程清折由。批开"诸字。

名者更不知凡几。即使编造成册，谁能逐户挨查？纸墨虚糜，时日坐耗，迨至奏期紧迫，催促不来，又安能守株以待！所谓劳而无益者此也。至详送串根，尤觉无谓。查版串系三连骑印，其已经完粮截给者，只留根底一串，故曰串根。若必吊核及此，是查已完而非查未完者矣，殊所未解。且即查核未完之串，而钱漕银米奇零细碎之数，已不啻茧丝牛毛，只能责令解送府州，听候盘核。若恐仍难尽信，亦惟有令其封贮府库，责成巡道抽查，或由司委员分投稽核，尽足以臻周密。如必悉令解省，不特脚费甚巨，且恐无收藏之地，更无寓目之人。应无庸议。

第四条，吊查交代三印册折及历任征收红簿。此议洵为得要，然其中亦须分别。大凡州县仓库钱粮，惟交代时可使须眉毕现。盖后任承查前任，最为切己之事，而监盘出结会议，乃是居间之人，故三印册折最为可靠。至吊串、吊簿，非不足以资考证，然印在本官之手，若果忍心作弊，即簿、串亦难为铁凭。大抵查存串不如查红簿，而查红簿又不如查三印册。今酌令曾经交代者，将三印册折送司，并议单亦令附送，尽可查悉底蕴，不必再吊簿串。其交后由本任接征，未经转交下任者，则将实征红簿，由该管府州核定钤印，加结送司。如核有不符，再行委员盘串。似此层层稽核，事简而法亦周矣。

第五条，请以官垫民欠造册专案请豁。所禀确系实情。查上届查办蠲免，经前督、抚院奏请，将官垫民欠分限十年摊赔。嗣又恭逢嘉庆二十五年八月二十七日恩诏，始得造册准豁。此系非常旷典，难以比例。然必先有摊赔之奏，而后符于豁免之条。若更蹑等乞恩，断难邀准。该府州等沥陈垫完之非得已，与追赔之尤实济，本部院非不一一深知，然究竟可奏与否，尚须与督部堂暨该司道等反复熟商，不敢豫为臆断。所请另行造册之处，姑俟查造到日再行察夺。

第六条，请以差保缴回离根串票一并入册，尤不可行。查江苏钱漕，积弊莫甚于豫先截串，方禁绝之不暇，若再准令缴回，更复何所忌惮！且差保人等与本图花户素本熟识，或花户恳托代完，或差保豫向兜收。往往仅给收条，先不给串，即花户钱漕早已清完，而串票仍在差保之手者，亦复所在多有。况串已离根，则已完与未完无可区别，安知该差保等不将已给花户之串重向收回作为民欠？此端一开，其弊不可胜究，所谓教猱升木，断难准行。即使所截之串实有民欠在内，亦不准其查办，以为滥行截串者戒。

第七条，请以辗转挪垫详晰奏明一节，亦觉似是而非。查各州县以条银挪办漕米，以道项挪解司项，以新赋挪补旧赋，虽皆实有其事，若官垫民欠一款，不能邀准查办，则辗转递挪之处，无所用其豫陈；如其准查，则凡所抵垫之银，无非存库之项，该府等所谓递挪之新款，自然在其个中。此时总不能率行豫陈，致涉巧混。

仰苏藩司遵照指驳，分别核饬办理。如本部院所准所驳仍未谛当，不妨反复推求，以期衷于一是。并此外尚有应酌之处，亦即议复饬遵。总之，实欠在民，必应确查全豁；官垫民欠，只可设法徐商。该管之道府州皆须认真查核，层层结转。而该司综核其成，查明一处，即将一处详送，不可稍有积压。尤须处以镇静，毋任稍有孟浪，转滋弊混，是所至嘱。仍候督部堂批示。缴。折存。

（录自《林文忠公政书蒐遗》卷五）

刘河节省银两拨挑七浦等河折*
（1835 年 12 月 29 日）

两江总督臣陶澍、江苏巡抚臣林则徐跪奏，为苏州省水利工程，动用刘河节省银两，择要举办，其余酌量捐修，恭折奏祈圣鉴事：

窃照江苏号为泽国，而财赋甲乎东南。赋出于田，田资于水，故水利为农田之本，不可失修。如吴淞、黄浦、刘河，乃三江之旧迹，白茆河又别为一大支，近年以来，或动项，或捐挑，均经奏奉谕旨准办，以次深通。小民感戴皇仁，同歌乐利。

此外尚有太仓州境内七浦河道及太湖以下泖、淀等处，亦多湮塞，亟宜择其要道，挑挖疏通，俾上下一气呵成，清水畅流，以刷潮淤而资灌溉。查上年借项兴挑刘河案内，有节省余银三万四千九百两，经臣等于收工时奏蒙恩准，留作接挑各处河道之用。当即行司饬委前署太仓州、现署苏州府知府周岱龄，青浦县知县蔡维新等，会督各该州县，周历履勘，次第举办。

旋据禀复，勘明青浦县境内淀山河一道，现尚深通，毋庸开浚外，其太仓州境七浦河一道，东为海口，设有七浦闸一座，淤塞已久，量应浚工长五千六百二十八丈二尺，内有浮桥镇市河六十丈，虽向由该处居民自行开挑，而自河淤以来，民居大半迁移，铺户亦多闭歇，应一并给价承挑，实需土方坝工银一万五千二十五两零；又元和县境内南塘宝带桥一座，共五十三孔，系太湖出水咽喉，年久失修，圈洞坍塌，以致湮塞水道，湖潴宣泄不灵，夏秋盛涨之时，深虞泛溢，于水利全局大有关系，亟须修整，据估工料银六千六百七十两零。由司确核无浮，详明动支刘河节省银两，拨给兴办。已据具报，于本年三、四等月先后兴工，

如式挑修完竣。经臣林则徐与藩司陈銮亲往查验，并无草率偷减。

其余承接太湖之支港各河，如吴江县境之瓜泾港、王家汇、姚家庄、七里港、村前嘴、大港、新港，及太仓州境之杨林、朱泾两河，嘉定县境之华亭泾、黄姑塘、蒲华塘，并据该州县等勘明，皆系上承下注要道，近亦处处淤浅，俱应一律兴挑，以资宣泄。除朱泾河、华亭泾、黄姑塘、蒲华塘均由民捐民办外，其杨林河一道，并吴江县境瓜泾港等处，请动刘河节省余银兴浚。又泖湖一处，跨连元和、娄县、青浦三县，上承太湖及浙西诸水，下同黄浦入海，蓄泄并用，旱涝兼资，惟淤土甚多，须将新涨之滩切除挑浚，方免滋蔓。只因刘河案内节省银款，分办各河，已不敷用，据青浦县蔡维新禀请，情愿捐办，现已集夫兴工，岁内谅可告竣。又松江府属川沙厅，并上海、南汇两县共辖之白莲泾、长浜、吕家浜、小腰泾等河，均系跨连数处水利，亦已劝捐兴办等情。由苏州藩司陈銮汇详请奏前来。

臣等伏查刘河节省银三万四千九百两，既经奏准留为接挑各河之用，自应核实办理。惟存银只有此数，而河道淤塞之处，悉数难终，惟有择要量准动款，其余可以筹捐者即归捐办，可以略缓者即归缓办。除七浦河、宝带桥两处工程已拨给银二万一千六百九十五两零，业经挑修完竣，验收如式外，现存银一万三千二百四两零，以之挑浚太仓州杨林河及吴江县瓜泾港等处，核其工费，尚有不敷，只可就款量为分拨。现经给发太仓杨林河银八千两，吴江瓜泾港等河银五千二百四两零，饬令乘此水涸，集夫赶挑，其有不敷，悉由该州县捐廉凑办。所有拨用银两，统归刘河案内，依限摊征还款。其泖湖、朱泾，以及华亭泾、黄姑塘、蒲华塘、白莲泾、长浜、吕家浜、小腰泾等河，或先已挑竣，或现在趱挑，皆由官民分别捐输，不敢概动款项，亦不许稍有草率偷减，并不得假手胥役、地保，致滋弊窦。总之，地力必资人力，而土功皆属农功，水道多一分之疏通，即田畴多一分之利赖。臣等惟当随时率属讲求经理，未雨绸缪，以期仰副圣主劝农勤民之至意。

再，青浦县知县蔡维新，系卓异案内应行引见之员，因委估挑工，业经奏准展限在案，应俟工竣，再行给咨赴部，合并声明。

除饬将七浦河等工取造估计报销各册、绘图详请题咨外，臣等谨合词恭折具奏，伏乞皇上圣鉴。谨奏。

十一月初十日

道光十五年十二月初三日奉朱批： 钦此。

（录自军机处录副）

亲勘海塘各工片 *
（1835 年 12 月 29 日）

再，太仓州属之宝山县捐修海塘工程，经臣会同督臣陶澍，奏奉上谕："陶澍等奏，筹议捐修海塘工程，估需银二十万两有零。据称业经率属倡捐，该县绅士踊跃输将，捐项已经及半，其附近之嘉定、上海两县，皆唇齿相依，当可互劝集捐，以期蒇事。著即责成苏松太道阳金城、太仓州知州李正鼎，督同各该县，随捐随办，并来往稽查，毋任草率。"等因。钦此。当经恭录转行钦遵办理。旋据苏松太道阳金城、太仓州知州李正鼎等，以该处塘工有逼近海滨、外无护滩之处，应否绕越挽筑，禀请臣临工勘办。又嘉定、上海两县虽已分劝书捐，尚未集有成数，亦须臣亲往督劝。

臣随于十月二十八日自省起程，前赴宝山工次，亲加履勘。除县城迤南之小沙背、迤北之谈家浜两处，虽皆临水顶冲，而逼近城垣市镇，未便过于缩进，仍照原估十旧塘里面加筑新塘，以资重门保障外，其江西之衣周塘及江东之八房宅、唐家宅、长浜、周家宅各处，均系顶对大洋，形势挺出，外滩已塌，塘脚渐卸入海，若仍于原处修筑，现在碍难施〈工〉，且恐不能经久，自应绕越另筑，庶臻巩固。又江西、江东两炮台挺峙海口，虽潮大之时不免漫及根脚，而形胜所在，未便改移，惟于临水之一面加筑圈堰，多护桩石，以凭捍卫。又施港迤南，塘身留有石洞一座，因系农民灌溉所需，不便令其堵塞，但恐大汛潮猛，易被冲决，亦须略为挽越，以避激荡。均经臣逐加履勘，与该道州并绅董人等酌商定见，即饬该县等妥为照办，毋许稍有草率。

至嘉定、上海两县协捐一节，并经臣亲督道府州县，传令各该绅

---

* 标题据《林文忠公政书》江苏奏稿卷六拟。

士，详加开导，互劝输将。佥称各官尚且捐廉为民保障，该绅等住居切近，自当勉力输助，以济要工。察其情词，尚属踊跃，可期源源捐济，毋误工需。臣仍谆饬搏节动用，务使料实工坚，以为一劳永逸之计。

又查今岁夏秋之间，沿海屡被风潮，本不止宝山一处，如华亭县之海塘，亦据该县禀报：外塘桩石多被冲损，内塘脚土间被汕刷等情。经臣汇入风潮案内附片奏蒙圣鉴在案。兹臣于宝山勘毕之后，并到华亭海塘逐段查勘。该塘内面砌条石十五层，外面包土，其迎潮处所又加桩木碎石，层层拦御，潮至虽被漱啮，仍从空隙处退回，故相沿谓之玲珑坝，实为全郡保障。前于道光十一年遭被风潮损坏，曾经请帑承修，计今已逾保固例限。本年六月十四、五及七月初二、三等日，飓风大作，致将玲珑坝土石、桩木各工先后冲坏，潮汐直到塘根，刷去面土，激动条石。当经署松江府周岱龄督同该县张庆瑗，赶紧抢堵，一面按段查勘估计详办。即据该府县以工段绵长，一时无款可筹，而该处民力拮据，即劝捐亦恐无济，只得由松江府属各员捐廉酌办，议请先行择要将珠称等号有土无石之单塘一百二十余丈，再加木桩一层，桩内填石，石后添土，铺筑行碱，务令坚实。又将最险之金山嘴地方鸟官以下等号，择要修筑四百四十余丈。均于石塘包土之外量至六丈地位，排钉木桩，内填碎石，加筑尾土，悉照玲珑坝作法，修成护塘滩坡。俾险要之处捍卫有资，再将全塘外坝徐图修复等情。臣此次亲诣复勘，所估各段皆系刻不容缓之工，应如该府县所议，先行兴办，已令即速施工。所需经费，据该府正署各员督率该属之华亭、奉贤、上海、南汇、青浦等县，分别捐廉，通力合作。

除俟工竣验收，查明实用确数，再行专折具奏外，所有臣出省亲勘海塘，分别饬办缘由，谨会同督臣陶澍附片陈明，伏祈圣鉴。谨奏。

道光十五年十二月初三日奉朱批："知道了。"钦此。

（录自军机处录副）

甲午纲淮北盐课奏销额款全清折
（1836 年 2 月 12 日）

署两江总督、管理盐务、江苏巡抚臣林则徐跪奏，为恭报甲午纲淮北盐课奏销额款全清，仰祈圣鉴事：

窃照淮北引盐，前经督臣陶澍于辛卯纲起，将湖运滞食各岸，减轻科则，改行票盐，奏准嗣五年底核算造报奏销；嗣因票盐试行有效，又经奏明将湖运畅岸一律推广办理，如有多运，即以融代江运之不足，并将科则复还旧制，每引征银一两五分一厘各在案。兹甲午纲淮北盐课钱粮，于道光十五年底届应造报奏销之期，据盐运使俞德渊分别截数，造具册揭，详送前来。

臣查甲午纲淮北应征入奏、不入奏正杂各课银三十一万一千一百二十五两七钱二分七厘内，票贩请运引内征完银三十万七百八十一两四钱七分九厘，官运引内征完银八千九百二十三两六钱六分九厘，商运引内征完银一千四百二十两五钱七分九厘。以上甲午纲正引额课业已征足。又甲午应带节年各课银九万六千一百四十一两三钱七分八厘内，于票贩请运引内拨收银九万一千三百三十四两二钱一分七厘，官运引内征收银四千一百四十六两九钱九分二厘，商运引内征收银六百六十两一钱六分九厘。以上甲午纲带征课款亦已征足。二共征完正带课银四十万七千二百六十七两一钱五厘。此淮北民贩官商征课如额之各实数也。

至运盐引额，查淮北甲午纲纲食各岸正引，并带运戊子、己丑、庚寅残盐，共该三十七万五千一百五十八引二百斤，除上年癸巳纲溢请二十七万五百四十一引零，因场产满额，无盐付捆，奏明留为甲午纲造报，本年照请给捆，归入甲午纲引额计数外，仍应请运盐十万四千六百十六引零，即敷一纲之额。而甲午纲内，复据各贩纳税请运盐三十五万三千八百二十七引，合之癸巳溢请之数，共六十二万四千三百六十八引。在票贩运行四十二州县，只须请盐二十六万九千二百二引二百斤，已敷额数。因江运八岸暨天长一县，应归商运盐十万五千九百五十六引内，该商止运一千六百九十五引，再加官运一万六百四十七引二百斤，仍缺额九万三千六百十三引二百斤。今于票贩多请引内，循照奏案拨补商运之缺，除甲午全纲引额补足外，计仍溢请二十六万一千五百余引。其盐尚未全运，应照上届章程，俟给捆后，归入乙未纲造报。统计甲午一纲，课已全足，引仍多余，实为票盐畅行之效。

除行运司暨总办票盐，并场局各员等，仍遵照定章认真经理，以期久远畅行外，所有淮北奏销实数及办理情形，理合恭折具奏，伏乞皇上圣鉴。谨奏。

十二月二十六日

道光十六年正月初十日奉朱批："户部知道。"钦此。

（录自军机处录副）

筹办通漕要道折 *
(1836 年 3 月)

奏为筹办通漕要道，将练湖堤坝劝谕民修，运河闸工由官捐办，俾漕运长资利益，恭折奏祈圣鉴事：

窃照镇江为漕运咽喉，江、浙两省粮船皆所必由之路，而每年重空往返，挑浚河道、蓄水提船一切机宜，则惟镇江道府县营责成为重。其挑河例价不敷，并须江苏各属州县捐资协贴，一遇江潮低落，设法推挽，劳费尤倍于平时。揆其致病之由，总因该处运河本系凿山通道，并无水源，只恃引江入河，以资浮送。而江水本不宜过大，若运河灌输盈满，于行舟固为顺利，而沿江田地早已被淹。如江水落低，则利于洲田，又不利于漕运。两者相较，固系农田为本，而运道则须随时尽力，以图补救之方。臣陶澍于嘉庆二十一年巡视南漕，即以修整闸座、浚治练湖等事缕晰陈奏。道光七年、九年在巡抚任内，复节次奏明筹办闸坝提〔堤〕埂，以资收蓄。诚以江潮长落靡常，缓急仍难尽恃。

练湖开于晋代，在运河之西，为长、骊诸山众水所注，唐、宋、元、明皆治之以济运。其上接丹徒境者谓之上练湖，下接丹阳城者谓之下练湖。上湖高于下湖，下湖又高于运河，以节节传送，有湖水放一寸运河增一尺之谚，与山东运河之有南旺、南阳、微山诸湖情形相仿。明季湖禁渐弛，居民占垦，遂致就堙。我朝康熙十九年，始定以上练湖改田升科，下练湖留资蓄水。然湮塞已久，所蓄究属无多，而浚湖筑堤经

费太巨，是以屡议屡寝。臣陶澍在巡抚任内奏修闸座，亦系先其所急，将黄泥闸移于张官渡，以当湖之下游，俾得擎托湖流，使之回漾，稍济江潮之不逮，每于重运回空经过，闭板蓄水，曾著成效。然全湖堤坝久已损坏，水来则直冲而易决，水去又一泄而无余。臣林则徐于道光十二年秋间亲历履勘，因议择要筑坝以利节宣。迨十四年四月，臣陶澍阅兵过彼，亦经复勘，意见相同，遂即定议筹办，并经附片奏明在案。

随饬常镇道李彦章相度机宜，在于该湖顶冲之黄金坝及东冈一带，先筑两重蓄水坝，加培圩埂二千八百八十丈零，使山水皆得入湖，不令散漫。又恐水势暴猛，或虞冲决，因于湖之东堤添建减水石坝两座，如遇暴涨，有所分泄，可以保堤。其通入运河之处，勘得有念七家古涵，较旧浚之范家沟机势更顺，因修复古涵以作水门，并就近建设济运石闸一座，于运送军船时放水接济，漕过之后用土填筑，留一涵洞以灌堤外民田，是不特济运有资，即农民亦咸沾其利。臣等当即饬道督县，劝谕得沾水利之业佃，或出力，或出资，令其举董经理，官为督率。舆情咸知利益，踊跃急公，自夏至冬，工程陆续报竣。适值是冬丹徒水涸，回空全进横闸，臣林则徐亲驻镇江督催挽挽，饬委该道李彦章试放济运新闸，由念七家涵引水而出，竟能倒漾上行至数十里之远。连放数次，军船得以衔尾南行，其效颇为显著。此道光十四年劝谕民间捐筑练湖蓄水减水诸坝，暨修复古涵，改建济运闸之情形也。

复查下游张官渡一闸，为漕船经过要津，前将黄泥闸移建该处，原以引截练湖，便资擎托，时经七载，固限早逾。第年来溜势时有变迁，河形渐形湾曲，每遇夏秋盛涨，疏泄不及金门，难免逼溜，即恐有碍舟行。臣等复往返札商，今昔情形既殊，自须变通尽利，欲其顺溜取直，莫若因地制宜。随勘得该闸迤上相距二百丈之处，溜势渐形平缓，而其地段仍在练湖济运闸之下游，叠经督匠相度，佥谓宜将该闸移建于此。但旧闸只有一座金门，而舟楫经由，络绎不绝，欲议改建，尚须另筹行船之路，始可截坝兴工。因思移地建闸原欲以杀水势，莫若改为正闸、越闸两座尤灵，遂于所勘改建之地，先就南岸一边开出越河，将地势加倍展宽，俾其可容矶心双孔之闸。即于越河圈筑拦坝一道，仍留靠北一半河路，俾得照常行船。其在拦坝以内者，即可施工先建越闸。俟越闸工竣，放水通舟，然后拆去靠南之坝圈，于靠北一边以建正闸。如此倒换办理，往来船只既无阻滞之虞，而双孔闸成，又免涌激之患，将来设遇修理，亦可不碍漕行。但一闸改为两闸，中添矶心一道，所需工料倍多，而经费有常，仍不敢遽请动帑。查挑办徒、阳运河，向由各属捐资协贴，本系历有旧章，若果闸座钤束得宜，即挑费亦可期节省，是以改建该闸仍归官捐办理。各州县中急公从事者尚不乏人，自上年秋间集项购料兴工，至十二月内，先将越闸办竣，工料均称坚固。维时回空南下，又值潮枯水涸之时，当即放出湖潴，将该闸下板拦蓄，愈得倒漾之力，江、浙回空约三千艘，无不由该闸而下，更为济运之明效。旋即接手砌办正闸，不日亦可告成。此自上年至今，建改张官渡正、越两闸，官捐办理之情形也。

惟思张官渡之下游，尚须重门收束，遇水浅时，上下坝板此启彼闭，始能呼吸相通。即练湖圩埭坝涵，虽已择要劝民修办，而残缺之处尚多，仍须设法筹维，期湖水多蓄一分，即运河多得一分之益。查张官渡迤下六十里有吕城闸，建自宋元祐四年，其地势正当扼要，我朝雍正年间就旧基重建正、越两闸。嗣是越闸堙塞，粮船只由正闸经行。嘉庆二十二年曾经估修，旋又议缓。上年该闸金刚墙渐坍到底，坍下之石堵至金门，重运经临，几为所阻，经丹阳县督率吕城巡检，集夫抬捞，始得通舟。此时勘估兴修，实属刻不容缓。惟该闸越河久为瓦砾填壅，越闸石料剥损尤多，今既议兴修，仍须两闸并办，不便偏废。现照张官渡章程先行挑浚越河，赶修越闸，已于正月兴工。此时粮船正在北行，仍令经由正闸，俟越闸修竣得以通舟，再将正闸接手开砌。所需经费，亦归本省官捐项下撙节办理，概不敢请动款项。

至练湖堤身单薄之处，西南两面尤甚。其蓄水旧制，本以湖心二尺八寸为度，因湖底既淤，堤埂又缺，遂致不能多蓄。欲筹束水，不外培堤。但湖面正宽，即以下湖而言，周围已四十里，势难全行围筑。前于湖东一带酌建蓄水减水各坝，并筑圩埂二千八百余丈，来源已有归宿，不至旁溢斜分。今再劝谕民间，于湖之西南两面就近挑挖湖淤，即以挑出之土培筑堤埂，照旧制高一丈二尺，面宽四尺，两边二五收分，更足以资拦蓄。该处近湖民居有一百八十三村，计田四万六百八十余亩。查历修水利，本有按田出夫、业食佃力之章程，兹复由该道李彦章督同镇江府龚文焕，分别出示，复加劝谕，农民均各乐从。臣等已饬陆续兴挑，即令印委各员常川驻工，稽查督办，务使逐一核实，迅速蒇事。俾运河长资利益，漕事年胜一年，以期仰副圣主利运便民之至意。至此案均系捐办工程，应请免其造册报销。

除各工一律全竣，分别验收，另行奏报外，所有先后筹办缘由，据署苏州藩司裕谦会同常镇道李彦章，具详前来。臣等谨合词恭折具奏，伏乞皇上圣鉴。谨奏。

（录自《林文忠公政书》江苏奏稿卷六）

验收苏松太等处水利工程折 *
（1836 年 7 月上中旬）

　　奏为苏、松、太三府州陆续挑办各河道均已告成，验收如式，恭折奏祈圣鉴事：

　　窃维江苏漕赋出自水田，水治则田资其利，不治则田被其害。仰荷圣明洞鉴，叠蒙谕旨敕修。近年以来，水利农田颇收实效。如十四年秋间之发蛟，十五年夏间之亢旱，幸赖吴淞、刘河、白茆等处挑浚宽深，蓄泄得力，故皆不致成灾，此尤效之显著者，是以官绅士庶倍知加意讲求。臣于上年验收太仓之杨林河、吴江之瓜泾港两处，将刘河案内节省余银量为分拨，仍令自行凑办外，其余概由官民筹捐办理。当经会同督臣陶澍，奏蒙谕旨允行在案。

　　自上年至今，各属续挑河道，除零星汊港不计外，其在苏州府属，则吴江县之瓜泾港、王家汇、姚家庄、七里港、村前嘴、大港、新港各河，统共工长一千五百六十七丈；常熟、昭文两县之福山塘河，下通海口，工长四千九百八十八丈零；其附近之竺塘泾、景市桥河，共长三千四百丈，并添建拦潮石闸一座；又吴县之张家塘、香山港、王家桥河，统共工长二千二百三十六丈。其在松江府属，则上海县之蒲汇塘、肇家浜两河，共长八千五百七十五丈，又李从泾、新泾、薛家浜三河，共长四千八百六十一丈，各河挑竣之后，于接连黄浦之龙华、日赤二港，各留大坝一座，以截浑潮；又修复南门外石闸，以时启闭，并将该县城河一体疏通，又川沙厅之白莲泾、长浜、吕家浜、小腰浜四河，与上海、南汇并界，共长六千五百二十四丈零；又华亭县之亭林镇、鹤颈汇、大

　　---

　　* 折内提到"臣于验收海塘之便，凡可以经由处所，俱经亲历该河……"，则此折出奏时间大致为五月下旬至六月上旬。

小运港，共长三千余丈；又娄县之古浦塘、官绍塘等河，共长三千六百
六十六丈；又金山县先挑洙泾镇、互迎港、周家埭、邵家塘等河，共长
十五里，续挑腰泾河、千巷镇、陆巷港、归泾河、老鸭泾、朱泥泾各
河，共长四十五里；又青浦县泖湖切滩，与元和、娄县并界，共长二千
九百六十五丈零。其在太仓州属，则太、镇两境之杨林河，工长四千九
百四十七丈，又州境之钱泾、瑶塘，又镇洋县境之朱泾、南北澛漕、石
婆、萧塘、西南十八港、六窑塘、大凌门等河，统共工长二万四百九丈
零；又嘉定县先挑之华亭泾、蒲华塘、黄姑塘，共长六千七百四十九
丈，续挑之南北双塘、吉泾、心泾、川路泾、横塘、练祈塘等河，连内
外城濠，共长九千四百六十九丈。

以上各工，界连十五厅州县，合计挑竣土方共一百六十六万七千四
百余方，兹已陆续据报挑竣。

臣于验收海塘工程之便，凡可以经由处所，俱经亲历该河，量验口
底宽深，并将现存水势逐竿测量，按段标记。其未能经由之处，递委司
府分往验收；均据禀复，宽深如式。其中尤以上海之蒲汇塘等五河，
常、昭之福山塘河，川沙之白莲泾等四河，太、镇之杨林各河，挑挖倍
见深通，水势极形畅顺。臣舟舆所历，亲见遍地禾棉，皆已长发，弥望
青葱，耰锄袯襫之民，皞皞熙熙，共冀岁登大有，较前此数年，景象迥
乎不侔，胥由圣泽之渊涵，下普斯民之乐利。臣职司疆土，感懔弥深。

除借款之瓜泾港、杨林河，应饬按例造册报销外，其余捐办之工，
自应遵照历奉谕旨，免其造报。至杨林河工长几及五千丈，估至十七万
余方，前经酌借银八千两，不敷尚多，概系劝捐凑办，应与瓜泾港不敷
之项，均准其核实开明。此外各工，多由地方官首先捐廉为之倡导，绅
庶人等或量力捐输，或业食佃力，均赖众擎易举，遹劝厥成。

所有大小各捐户，已分饬查取确数，由司核明，按照定例，分别详
请奏咨。至倡捐劝导暨在工出力之印委各员，固系分所应尽，惟工段长
而经费巨，其中设法筹办，若非殚心竭力，累月经营，亦恐未易集事。
如蒙皇上天恩，念其著有微劳，准予奖励，臣当与督臣陶澍择其尤为出
力者，另行会折奏恳恩施，不敢稍任冒滥。

除将现浚河道丈尺，汇开清单恭呈御览外，所有验收挑工缘由，谨
会同督臣陶澍，合词恭折具奏，伏乞皇上圣鉴。谨奏。

（录自《林文忠公政书》江苏奏稿卷七）

节交霜降黄运安澜折
（1836 年 10 月 23 日）

　　署理两江总督臣林则徐、江南河道总督臣麟庆跪奏，为节交霜降，黄运河湖普庆安澜，循例由驿恭折具报，仰慰圣怀事：

　　窃照本年自清明起至寒露节止，工程水势情形，均经随时奏闻在案。兹又据甘肃宁夏府驰报，黄河于八月二十至二十三日长水七尺三寸，幸江境前涨已消，足资容纳。统计入夏以来，河南陕州万锦滩长水十一次，武陟沁河长水四次，甘肃宁夏长水一次，共十六次，长水五丈一尺六寸，较之近年，来源稍弱。惟沁、黄并涨之日居多，下注猛骤，兼之六月内霪雨连旬，坡水汇归，八月间海潮顶托，以致河水节次增长，险工叠出，而睢南、宿南、宿北、桃北等厅，自上年霜后，河势坐湾，溜行不定，本年新生埽坝尤为著重。经督臣陶澍及臣林则徐札饬道将，添派员弁，加意巡防，臣麟庆亲督筹画，分投抢办，所幸预蒙天恩，拨发钱粮，宽备料物，一切应手，在事员介踊跃出力，得以化险为平。现交霜降，外南厅顺黄坝志桩存水三丈九尺四寸，较之盛涨已落一尺余寸，溜势渐绵，臣等仍谆饬各属照常防守，不任松懈。

　　至洪泽湖水，本年长发较早，入伏后来源更旺，当将礼字引河智、信二坝启放减泄，仍复有长无消。七月初旬，臣麟庆亲赴堰盱，督饬筹防，接启新义河头，而湖水次日仍长一寸，高堰志桩积存至一丈九尺，比上两年盛涨俱大。湖波浩瀚，石工岌岌可危。其下游湖河，则因洪湖涨水，由各坝河分流汇注，日见增长，虽先将归江去路次第全启，而来源过旺，宣泄不及，上下数百里，拍岸盈堤，处处险要，维时高邮志桩已长至一丈三尺四寸，东南两坝早逾奏定应放水志。惟念两年以来，坚守四坝，下河各邑民气稍苏，本年秋禾芃茂，正值收获之时，一经启坝，即致被淹，是以臣等往返札商，坚持定见，得守且守。当经专派河营参将张兆持令前往，会率厅营相机防守。幸赖圣主洪福，神祇默佑，当水涨工险之际，间有暴风，为时不久，天色晴霁，人力易施，员弁兵夫昼夜巡防，竟守至二十余日，涨水始见消动，四坝均未启放，七邑普获丰收。该处农民感戴皇仁，同声欢颂。兹截至霜降，高堰志桩消存水一丈五尺六寸，现已将山、盱、智坝堵合，以节湖潴。其余各坝、河，容再次第相机酌办。至北岸中运河，伏汛长水，既勤且骤，宣防平稳，嗣交秋令，又嫌来源过弱，当经筹蓄充盈，足资济运。回空首进军船，刻已放渡。臣等现将来年修守事宜筹商妥备，以期年年工固澜恬，仰副我皇上廑念河防永保平成至意。

所有节交霜降，普庆安澜缘由，谨合词恭折由驿驰奏。

至在工文武各员，奋勉趋公，原属分所应尽，惟本年河溜变迁，湖水盛涨，巡防抢护，该员等实均著有微劳，可否择其尤为出力者量加鼓励之处，出自恩施，臣等未敢擅便，合并陈明，伏乞训示祗遵。谨奏。

道光十六年九月十四日

    "览奏欣慰之至！另有旨。"

（录自宫中朱批奏折）

湖滨崇善堂记
（1836 年 10 月）

太湖为东南巨浸，虞翻曰"水通五道，谓之五湖"，界毗两省，跨越苏、常、湖三郡，商民往来，视官塘河较近，而风涛鼓荡，恒有倾覆之患。近湖居人迩有救生之举，甚盛心也。其法略仿京口，而以属湖中罟船。凡救一生者钱三缗，得一尸一缗，将覆而援人船无恙者六缗。择地乌程之乔溇吕祖庙侧建崇善堂，旁及掩埋棺椁。而江、震、程、安四邑之好善者，迭为劝募，事赖以集。

曩余官浙江，分巡嘉湖者一年。洎莅吴，先后且十年。太湖并在所辖，每闻波浪之险，怵然于怀。夫恻隐之心，尽人同之。往时罟船非不知溺之当救也，而责不专属，或以多事为引嫌；有专责矣，而无以奖励之，则不久而倦。是举也，其有以充恻隐之心，而持之以久者乎。吕祖庙者，素著灵应，诸君发信愿于此，而四邑之人于以踊跃输助，以底于事之成。抑余闻之，匪始之难，终之实难。太湖周行八百余里，舟楫之患无地无之，他邑之人，必有闻风兴起者，而诸君敦善不怠，可质神明，在《易》之中孚，信及豚鱼，大川利涉，所宜勉勉焉，慎恃其后也。倡其议者，杨体涵、王恩溥，吴杰捐资尤巨，而诸善士继之，王征仕之佐其一也。道光丙申九月请余为记，书其缘起如此。

（录自浙江省图书馆藏《云左山房文钞原稿》卷五）

巡河日记 *
（1836 年 11 月）

　　十月初九日（1836 年 11 月 17 日）。午后东北风，天阴。由淮城东门外雇船行，十五里至石场镇，三十里至崔家桥。约有三鼓时候有微雨，泊船。是晚与船家闲谈，据称孟令操守颇好，不要钱，尚须赔钱，惟以做文章为事，不理民事，有抢劫之案不验不审，任听胥差调停，不免有索诈情弊，壮头邱二麻子、快头仓连、潘标其尤也。今年秋收有八九分年成，每两银完钱一千八百文，却无包漕包粮等弊，至粮差格外勒索，或所不免，未得其真。该县地方殷实户甚少，有县库吏吴姓者，家有三万金，即为上户。城内外无典铺，只有小押数间，亦照三年满限，头月加一起息，以后仍仅二分。小押多无真本，人来典物，先交小票与之，俟一二日后，或三五日，或七八日，将票来支现钱，盖押店须将原典之物转典于邻邑大当，始得有以借为挹注也。

　　盐邑之南伍祐场，为该处大市镇，向有宝场，不甚大。

　　初十日（11 月 18 日）。天晴，西北风。行十五里至金口关，七里至刘金沟。盐邑地界。先五里有普渡庵，为山阳、盐城交界之处，离淮安府城有六十余里。刘金沟人家颇大，上岸问其年成，云有十分收。一路来河港仅有二三丈阔，两岸高者有六七尺，低者不过二尺。坐船长有二丈余，中舱长有一丈，宽六尺余，恰够三人铺位，舱后即炉灶。船户吴太，系盐邑南门外人，船中只有帮篙一人，舱后有眷口，一妇一幼子。其妇之父姓董名新，亦系本邑快头。问其家道如何？据云亦罢。因问其孟太爷既不理事，所有案件何人代为料理？据船妇云，有罗老爷代

---

　　* 原件藏中国国家博物馆，封面题签："侯官林文忠公巡河日记，宰平先生藏，乙卯（1855 年）八月赵□□题签。"

为料理。问其罗老爷系何官职？云是左堂，现已上清江去，下月即当回县，以便孟太爷上府交漕。午后转东北风，系属顶风。又问其太爷既不管事，胥差得以有权如此，邱二、仓连等自应发财？据云渠们虽有所得，但解费俱系其津贴，花费亦属不少。张福人颇明白，亦不刁乖，问其清河陶太爷只好做诗喝酒，不爱坐堂，究竟如何？据云有之，但醉后亦多坐堂打人。问其清否，据云不免要钱，然差事多而缺分苦，甚见掣肘，上半年入都，借债一千五百银，以凭作押，及回清江算还，约须二千余，无处张罗，甚为拮据，亏得本府周大老爷代为担认，始得有凭赴省。问其清江宝场，云现实无有，即摇摊亦少。问其各厅官有吃鸦片烟否？据云亦少，惟跟官者为多。

由刘金沟行，三十里至涧河口出荡。荡湖虽比内港宽阔数倍，然水尚浅，中间所生芦苇多露于水面，两岸尽是芦田，现已收割净尽。去船少而来船多，而苇材之船居其八九。荡以南达于高、宝、兴、泰，北达阜宁。荡旁多蟹簖鱼笱，如吾乡浦城以下溪河样式。十五里至武岗口，入内河，本由西阳村涧阳湖涂入东塘河，因东北风大，不便，故直由武岗口唐桥入东塘河。据船家云，少行三十里。张福云，前单系王三、王四所开，伊系湖涂住家，故往来多由彼处。船家所云，倒是直道，非由小径，理或然也。岸上近田处所多有风车，以备水旱车水之用，可与水碓作对。盐邑低田处所，夏秋被水，亦有歉收，在通邑中不过十分之一厘。蝗螟所食，间亦有之，但无多耳。

由武岗口七里至金家河，遇有红伞船来，问是牛姓千总查河。船户因言今春盐邑唐桥地方有木客一船，被劫去银百余两，牛千总曾丁兴化地界获盗二名解交县讯，孟太爷诘马怪〔快〕何不中用，大案不能拿人，偏获此区区小贼。问其孟太爷亦肯问案？云看其高兴，若闲暇无事，亦有时坐堂。问其堂口如何？云堂口却清，亦多刻薄抓〔挖〕苦。若不高兴，则委罗老爷讯问，甚至不问不委，所获人犯便搁在班管。又言此贼多由兴化汤家庄来的，汤家庄有二百余家，都是盗贼巢穴，盐邑马快到彼，率被打伤而回。又言孟太爷心慈，有一奸妇谋杀亲夫之案，临刑时孟太爷尚对之而泣。由金家河十四里至唐桥，是晚在此泊船。

十一日（11月19日），天晴，西北风。挂帆而行，二十里至东塘河。自武岗口而来，港路仍止有三丈阔，两岸七八尺，或丈余不等，至此港阔数倍，与淮河相仿。五里入皮大河，河口尚深，中有四五尺水，两旁多淤成平陆，所存水仅二三丈阔，北岸有七八尺高，南岸止有三五尺，旁有一二家农民。上岸问其应挑与否？答云应挑。问其自何时淤起？答云年代已久，不能知其详细。问其每方挑工几何？答云亦是活的，约一百五六十文一方。问其要挑到何处止？答云自河口起至盐城之北门闸止，共四十五里。问其共估须若干方？答云此须问董事，董事有陈姓者，居住小富庄，此去十余里光景。问此河实系民间要挑？农田有关利益否？答云实为现不可缓之工，农田大有裨益，并非官府多事。行五里，见南岸比北岸淤滩尤甚，两岸均是水田，一二顷便有风车，人家极少。至此见有一二农民，又上岸问其此河多淤成平陆，约隔几时不挑？答云乾隆年间挑后，距今有八十余年。河本甚大，故谓之皮大河，因其岔港多，故又谓之皮岔河，本与东塘河宽阔相仿，积久失挑，以至多半淤成平陆，河身狭者仅有三分之一，且河底浅壅，转高于东塘河，所有诸湖荡东注之水，不能容纳。一遇洪湖水大，各坝开放，便不免淹及两岸民田，若遇旱荒，田堤离水较远，亦不便于风车，此河必不可不挑。问其土工每方若干？答云一百八十文。问其何以照闲月缓工、忙月常办工之例，答云自以闲月挑为便，方价亦可较省。问其董事何人？答云领头系朱连芳，帮董有陈季元、潘长松、王庆元，皆是监生，家道殷实，办理素来妥当。问其孟太爷管理否？答云孟太爷人极公道，惟欠勤紧。问衙门有勒扣工项否？答云想工房总有规矩，此须问董事，我们不知。又问其挑土归于何处？答云即堆在两岸。诘其既在岸旁，大雨一来，不怕仍冲到水中否？答云此系淤泥，与沙土不同，不患冲流入水。诘其然则何以淤成平陆？答云此由积淤使然，若二三十年一挑，自不至此。又五里，至小富庄上岸。有一杂货烟店，中有丹徒唐姓者，系属店东，颇明晰此河源委，因到其店内细询之。据云此河八年即议挑浚，至旧年甫有头绪，连年潦荒，皆由此河失挑，湖荡东注之水不能畅流归海，加以海潮顶托，漫然回港，两岸之田被淹。若开通此河，将所挑之土作为岸堆，水既畅流，田亦有所障蔽，水利农田均有裨益。问其董事姓名，与前乡民所言悉合，且云董事皆极妥当。渠所以留心者，并无图利之意，惟家有田亩，借此一挑，人己均受其益。孟太爷亦不要钱，官无可议，惟以无事为福，地方公件均不大亲理，内外诸事皆委任严师爷一人，因此严师爷大有权柄，与衙门内外问其姓名，亦不尽知。通同舞弊，谅所不免，我们不能尽知。至此河，据各董事云，上岁据严师爷及衙内诸人与董事议妥，要成办此事，须先送其一万银，方能为之详请准办，董事因恐花费过多，不免赔累，不敢担承，后闻还过六千银，未知说妥否。若交董事办,自属妥当。又闻孟太爷自家督办,则未免多被衙中侵蚀矣。又问其此处收成若何?云东塘河以上有十分收,此处亦有六七分收。董事尚有徐宜金,详内有名。住在北门闸,亦监生。五里至冯家桥,此下港路稍阔,淤处比前亦减。

十二里至陈家桥。十五里至天妃闸,旁有天后宫,正闸五洞,越闸二洞。三里至盐城县北门。又五六里,至南门泊船,中遇两道长桥。一登云,一太平。此处河阔水深,泊船已有定更时候。县城四面环河,将至天妃闸东南,望海云一带有似远山,因得一联云:"岸树已消残叶绿,海云犹带远峰青。"是夜月明如昼。

十二日(11月20日)。天晴。早晨上岸,到茶场一坐,无可与谈。又到面馆近在县署。点心,有打水烟者,问其县太爷如何?答云不好。问其如何不好?答云渠来三年,从未坐过大堂,人犯任听管押,高兴时审结一二案,余则置之度外,岂不坑死人么。问太爷既不管事,胥差自必弄权索诈?答云倒不见得。问衙门师爷有弄权否?答云不知。因令张福到他店点心,顺便探问。据云探得孟太爷官是好的,毫不要钱,惟疏懒性成,不爱坐堂审案。严师爷是绍兴人,系太爷官亲,内中各件都管,与门上金四爷俱孟太爷所委任。至书差,问他不肯说。内衙舞弊何事,亦不得其详。又上岸遇土人群坐,问其今年收成何如?答云有八九分。米价如何?此地斗大,每石有一百八十斤。答云顶上者亦须二十八文一升,粗者二十三四。问此处征收如何收法?答云钱粮每两完钱一千八百文,每两银换足钱一千三百七十文。漕米完加一五,或云加二。每石贴费四百零四文,太爷交漕贴费每石四十文零四毫。问太爷钱漕出息可以敷衍动用否?答云谅亦不至亏短,其如何动用,我们不知。问此外尚有要钱否?答云丝毫不要。问衙内师爷、官亲、内司有要钱否?答云官清衙内自清。问书差有要钱否?答云亦无十分乱要。问太爷多不理事,究竟如何?答云大事亦理,至寻常小事则不免延搁耳。问其皮岔河要挑,是否农民情愿?答云实系农民要挑,盖此河有四十五里长,若挑则两岸田亩均受其益,不挑则旱时无水灌田,潦时又被淹没,两受其害。问其挑将此土放在何处?符云即以堆培两岸。诘其堆在两岸不患大水冲散否?答云此河淤泥堆在岸上,可期结实,不比沙土质松,易于冲散。诘其既不冲散,则河中所淤之土从何而来?答云此由积渐使然,此河失挑距今将近百年,以百年之久,城垣都会破坏,何况土岸。以现在论,挑后之土堆在岸上,且离河亦有远近不同,远者有二三丈,何患经雨遽至冲散成淤。问其方价实系若干？答云百余文，或云百七八光景。问共须用若干银？答云须四万余银，现已详请尚未领回。问领回即开工否？答云若即领回，十一月即可动工。问此项尽数发交董事办理，抑系太爷自办？答云此尚未知的实。问衙内有克扣否？答云此却不知。问其董事共有几人？答云约有七人，分段督理。又往他处茶馆问讯，大略相同。看城厢内外，人民尚无菜色，亦无乞匄，市廛亦旺盛，人亦颇近循良，衙门前亦尚清静，未见有枷号之犯。据所见所闻，颇有政简民淳之象。

早饭后潮上，便即开船，乘潮西上。南门至北门河港甚阔，靠岸船只亦多，西门外尤其热闹，市多米行，船来亦多买米者。有自涧门来买米者，询其本地田收若何？据云因天落水蝗虫，稍形歉薄，只有五六分收。问一路有抢劫否？云今年各处多丰收，匪类较少，未有抢劫。又言今年本邑完漕有一万四千石，余皆折色。据土人言，折色每石折钱六千计，县中钱漕出息不下三万余两，算来亦足敷动用，不至赔累，或不善经理，则未可知耳。午后北风，船由西路直上，不由天妃闸、皮大河行走矣。十里至九里窑，又十里至涧门。村庄甚大，此处虽亦有淤，而河底却深。皮大河口至天妃闸，共长七千余尺［丈］，为四十五里。昨船行通经阅过，上半段淤滩多而港面狭，下半段淤滩少而港面宽，按段办工，自有分别，按估册亦新旧开除。所问方价，有百五六文、百七八文之不同，若以百八文为准，照册中所开每方需银一钱九分，细按估册方价，连趸水在内；所问乡民之方价，只就挑土而言，所以不同。合以本邑现在时价，每两曹纹换足串钱每千只扣四文。一千三百七十文折算，计每方应长钱八十文；积而至于万方，则应长钱八百千文；以二十五万方计之，应长二万千文，再加以土坝桩坝各工，再加以库平盈余，尚不止此数。图中所开汉港，船户多不知识，惟知有封子河而已。皮大河受西南北五六州县八八六十四万荡下注之水，十一年马棚湾漫口，水没至盐城县城根二尺，诸农田均被淹浸，皆由此河淤塞不能畅流归海之故。补记乡民语。

由涧门二十里至新河庙泊船，已有定更时候。此处由西直上，即为西盐河，船应由北折入东塘河归来时原路。是晚问船家，该邑城乡间有地棍地霸为害一乡者否？答云先前原有，近来却无，地方极为安静。

十三日（11月21日）。天晴，晨起满地皆霜。行十五里至李家沟，已过东塘河。又十五里至唐桥，二十里至武岗口。由东塘河西来，一路见有数船，每船率有男妇十余人，云是逃荒而来，向各村庄求食。问其从何处来？云自山阳之清沟地方，彼此［处］歉收，故来此处求食耳。

唐桥二十里至武岗口，出荡，十里入涧河口。由此而上，旁有纤路，可以拖纤。三十七里至金口关，时已三鼓，泊船。

十四日（11月22日）。天晴。日出后俟开关行船，十五里至崔家桥。午后风转东南，扬帆西指。是处两岸多沙土。四十五里至淮东门，时已定更时候。

十五日（11月23日）。天阴，昨夜有微雨。肩舆挑行李入小东门，出小北门，雇船回浦。

（录自《林则徐集·日记》，北京中华书局1962年版）

宝苏局及附近岛屿并无私铸夹带折
（1836 年 12 月 29 日）

　　署两江总督江苏巡抚臣林则徐、护理江苏巡抚苏州布政使臣恰良跪奏，为遵旨密查宝苏局并无私积制钱，分藏质库，将官铜尽铸私钱，及附近海口岛屿亦查无私铸由商船夹带进口缘由，恭折复奏，仰祈圣鉴事：

　　窃臣等承准军机大臣字寄："钦奉上谕：'有人奏，江、浙等省钱法敝坏。私钱之源，一为局私，一为民私。江省之宝苏局炉头、工匠，向以私积制钱五万余串，分存附近质库，每届开炉，运局点验，验后仍分藏质库，所有官铜尽铸私钱，其价较民私稍昂。民间私铸，处处有之，有司衙门得规包庇。其大伙鼓铸，藏于附近海口岛屿之中，由商船夹带进口。船底有夹板，油饰严密，查之无迹，抵岸卸货，抉板出钱，一船所带八百千之多等语。圜法为经国重务，私铸充斥，百物腾贵，最为闾阎之害，不〈不〉严行拿究。著各督抚通饬所属，于开炉时严密查察，认真究办。民间所用私钱，务究其贩自何人，铸自何处。其岛屿私铸，著责成巡洋水师各将备实力搜缉，倘有得贿庇纵情弊，即行从严惩处。其夹板商船如敢夹带他项违禁物件，尤当一律搜查，毋许疏懈。将此各谕令知之。'钦此。并奉朱添：'此皆系地方大吏应办之事，原不应有此弊端，若再因循不加振作，自问于心，能无愧乎？懔之！'钦此。遵旨寄信前来。"臣等跪读之下，不胜惶悚。当即恭录分别转行，并分委署苏州府知府周岱龄、扬州总捕同知赵廷熙、署〈苏〉松管粮通判候补同知刘锡恩、江宁试用通判洪业斌等，密往宝苏局确查去后。

　　兹据该府等禀称："互相约会，出其不意，亲赴该局严密访查。正值鼓铸道光十六年第二卯钱文将次完竣，尚未磨镥，逐一查验，均系轮廓分明，字画清楚，与部颁定式相符，抽取弹兑，斤数并无轻短。尤恐搀和沙土，偷漏铜铅，即照验收章程，以五串为一束，酌量抽提，用力摔掷，并无破碎。称验之后，运赴钱库封贮，并不存留在外。讯之炉头工、匠人等，金供伊等都是手艺穷民，所得工食仅敷食用，焉能积有制钱五万余串之多，分存附近质库？每届开炉，局门封闭，委员常川稽查，每日买办食物，送至门外，由委员搜查明白，方许送进，岂能运钱进局？况钱至五万余串，以每人挑钱十千而计，约须挑夫五千余名，每卯仅止二十日，运进运出，计须两次，一时不能集此多人。宝苏局又在人烟稠密之处，数千人运钱出入，岂不畏人盘诘？今奉严讯，实无积钱分贮质库，私运出入，将官铜偷铸私钱情事，不敢稍有捏饰等语。研诘至再，毫无别情。复在左近查询，俱云局中只有派拨兵饷，挑出新铸钱文，有官稽查，从没挑钱进去。众口同声，似无虚捏。复经改妆易服，分赴钱店，以银易钱，所换皆系制钱，尚无搀和小钱情弊。询及各物昂贵，因数年来秋成歉薄，物价稍昂，现在米价甚平，柴薪油炭价值亦较往年平减，并不昂贵。"等情。取具炉头不敢舞弊切结，禀复前来。

又附近海口岛屿有无大伙鼓铸，及夹板商船携带私钱及违禁货物进口之事，必须严行搜查。当饬管理海关及川沙、吴淞二营严密查缉。续据管理海关护苏松太道汪忠增，暨川沙营参将林明瑞、署吴淞营参将关奎龙先后禀复：访查商船在洋行驶，恐裂缝渗漏，于舱底上面铺设木板，以防货物浸湿。其板虽与船身一体油饰，而板缝显明，易于审视，并非严密无迹，与内河民船之舱底铺板者无异。该护道诚恐夹带偷漏，督同书舍人等，于商船进口投税时，查验货物之外，每船揭板查看，并无夹带私钱及他项违禁物件之事。所有海洋岛屿，时有该两营将备轮流巡查，亦无藏匿私铸等情。

臣等复加确查，均属实在情形，并无讳饰。

复查宝苏局每年鼓铸七大卯，每卯限二十日完竣。开炉之时，局门俱皆封闭，委员常川在局稽查，又有派充监督之员不时亲往查验，炉头、工匠人等一概不许出外。每日两次买办食物，雇人买齐，送至门外，由委员搜查明白，始准放进，从无夹带钱文出入，防范已极周密。况该炉头等俱系手艺穷民，断不能积有巨项至五万余串之多。若挑运出入，尤难瞒人耳目。

所云私铸搀和沙土，得以偷窃铜铅另铸私钱一节。查该局验收之时，历由藩、臬两司及委员人等抽提摔掷，并无破碎，其为未经搀和沙土可知。既无搀和沙土，则偷窃铜斤之弊已绝，从何私铸？据供不敢偷铸私钱，自干重罪，亦似可信。然既有风闻，断非无因。臣等细加采访，惟查有道光元年因炉头鼓铸工料不敷，经前督臣孙玉庭、前抚臣魏元煜奏请，在于局钱内借给四年工料钱六万六千五百七十六串零，分限二十年，在各炉头每年应领工料钱内，按卯坐扣归款。嗣因该炉头等疲乏已久，恐分领借款易形消耗，议将前项借给工料钱文发交各典商，按月一分生息，每年可得息钱七千九百八十九串零，以三千三百串归还原本，以四千六百八十九串零按卯分给各炉头，以为津贴不敷工料之用。于道光四年，经前督臣孙玉庭、前抚臣张师诚奏奉谕旨允准在案。或者因此以讹传讹，致言者听闻，以奏明交典生息津贴之案，误为炉头私积分存质库之项。第该局炉头、工匠人数众多，良莠不齐，难保不日久弊生，未便以现无弊窦，稍存懈忽。

至附近海口岛屿一带，现据海关及川沙、吴淞两营查无私铸，及夹板商船携带违禁他物进口之事。惟小民趋利若鹜，于海洋岛屿及人迹罕到之处，日后私行鼓铸，亦恐不免。苏州系滨临江海之区，商贾云集，匪徒作奸牟利，将私钱由商船夹带进口，尤难保其必无。惟当钦遵圣谕，责成巡洋水师各将备，于海洋岛屿各处实力搜查，如有私铸及商船夹带他项违禁物件进口，务期有犯必获，按例严办，以绝弊源。倘有得贿徇庇情弊，即行从严奏参惩办，断不宽纵。

现在市用钱文，尚无搀和小钱情弊，第恐日久玩生，亦不可不防其渐。复查道光十三年间，经臣林则徐在巡抚任内，会同督臣陶澍奏定章程："设局收缴小钱，官为给价。每小钱一斤给制钱六十文，铅钱一斤给制钱二十文，其不及一斤者，以小钱二文抵大钱一文，以铅钱五文抵制钱一文。俟收有成数，捶碎缴官，俾私铸者无利可牟，渐期净尽。"近年行之，颇有成效。兹复遵照奏案，出示晓谕："行铺经纪，嗣后遇有小钱，概行剔存，不论多寡，随时赴官呈缴，给价销毁。"可期杜绝根株，断不敢稍任混淆，以期仰副圣主肃清圜法整饬弊源之至意。

谨将密查宝苏局并无私积铸钱，分藏质库，及将官铜尽铸私钱缘由，合词恭折复奏，伏乞皇上圣鉴。谨奏。

道光十六年十二月初七日奉朱批："另有旨。"钦此。

（录自军机处录副）

畿辅水利议
（1836 年）

总　叙

　　窃惟国家建都在北，转粟自南，京仓一石之储，常糜数石之费。循行既久，转输固自不穷，而经国远猷，务为万年至计，窃愿更有进也。恭查雍正三年命怡贤亲王总理畿辅水利营田，不数年垦成六千余顷，厥后功虽未竟，而当时效有明征，至今论者慨想遗踪，称道勿绝。盖近畿水田之利，自宋臣何承矩，元臣托克托、郭守敬、虞集，明臣徐贞明、邱浚、袁黄、汪应蛟、左光斗、董应举辈，历历议行，皆有成绩。国朝诸臣，章疏文牒，指陈直隶垦田利益者，如李光地、陆陇其、朱轼、徐越、汤世昌、胡宝瑔、柴潮生、蓝鼎元，皆详乎其言之。窃见南方地亩狭于北方，而一亩之田，中熟之岁，收谷约五石，则为米二石五斗矣。苏松等属，正耗漕粮年约一百五十万石，果使原垦之六千余顷修而不废，其数即足以当之。又尝统计南漕四百万石之米，如有二万顷田，即敷所运。傥恐岁功不齐，再得一倍之田，亦必无虞短绌。而直隶、天津、河间、永平、遵化四府州可作水田之地，闻颇有余，或居洼下而沦为沮洳，或纳海河而延为苇荡，若行沟洫之法，皆可成为上腴。谨考宋臣郏亶、郏乔之议，谓治水先治田，自是确论。直隶地亩，若俟众水全治而后营田，则无成田之日，前于道光三年举而复辍，职是之故。如仿雍正年间成法，先于官荡试行，兴工之初，自酌给工本，若垦有功效，则花息年增一年。臂如成田千顷，即得米二十余万石，或先酌改南漕十万石，折征银两解京，而疲帮九运之船便可停造十只，此后年收北米若干，概令核其一半之数折征南漕，以为归还原垦工本及续垦佃力之费。

行之十年，而苏、松、常、镇、太、杭、嘉、湖八府州之漕，皆得取给于畿辅。如能多多益善，则南漕折征，岁可数百万两，而粮船既不须起运，凡漕务中例给银米，所省当亦称是，且河工经费因此更可大为撙节。上以裕国，下以便民，皆成效之可卜者。至漕船由渐而减，不虑骤散水手之难，而漕弊不禁自除，绝无调剂旗丁之苦。朝廷万年至计，似在于此。谨荟萃诸书，择其简明切要可备设施者，条列事宜，析为十二门，首胪水田利益国计民生，明当务之急也；次辨土宜，次考成绩，因利而利，示已成之事，著必效之券也；次专责成，次优劝奖，齐心力，励勤能也；次轻科则，以绝顾虑，次禁扰累，以杜流弊；次破浮议阻挠，以防中梗，由是令行禁止而经画可施；次以田制沟洫，而营种之事备焉；经画既施，美利务在均平，故摊拨次之；美利既昭，见小终贻远害，故禁占碍又次之；首善倡行有效，以次推行各省，普享乐利，而营田之能事毕矣。凡所钞辑，博稽约取，匪资考古，专尚宜今，冀于裕国便民至计或稍有裨补云。臣林则徐谨叙。

开治水田有益国计民生

乾隆二年七月谕：自古致治，以养民为本，而养民之道，必使兴利防患，水旱无虞，方能盖藏充裕，缓急有资，是以川泽、坡塘、沟渠、堤岸，凡有关于农事，预筹画于平时，斯蓄泄得宜，潦则有疏导之方，旱则资溉灌之利，非可委之天时丰歉之适然，而以临时赈恤为可塞责。朕御极以来，宵旰忧勤，惟小民之依是咨是询，前后谕旨，谆复再三。但化导自在有司，而督率则由大吏。近日直省督抚，惟甘肃巡抚德沛到任后，即以兴水利、裕仓储为请，署陕西巡抚崔纪亦有劝民凿井灌田之奏，尚能留心民食，知本计之所当先。其余能尽心于吏治、官方、命盗、钱粮诸事者，尚不乏人，而于民生衣食本源，未能切实讲求。地方守令亦惟刑名、钱粮，自顾考成，至以爱养百姓为心，留意于稼穑桑麻，如古循吏所为者，盖不可得。即如直隶，今年夏初少雨，则以燠旱为忧；及连雨数日，尚不甚大，而永定河遂有涨溢之患，决口至四十余处，低洼之地多被水淹。虽因山水骤发，然水性就下，其经行之地自有定所，设预为沟渠以泄之，为塘堰以潴之，自可以分杀水势，不致汇为洪流，冲突漫衍如此之甚，是皆平日不能预先筹画所致也。各该督抚有司，务体朕恫瘝乃身之意，刻刻以民生利赖为先图，一切水旱事宜悉心讲究，应行修举者，即行修举，或劝导百姓自为修理，如工程重大应动用帑项者，即行奏闻，妥协办理，兴利除害，俾旱涝不侵，仓箱有庆，以副朕惠爱黎元至意。

《明史·列传》：徐贞明著《潞水客谈》，略曰：西北之地，旱则赤地千里，潦则洪流万顷。惟雨旸时若，庶几乐岁无饥，此可常持哉！水利修而后旱潦有备，利一；中人治生，必有常稔之田，以国家之全盛，独待哺于东南，岂计之得哉？水利兴，则余粮栖亩皆仓庾之积，利二；东南转输，其费数倍西北，有一石之入，则东南省数石之输，利三；西北无沟洫，故河水横流，民居多没，修复水田，则可分河流，杀水患，利四；西北平旷，游骑得以长驱，若沟浍尽举，则田野皆金汤，利五；游民轻去乡土，易于为乱，水利兴，则业农者依田里，而游民有所归，利六；招南人以耕西北之田，则民均而田亦均，利七；西北罹重徭之苦，田垦民聚，则徭可减，利八；沿边诸镇有积贮，转输不烦，利九；天下浮户，依富家为佃客者何限，募之为农而简之为兵，屯政无不举矣，利十。

国朝沈梦兰《五省沟洫图说》：沟洫之设，旱涝有备，利一；淤泥肥田，硗确悉成膏腴，利二；沟涂纵横，戎马不能逾越，足资阻固，利三；贸迁舟载通行，车脚费省，物价可平，利四；蝗蝻间作，沟深易于捕治，利五；西北耕田，人力无所施用，俗语所谓望天收，沟洫既开，缦田悉作圳田，利六；西北地广人稀，岁入无多，家无盖藏，水利兴，将饶沃无异东南，利七；东南民奢而勤，西北民俭而惰，以西北之俭师东南之勤，民食自裕，利八；邪教之起，由多游民，百姓皆从事于陇亩，风俗自靖，利九；东南转输，一石费至数石，故昔人谓西北有一石之收，则东南省数石之费，利十；河流涨发，时忧冲决，五省遍开沟洫，计可容涨流三万余千丈，利十一；涨流既有所容，河堤抢筑，岁费渐可裁省，利十二；军政莫善于屯田，沟洫通利，荒土悉可垦种，因此召募开屯，不费饷而兵额充足，利十三；经画一定，丘段分明，民间无争占之端，里胥无飞洒之弊，利十四；每地方二十里同沟共井，相救相助，联保甲，兴社仓，诸事便易，利十五。

徐越《畿辅水利疏》：臣考之太仓每岁漕粮所入，仅敷一岁所出之数。现值江浙饥凶，淮黄梗阻，已有岁运不能足额、抵通不能如期之虞，万一天灾再告，输挽难前，赈贷莫继，无论东南之凋瘵无策以拯，即京师数千百万官民军旗人等，能无米而炊乎？此时而始为区画，亦已晚矣！查漕粮原有常额，每年尚可留余，只缘岁有一百六七十万涝粮之给，遂至空仓而出。若得因地制宜，使八旗不致荒涝，涝粮得以议省，则每年有一百六七十万之存剩，不三年即可有四五百万之积储，虽遇天时凶灾，河道阻塞，而国家有备无患，非万年根本之重计乎？冀州之域，古称燕赵，从来膏沃自给，不尽仰食于东南，特以人事未尽，遂将自然之地利废置不讲，以致水旱皆灾，岁无常获。若相其地势高卑，因势利导，大兴水田，庶几人事修而地利登，非但八旗、屯丁车簸盈祝，无借仓拨，而各府民田由此尽垦，即东南之民力可苏、近畿之盗贼可息。何也？东南漕粮，民间交兑及漕船岁修、行月诸费，以至抵通盘剥，合公私计之，大约石米到仓费银四五两不等，而领出涝粮及运军余米，在京卖价不过八九钱耳，民力徒困而国计何裨？水利兴则米谷多，将来可照改折解银，在本京收买足额，朝廷之上岁可增改折银数百万两，而办漕之民力不于此而苏乎？至于西北米多价重，生理各足，既无旷土，自无游民，谁复迫饥寒而甘为盗贼？此又不弭盗而盗自弭也。臣故曰：积漕利国，富旗安民，莫过于大兴畿辅水利者也。

陆陇其《论直隶兴除事宜书》：屡年以来，朝廷悯恤灾荒，州县议蠲议赈，所费钱粮不可胜数。与其蠲赈于既荒之后，何如讲求水利于未荒之前？蠲赈之惠在一时，水利之泽在万世。宜通查所属州县水道，何处宜疏通，何处宜堤防，约长阔若干，工费若干，汇成《畿辅水利》一书进呈，请以次分年举行。以一时言之，虽若不免于费，以久远言之，比之蠲赈所省必百倍。或鼓舞官吏绅衿，能开河道若干者，作何优叙奖励，此亦一策也。

李光地《饬兴水利牒》：北土地宜，大约病潦者十之二，苦旱者十之八，而北方苦旱，遂至于不可支者，由于水利不修。今通饬州县，各因其山川高下之宜，如近山者，导泉通沟，近河者，引流酾渠，若无山无河平衍之处，则劝民凿井，亦可稍资灌溉。若一县开一万井，则可溉十万亩，约计亩获米一石，十县之入已当通直全属之仓贮矣。一沟之水又可当百井，一渠之水又可当十沟，以此推之，水利之兴，较之积谷备荒，其利不止于倍蓰而什佰也。

柴潮生《水利救荒疏》：天灾国家代有，荒政未有百全，计口授粮，仅救死而扶赢，以工代赈，亦挂一而漏百，何如掷百万于水滨，而立收国富民安之效，纵有尧水汤旱，亦可挹彼注兹，是谓无弊之赈恤。连年米价屡厪圣怀，尽停采购，岂可久行？捐监输仓，亦非上策。若小民收获素裕，自然二鬴有资。臣访问直隶士民，皆云：有水之田较无水之田，岁入不啻再倍，是谓不竭之常平。且近畿多八旗庄地，直隶亦京兆股肱，皆宜致之富饶，始可居重驭轻。若水利既兴，自然军民两利，是谓无形之帑藏。且雨者，水土之气所上腾而下泽也，土气太盛，则水气受制，故明臣魏呈润、徐光启皆以兴水利为致雨之术。直隶近年以来，闵雨者屡矣！谓政事之缺失，乃圣人罪己之怀；诿气数之适然，亦术士无稽之论。但使水土均调，自然雨旸时若，是谓有验之调燮。且水性分之则利，合之则害，用之则利，弃之则害。故周用有言：人人皆治田之人，即人人皆治水之人。先臣张伯行亦主此论。又陆陇其为灵寿令，督民浚卫河，其始颇有怨言，谓开无水之河以病民，既而水潦大至，他邑苦水，独灵寿有宣导，岁竟有秋。货殖者，旱则资舟；为国者，备斯无患。是谓隐寓之河防。

臣则徐谨案：《周官》大司徒掌天下土地之图，辨十二壤而知其种，树艺之事繁矣。而王畿之内，惟稻人设专官，其用水作田之法，亦较诸职特详。盖五谷所殖，稻之入最丰，又性宜水，为之沟防蓄泄之制，天时不齐，可仗人力补救，非如他种之一听命于天。故农为天下本务，稻又为农之本务，而畿内艺稻又为天下之本务。我朝劝农重谷，列圣相承，茆檐耕织，悉被宸章，海澨雨旸，动关圣虑，稼穑惟宝，艰难周知，固已立万世不拔之基矣。而畿辅农田水利，历经奉旨兴修艺农，迄犹未广。今畿辅行粮地六十四万余顷，稻田不及百分之二，非地不宜稻也，亦非民不愿种也，由不知稻田利益倍蓰旱田也。乃观《潞水客谈》所述及本朝诸臣奏疏，先后指陈稻田利益，深切著明若此。是其上神国计者，不独为仓储之富，而兼通于屯政、河防；下益民生者，不独在收获之丰，而并及于化邪弭盗，洵经国之远图，尤救时之切务也。今诚逐条研核，确信夫营田艺稻实为根本至计，效可必致而事在必行，则万年美利既不难操券以观成，俶载经营乃可与更端而图始，而土宜之辨，已事之征，可递详矣。

直隶土性宜稻有水皆可成田

《元史·列传》：虞集进言：京师之东，濒海数千里，北极辽海，南滨青徐，萑苇之场也。海潮日至，淤为沃壤，宜用浙人之法，筑堤捍水为田。

《明史·列传》：徐贞明上《水利议》曰：畿辅诸郡，或支河所经，或涧泉自出，皆足以资灌溉。北人未习水利，惟苦水害，不知水害未除，正由水利未兴也。今顺天、真定、河间诸郡，桑麻之区半为沮洳，诚于上流疏渠浚沟，引之灌田，以杀水势，下流多开支河，以泄横流，其淀之最下者，留以潴水，稍高者如南人筑圩之制，则水利兴，水患亦除矣。

《明史·河渠志》：万历三十年，保定巡抚汪应蛟言：易水可溉金台，滱水可溉恒山，唐水可溉中山，滏水可溉襄国，漳水可溉邺下，而瀛海当众河下流，故号河间，视江南泽国不异。至于山下之泉，地中之水，所在皆有，宜各设坝建闸，通渠筑堤，用南方之水田法，六郡之内得水田数万顷，畿民从此盈饶，永无旱涝之患，不幸漕河有梗，亦可改折于南取籴于北，此国家无穷之利也。

明汪应蛟《海滨屯田疏》：天津可垦荒田，连壤接畛，若尽为之开渠以通蓄泄，筑堤以防旱涝，每千顷致谷三十万石，以七千顷计之，可得谷二百万石。且地在三岔河外，海潮上溢，取以灌溉，于河无妨。白塘以下多官地，原无粮差，白塘以上为民地，愿卖则给价，不愿则给种，于民情无拂。就中经理得宜，行之久远，可不谓国家万世之利哉！

国朝怡贤亲王《请设营田疏》：北方本三代分田授井之区，而畿辅土壤之膏腴甲于天下，东南滨海，西北负山，有流泉潮汐之滋润，无秦、晋岩阿之阻格，豫、徐、黄、淮之激荡，言水利于此地，所谓用力少而成功多者也。

又，《京东水利情形疏》：蓟州运河东南至宝坻，会白龙港，又南经玉田、丰润，合浭水达海，河身深阔，源远流长。请于下仓以南建桥、下闸，壅水而升之，注于两岸，多开沟浍，远近贯注，用之不乏矣。浭水又名还乡河，沿河一带建闸开渠，数十里内无非沃壤。玉田本属稻乡，夹河为湖，引流种稻，足资灌溉。丰润负山带水，涌地成泉，疏流导河，随取而足，县南接连大泊，平畴万顷，土膏滋润。陡河自偘山东流，绕县而南，傍河稻田数百顷，农多饶裕。若推而广之，两岸良田不可数计。滦州之别故河，若疏通，而西南负郭之田皆收浸润之利。龙溪、沂河之间，地势平衍，土冈环之，东南一望无际，皆可播流而溉，西南则游观庄，引泉可田，南则稻河、吴家龙堂等处，引河可田，西北则自沙河驿东、榛子镇西，流清而腴，地平而阔，沿岸一带建坝开沟，无处非水耕火耨之地。迁安之桃林河、泉河、三里河，夹河皆可田。黄山之麓，清泉喷涌，即还乡河所自出，两岸地与水平，播之可种稻田百余顷，且可分还乡河之势。卢龙县北燕河营，涌泉成河，及营东五泉，漫溢四出，皆可挹取为树艺之利。

又，《京西南水利情形疏》：胡良河所经，地称膏腴，沟渠圩岸，宛若江南，扩而广之，房、涿之间皆稻乡也。涞水一派，石亭赤土楼村，粳稻最盛，而河流所经之定兴、新城等县，亦沾浇灌之利。三易水，曰濡、曰武、曰雹，俱挟源泉分流，疏渠其势甚便。一亩泉流为清苑河，五云、石臼二泉流为放水河，蒲水伏流，复见为五郎河。九龙泉绕庆都而入方顺河，源盛水饶，疏而引之，不可胜用也。滱水入唐县为唐河，横水会之，居民引以溉稻，直达下素，町畦相望，经曲阳而所溉尤多，南入定州，白龙泉会之，傍河诸村皆圩岸也。推而广之，所得稻田难以顷亩计矣。派水经新乐、定州，沿流多资灌溉。滋河经灵寿为慈水，沿流皆可田，伏而复见，绕无极，经深泽，疏流成渠，天然水利也。洨河至栾城，合北沙河而流始渐大，浇溉可资，但岸高难以升引，应作坝壅之，俾水与岸平，开沟二三尺，纵横俱可通流，涓滴皆为我用矣。伏秋水涨，则决坝泄之，旱涝无虞，万全之利也。圣女河源出任县，泉从地涌，引流可田。牛尾河、百泉河源出邢台，作闸节宣，沿流一带皆水田也。滏阳河源出磁州；至邯郸，会渚、沁二水，贯大泊而与滹沱水合，所经之处皆可疏渠灌稻。南北二泊，为二十余河之委汇，而水口河身均多浅隘，今应展挖宽深，导南泊之水归穆家口，北泊之水入滏阳河，积涝日消，旧岸渐复，四周涸出之地尚可以数计哉！然后作小堤以绕之，多开斗门，疏渠种稻，则沮洳之场无非乐土也。

《畿辅通志》：京东辅郡，负山控海，泉深而土泽，潮淤而壤沃，诸州邑泉从地涌，一决即通，水与田平，一引即至，俱可疏凿成田。宝坻县营田，引蓟运河潮水。按，明臣袁黄为宝坻令，开疏沽道，引沴潮流，教民种稻。盖潮水性温，发苗最沃，一日再至，不失晷刻，虽少雨之岁，灌溉自饶，浙闽所谓潮田也。京西诸河，汇于西淀，新安三面皆潦水汇注，岁失耕稼。贤王为开河分泄，筑堤捍御，沮洳遂为乐土，粳稻遍野，蒸蒸殷富。安州居其上游，积淀环绕，地多污莱，闻新民坐获美利，州人羡之，相率垦洿泽，引河流，自行插莳营田，收获甚丰。涞水县稻子沟，盖缘稻得名。涿州有督亢亭旧迹，亦土壤膏腴之证。文安为七十二清河汇聚之区，土人于濒河傍淀处芟葭莳稻，多获丰收。大城为子牙河所经，土性膏腴，最为宜稻之区。满城一亩泉，涌地喷珠，鸡距、红花等泉连绵相接，灌溉优渥。宛平卢沟桥西北营田，引桑干河水。明臣徐贞明言："桑干水经保安境上，有用土牛逼水成田者。"今保安、怀来稻田最盛，皆于上流疏引，随高下以作沟洫，淤泥停壅，不粪而肥，苗发颖栗，所收倍于他水，是亦桑干可田之一证也。京南西带重峦，源泉并注交流，会于大泊，形如聚扇。元臣郭守敬言，滏、漳二水合流处，引水由滏阳、邯郸、洺州、永年，下经鸡泽，合入澧河，可溉田三千余顷。大陆泽为上游之壑、下流之源，澧河源于大陆，源大流盛，夹岸汲引，其利尤溥。邢台百泉时出不穷，不惟利周本邑，兼可润及邻疆。天津营田全资潮汐，一面滨河，三面开渠，潮来渠满，则闸而留之，以供车戽，中间沟塍地埂宛转交通，四面筑围以防旱涝，皆前明汪应蛟遗制也。

又：永定河浊泥善肥苗稼，凡所淤处变瘠为沃，其收数倍。河所经由两岸，洼碱之地甚多，若相高下，开浚长渠，如怀来、保安石径山引灌之法，分道浇溉，则斥卤变为肥饶。而分水之道既多，奔腾之势自减，从高而下，由近而远，一河之润可及十余州。此亦转害为利之一奇也。

《畿辅安澜志》：浑水性肥，所过变斥卤为膏壤。昔年文、霸所属信安、胜芳等村，乃滨水荒乡，自康熙戊寅开河以后，浊流旁衍，地肥土润，今且畦塍相望，宛如江南。

又：卢沟桥以上修家庄，地居山麓，大半沙碛，乃农人自营稻田，历今数十余年不废。盖务此者皆晋人，性习勤而无畏难，故业成卒享其利。其艺稻之法，布列石渠，即于沙石之上引水留泥，复于四五月河水涓细之时，通水而上，借以插秧，水足则仍泄于本河。正定、平山引滹水植稻，亦用此法。上而宣、大间，处处可引，惟在贤有司实心劝导，示以有征之成效，课使各自营力，斯善于兴利者矣。

柴潮生《水利救荒疏》：臣请考之于古，证之于今，直隶为《禹贡》冀州之域，厥田中中，今土壤乃至瘠薄。东南农民家有五十亩，十口不饥；此间虽拥数顷之地，常虞不给，虽其土燥人惰，亦不应悬殊至此。汉张堪开狐奴稻田，民有麦穗之歌。狐奴，今之昌平也。北齐裴延隽修督亢陂，为利十倍。督亢，今之涿州也。东南二淀，为宋何承矩塘泺之遗；天津十字围，乃明汪应蛟屯田之旧。垂之竹册，非比荒唐。又查国朝李光地为巡抚，请兴河间水田，言涿州水占之地，每亩鬻钱二百尚无售者，一开成水田，亩易银十两。上年直督高斌请开永定河灌田，亦云查勘所至，众情欣悦。又闻石径山有庄头修姓，能自引浑河灌田，比常农亩收数倍，旱涝不致为灾。又闻蓟县亦有富户自行凿井灌田，每逢旱岁，其利益饶。又闻现任霸州知州朱一蜚，于二三月间曾劝民开井二十余口，今颇赖之。证之近事，复确有据，则水利之可兴也决矣。

臣则徐谨案：稻，水谷也。《禹谟》六府始水而终谷，故天下有水之地无不宜稻之田。近在内地者无论已，迪化在沙漠之境，而有泉可引宜禾，锡以嘉名；台湾悬闽海之中，而有潮可通，产米甲于诸郡。此皆从古天荒，开自本朝，而一经耕治，遂成乐土。况神京雄据上游，负崇山而襟沧海，来源之盛势若建瓴，归墟之流形如聚扇，而又有淀泊以大其潴蓄，有潮汐以资其润泽，水脉之播流于全省，若气血之周贯于一身，奥衍之资，天造地设，是有一水即当收一水之用，有一水即当享一水之利者也。然非深明乎因地制宜之用，化瘠为沃之方，恐狃于成见，必将以水土异性为疑。今且不敢远征，断自元、明建都以来敷陈诸策，固已言之凿凿，试之有效，而我朝怡贤亲王周历经度，叠次疏陈。参之诸臣奏议、三辅志乘，凡土之宜稻，地之可田，悉经逐段指出，则畇畇畿甸，实具天地自然之利，尤为万无可疑。今即水道之通塞分合不无小殊，而土性依然，地利自在，可知稻田之广，良由人事之未修，而所以物土宜兴水利者，可以考求遗迹，实力举行矣！

历代开治水田成效考

《后汉书·列传》：张堪拜渔阳太守，乃于狐奴开稻田八千余顷，劝民耕种，以致殷富。

《水经注》：魏将军刘靖以嘉平二年，道高梁河，造戾陵，遏开车箱渠，灌田二千顷。至景元三年，遣谒者樊晨更制水门，水流乘车箱渠，自蓟西北，经昌平，东尽渔阳、潞县，灌田万有余顷。

《魏书·列传》：裴延隽转幽州刺史，修复范阳郡督亢渠、渔阳燕郡戾陵诸堰，溉田百万余顷亩。

《隋书·食货志》：齐皇建中，开督亢旧陂营屯，岁收稻粟数十万石。

《册府元龟》：隋开皇中，幽州都督裴方行引卢沟水，开稻田千顷，百姓赖以丰给。

《唐书·地理志》：渔阳郡三河有孤山坡，田三千顷。

《宋史·列传》：沧州节度副使何承矩，疏请于顺安砦西开易河、蒲口，资其陂泽筑堤贮水为屯田。乃以承矩为制置屯田使，俾董其役。自顺安以东濒海，东西三百余里，南北五七十里，悉为稻田。

又，《食货志》：咸平六年，知保州赵彬分徐河水南注运渠，置水陆屯田。天禧末，河北屯田岁收二万九千四百余石，保州最多，逾其半焉。

《唐县志》：金泰和六年，县尹刘弇开渠引唐河灌田数千亩，又导而东，以溉完县诸田。

又，明万历二十七年，知县杨一桂浚渠引唐河溉田一万千余亩。明年复大开浚，引唐河东注，历唐县三十五村、完县三村，溉田二百余顷，名广利渠。

《元史·本纪》：脱脱言：京畿近水地，召募南人耕种，岁可收百万余石。于是西至西山，南至保定、河间，北抵檀顺，东至迁民镇，凡系官地及屯田，悉从分司，农司立法佃种，岁乃大稔。

《明史·河渠志》：永乐八年，浚定襄故渠，引滹沱水灌田六百余顷。万历三十年，真定知府郭勉浚大小鸣泉四十余穴，溉田千顷。邢台达活、野狐二泉流为牛尾河，百泉流为澧河，建二十一闸、二堤，灌田五百余顷。天启二年，命太仆卿董应举管天津至山海屯田，规画数年，开田八十万亩，积谷无算。

《明史·列传》：万历十三年九月，徐贞明领垦田使，先诣永平，募南人为倡，至明年三月，垦田三万九千余亩。

《新安县志》：万历间，邑令张延玉开王家桥下三渠，用氾水灌田一千五百余顷。

《怀安县志》：明兵备道胡思伸浚惠民渠，引洋河之水溉民田，数万顷皆成膏腴。

明来复《保安卫水田记》：万历四十六年，兵备道胡思伸疏：瀹保、安西二渠，开田十万余亩，粳稻兼利，比于江南。

汪应蛟《海滨屯田疏》：天津葛沽一带，咸谓此地从来斥卤，不耕种，间有近河种豆者，亩收不过一二斗。臣窃以为此地无水则碱，得水则润，若以闽浙治地法行之，未必不可为稻田。今春买牛、制器、开渠、筑堤，一时并兴，计葛沽、白塘二处，耕种共五千亩，内水稻二千亩，其粪多力勤者，亩收四五石，余三千亩种菉豆、旱稻。菉豆得水灌溉、粪多者，亦亩收一二石。惟旱稻以碱立槁，于是地方军民始信闽浙治地法可行于北，而臣与各官益信斥卤可尽变膏腴矣。

《畿辅通志》：天津蓝田，康熙间镇臣蓝理所开也。河渠圩岸周数十里，垦田二百顷，召浙闽农人数十家分课耕种，每田一顷用水车四部，秋收亩三四石。

又：京东局，雍正四、五、六、七、十一等年，玉田县引小泉、暖泉、孟家泉、蓝泉等河之水，营稻田三百八十四顷二十亩；丰润县引陡河、泥河、黑龙潭、杨家洪等水，营稻田四百五十顷十一亩；迁安县引徐流河、三里河、黄山泉河之水，营稻田十六顷二十七亩；滦州引沂河、暖泉、福山泉馆水，营稻田二十九顷八十二亩；平谷县引沟河及山泉，营稻田六顷十一亩；蓟州引大小海子等泉之水，营稻田五十六顷五十六亩；宝、河二县引蓟运河潮水，营稻田二百十五顷八十六亩；武清县引凤河，营稻田十八顷二亩。

又：京西局，雍正五、六、七、十一、十二等年，新安县引霍河、依城河及淀河之水，营稻田八百九十一顷五十五亩；安州引依城河及淀河之水，营稻田十六顷三十八亩；安肃县引督亢陂及霍河之水，营稻田一百七顷五十六亩；唐县引唐河水，营田八十一顷六十九亩；庆都县引湟池、北隆、坚功、涌鱼等泉之水，营稻田十二顷五十三亩；涞水县引涞河，营稻田二十二顷二十八亩；房山县引拒马河、挟河之水，营稻田二十六顷四十四亩；涿州引拒马河、胡良河之水，营稻田三十顷六亩；霸州引中亭河，营稻田一百一顷三十五亩；任丘县引白洋淀，营稻田八十五顷八十亩；文安县引会同河、子牙河之水，营稻田四百五十九顷四十亩；大城县引子牙河，营稻田三百三十二顷九十七亩；定州引小清河、马跑泉之水，营稻田六十二顷四十七亩；行唐县引莲花池及龙泉之水，营稻田十四顷十二亩；新乐县引海泉、涌泉之水，营稻田三顷三十六亩；满城县引一亩、鸡距等泉之水，营稻田二顷二十一亩；宛平县引永定河水，营稻田十六顷。

又：京南局，雍正五、六、七、八等年，磁州、永年、平乡引滏阳河水，营稻田一千二百十顷七十三亩；任县引滏阳、牛尾等河之水，营稻田一百二顷四亩；正定县引大小鸣泉、方泉、班泉之水，营稻田三十二顷七十九亩；平山县引滹沱河、冶河之水，营稻田三百四十顷十八亩；井陉县引冶河水，营稻田四十七顷二十亩；邢台县引百泉河及达活、紫金等泉之水，营稻田八十六顷九十六亩；沙河县引百泉河及小漕等泉之水，营稻田五顷六亩；南和县引百泉河水，营稻田八十五顷五十五亩。

又：天津局，雍正五年、六年，天津州、沧州、静海县及兴国、富国二场引用海河潮水，共营田四百八十七顷四十三亩。

怡贤亲王《请改磁州归广平疏》：明臣高汝行、朱泰等于滏阳所经建惠民八闸，以资灌溉，沿河州县民皆富饶，粳稻之盛甲于他郡。

刘于义《南府水利疏》：巨鹿向有碱地四万余亩，不能耕种。乾隆九年，知县详明建闸引水浇注，凡经水之地，碱气顿除，布种秋禾，收成丰稔。

《一统志》：宝带渠在怀柔县城外，县人钟其漋凿渠引水，县境碱土自后遂成水田。

《畿辅安澜志》：阜平县农民沿沙河开渠，引水营田，自乾隆十年以来，得稻田八十余顷。

臣则徐谨案：天下事创则难与虑始，因则易与图功，故治地莫善于因。明臣左光斗《水利三因策》曰：因天之时，因地之利，因人之情，明课稻于北，似创而实因也。时韪其言，水利大兴。邹元标尝言：三十年前都人不知稻草何物，今所在皆是，此三因之明效也。臣窃谓今日用因之法，莫如因故人之遗迹而修复之，因现在之成效而推广之，非特施功易奏效速也。西北水田久置不讲，一旦兴举，事同创始，利益虽宏，土宜虽得，而未经试可，人将不信。宋何承矩规画塘泺，人多议其非便，发言盈廷。承矩援汉、魏至唐屯田故事以折之，众始信服。不二年，葑穗送阙，功效大著，至今畿南粳稻犹其遗泽。承矩盖善于用因者矣。今历稽开垦成绩，著之于篇，某州邑某泉某水，按图可索，信而有征。主议者既决然于说之必可行，任事者亦晓然于功之有可据，或就废堰古渠之迹寻访遗规，或即羹鱼饭稻之乡讲求成法，而一切营垦事宜可举而措之矣。

责成地方官兴办毋庸另设专官

明徐贞明《潞水客谈》：得人固难，是必有经略之功而无纷更之扰则善矣。世有能任之者，不必如宋人专以劝农之名，亦不必如今制责以水利之职。盖劝农而兴水利，牧养斯民之首务也。今惟选择守令，久任而责成之，殿最系焉。兴利而民不知者，可坐致也。

国朝怡贤亲王《定考核以专责成疏》：臣等疏浚水泽，营治稻田，所有完过工程，例应交地方官收管，各处水田、沟洫，必须每年经理，令管河各道督率所属州县按时修浚。但考成未有定例，河道无凭举劾，请嗣后计典将水利营田事实逐一开注，由河道结送督抚，以定优劣。

孙嘉淦《复奏消除积水疏》：田间沟洫，盈千累万，而河道交错，兼多疑难之处，众说纷歧，臣等不能亲身阅视，即委员分勘，以一人之身查数十州县，势不能遍历村庄，则详细委折仍须责之州县。

范时纪《京南洼地种稻疏》：伏查京南霸州、文安、大城、固安、宝坻、天津、静海、沧州、青县等处，地势低洼，遇雨水稍多，或河流泛涨，动辄淹为巨浸，若不设法疏治，久之地亩恐皆废弃。请令直隶总督于所属府、厅、州县内，遴选素日留心地方民瘼之员，于此十数州县地方，详细踏勘，何处何村可以展挖沟渠，疏浚支河，添筑堤埝，作为稻田，一州一县行之有效，将该处承办官从优议叙，使他邑观效，积渐而广，自可变瘠为腴。

工部《议复御史汤世昌西北各省疏筑沟道疏》：应如所奏，行令各该督抚，严饬所属于每年农隙时亲往履勘督办，工竣后，册报道府，前往查勘。果系实心任事之员，行之有验，即备详督抚，于考课殿最时胪为一条；倘或漫不经心，甚至纵役滋累，亦即纠参示儆。

臣则徐谨案：周人重农，故农官莫详于《周礼》。汉魏而降，如搜粟都尉、宜禾都尉、典农中郎将、司田参军，皆于守令而外特设专官。窃以养民裕国，本是守令之事，若设官专领，于民情之苦乐、地方之利病未必周知，而既无司牧之权，则令未必行，禁未必止，公事恐多牵掣；若仍须会同地方官，又易起推诿歧视之渐，且多一衙门多一冗费。即乡村董劝之人，如农师、田长等名目，亦不必设，恐奉行日久，实去名存，徒滋闾阎浮费也。守令为亲民官，情形熟，呼应灵，择其勤恤民隐、实心任事者，属之经理，以成田之多寡，得稻之盈绌，课其殿最，不烦更张而事可集。故当创行之始，相度水泉，经画地亩，以及招募农民试种，倡导章程，自宜专简大员核定办理，俟事有端绪，效可广推，则专责之地方官为便。

劝课奖励

雍正二年，谕直隶督抚等官：朕惟抚养元元之道，足用为先。朕自临御以来，无刻不廑念民依，重农务本，业已三令五申矣。但我国家休养生息，数十年来户口日繁，而土地止有此数，非率天下农民竭力耕耘，兼收倍获，欲家室盈宁，必不可得。《周官》所载巡稼之官不一而足，又有保介、田畯，日在田间，皆为课农设也。今课农虽无专官，然自督抚以下，孰不兼此任也。其各督率有司，悉心相劝，并不时咨访疾苦，有丝毫妨于农业者，必为除去。仍于每乡中择一二老农之勤劳作苦者，优其奖赏，以示鼓励。如此则农民知劝而惰者可化为勤矣。再，舍旁田畔以及荒山不可耕种之处，量度土宜，种植树木，桑柘可以饲蚕，枣栗可以佐食，柏桐可以资用，即榛楛杂木亦可以供炊爨。其令有司督率指画，课令种植，仍严禁非时之斧斤、牛羊之践踏、奸徒之盗窃，亦为民利不小。至孳养牲畜，如北方之羊，南方之麑，牧养如法，乳字以时，于生计不无裨益。总之，小民至愚，经营衣食非不迫切，而于目前自然之利反多忽略，所赖亲民之官委曲周详，多方劝导，庶使踊跃争先，人力无遗而地利始尽，不惟民生可厚，风俗亦可转移。尔督抚等官，各体朝廷爱民之意，实心奉行；傥视为具文，苟且涂饰，或反以扰民，则尤其不可也。

明徐贞明《潞水客谈》：设得牧养斯民者，择其势顺功敏之处，募愿就之民经略其端，以示倡率之机，使民灼然知水利之可兴，则必有竞劝而争先者，庶令不烦而事自集。至若不费公帑，不烦募民，而田功自举者，边地屯田以饷军，其道有三：倡力耕之机，定赏功之制，广世职之法而已。内地垦田以阜民，其道有三：优复业之民，立力田之科，开赎罪之条而已。

袁黄《皇都水利书·开田赏功论》：元泰定中，虞集进言："京师之东，听富民欲得官者，授以地，官定其畔以为限，能以万夫耕者，授以万夫之田，为万夫长；千夫、百夫亦如之。三年后，视其成，以次渐征之，五年有积蓄，命以官，就所储，给以禄，十年不废，得以世袭如军官之法。"至正间，脱脱略仿集议，于江南募能种水田及修筑围堰之人各一千名为农师，降空名敕牒十二道，能募百人者授正九品，二百人者正八品，三百人者从七品，就令管领所募之人。嘉靖中，秦鳌言："畿辅之地，水土沃饶，乞选江浙之士为之长吏，仍又仿行古者孝弟力田之科，有能率众垦田万亩者授其官，其千亩者亦如之，果能劝课有法，不吝超迁，则三数年后必有万仓之积矣。"

徐光启《农政全书·垦田疏》：垦荒足食，万世永利，而且不烦官帑。招徕之法，计非武功世职如虞集所言不可。惟集言世袭如军官之法，所拟不管事，不升转，不出征，空名而已。田在爵在，去其田随去其爵，即世袭又空名也。但恐空衔人未乐趋，故必以空衔为根著，而又使得入籍登进以为劝。

《大清会典》：康熙四十三年，天津附近荒弃地亩开垦一万亩以为水田，行令各省巡抚，将闽粤江南等处水耕之人，出示招徕，计口授田，给以牛种。

许承宣《西北水利议》：国家广开事例以佐军需，今次第底定，将停事例，以澄叙官方矣。何不即用现开之例于西北各省，每县增设农田官，此日之品级与他时升转皆得比县令，而以其捐纳之数募耕夫，庤钱镈、买犊储种，并偿民之弃熟田为水道者。

怡贤亲王《请设营田疏》：小民可与乐成，难与虑始。请择沿河滨海施功容易之地，设营田专官，经画疆理，召募南方老农课导耕种。其有力之家率先遵奉者，圩田一顷以上，分别旌赏；有能出资代人营治者，民则优旌，官则议叙，仍岁收十分之一归还原本。至各属官田约数万顷，请先举行，为农民倡，率其浚流、圩岸以及潴水、节水、引水、戽水之法，——酌量地势，次第兴修，一年成田，二年小稔，三年粒米狼戾。小民睹水田收获之丰饶，自必鼓舞趋效，将凡可通水之处，无非多稼之乡矣。

户部议复大学士朱轼条奏：一、自营己出者，照田亩多寡给与九品以上、五品以下顶带，以示优旌；一、效力营田者，应酌量工程难易，顷亩多寡，分别录用；一、罣误降革之员效力营田者，准其开复；一、流徒以上人犯效力营田者，准减等。

臣则徐谨案：《魏书》高允曰：方一里则为田三顷七十亩，方百里则三万七千亩。若劝之则亩益三升，不劝则亩损三升。方百里损益之率，为粟二百二十三万斤，况以天下之广乎？旨哉斯言，其著劝农之利可谓约而达矣。然此就已成之田言之，若治旱田为水田，易杂粮为稻米，亩益至一石以外，则劝课之功，其益愈大而其效愈广。伏读《大清会典》载：国朝垦荒，自助牛种、宽征赋而外，有悬爵赏以励招徕之条，区画周详，务使野无旷土。惟民为邦本，食为民天，课之勤，故奖之至也。今营成之后，地方官既各视多寡以为考成，民间自营者，验明成熟有效，按顷亩分别等差，给予优奖，又佐之以议叙之典、赎罪之条，如此则劝率既至，鼓舞自生，数年后倍入之获，目验而身习，美利所在，民自趋之，不待劝而无不劝矣。

缓科轻则

康熙十二年，谕户部：自古国家久安长治之模，莫不以足民为首务，必使田野开辟，盖藏有余，而又取之不尽其力，然后民气和乐，聿成丰亨豫大之休。现行垦荒定例，俱限六年起科，朕思小民拮据，开荒物力艰难，恐催科期迫，反致失业，朕心深为轸念。以后各省开垦荒地，俱著再加宽限，通计十年方行起科，其该管地方官员，原有议叙定例，如新任之官自图纪叙纷更扰民者，著各该督抚严行稽察，题参处分。

陆陇其《论直隶兴除事宜书》：一、垦荒之宜勤也。畿辅各州县，荒田累千万顷，朝廷屡下勤垦之令，而报垦者寥寥。非民之不愿垦也，北方地土瘠薄，荒熟不常，一报开垦，转盼六年起科，所报之粮一定而不可动，所以小民视开垦为畏途，听其荒芜而莫之顾也。窃谓此等荒地，原与额内地土不同，与其稽查太严使民畏而不敢耕，何若稍假有司以便宜，使得以熟补荒，如有额外新垦之地复荒者，听有司查他处新垦地补之，其荒粮即与除免，不必如额内土地，必达部奉旨，始准豁除。无赔累之苦，无驳查之烦，民不畏垦之累，自无不踊跃于垦矣。其已垦成熟者，或更请宽至十年起科，使得偿其牛种工本之费，然后责其上供，亦所以劝垦也。

李绂《广西垦荒事宜疏》：臣思地不加辟之故，垦荒者出产惟谷，纳赋需银，差徭随田而起，恐贻后日之累，所以裹足不前。新奉旨，水田六年升科，旱地十年升科，宽其弓丈，薄其科则，则差徭可无累矣。

杨永斌《请轻科劝垦疏》：查得原报可垦外，各属尚有荒地，体察民情，恐硗地薄收，傥遇旱涝，粮赋无出，是以未肯尽力。臣窃思瘠田虽产谷稀少，若多垦数十亩，年丰可得数十万石米谷，即年歉亦必稍有收获，养活多人，不致乏食为匪，于民生实有裨益，诚不可不为多方劝导，以尽地利。臣查粮额内，有斥卤轻则，每亩征银四厘六毫四丝，米四合二勺六杪。若令凡有难垦之地，准照轻则起科，则民心鼓舞，地利可以广收。

臣则徐谨案：水田之兴，西北大利也。然或计其岁入之饶，而议及岁供之数，则民情惧罹重赋，必将瞻顾不前。昔徐贞明领垦田，使北人惧东南漕储派于西北，事初举而烦言顿起，遂以中止，此其明征也。宋臣晁公武有言："晚唐民务稼穑则增其租，故播种少；吴越民垦荒而不加税，故无旷土。"是因垦议赋，适因赋病垦，卒至田不加辟，赋无可增，于国于民两无裨益。况我朝赋役之制，东南赋重而役轻，西北赋轻而役重，用一缓二，实为立法之精心。今役既无可议减，赋又何可议增？请今自新开水田，若本系行粮地亩，照原额征收，永不加增；或系无粮荒地，亦须酌宽年限，缓其升科，轻其赋则，明定章程，遍行晓喻，俾共知圣天子深仁大度，但求民间有倍入之收，不计国赋有丝毫之益，庶良懦绝顾瞻之虑，豪猾息梗阻之谋，而乐事劝功，共戴皇仁矣。

禁扰累

雍正元年，谕户部：朕临御以来，宵旰忧勤，凡有益于民生者，无不广为筹度。因念国家承平日久，生齿殷繁，地土所出，仅可赡给，偶遇荒歉，民食惟艰，将来户口日滋，何以为业？惟开垦一事，于百姓最有裨益。但向来开垦之弊，自州县以至督抚，俱需索陋规，致垦荒之费浮于买价，百姓畏缩不前，往往膏腴荒弃，岂不可惜！嗣后各省，凡有可垦之处，听民相度地宜，自垦自报，地方官不得勒索，胥吏亦不得阻挠。至升科之例，水田仍以六年起科，旱田以十年起科，著永为定例。其府州县官能劝谕百姓开垦地亩多者，准令议叙，督抚大吏能督率各属开垦地亩多者，亦准议叙，务使野无旷土，家给人足，以副朕富民阜俗之意。

五年，谕内阁：修举水利、种植树木等事，原为利济民生，必须详谕劝导，令其鼓舞从事，方有裨益，不得绳之以法。若地方官员因关系考成，督课严急，则小民转受其扰矣。著直隶学臣转饬教职各官，切加晓谕，不时劝课，使小民踊跃兴作。若地方官员怠忽不加劝导，或有逼勒过严者，著学臣稽察奏报。三路巡察御史，亦著善于劝导，悉心稽察，如地方官有奉行不善之处，即据实奏闻。

六年，谕：凡兴河渠等事，朕意本欲惠养斯民，为地方永赖之利，乃差往人员等奉行不善，转为闾阎之扰。前闻直隶工员内，有因营田拔去民间已种豇豆之事，因谕令怡亲王确查。今据参梁文中不行晓谕于事先，乃将已成之禾稼逼令抛弃，违理妄行，显欲阻挠政事，非无心错误可比。该巡察御史苗寿、陶正中何以不行查参？梁文中所犯既实，不必交与该督再审，著革职，于工所枷号示众。其所毁坏豇豆，著即于梁文中名下照数追赔。

李光地《饬兴水利牒》：此事原为百姓筹谋，非如钦工、上差诸务，期会征发，随以督责也。该府州县履历民间，务要减省徒从，只马单车，劳问父老，询以农事，不得骚动闾阎，费民一草。胥役有借此作一名色惊扰编氓者，立毙杖下。

臣则徐谨案：为国不患无任事之人，而患有偾事之人。任事者，方兴利以救弊；偾事者，即因利而滋弊。故曰：利不百不兴，害不百不去，诚慎之也。今兴治水田，为西北百姓建无穷之利，民间自营之产，人自耕之，人自享之，赋税不增，租典由便，有利无害者也。特恐创行之始，或急于见功，奉行不善；或假手胥吏，生事滋扰；甚或违理妄行，借以阻挠政事，如雍正六年上谕处革之梁文中其人者，将养民之政反为扰民之事。此端一开，浮议乘隙而生，必至惩羹吹齑，因噎废食。是在承办各官，毋急近功，毋执偏见，虚心咨访，善言劝导，毋令书役得以借手，庶杜渐防微之虑周，而善作善成之效可期也。

破浮议惩阻挠

《宋史·食货志》：何承矩知雄州，大作稻田以足食，于雄莫、霸州、平戎、顺安等军，兴堰六百里，置斗门，引淀水灌溉。初年种晚稻，值霜不成，取江东早稻种之，八月稻熟。初，承矩建议，阻之者颇众，晚稻不成，群议愈甚，事几为罢。至是，承矩载稻穗数车，遣吏送阙下，议者乃息。

国朝怡亲王《请设营田疏》：浮议之惑民，其说有二：一曰北方土性不宜种稻也。凡种植之宜，因地燥湿，未闻有南北之分，即今玉田、丰润、满城、涿州以及广平、正定所属，不乏水田，何尝不岁岁成熟乎？一曰北方之水，暴涨则溢，旋退则涸，能为害不能为利也。夫山谷之源泉不竭，沧海之潮汐日至，长河大泽之流遇旱未尝尽涸也，况陂塘之储有备无患乎？

蓝鼎元《论北直水利书》：夫人情公私不一，安保其必无异议，惟在锐意举行，不为浮言摇惑而已矣。今所虑者，或谓南北异宜，水田必不宜于北方。此甚不然。永平、蓟州、玉田、丰润，漠漠春畴，深耕易耨者何物乎？或谓北地无水，雨集则沟浍洪涛，雨过则万壑焦枯，虽有河，不能得河之利。此可以闸坝、堤防蕴其势，使河中常常有水，而因时启闭，使旱潦不为害者也。或谓北方无实土，水流沙溃，堤岸不能坚固，朝成河而暮淤陆，此则当费经营耳。然黄河两岸一概浮沙，以苇承泥，亦能捍御，诚不惜人力，疏浚加深，以治黄之法堆砌两岸，而渠水不类黄强，则一劳永逸，未尝不可恃也。

柴潮生《水利救荒疏》：或曰：北土高燥，不宜种稻也；土性碱，水入即渗也；挖掘民地，易起怨声也；且前朝徐贞明行之而败，怡贤亲王与大学士朱轼之经营亦垂成而坐废，可为明鉴也。臣请又一一言之：九土之种异宜，未闻稻非冀州之产，现今玉田、丰润粳稻油油，且今第为之兴水利耳，可稻可禾，听从民便，不疑者一也。土性沙碱，是诚有之，不过数处耳，岂遍地皆沙碱乎？且即使沙碱，而多一行水之道，究比听其冲溢者犹愈，不疑者二也。若以沟渠为损地，尤非知农事者，今使十亩之地损一亩以蓄水，而九亩倍收与十亩之田皆薄收，孰利？况损者又予拨还，不疑者三也。至于前人之屡行屡罢，此亦有由。徐贞明有干济之才，所言亦百世之利，其时王之栋参劾，出于阉人、勋戚之意，其疏亦第言滹沱不可开耳，未尝言水田不可行也。但其募南人开垦，即以地予之，又许占籍，左光斗之屯学亦然，是夺北人之田而又塞其功名之路，其致人言也宜矣。至营田四局，成绩具在，公论难诬。当日效力差员，不无奉行未善，所以贤王一没，遂过而废之，非深识长算者之所出也。况非常之〈举〉原黎民所惧，所贵持久，乃可有功。秦人开郑白之渠，利及百世，而当时至欲杀水工郑国。汉河东太守番系引汾水灌田，河渠数徙，田者不能偿种，至唐长孙恕复凿之，亩收十石。凡始事难，成事易，赓续以终之则是，中道而弃之则非，不疑者四也。

宜兆熊、刘师恕奏：有唐县劣生于超等，捏造将来加粮名色，恐吓愚民，将去岁已经具结、情愿营种之稻田，不许加工，以致群相观望，经知县臧珣再三开喻，而于超等反赴臣衙门具辞，执抗不遵，当即咨革严究。此等劣衿劣监造言阻挠，理合奏闻，容臣等酌量情罪，严行究拟，惩一警百，庶知所畏惧，而善政可收实效矣。奉朱批：所处甚是。案内人犯审明后，当严惩之。他处亦勤加察访，如有此类不法之徒，断不可宽纵，以长刁风。

又奏：磁州东西二闸，去年议定五日一次启闭，水利均平，实属至善。兹当启放之期，有吏员沈国连、刁民顾成法等率众阻挠，当饬该府州将首恶拿解，并宣布圣意，水利务在均平，岂容独霸。随据称，沈国连已拿监禁，顾成法畏罪脱逃，现在严缉，而村民俱各帖然，听从启放。除饬缉顾成法严究外，其附和村愚，分别省宥，以广皇仁。奉朱批：直隶此等强横之风，岂可不力为革除。沈国连当严拟具题，顾成法严缉务获，其附和村愚概予从宽发落。卿等若能如此不事姑息，大振委靡，则历年之颓风何难挽回。惟须力行不倦，毋偶为此一二事以取信于朕，随复懈弛也。朕之或褒或贬，亦只据一事论一事，就一时论一时耳。勉之！

臣则徐谨案：天下事当积重难返之后，万不得已而思变通，幸而就理，万世之利也。然北米充仓，南漕改折，国家岁省经费万万，民间岁省浮费万万，此皆自蠹穴中剔出、陋规中芟除者，则举行之日，浮议阻挠必且百出。如前明弘治间浚大通河，漕船已达大通桥，节省金钱无算，而张鹤龄等因失车利，造黑眚之说以阻坏之。夫成功尚可坏，况未成乎？徐贞明初上水利议，格不行，迟之十年，重以苏瓒、徐待、王敬民、申时行诸人之力，仅得一试，无何蜚语潜入，王之栋一疏败之而有余。举事者何其难，挠事者又何其易也！今圣谟枢赞一德一心，询谋既定，无虑异议之滋，而小人之浮言梗阻，势亦在所不免。要之，簧鼓不足听而刁健不可长，是在卓然不惑、处之有道而已。

田制沟洫水器稻种附

明袁黄《宝坻劝农书》：井田畛涂沟浍，不必尽泥古法。纵横曲直，各随地势；浅深高下，各因水势。中间有卑洼特甚者，量疏为塘，堑出沟浍之间，旱则蓄，水则泄。围田地卑多水之处，随地形势四面各筑大岸以障水，中间又为小岸，岸下有沟以泄水；或外水高而内水不得出，则车而出之。涂田濒海之地，潮水往来，淤泥常积，咸草丛生，此须挑沟筑岸，或树立桩橛以抵潮汛。其田形中间高、两边下，不及十数丈为小沟，百数丈为中沟，千数丈为大沟，以注雨潦，谓之甜水沟。初种水稗，斥卤既尽，乃种稻。沙田，沙淤之田也，此田大率近水，地常润泽，可保丰熟，四围宜种芦苇以护堤岸，内则普为塍岸，可种稻秫，间为聚落，可种桑麻，或中贯湖沟，旱则平溉，或旁绕大港，潦则泄水，无水旱之虞，故胜他田也。

邱浚《大学衍义补》：京畿地势平衍，不必霖潦之久，辄有害稼之苦。莫若少仿遂人之制，每郡以境中河水为主，又随地势各为大沟，广一丈以上者，以达于河，又各随地势开小沟，广四尺以上者，以达于大沟，又各随地势开细沟，广二三尺以上者，委曲以达于小沟。其大沟则官府为之，小沟则合有田者共为之，细沟则人各自为于其田。每岁二月以后，官府遣人督其开挑，而又时常巡视，不使淤塞，纵有霖雨，不能为害矣。

左光斗《屯田水利疏》：禹功明德惟是，平水土、浚沟洫而已。支流既分，全流自杀；下流既泄，上流自安。无昏垫之害，有灌溉之利，此浚川之当议也。沿河地方，惟运河不敢开泄外，其余源流潴委是不一水，陂塘堤堰是不一用，或故迹可寻，或方便可设，则疏渠之当议也。东南地高水下，车而溉之，上农不能十亩。北方地与水平，数十顷直移时耳，事半功倍，难易悬殊，则引流之当议也。河流渐下，地形转高，不能平引，其法拦河设坝以壅之，或壅二三尺，或壅四五尺，然后平而引之，水与坝平流。从上度递流而下，节节如是，盖能不俯地以就水，而惟升水以就地，支河浅流，最宜用此，则设坝之当议也。蓄泄不时，秋水时至，坏禾荡舍，往往有之。惟于入水之处，设斗门，旱则开之，涝则塞之，出水之处反是，此建闸之当议也。沿山带溪，最易导引，而山水暴涨，沙石冲压，再行挑洗，劳费不偿。其法顺水设陂以障之，用河支，不用河身，支以上溉，身听其下行，此设陂之当议也。而必概种粳稻，恐不骤习，随其高下，听其物宜。总之，水源一开，水田之利胜旱地一倍，价值亦增三倍，渐渐由而不知，通而不倦，而焦原尽泽国矣，则相地之当议也。春夏急水，秋冬无所用之，储有余以待不足。法用池塘以积之，既可储水待旱，兼可种鱼莳莲。每见南方百亩之家，率以五亩为塘，水不胜用，利亦如其亩之所入。仿而行之，或五家一塘，或十余家一塘，居然同井遗意；惟原洼下之处，不必另设，则池塘之当议也。

国朝汤世昌《请修沟道疏》：江浙之田亩收数石，以水利修而农力勤也。西北则不然，并无沟洫，全仗天时，其大道两旁，尽可开沟深广，以资蓄泄。伏祈敕谕各该督抚，饬属于秋成之后督率农民，照河工民埝民修之例，酌令富者计亩出夫，贫者出力糊口，于大道经行之所，阔则两旁开沟，狭则止开一道，帮宽四尺，底宽二尺，深一丈，因其地势，节节开通，如有积洼，量加深广，以为潴水之地，即以挖起之土培平大道坡岸，乘此农隙，数月可竣，行之有效，即村庄径路亦可仿行。

胡宝瑔《开田沟路沟疏》：豫省地势平衍，其恃以宣泄者，沟渠之功，实与河道相表里。前浚河道，工竣，即将民田沟洫宜开、并每年加挑路沟及小沟、废渠宜复各缘由陈奏。奉旨：如所议，永远实力行之。臣钦遵率属办理，皆系民间业佃各就地头施功，虽有绵亘数十里者，而一人一户承挑无几，是以民易为力。自是每岁或于春融，或于农隙，随时查勘。总缘民间连获有收，已享其利，每岁加修，更属力少而事便，是以逐处宽深，鲜有水患。即上年被水，皆由外河冲决，并无内水弥漫之处，且节节疏通，就下甚利，田地皆得速涸，不误耕种，尤为明验也。

沈梦兰《五省沟洫图说》：沟洫之法，先视通河以为川，次视支河小水及地形低洼便于疏浚省工省力者，每距二十里为一浍，川纵则浍横，除山泽、城邑及沙砾不可耕外，每距七百里二十步为一洫，每横距八十步为一遂，纵距二百四十步为一沟，皆经画标识之，合方二十里造一册，田若干户，户若干亩，逐一注明，择其老成、众素信服者董司其事，不可假手胥吏。岁十月，农事既登，开浚洫浍深广如法，其土即堆两旁以填涂道，人工按亩科计，田率人耕三十亩，工率日挑二百尺，人十日而洫浍毕，次开沟，遂又十日而皆毕矣。如天寒冻早，沟遂明春开亦可，其田非自种者，即著佃户开浚，照佃科工，产主量给饭资，亩率谷米一升，工毕之后，丈量地亩，亩折四步均摊，以归划一。每岁春冬，各令捞取洫浍新淤以粪田亩，率三四十尺以为常例。又沟洫之制，无地不宜，而西北尤亟。西北地势平衍，河流劲而多浊，涨则劲流汹涌而冲决为患，退则浊泥滞淀而淤塞为患，古人于是作沟洫以治之。伏秋水涨，则以疏泄为灌输，河无迅流，野无煤土，此善用其决也。春冬水消，则以挑浚为粪治，土薄者可使厚，水浅者可使深，此善用其淤也。

《畿辅安澜志》：乾隆九年，河道总督高斌请展唐县广利渠，导唐、完之水东流一百二十里，于渠身两岸，每渠五里设一涵洞，共二十有四，听民浚沟引渠分入均溉。十一年又奏，涵洞引水，大利农田，请唐、完、满三县涵洞，不拘五里，听村民自为增设。又澧河在南和、任县二境，为利甚溥，并无闸座、涵洞，民间穴堤，以空心大木横贯其内，两岸沿堤为沟，水由木心达诸沟塍，谓之桶引，水足则去桶塞穴，堤岸依然。又唐县尹杨一桂导唐河东流至南雹水村，有客水沟、横来沟下于渠三尺许，因之则渠水跌落，不能东行，填之则壅阻客水，淹害村田，乃建木腾桥，使河水腾于上，山水穿其下，上下并行而不相害，桥栏为闸，可启闭，启则水泄注沟，复入于河。

王心敬《井利说》：用水车之井，必须用砖包砌，浅者需七八金，深者十金以上，而一水车亦需十金。浅井可灌二十余亩，深井可灌三四十亩。但使粪灌及时，耘耔工勤，即此一井岁获可百石，少亦七八十石。夫费二三十金而荒年收百石，所值孰多？至用辘轳之小井，不须砖砌，工匠不过数钱，器具不过一金，若地带沙石须砖砌者，工费亦只三五金。一井可及五亩，但得工勤，岁可得十四五石，更加精勤，二十四五石可得也。夫费三五金而于荒年收谷十四五石，甚至二十余石，所值孰多？

蒋炳《谕民凿井疏》：农民罔知尽力耕凿。臣留心访察，凡有井之地，悉为上产，每大井可溉田二十余亩，中井亦十余亩，雨泽愆愆，足资绠汲。请令将臣详议，晓谕农民，有能凿大井者，给口粮工本，中井半之。地方官亲为相度，计及久远，庶硗瘠可变膏腴。

刘于义《庆云盐山事宜疏》：庆云、盐山两邑，虽有咸池及苦水之处，而甜水可以浇灌之地甚多，但百姓无力砌井。查每砌砖井一，需物料银八两，可灌地五亩。若广为穿井，小旱之年百姓竟可不馁。请于水利节省项下将庆云县赏给银一万两，可砌砖井一千二百五十；盐山县赏给银八千两，可砌砖井一千，再令百姓每年多开土井，以助浇灌。

元王祯《农桑通诀》：若田高而水下，则设机械用之，如翻车、筒轮、戽斗、桔槔之类，挈而上之；若地势曲折而水远，则为槽架、连筒、阴沟、浚渠、陂栅之类，引而达之。凡下灌及平浇之田为最，用车起水者次之，再车、三车之田又为次也。

王祯《灌溉图谱》：水栅，排木障水也。若溪深田高，水不能及，于上流作栅遏水，使之旁出下溉，以及田所。水闸，开闭水门也。间有地形高下，水路不均，则跨据津要筑坝，前立斗门以备启闭，旱则激水灌田，又可转激转砲，实水利之总揆也。水塘，即洿池，因地形坳下，用之潴蓄水潦，或修筑圩堰以备灌溉。大凡陆地平田，别无溪涧井泉以溉者，救旱之法非塘不可。

又：翻车，今龙骨车也。牛转翻车，比人踏功将倍之。水转翻车，视水势随宜用之，其水日夜不止，绝胜踏车。筒车水激转轮，众筒兜水以灌田，昼夜不息。连筒，以竹通水也。架槽木，架水槽也。戽斗，挹水器也。刮车，上水轮也。桔槔，挈水械也。转轳，缠绠械也。

明西洋熊三拔《泰西水法》：龙尾车者，河滨挈水之器也。物省而不烦，用力少而得水多。若有水之地，悉皆用之，窃计人力可以半省，天灾可以半免，岁入可以倍多。玉衡车者，井、泉挈水之器也。一人用之，可当数人，高地植谷，纵令大旱，能救一夫之田。

《畿辅通志》：宛平县产稻有糯、粳二种；香河县产粳稻、糯稻、水稻、旱稻；昌平州产膳米；房山县产稻红、白二种；遵化州产东方稻、双芒稻、虎皮稻之类，皆食米。糯稻有旱糯、白糯、黄糯，皆可酿酒。满城县产稻有黄须者，有乌须者，有粳稻、旱稻、糯稻；涞水县产水稻；邢台县产稻有三种，红口稻、芒稻、糯稻。

臣则徐谨案：沟洫之利甚溥，非独水田宜设，前人论之详矣！而经画水田，要在尽力沟洫。陂塘之潴蓄，所以供沟洫之挹注也；闸堰涵洞之启闭，所以均沟洫之节宣也。沟洫修而田制备，田制备而地中之水无一勺不疏如血脉，水旁之地无一亩不化为膏腴。大禹之粒蒸民，举其要，不外浚川距海，浚畎浍距川，然则营田之政，亦尽力沟洫而已。直隶八郡地势，西北高，东南下，而一郡之中又各有高下之异。今择其近水之处，随宜经画，负山高仰之地，可导泉引溉，则为陂、为塘，以备暵旸；滨河平广之地，可疏渠引溉，则为闸、为堰，以齐旱涝；濒海近淀之地，可筑围引溉，则为圩、为堤，以防漫溢。如是，则水之为田患者寡，水之不为田用者盖亦寡已。经画既定，播种可施，乃更揆度地形，作水器以省灌溉之力，辨别土性，择稻种以适气候之宜，使向之听丰歉于天时者，一视勤惰于人事。人事修举，而天时不害，地宝咸登矣。

开筑挖压田地计亩摊拨

怡贤亲王《请设营田疏》：臣等更有请者，从来非常之利，言之而不行，行之而不究者，非局外之浮议为阻，实局中规画未周也。臣等恭聆训旨，凡民间之小屋有碍水道者，加倍赏偿。大哉王言！顺人情而溥美利，无过于是。伏念浚河、筑圩，损数夫之产利千耦之耕，甚而富家百顷俱享平成，贫人数畦偏值挖压，若概偿官价，不惟所费不赀，亦非民情所愿。计亩均摊，通融拨抵，视本田亩数加十之二三，其河淀洼地已经成熟报升必须挖掘者，将附近官地照数拨补。如此，则事无中挠，人皆乐从之。

柴潮生《水利救荒疏》：疏河、开沟、建闸、堀塘，其中有侵及民田，并古陂、废堰为民业已久者，皆计亩均匀拨还，民情自无不乐从。

刘于义、高斌《水利事宜疏》：一、筑堤、开河，间有估用成熟地亩，查系旗地，就近拨补；系民地，照例给价，仍于粮册内查明，题请开除。

臣则徐谨案：方田之法，二百四十步为亩，亩折四步为沟洫。损四步以益二百三十六步，人共知其利矣。若池塘、渠道之用，需地愈多，为利愈广，或利周一邑，或利关数郡。而遇有估用民地之处，辄生异议者。亏一家私己之产，充一方公用之利，固非恒情所乐从也。我宪皇帝洞鉴此情，爰有加倍赏偿之谕。嗣经怡贤亲王奏请均摊拨抵，部议准行，立法最为尽善。至乾隆间，旗地仍归拨补，而民地则改行给价。窃惟民间田地时值不齐，少给则舆情不洽，多给则经费不赀，并恐民心难餍，转启烦言。观徐贞明滹沱之役，以偿价不敷，致滋忌者口实，功败垂成，知给价之正多格碍也。且开筑既资公利，则地亩自应公派，所有挖压田地，仍宜于灌溉所及之地计亩均匀拨还，庶国帑不糜而民情大顺矣。

禁占垦碍水淤地

乾隆三十七年，谕：淀泊利在宽深，其旁间有淤地，不过水小时偶然涸出，水至则当让之于水，方足以畅荡漾而资潴蓄，非若江海沙洲东坍西涨，听民循例报垦者可比。乃濒水愚民，贪淤地之肥润，占垦效尤，所占之地日益增，则蓄水之区日益减，每遇潦涨，水无所容，甚至漫溢为患。在闾阎获利有限，而于河务关系非轻，其利害大小，较然可见，是以屡经敕谕，冀有司实力办理。今地方官奉行不过具文塞责，且不独直隶为然，他省滨临河湖地面，类此者谅亦不少。此等占垦升科之地，一望可知，存其已往，杜其将来，无难力为防遏，何漫不经意若此！通谕各督抚，除已垦者姑免追禁外，嗣后务须明切晓谕，毋许复行占耕，违者治罪。若仍不实心经理，一经发觉，惟该督抚是问。

陈仪《后湖官地议》：玉田后湖营田，贤王措置之妙，尤在留湖心毋垦，以为潦水归宿之所。盖周围筑堰，山〔水〕涨固不内侵，而雨泽过多，则内水亦难外泄。留湖心以受之，田功乃可万全。所亲者少，而所全者大也。自游民申有山借垦荒之名，冒耕湖心之地，违贤王措置之苦心，遂遗营田之害。

陈黄中《京东水利议》：欲兴水利于西北，当即规度地势，弃最下之田，蠲其常税，潴为陂泽，潦有所泄，旱有所资。第使每邑蠲去若干顷，而其余所垦之地，凶岁俱可无虞，是一时所蠲之数甚少，而久远之利无涯。如必洼下之地，利其肥淤，寸寸耕之，水既无所归，则漫溢旁流，高原并受其害，是得肥淤之利少，而受泛滥之害多，此势之必不行者。

沈联芳《邦畿水利集说》：畿辅地方平衍，河道纵横，入海之处，惟海河一门，全赖大泽以容蓄众流。迩者淀泊淤地，为民间占种，甚或报垦升科，地方有司受其所惑，殊不知阻遏水道，其咎綦重。惟是积重难返，围圩耕种之地未能悉行除去，是不可不详查，如有实在阻塞水道之处，宜急为铲挖，永行禁止。

臣则徐谨案：天以五行生万物而先水，水之有利，水之性也。至用水者与水争地，而水违其性，水利失，水患滋矣。明臣潘凤梧曰：若计开田，先计储水。《荒政要览》曰：泽不得，川不行，川不得，泽不止，二者相为体用，为上流之壑，为下流之源，全系乎泽。泽废，是无川也。畿辅之地，百川辐辏，赖淀泊以为之容蓄，而后潦不虞泛滥，旱不至焦枯。自规图小利者于附近淤地日渐占垦，以至阻碍水道，旱涝皆病，于通省水利大局关系非小。夫治地之法，将有所取必有所弃。彼第知泽内之地可为田，而不知泽外之田将胥而为水，其弊视即鹿无虞、凿空寻访者殆有甚焉。今履勘所至，凡有此等地亩，务须查明界址，分别划除，永禁侵垦。所谓舍尺寸之利而远无穷之害，此正经营之始，所当早为禁绝，以杜流弊者也。

推行各省

《史记·列传》：西门豹为邺令，发民凿十二渠灌田，民以给足。《汉书·沟洫志》：史起为邺令，引漳水溉邺，以富魏之河内。

又：郑国凿泾水为渠，溉舄卤之地四万余顷，收皆亩一钟，于是关中为沃野，因名曰郑国渠；赵中大夫白公穿渠引泾水溉田四千五百余顷，因名曰白渠，民得其饶。

又，《列传》：召信臣为南阳太守，开通沟渎，起水门、提阏以广灌溉，岁岁增加，多至三万顷。

《后汉书·列传》：邓晨为汝南太守，兴鸿却陂数千顷田，汝土以殷，鱼稻之饶流衍他郡。

《唐书·列传》：姜师度徙同州刺史，阏河以灌通灵陂，收弃地二千顷为土〔上〕田。

又：韦武为绛州刺史，凿汶水，灌田万三千余顷。

又：温造为朗州刺史，开复乡渠百里，溉田二千顷，民获其利，号右史渠。太和中，节度河阳，奏复怀州古秦渠、枋口堰，以溉济源、河内、温、武陟田五千顷。

《元史·列传》：郭守敬陈水利六事。其五，怀、孟沁河漏堰余水引东流至武陟县北，合入御河，可灌田二千余顷。其六，黄河自孟州西开引，少分一渠，经由新旧孟州中间，顺河右岸，下至温县南，复入大河，其间亦可灌田二千余顷。

明周用《东省水利议》：治河、垦田，事相表里，田不治，则水不可治。运河以东，济南、东昌、兖州三府，虽有汶、沂、洸、泗等河，与民间田地曾不相贯注。每年泰山、徂徕山水骤发，则漫为巨浸，一值旱暵，则又故无陂塘、渠堰蓄水以待急，遂致齐鲁之间一望赤地，此皆沟洫不修之故。今修沟洫，各因水势地势之宜，纵横曲直，随其所向，自高而下，自小而大，自近而远，委之于海，则治河裕民之计也。

冯应京《重农考》：中州滨河之区，当秋水时至，百川灌河，曾无一沟一浍之停蓄，以故频受其患，而不获资尺寸之利。若乃邺之漳水，南阳之钳卢陂，昔人率用以灌溉，并州西南，若汾若沁，尽可引注为农田用。

国朝毕沅《陕西农田水利疏》：陕西四塞雄封，厥田称上。汉中、兴安、商州各属，延亘南山，水土饶益；西安、同州、凤翔三府，邠、乾二州，沃野千里，实为陆海奥区，泾阳龙洞一渠，为关内膏腴之最。大川如泾、渭、灞、浐、沣、滈、潦、潏、河、洛、漆、沮、汧、沴等水，流长源远，若能就近疏引，筑堰开渠，变瘠土为良田，三农自获倍收之利。况三秦为中土上游，大川半在其地，若分为沟洫，蓄作陂池，则入黄之水其势并可少杀。

臣则徐谨案：西北诸省古称沃饶之地，甚多河渠沟洫，汉唐以来代有兴举，成效著于史策。自水利积久失修，膏腴之壤皆为陆田，遂若大河以北土性本不宜稻者，骤举稻田之利语之，人必不信。然粤西民俗，则又止知水田种稻，不知旱地可种杂粮，先臣李绂因地有余利，请多觅农师教导，兼植北方粱粟。易地以观，可知南北种植之殊，端由民习，不尽关土性也。今请俟畿辅倡行之后，确有明效，且共睹稻田之入倍于旱田，自必闻风兴起。乃以营种之法颁之山、陕、豫、东诸省，令各随宜相度，以渐兴举。由是推行愈广，乐利愈宏，财用阜成，家给人足，风俗纯厚，经正民兴，东南可借苏积困而西北且普庆屡丰，此亿万世无疆之福也。

（录自清光绪丙子三山林氏刊本）

《娄水文征》序
（1836 年）

　　太仓王君宝仁，汇其州人之文，自宋迄今，择尤雅者辑为八十卷，曰《娄水文征》，谒余为序。

　　考汉时州为娄县地，娄江出焉，故以娄名。元初创海运，通番舶，始名太仓。然则州之所重，莫若水利矣，宋时郏氏父子言之綦详，今是编取以冠集，尚体要也。夫水之行于地也，涣然而成文，故水利之废兴，农田系焉，人文亦系焉。太仓在明称极盛，弇山兄弟飙举于前，天如、骏公诸君泉涌于后。其时水道通达，田野沃衍，为东南上腴。国初已来，显者尤众。乾隆间，犹有以巍科领节钺为人士所仰望者。近十数年，刘河湮塞，旱潦皆无备，农固失其利，即科目仕宦亦稍替矣。刘河即古娄江，盖三江之一，而太仓一州之要津也。自刘河塞而州之贤有文者，或终老牖下，或偃仰薄宦，今集中之文具在，其左验也。

　　往在癸未，余陈臬来苏，值水灾后，有并浚三江之议。上命总理江浙水利，会以艰归，未亲其事。后十年重莅吴中，则吴淞已浚，而刘河之塞如故，岁且屡歉。余乃诣州履勘，奏借公帑浚之，得旨报可。先是，议刘河者咸曰海口有拦沙，凿去为便。然工艰而费巨，故屡议屡浸。自余议作清水河于海口，筑石坝，设涵洞，外潮至则御之，内水盛则泄之，盖欲为久远计也。岁甲午工成，州人大悦，乃并疏诸支河以畅其脉。乙未浚七浦河，丙申浚杨林河，皆支流之大者。比又遍浚钱泾、瑶塘、朱泾、南北澪漕、石篓、萧塘、西南十八港、六窑塘、大凌门诸河，亘三万余丈，而太仓之水道无不贯输以达于尾闾矣。如甲午秋之大雨、乙未夏之亢旱，皆几几为害，赖水利既治，以时蓄泄，岁仍报稔。数年前田价亩二三缗，至是乃倍蓰；而仕宦日显，成进士、选词馆者辈出，将蒸蒸然复见昔日之盛，不可谓水利之兴于人文无与也。

王君是编，始郏氏父子治水治田诸说，而于上下七百数十年来，凡有涉农桑沟洫者，尤择之精而取之备，岂不以农田所系在此，即人文所系亦在此，故欲有所荟萃以与当世相发明乎？而是编之辑，适在刘河工举之时，洎其成书，又在诸河工葳之后，地灵人杰，盖有明征。故余之序是编，第揭其大者声之，俾览者知体要焉。他如人物之显晦，理学之源流，高人逸士之超谊悬解，闾阎妇子之奇志庸行，披卷可睹，兹不具书。

（录自浙江省图书馆藏《云左山房文钞原稿》卷四）

铜船夹私越卡折 *
（1837 年 6 月 12 日）

湖广总督臣林则徐跪奏，为铜铅两帮船只均越过盐卡，不听查验，并于后帮追获私盐，请旨将失察之运员及不即据实禀明之护总兵，交部分别议处，以肃鹾政事：

窃照淮盐销路，惟楚省引额最重，而邻私侵灌，亦惟楚省路径最多。其尤甚者，四川江船顺流直下，船舱夹带，视陆路不啻十倍，而滇、黔铜铅皆由川船装载，借差夹带，视他船又不啻十倍。是以嘉庆二十三年奏准，于湖北巴东县之官渡口一带设立总卡，川船经过，皆须查验放行。嗣因铜铅船只不听稽查，道光十五年六月间，前督臣讷尔经额奏奉上谕："铜铅船只自四川装运北上，一路收买川盐入楚售卖，经由卡隘并不听候查验，自非督饬严查，不足以资镇压。嗣后铜铅船经由宜昌府所属地方，著即饬令该镇总兵亲督卡运各员，查验催趱，倘有水手抗拒及逃散、挟制等事，即拿交地方官究办，一面代为雇觅水手迅速开行，以副例限。并著云贵、四川各督抚严饬运员，务将船价水脚照数给发，不准稍有克扣；运船过境，饬令沿途各州县加意稽查，如有私行售给该船户盐斤，即行严拿惩治。倘不认真查办，一经楚省查出夹私情事，即著行知川省核实查参。"等因。钦此。仰见圣主整饬鹾纲、杜私卫引之至意。历经钦遵查验，无夹带者立即放行。

乃本年三月间，据禀贵州龙泉县知县童翚，领运铅船二十六只过官渡口，并不泊岸，顺流直下，经巴东县知县饶拱辰派役随同卡员，追赴下游之新滩，交护宜昌镇倭仁布就彼验放。又四月间，据禀有署云南大关同知彭衍墀，领运铜船二十四只过官渡口，亦不拢卡，兵役追至斗山沱，经倭仁布等起获水手所带私盐七百九十三斤，当即换雇水手，仍护送开行前进等情。

臣查彭衍墀所管铜船，既有起获私盐，虽系水手夹带，而该运员失于觉察，且任听越卡不泊，咎实难辞。至童睪所管铅船，虽无起获私盐，而该船越过官渡口卡而至新滩，已历一百七十五里，该处路路可以通私，安知非于越卡之后将盐卖完，始听验放，其于船户冒越避查，亦有失察之咎。当此疏引杜私之际，诚恐相率效尤，大妨嵯务，相应请旨，将云南运铜委员署大关同知事晋宁州知州彭衍墀、贵州运铅委员龙泉县知县童睪，交部分别议处，以示惩儆。至护宜昌镇总兵倭仁布，理应钦遵谕旨，亲督卡运各员查验，若该船不听搜查，即应禀揭。乃该护镇仅以赶往新滩截验一语含糊具禀，并不将该船越卡情形明白声叙，迨阅巴东县知县饶拱辰禀内，始有该船并不泊岸，顺流直下，派役尾追之语，饬查属实。是倭仁布前禀显系意存迁就，亦应请旨将护宜昌镇总兵之该镇中军游击倭仁布一并交部议处。臣仍严饬该卡文武，嗣后有船即验，既验即放，不得听其飞越，亦不许稍有耽延，庶于盐务铜运两无妨碍。

抑臣更有请者，向来铜铅船只在川买私诸弊，久荷圣明洞鉴，是以特蒙敕谕云、贵、四川各省，禁运员之短发水脚，惩沿途之卖给船盐。圣谕煌煌，咸宜恪遵查办。以臣访闻，近来铜铅船只多于川省泸州马头，及酆都县之离沱子，忠州之洋渡溪，云阳县之城河口，巫山县之江东嘴、青石峡、跳石一带，装买厂店川盐，其经过夔州关口，亦因书役得规，听其偷漏，实为淮纲之害。合无仰恳敕下四川总督，转饬夔州府，于各船过关查税之便，将所带私盐一并认真查起。并饬泸州、酆都、忠州、云阳、巫山各州县钦遵前奉谕旨，加意稽查。如厂店私将川盐卖给船户，即行严拿惩治，倘意存膜视，再经楚省获私，除失察透私之州县咨会川省查参外，其纵漏之夔关，一并查取职名，照例议处，俾各顾考成，不分畛域，以清川私来源。

臣为筹疏淮引起见，谨缮折具奏，乞伏皇上圣鉴训示。谨奏。

五月初十日

道光十七年五月二十六日奉朱批："所奏甚是。另有旨。"钦此。

（录自军机处录副）

附奏获私变价按引提课片 *
(1837 年 6 月 12 日)

再，疏引莫先于缉私，臣莅楚后，督饬各属印委员弁分投堵缉，核计月余之内，已报获私贩三十八起，私盐一万八千一百七十余斤，人犯八十六名，分饬审办；仍稽查各路卡隘，务令认真缉拿，不许稍涉松劲。

惟是未获之私盐固有碍于官引，即已获之私盐仍暗占于销数。何以言之？缘获私例应变价，分别给赏充公，而各地方向来民食只有此数，多销一分变价之盐，即少销一分额行之引，故有州县缉私甚力，获盐甚多，而该地方额引转见缺销者。初闻之，似不可解，及徐察之，而后知变价之盐所占碍于官引为不少也。然既获到私盐，若不准其变卖，又断无别项出路，而因变卖转占正额，是缉私与疏引势且两妨，殊非尽善之道。

臣思盐之分别官私，惟以有课无课为断，变价给赏之例，只以鼓励获盐之人，即一半充公，亦仅资各处开销经费，于国课仍无裨益。莫若变通其法，将所获私盐变卖之价，先按引盐课则，提缴正款钱粮。核计此外盈余，已足敷给赏充公之用，即获盐之兵役亦皆不致向隅，而变价可补官课之亏，即获私足抵官销之缺，似亦疏引裕课之一道。所有应纳课银，由各州县会同管卡员弁汇缴道库，转解两淮，归入该年额引，核数造报。如蒙敕部议准，即将本年报获各案私盐一律遵办。

臣管见所及，不揣冒昧，谨附片具奏，伏乞圣鉴训示。谨奏。

道光十七年五月二十六日奉朱批："户部议奏。"钦此。

(录自军机处录副)

---

* 标题据《林文忠公政书》湖广奏稿卷一拟。

审拟监利县粮书抗土闹局各情折 *
（1837 年 7 月 12 日）

  湖广总督臣林则徐、湖北巡抚臣周之琦跪奏，为遵旨讯明监利县粮书抗土闹局各确情，分别定拟，恭折复奏，仰祈圣鉴事：

  窃照承准军机大臣字寄："钦奉上谕：'有人奏，湖北监利县堤工向系官征民修，每年岁修土方六十余万，派征制钱六万余串，由该县签点董事，发给印单，收取土费，粮书、工书等辄用墨券私收，致董事赔累，不足完工。又有库总六人，狼狈为奸，被控未结。前经讷尔经额派员前往会议章程，设立总局收土，并公举诚正首士八人及领修数十人，分段游修，一切事宜不假吏胥，士民踊跃，而蠹书等遂托持花户，不许赴局完土，屡经禀究，藐玩如故。一年所收土费不及三万串，余皆尽饱蠹橐。本年四月，库总龚绍绪勾通粮书萧之桐，纠众抗土闹局，殴辱首士秦祖恩等，县令不为究办。从前吏胥包揽征收，县令与汛员每年得陋规数千串。今改总局收土，不能遂其需索，蠹书尤不利于总局，百计寻衅。本年七月十五日，乘该县公出，连夜聚众千百余人，拆毁总局，劫夺册券，局中衣物银钱抢掠一空，并殴首士周超伯等多人。该县邓兰薰仅拿粮书张良佐一名，略加惩戒，其余首从各犯置之不问。又，本年荆江水未大涨，该蠹书等潜往刨毁溃决二十余丈，致淹毛老等一百四十余垸，下及沔阳、汉阳等处，皆受其害等语。收土修堤改设总局，行之一年，士民称便，该地方官自应实力奉行，用收实效。何以该蠹书等辄因无从渔利，胆敢纠众毁局，抢劫肆殴？如果属实，大干法纪。该县知县亟应将首从各犯，按名严拿，从重惩办，倘竟徇庇蠹书，一味姑容，必致益无忌惮。首士畏其凌虐，不敢承管局事，于民命要工大有关系，不

---

  * 标题据《林文忠公政书》湖广奏稿卷一拟。

可不严行查究。著讷尔经额、周之琦亲提现获粮书张良佐，并饬严拿首从各犯务获，秉公审讯，认真研究。务即查明溃堤毁局各确情，依律究办，并返出抗缴土费，以杜包揽而清积弊。至该县邓兰薰，倘查有徇纵情事，著即据实严参，毋稍姑息。将此谕令知之。等因。钦此。'"当经臣周之琦会同前督臣讷尔经额遵查道光十六年七月间监利县朱三工江堤溃决，系因渗漏所致，已将防护不力之监利县知县邓兰薰、署窑圻巡检戴鸿藻一并参奏，革职留任赔修，奉旨允行在案。承准前因，行司委提人卷至省发审，即经究出粮书龚绍绪、邓培元、吴德润均有收用土费钱文，私给墨券情弊。

正在查办间，讷尔经额旋即卸事，臣林则徐到任，恭译谕旨敕查各款，尤重在蠹书之刨毁堤防，县令之得规徇纵。如果属实，倍当从重惩办。然非特委大员到地确查，未易得实，即私收土费，亦恐不止龚绍绪等三人。当与臣周之琦会商，复委到楚未久之知府但明伦驰往监利，会同先经委往之通判刘万庆，分别严查，出示招告去后。

嗣据但明伦等禀复，勘明朱三工江堤离监利县城七十里，上年七月十五日午刻江水涨发，该堤渗漏过水，致被冲溃，事在白昼，断无私挖之人。且该处朱家村，民居稠密，溃堤时众皆目击，如系被人盗决，岂肯甘心受害？并据该村绅耆等公共连名切结，悉与查勘情形相符，其为无人刨毁，实属可信。又县令与汛员得受陋规一节，据首事金供，该县邓兰薰在任，每届上堤防汛，夫马饭食皆系自发，并无派累；且改归总局收费，即系该令任内所办，更可见其无得陋规情事。至各汛佐杂，惟上堤督工之日，由总局支给薪水及大役饭钱共二千文，即于土费内开销，列入榜示，人所共见。原因佐杂力难赔垫，非州县可比，是以议明请给，并非私取陋规。其道光十四年土费，查首士原派之数，应收钱七万三千余串，局中先后实收四万余串。中间因有闹局之事，首士散回。适值工项抢险截流，无人经理，该县邓兰薰将局存收土印券调回，陆续催征费钱二千九百余串，发工济用。此外欠缴土费，除查出龚绍绪等私收外，复将欠缴户名胪列告示，如有交与粮书仅收墨券者，许其呈首，换给印券。乃招告多日，杳无呈首之人，亦无控告库总、粮书别案。就近摘传欠土各大户，讯明未完土费，实系原欠未交，并无粮书墨券可征等语。旋据委员汉阳府知府杨炳堃录供，由藩司张岳崧、臬司程銓详解前来。臣等随提人证，逐一会鞫。

缘龚绍绪即龚振先，籍隶监利，充当粮书。该县江堤长三百七十余里，从前岁修章程，由堤长自行收费修筑，乾隆五十四年改为官征官修，六十年又改为签董承修，各给工单，收费具办。迨后频遭水患，花户逃亡，责成粮书查户催追。其中顽户、蠹书串通隐寄，抗欠不缴，董事遂多赔累。道光十四年，该处士民呈经前督臣讷尔经额，饬委前监利县知县唐树义会同现任知县邓兰薰改议城内设立总局，遴选首士八名，发给册券，由局征收土费。首士每名日给饭食钱四百文，各汛佐杂上堤督工，日给薪水夫役饭食钱共二千文。是年周超伯等充当总局首士，请照阖县粮额，派土六十一万一千八百三十三方，每方折钱九十六文，加碪工二十四文，共收钱一百二十文。如该年用有盈余，留作次年修费。又因改局之初，不知花户姓名住址，仍令粮书帮收。该犯龚绍绪由粮书签点库总，不能兼充，遂令族弟龚绍琨即龚仲瑶，冒顶粮书，私受土钱六十串未缴，粮书邓培元亦收土钱四千八百文，吴德润收土钱三千六百文，留给花户笔据，名为墨券。十五年初，首士以地方辽阔，难以催收，禀县于乡间分设散局五处，每处首士三名，每日亦各给饭食钱四百文，计总散各局首士共二十三名。十五、十六两年，派土均由各花户自行赴局完交，不经粮书之手。此十四年改设总局后，由首士等添设散局，及粮书龚绍绪等私收土费之原委也。

十六年四月，毛家口散局首士秦祖恩，因粮书萧之桐承催十四年旧欠费钱不缴，令雇工朱正榜同派往帮催堤工之县役曾祥，将萧之桐锁拿赴局，伊兄萧之棣及邻人黄海儿等不服，即赴局争闹，将朱正榜殴伤。秦祖恩控办，饬提萧之桐比催土费，旋即缴清，拿获黄海儿等审不认殴，致未详办。是年七月十五日，朱三工堤身渗漏，该县邓兰薰闻信前往，抢护不及，致有溃决。城内总局首士周超伯等正欲赴堤，适有居近总局之粮书张良佐，民人李先怀、朱德顺、周伯让、胡世瀛、何利明及未获之胡世照，声称田墓被淹，赴局吵闹，将周超伯及局内火夫屈斯文、黄道泷等殴伤，并有民人龚经伸、龚经辉、李先正、杨祖钦、邓德华、潘学珍、姚大幅随同喧嚷。屈斯文等被人乘间窃去钱文衣物。周超伯随以毁局抢夺控县。拿获张良佐、朱德顺、李先正等，均不认抢，饬传人证未到，将张良佐羁押待质。此又首士秦祖恩锁拿欠缴土费之粮书萧之桐，及粮书张良佐等因堤溃赴局滋闹之实情也。

臣等查粮书龚绍绪等，擅用墨券私收土费，虽已供认侵钱六十串及三四串数百文不等，恐尚不止此数，复向严诘。据龚绍绪等坚供，花户完交土费，向必索取印券，以凭收执。伊等因与各户素来熟悉，始肯通融只给墨券。现已追征到官，如此外尚有多收，业经委员出示招告，各花户何肯代为隐匿，自取追呼？至十四年，首士派土系不分丰歉，按阖县钱粮统派，现在未完各户多系被水灾区，力难征费，伊等实无朋比为奸，把持抗欠。质之首士周超伯、王修兰等，亦不能指出凭据。询以此外各书尚有何弊？金称并无闻见。至该县库总，查系随时签点。除现充库总之龚绍绪讯有侵蚀土费，即于本案惩办外，其余均未指有姓名，亦无被控案据，复向首士反复开导，令其供指，均称不敢妄供。矢口不移，似无遁饰。

此案龚绍绪即龚振先，充当书吏，辄敢诡列卯名，侵蚀土钱至六十串之多，实属玩法。若照侵盗钱粮，仅拟准徒，尚不足以蔽辜。龚绍绪应比照"蠹役诈赃十两以上，发近边充军"例，拟发近边充军。粮书邓培元、吴德润私收土费钱四千八百文及三千六百文不等，未便因其先侵后吐，宽免置议，应照"蠹役诈赃一两至五两"例，各杖一百，加枷号一个月，均照例刺字。张良佐等赴局滋闹，若仅依斗殴律科以笞罪，不足示儆。张良佐、李先怀、朱德顺、周伯让、胡世瀛、何利明、萧之棣、黄海儿，均请照不应重律，杖八十。张良佐系粮书，应加一等，杖九十。龚经伸、龚经辉、李先正、杨祖钦、邓德华、潘学珍、姚大幅，在局随同喧嚷，亦有不合，各照不应轻律，笞四十，均分别折责发落革役。职员秦祖恩充当散局首士，因粮书萧之桐催费不力，辄令雇工朱正榜擅用铁链将萧之桐锁拿进局，殊属妄为，应请照违制律，杖一百，革去从九品职衔。朱正榜与县役曾祥，听从锁拿，应于秦祖恩杖一百罪上减一等，各杖九十。曾祥仍革役。萧之桐虽讯无纠众抗土实据，但身充粮书，承催土费，久不缴局，致被首士锁押滋闹；龚绍琨听从龚绍绪诡列册名，均属不合，并照不应重律，杖八十，各折责发落革役。周超伯充当总局首士，因溃堤赴抢无及，不协舆情，已据禀退，应与首士王修兰等，均毋庸议。龚绍绪侵蚀土钱，照数追完。印券饬给花户收执，墨券业经销毁。铁链据供丢弃，无从查起。胡世照及屈斯文等被窃钱物，饬县缉获赃贼另结。监利县知县邓兰薰，查无私得陋规钱，审办萧之桐、张良佐两案亦非徇纵，惟于粮书龚绍绪等侵收土费失于觉察，已干例议；又朱三工溃口系奏明责令该县赔修之工，邓兰薰补还新堤虽已捐赔完竣，经该管道府验无草率，而抢险截流用项仍于续征土费内开销，殊属非是，相应请旨将革职留任之监利县知县邓兰薰，即行革任，以示惩儆。该县十四、十五两年工程久经告竣，所有民欠土费多系被水之户，应免著追。至各汛佐杂，虽廉俸无多，然汛地距堤皆近，督工薪水饭食应令自行开发，不准由局再给。嗣后总局征收土费，不许假手粮书，但恐粮里不清，户名未确，应责成该县押令各书将推收过割之真名的户底册，逐一编造清楚，交局征收。遇有卖田过户，亦即查明更正，务使户名均归的实，毫无诡混。如粮书造册故意舛错，致误催收，查出加倍严惩，以儆奸蠹。至设局期于杜弊，本不宜多，嗣后仍只于外城设一总局，遴派公正首士四人经理，每日每名准给薪水钱三百文，按年更换，不准久充滋弊；各乡散局概行裁撤，以节糜费而慎堤防。

除备供招送部外，所有臣等遵旨查办缘由，理合恭折具奏。伏乞皇上圣鉴训示。谨奏。

六月初十日

道光十七年六月二十七日奉朱批："刑部议奏。"钦此。

（录自军机处录副）

筹防襄河堤工折*
（1837 年 8 月 13 日）

　　湖广总督臣林则徐跪奏，为阅视襄河新旧堤工，分别督饬筹防抢险，并现在水势情形，恭折奏祈圣鉴事：

　　窃臣前因大汛期内，各属堤防险工林立，即于六月间附片奏明出省督防在案。臣由汉阳溯流而上，经历汉川、沔阳、天门、潜江、京山、荆门、钟祥、襄阳各州县，将南北两岸堤工量明丈尺，分为最险、次险、平稳三项，以便稽查防护。其河滩宽远、堤塍高厚者，列为平稳一项；若滩窄溜近而河形尚顺，堤虽单薄而土性尚坚者，列为次险；至迎溜顶冲，或对面沙嘴挺出，堤前嫩滩塌尽，以及土性沙松，屡筑屡溃之处，皆为最险要工，逐年必须加培，大汛尤资守护。且查襄河河底从前深皆数丈，自陕省南山一带及楚北之郧阳上游，深山老林尽行开垦，栽种包谷，山土日掘日松，遇有发水，沙泥随下，以致节年淤垫，自汉阳至襄阳，愈上而河愈浅。又汉水性最善曲，　里之近竟有纡回数折者，此岸坐湾则彼岸受敌，正溜既猛即回溜亦狂。是以道光元年至今，襄河竟无一年不报漫溃。惟所溃之处，受患轻重各有不同。溃在下游者轻，上游则重；溃在支堤者轻，正堤则重。如汉川以下，为汉溇尾闾，本不设堤，谓之厂畈。自此而上，沔阳高于汉川，潜江、天门高于沔阳，京山、钟祥又高于天门、潜江。设使上游失事，如顶灌足，即成异灾，故防守之道尤须于上游加意。

　　本年五月中旬，涨水甚骤，几于漫堤，幸上游均经保全。其报溃之白鱼垸、长湖垸两处，一系下游，一系支堤，情形较轻。现在长湖境业已补筑完竣，白鱼垸亦已钉桩，当饬该县严催业民集费抢筑。六月下

---

　　* 标题据《林文忠公政书》湖广奏稿卷二拟。

旬，水又加长七八尺不等，现在甫经消落，仍恐秋汛复涨，禾稼在地，守护不可稍疏。而尤莫要于钟祥、京山两县。查从前钟、京交界之王家营堤工，溃决频闻，仰蒙特命尚书陈若霖等临工勘估，前任湖广总督嵩孚驻工督修，经黄州府通判周存义建办石坝三道，挑溜护堤，至今十年，捍御极为得力。上年讷尔经额在总督任内，恐此工一逾固限，众心或有懈弛，仍甚可虞，复将该石坝三道加培高宽，现在益臻巩固。惟京山第五段之张壁口与钟祥第三工之万佛寺两处堤塍，目下俱被大溜冲刷，堤身壁立，极为险要。臣亲勘之后，即饬该府县估办护坝，并相势筑作盘头，又于迎溜各段抛填坚大块石斜长入水，追压到底，以资御护，业已设法筹办，不敢请动帑项。

至上年讷尔经额奏请修复钟祥县第十工之刘公庵、何家潭两处溃堤，共七百二十八丈，并砌办石坝各工，此次经臣亲往验收，不独如式饱锥，且较原估更加宽厚，似此险要地段，须得有此结实工程。所有赔修之署钟祥县知县谢庆远，先因该工漫溃，奏奉谕旨革职留任，今赔修工竣，可否仰恳天恩，准予开复，恭候命下祗遵。再，襄阳府城之老龙石堤，臣亦亲至查视，甚属坚固，足资保障。

除仍督属加意守护外，所有阅视襄河堤工筹防抢险缘由，理合恭折具奏，伏乞皇上圣鉴。谨奏。

七月十三日

道光十七年七月二十七日奉朱批：钦此。

（录自军机处录副）

陈明前奏蓝正樽已毙系为存大体而
靖人心折
（1837 年 11 月 17 日）

　　湖广总督臣林则徐跪奏，为恭读谕旨，虔陈悚惧下忱，叩谢天恩，伏祈圣鉴事：

　　窃臣会奏核审殴毙首逆蓝正樽一案，钦奉上谕："当乡勇追贼时，抢取贼匪衣物，俱已扯散，何以蓝逆衫帽等件尚复完全，留为日后证据？近于妆点。且火镰等件俱系寻常用物，到处皆有，破衣缝补，并非罕见，何以逆妻遽认系其缝补？逆子、逆女年八岁、十二岁，何以一见俱认为其父之物？种种疑窦，欲盖弥彰。且据奏称：'衣物在乡勇处存留，直至拿获钟顺二等供出殴毙情形，始行起出呈验。'零星小物，已难为凭，况事隔年余，遽以此为该逆殴毙实据，尤为不近情理。林则徐平日办事尚属认真，故将此案特交详鞫，乃以事非本任，与己无干，遽随同附和，迁就了事，甚非核实办公、以诚事君之道。盖外任之恶习沾染日深，不自知其为非。林则徐著交部议处。嗣后务当振刷精神，勉副委任。"等因。钦此。臣跪诵之下，伏地碰头，汗浃涕零，不胜兢栗。又奉上谕："林则徐著加恩改为降五级留任，不准抵销。"等因。钦此。臣愈感愈惧，滋悚滋惭。

　　伏思逆案何等重大，奉旨交臣详鞫，臣具有天良，万不敢附和迁就。臣与讷尔经额素无一面之识，本年八月，因审此案行至长沙，初次相晤。臣以讷尔经额系原审原奏之人，难免胸存成见，臣若即与会审，恐案内各犯证不敢翻异前供，是以对众宣言，须先由臣自行提讯。臣于八月初二日，逐一隔别讯问，至于彻夜，其后始与讷尔经额一同核审，此在省官民所共知者。臣本以未见逆尸，不敢遽信，迨反复究诘，而全案犯证之供，始终一辙，多方刑吓，坚执不移。继又亲历宝庆府属一带，密访民间舆论，佥谓渠凶已毙，足快人心。臣一时愚昧之见，窃谓此案供证讯非捏饰，若奏驳而听其海捕，在小丑虽无关轻重，而中外恐不免传疑[1]；且苗瑶杂处之区，保无以死灰复燃，乘机煽惑。臣为镇制地方起见，谬思存大体而靖人心，不敢视为与己无干，而以挑剔见长，置身事外，因是与讷尔经额会核奏结。冒昧糊涂之咎，诚如圣谕"不自知其为非"。今蒙训敕严明，如梦方醒，汗颜无地。犹荷恩慈格外，仅予降留，且谕以"嗣后振刷精神，勉副委任"。臣即捐糜顶踵，不足仰答高深，惟有痛自猛省，随事加倍认真，断不敢仰负生成，稍沾恶习，致滋咎戾。

所有微臣悚惧感愧下忱，谨缮折叩谢天恩，伏祈皇上圣鉴。臣不胜战栗惶恐之至。谨奏。

十月二十日

道光十七年十一月初六日奉朱批："知道了。"钦此。

（录自军机处录副）

---

[1] 此处朱批："所见到此，尚属有识。要知朕不肯含混了事者，亦恐不足儆后也。"

防汛事宜
（1837 年）

一、设窝铺。凡临流顶冲最险要处，必须多聚人夫料物，应择适中最要处所，报明建盖窝铺。计所辖各段，正堤共需窝铺几座，每座所雇人夫约以三名为度。合两三铺再派家丁一人往来稽查，仍按段竖立宽阔牌签一枝，大书丁役人夫姓名，以凭点验。

一、制抬篷。窝铺不能多设，既设即难迁移，自应添制抬篷。篷以木为之，上盖簷席，中有板铺，可睡二人，两头俱有木杠伸出，可以抬走。

一、积土牛。汛涨猝至，临时无土，每致束手。必须挑土积起，即以所雇人役为之。每一土牛高约四尺，长二丈，顶宽二尺，底宽一丈。每日一夫应挑土几担，几夫可积一土牛，按夫按日核定挑积，报候点验。其无土之处，挑堆瓦矿亦属可用。

一、备物料。石块、方圆大小不拘，多多益善，下俱仿此。砖块、木桩、板片、木橛、草束、柴把、苇把、树枝、绳缆、草帘、油篓、麻袋、篓袋内均贮沙贮土，或贮瓦矿，俱不拘。破烂棉絮、破锅、破缸、以扣泉眼。硬煤、芦席、火把、油烛。

一、储器具。石硪、木夯、铁锄、铁锹、粪箕，木桶、成担。扁桶、路灯、灯架、手灯、雨伞、箬笠、蓑衣、草鞋、铜锣、木梆。

一、境内工段，最要几处，次要几处，某处派丁役几名，通堤统共若干，归于汛委何员管束，先即核定人数，造册详明候验。

一、防汛之人，每名每日饭食连油烛约一百文，挑土者视其难易远近，酌予加增，不得少发。

一、修工时监修之董事人等，大汛责令如所修工段，随同印汛委员住堤防护，该州县应即随时督率，务使认真。遇有险工，协力抢护，以期化险为平，不得听其推诿躲避。

一、此段有险，上下段及对岸夫役均须赶往帮抢，并携带料物协济。

一、各属所配军流徒犯及有案窃匪，如可收作夫役，使之挑积土牛，给予饭钱，以免逃脱复犯，较之充警，更为一举两得，似属可行。应饬各州县督率汛员，查明境内此种人犯共有几名，分别安插，以资役使，仍造册报候点验。

（录自民国《湖北通志》卷四十二）

整顿鹾务折 *
（1838 年 2 月）

奏为敬陈楚省鹾务设法整顿情形，恭折奏祈圣鉴事：

窃臣质本庸愚，盐务尤非所习，仰蒙圣慈委任，先经署理两江总督，旋复擢授湖广总督，于鹾政皆责无旁贷，不敢不加意讲求。因讲求而愈知筹办之难，因难办而益矢转移之力，其中曲折繁重情形，有非循常蹈故所能收其实效者，故必倍加整顿，不敢稍避怨嫌。现虽积弊渐除，犹恐久而生玩，谨将一切办法为我圣主缕陈之。

伏查两淮引额，除淮北二十九万六千九百八十二引不在湖广行销外，其淮南年额应销盐一百三十九万五千五百十引，内江苏、安徽、江西三省额销之数仅居四分有零，而湖广销额几及十分之六，以每引四百斤计之，每一万引即合盐四百万斤，积而至于七十七万九千九百余引之多，其为盐殆不可以数计，此湖广所以为淮南最重之口岸也。然楚民并不尽食淮盐，如湖北施南　府六县及宜昌府属之鹤峰、长乐两州县，均属例食川盐。湖南郴、桂两州属并衡州府属之酃县共十一州县，例食粤盐。是楚省境内本有川、粤引地，则凡犬牙相错之处，皆不能无影射透漏，正不独湖南永兴一县熬煎粤盐以灌淮界，久为粤省之所必争也。至应食淮盐之地，亦有离淮较远，例准借食邻盐者，如宜昌府属巴东等四州县之借食川盐，永州府属道州等五州县之借食粤盐，镇筸等处苗疆之借食川盐，皆经宣诸令甲，虽定例不许过十斤以上，但一人可买十斤，合众人计之，即不知凡几矣。

论者谓行盐之额定自国初，近来生齿日繁，何至岁销盐斤转不能如

---

* 据折内"臣自上年三月到任"语，则必为道光十八年；又云"本届所报销数"，当指二月初四出奏之《两湖行销淮盐引数折》。以此推断，此折出奏日期似也应在十八年二月。

原定之数？此言殆未深考耳。查《两淮盐法志》载，国初淮南岁行纲盐只九十六万六百八十四引，迨后纲食递有加增，至嘉庆七年始符现在引数，是淮南现行额引比之国初原额，实多四十三万四千八百引有零。又国初每引运盐二百斤，至雍正年间定为每引三百四十四斤，嗣后累次加增，至道光十一年始以每引四百斤为定额，较之三百四十四斤为一引者，每七引溢出一引。以此科算，是湖广所销之盐，比前又暗加十余万引而不觉也。窃思原定盐额，每以民数为衡。近数年来湖北、湖南两省报部民数细册，约共五千万人有零，除例食邻盐之处，至少亦去十分之一，其应食淮盐者约有四千五百万人，以每人日食三钱，照例科算，是每引四百斤之盐，足供六十人终年之食，即以所报民数与应销引数互相比较，已恐有绌无盈。

且生齿既繁，则食盐之人固多，而卖盐之人尤多。民间生计维艰，故凡有盐利可图之处，贫民无不百计挑运，四出售私。其近川近粤近潞地方，与两淮场灶相距皆远，淮盐挽运到岸，自千余里至二三千里不等，而邻盐一蹴即至，成本既轻，卖价自贱，欲令民间舍近食远，舍贱食贵，本系极难之事。且以盐课较之，则邻省皆轻而淮纲独重。即如川盐每包一百三十五斤，在大宁、云阳等厂仅纳六分八厘一毫，即最重之犍为厂，每包亦只一钱三分四厘，若淮盐一百三十五斤即该纳银一两三四钱，比川课加重十数倍。又查潞盐每一百二十引为一名，完正杂课银一百两，若淮盐一百二十引即该纳银四百八十两，亦不啻倍蓰。虽粤盐课则臣未深知，而考其总数不逮淮课十分之二，其轻可知。夫以重课之盐而与邻界之轻课争售，即彼此同一官盐，亦必彼盈此缩。况又加以无课之私贩纷纷浸灌，其势之不能相敌，更不待言。

且不特此也，潞盐之行于陕西，有应从湖北郧阳府经过者，川盐之行于贵州，有应从湖南辰、沅等府经过者，以淮纲地界而为邻盐必由之路，虽欲禁其私卖，势必不能。惟因引地既定于前，若不保卫藩篱，则浸灌更无底止，是以嘉庆年间，中外臣工屡有奏请以郧阳改食潞盐，衡、永改食粤盐，辰、沅改食黔盐者，均经驳敕不准。是楚省边境名为淮界，而实不销淮盐之处又去十之一二。所恃以行销者，惟在腹地数郡耳。然自黄州以至武昌、汉阳，凡盐船经由停泊之处，其为夹带脚私所占者，久已习为故常；又商民各船由江、浙来楚，每有船户水手带盐私售，且近来淮北票盐盛行，更由安徽之英山、霍山与河南之光山、商城、罗山等县灌入黄州、德安、汉阳各处，故虽腹地数郡，亦愈见其难销。

更有一种棘手情形，则以商人完课买盐发给运脚，皆须用银，而市上盐斤无非卖钱。从前银价贱时，以千作两，照奏案梁盐每包价银三钱科算，不过卖钱三百文，近因银贵钱贱，三钱库银即合钱四百二三十文。纵使市上盐价较前有增，而以钱合银，实已暗减，岸商、水贩皆惟利是图，岂甘亏本，则招徕愈难。今试将高低之盐一律牵计，每引只算银十四两，湖广每年食盐按额即需银一千余万两，以钱计之则需一千五六百万千文，其为繁重，甲于各省。是运盐纳课虽在两淮，而输纳营运之赀大都出诸两楚，此臣所以夙夜筹思，而兢兢然惟恐贻误也。

臣自上年三月到任，因正二两月售盐稀少，亟筹设法疏销，凡所陈奏督属缉获各路私盐，及严禁铜铅船买带川私，与夫襄阳等处撤退邻境三十里内盐店，并衡、永一带责成道员督缉各事宜，幸俱仰蒙训示，并谕令四川、河南各督抚一体稽查，俾臣得以严饬各属加倍懔遵，认真堵拿。如宜昌一带为川私丛集之薮，则委候补道刘肇绅前往，督同宜昌府知府程家颐查拿，究出弁兵纵私分肥情弊，从严惩创。又襄阳府属，久被潞私侵占，绝无水贩运盐，臣亲至其地，相度机宜，责成安襄郧道杨以增改立章程，并将施南府知府金石声奏蒙恩准调任襄阳，该道府一同出力筹办，潞枭渐见敛退，水贩即源源运行。又衡州一带，亦久不销引，自臣亲到该处，饬拿私盐多起，并将卡座奏改游巡，责令衡永道张晋熙会同湖南盐道李裕堂督办，近日粤私差少；惟距武昌甚远，尚须随时察看。又黄州武穴一带，为盐船入楚停泊要口，船户水手与岸上奸贩串通，卖私日甚一日，臣派委试用知府但明伦驻扎该处，凡有盐船入境，亲行催趱，并将水痕风色察验报明，如有水迹不符及无故逗遛，立即究办，闻船户奸贩皆惮其严。凡此远近印委各员，分饬筹办，仍责令湖北盐道于克襄督同汉岸总卡委员武昌府同知陈天泽，综司其成。此外各府州县皆有缉私疏引之责，虽楚省向例准其融计销数，而臣惟恐各属互相观望，会同抚臣周之琦饬令盐道于克襄，按月按季核计各州县销数，分别功过，先将短销之黄安县知县刘坤琳撤任查办，于是州县始知儆惧，竞思设法督销。又经该道于克襄捐赀密遣亲丁分路缉私，尤多起获，是以统计上年两省所获私盐竟至一百余万斤之多。且获一斤之盐即提一斤之课，不特有裨库项，并向来捏报邀功、朦混搪塞诸弊，举无所施。此皆仰赖圣主洞烛无遗，允臣获私提课之奏，始得钦遵督办，感懔尤深。

　　臣又思鹾务事宜仍须恩威并用，若一味严缉，恐窒碍亦多，故又剀切示谕绅民，晓以利害大意。以为每人每日食盐仅止三钱，所费不过一文，即官盐不如私盐之贱，而按日分计，所争亦仅毫厘，民间日用饮食何在不可节省，而独于必不能已之食盐计较毫厘贵贱，公然犯法食私，在绅衿应革功名，在平民应受满杖，明于利害者当不至若是之愚。且湖广钱漕最轻，比之江苏仅及数分之一，圣恩高厚，赋额永不加增，若于盐课正供尚相率而背官食私，天良安在？除既往姑宽免究外，嗣后责令绅衿大户以及乡团牌保，互禁食私，犯者公同送究。小民见此示谕，俱尚听从。又挑卖私盐之穷民，许其改悔，投充肩贩，由各处官盐子店给票挑赴四乡，卖完缴价。如此则肩贩各有生路，庶可化莠为良，而偏僻村庄皆有官盐挑到，不得借口食私，于销引似有裨益。

　　查向来民间匪类，大半出于盐枭，即如襄阳之捻匪、红胡，为害最甚，总因逼近豫省，以越贩潞私为事，遂至无恶不作。今自整饬盐务之后，襄阳绝无抢劫之案，并将隔省盗犯拿获多名，是所办者盐务，而其效即不止于盐务也。

　　又各处水贩在汉岸买盐，向给水程一纸，运到后须由地方官汇缴。臣恐胥役借端勒索，致水贩裹足不前，是以变通办理，俾省浮费，以示招徕。因事属细微，不敢琐屑入告，乃准两江总督臣陶澍移咨："钦奉上谕：'林则徐曾署两江总督，其于鹾务转运交关之处，熟悉情形，现经酌定道里远近限期，由水贩交付盐行送局赍道，不准由州县催缴，可免需索留难，办理甚为合宜。'等因。"臣跪诵之余，益当钦遵妥办，水贩因此稍沾微利，颇见踊跃买盐。惟此县之水程转运别县售卖者，恐致漫无稽考，仍应令其送县呈查，此又随后续立之章程，与前议两不相悖者也。

　　又宜昌府属例食川盐之鹤峰、长乐两州县，历由两淮委员驻扎万户沱地方，代川办运，原为保护淮界起见，而两淮盐政相距甚遥，倘有借官行私，无凭稽察。经臣咨商两江督臣陶澍，改为由楚省委员驻办，以便约束。并只许就近购运四川巫山县之大宁厂盐，已足以敷民食，不准远赴数千里之犍为县装运花盐，以致下侵荆州等处。接准陶澍咨复，意见亦极相同。

　　又从前楚省历因襄阳、宜昌、衡州三处额引不销，陆续奏明官运商盐前往减价售卖，以敌邻私。此意未尝不善，而于利弊未能洞澈，不免似是而非，是以历办并无成效。盖淮盐成本重大，即减之又减，总不能贱于无课之私盐。若不认真缉私而欲以官盐冲其锋，是商本徒亏而邻私仍不能敌。且商人本为牟利，必抑价以亏其本，则商运愈不前而私盐愈充斥矣。况又访有一种奸贩，转买减价之贱盐以灌旺售之引地，是为借寇资盗，无异剜肉补疮。臣将此三处之盐一概不令抑价，以杜流弊。现在襄阳水贩运盐已多，宜昌亦已通贩，衡州则官盐业经运往，水贩尚未前来。只须随时察看情形，如水贩销路大畅，则官运固可无需。即有必须官为倡导之处，亦照时价发售，务令盐色纯净，秤足味佳，不宜抑勒减价，以致亏本滋弊。其扬商向因减价赔垫，立有三盐名目，按引捐贴，兹由臣咨明两淮严行裁汰，不任借口赔累，致碍蹉政。现闻扬商输课倍形踊跃，而楚岸售得价银，臣复不时催解赴扬，不任花销糜费。本届所报销数，有一引即解一引之银，务使针孔相符，胥归实在，不准如前之漫无凭证。

要之，销盐之畅滞，上之视乎天时，下之视乎地利，而人力总不可不尽。臣窃恐无可操之券，而断不敢有未尽之心，惟赖圣慈福庇，长使年岁丰登，堤防巩固，则民力宽裕，而肥腯之奉，旨蓄之供，售盐自当更旺。此时所属各员，虽有筹办出力之处，臣均不敢遽行保奏，致启易视之心，务令一力奉行，始终无怠，庶几畅益加畅。至私盐现获固多，然有私总不如无私之为妙，果使将来销引愈多而获私转少，更足以见化莠为良之实效。臣惟祷祠以求，不敢稍有懈忽，以期仰副圣主委任责成于万一。

谨将办理情形，缕晰缮折具奏，伏乞皇上圣鉴训示。谨奏。

（录自《林文忠公政书》湖广奏稿卷三）

筹议严禁鸦片章程折（附戒烟方）
（1838 年 6 月 28 日）

　　湖广总督臣林则徐跪奏，为遵旨筹议章程，恭折复奏，仰祈圣鉴事：

　　本年五月初二日，准兵部火票递到刑部咨开："道光十八年闰四月初十日上谕：'黄爵滋奏请严塞漏卮以培国本一折，著盛京、吉林、黑龙江将军，直省各督抚，各抒所见，妥议章程，迅速具奏。折并发。'钦此。"臣查原奏内称："近来银价递增，每银一两易制钱一十六百有零，非耗银于内地，实漏银于外夷。自鸦片烟流入中国，其初不过纨绔子弟习为浮靡，嗣后上自官府缙绅，下至工商优隶，以及妇女、僧尼、道士，随在吸食。广东每年漏银渐至三千余万两，合之各省，又数千万两。耗银之多，由于贩烟之盛；贩烟之盛，由于食烟之众。今欲加重罪名，必先重治吸食。请皇上严降谕旨，自今年某月日起至明年某月日止，准给一年限期。若一年以后仍然吸食，是不奉法之乱民，罪以死论。"等语。

　　臣伏思鸦片流毒于中国，纹银潜耗于外洋，凡在臣工，谁不切齿？是以历年条奏，不啻发言盈廷，而独于吸食之人，未有请用大辟者。一则大清律例早有明条，近复将不供兴贩姓名者由杖加徒，已属从重，若径坐死罪，是与十恶无所区别，即于五刑，恐未协中；一则以犯者太多，有不可胜诛之势，若议刑过重，则弄法滋奸，恐讦告诬攀、贿纵索诈之风因而愈炽。所以论死之说，私相拟议者未尝乏人，而毅然上陈者独有此奏。然流毒至于已甚，断非常法之所能防，力挽颓波，非严蔑济。兹蒙谕旨敕议，虽以臣之愚昧，敢不竭虑筹维。

　　窃谓治狱者固宜准情罪以持其平，而体国者尤宜审时势而权所重。今鸦片之贻害于内地，如病人经络之间久为外邪缠扰，常药既不足以胜病，则攻破之峻剂，亦有时不能不用也。夫鸦片非难于革瘾而难于革心，欲革玩法之心，安得不立怵心之法。况行法在一年以后，而议法在一年以前，转移之机正系诸此。《书》所谓"旧染污俗，咸与惟新"，《传》所谓"火烈民畏，故鲜死焉"者，似皆有合于大圣人辟以止辟之义，断不至与苛法同日而语也。惟是吸烟之辈陷溺已深，志气无不惰昏，今日安知来日。当夫严刑初设，虽亦魄悚魂惊，而转思期限尚宽，姑俟临时再断，至期迫而又不能骤断，则罹法者仍多，故臣谓转移之机即在此一年中。必直省大小官员共矢一心，极力挽回，间不容发，期于必收成效，永绝浇风，而此法乃不为赘设。兹谨就臣管见所及，拟具章程六条，为我皇上敬陈之：

一、烟具先宜收缴净尽，以绝馋根也。查吸烟之竹杆谓之枪，其枪头装烟点火之具，又须细泥烧成，名曰烟斗。凡新枪新斗皆不适口，且难过瘾。必其素所习用之具，有烟油渍乎其中者，愈久而愈宝之，虽骨肉不轻以相让。此外零星器具，不一而足，然尚可以他具代之，惟枪斗均难替代，而斗比枪尤不可离。遇无枪时，以习用之斗配别样烟杆，犹或迁就一吸。若无斗即烟无装处，而自不得不断矣。今须责成州县，尽力收缴枪斗，视其距海疆之远近，与夫地方之冲僻，户口之繁约，民俗之华朴，由各大吏酌期定数，责以起获，示以劝惩。除新枪新斗听该州县自行毁碎不必核计外，凡渍油之枪斗，皆须包封，黏贴印花，汇册送省，该省大吏当堂公同启封毁碎。无论此具或由搜获，或由首缴，或由收觅，皆许核作州县功过之数。若地方繁庶而收缴寥寥者，立予撤参。如能格外多收，亦当分别奖励。

一、此议定后，各省应即出示劝令自新，仍将一年之期划分四限，递加罪名，以免因循观望也。查重典之设，原为断吸起见，果能人人断吸，亦又何求？所谓以人治人，改而止也。各省奉文之后，应由大吏发给告示，遍行剀切晓谕，自奉文之日起，扣至三个月为初限，如吸烟之人，于限内改悔断绝赴官投首者，请照"习教人首明出教"之例，准予免罪。然投首非空言也，必将家藏烟具几副，余烟若干，全行呈缴到官，出具改悔自新、毫无藏匿甘结，加具族邻保结，立案报查。如日后再犯，或被告发，或经访闻，拘讯得实，加倍重办。其二、三、四限之内投首者，虽不能概予免罪，似亦可酌量减轻。惟不投首者，一经发觉，即须加重。盖四时成岁，三月成时，气候不为不久，果知畏法，尽可改图；若仍悠忽迁延，再三自误，揆以诛心之律，已非徒杖所可蔽辜。除初限以内拿获者仍照原例办理外，其初限以外四限以内未首之犯，拿获审实，似应按月递加一等，至军为止。其中详细条款，并先后投首如何减等，首后再犯如何惩办之处，均请敕部核议施行。似此由宽而严，由轻而重，不肖之徒如再不知悔惧，置诸死地，诚不足惜矣。

一、开馆兴贩以及制造烟具各罪名，均应一体加重，并分别勒限缴具自首，以截其流也。查开馆本系死罪，兴贩亦应远戍，近因吸食者多互相包庇，以致被获者转少。今吸烟既拟重刑，若辈岂宜末减！应请一体加重，方昭平允。但浇俗已深，亦宜予以自新之路。请自奉文之日起，开馆者勒限一月，将烟具烟土全缴到官，准将原罪量减。如系拿获，照原例办理。地方官于一月内办出者，无论或缴或拿，均免从前失察处分。倘逾限拿获，犯照新例加重，自获之员减等议处。其兴贩之徒，路有远近，或于新例尚未闻知，不能概限一月投首。应请酌限三个月内，不拘行至何处，准赴所在有司衙门缴烟免罪。若逾限发觉，亦应论死。其缴到之烟土烟膏，眼同在城文武，加用桐油立时烧化，投灰江河。匿者与犯同罪。至制造烟具之人，近日愈伙，如烟枪固多用竹，亦间有削木为之，大抵皆烟袋铺所制。其枪头则裹以金银铜锡，枪口亦饰以金玉角牙。闽、粤间又有一种甘蔗枪，漆而饰之，尤为若辈所重。其烟斗自广东来者，以洋磁为上；在内地制者，以宜兴为高。恐其屡烧易裂也，则亦包以银锡，而发蓝点翠，各极其工；恐其屡吸易塞也，则又通以铁条，而矛戟锥刀，不一其状。手艺之人喜其易售，奇技淫巧，竞相传习，虽照例惩办，而制造如故。应请概限奉文一月内，将所制大小烟具全行缴官毁化免罪。并谕烟袋作坊、瓦器窑户以及金银铜锡竹木牙漆各匠，互相稽查。如逾限不首及首后再制，俱照新例重办。其装成枪斗可用吸食者，即须论死。保甲知情不首，与犯同罪。

一、失察处分，宜先严于所近也。文武属员有犯，该管上司于奉文三个月内查明举发者，均予免议。逾限失察者，分别议处。其本署戚友家丁，近在耳目之前，断无不知，应勒限一个月查明。若不能早令革除，又不肯据实举发，即是有心庇匿，除犯者加重治罪外，应将庇匿之员即行革职。本署书差有犯，限三个月内查明惩办，逾限失察者，分别降调。

一、地保、牌头、甲长本有稽查奸宄之责，凡有烟土烟膏烟具，均应著令查起也。挟仇讦告之风固难保其必无，但能起获赃证，即有证据。且起一件即少一害。虽初行之时亦恐难免滋扰，然凡事不能全无一弊，若果吸烟者惧其滋扰而皆决意断绝，正不为无裨也。至开馆之房主及该地方保甲，断无不知之理，若不举发，显系包庇，应与正犯同罪，并将房屋入官。

一、审断之法宜预讲也。此议定后，除简僻州县犯者本少，即有一二，无难随时审办外，若海疆商贾马头及通衢繁会之区，吸食者不可胜数。告发既多，地方有司日不暇给，即终日承审，而片刻放松则瘾已过矣，委人代看则弊已作矣，是非问罪之难而定谳之难也。要知吸烟之虚实，原不在审而在熬，熬一人与熬数人数十人，其工夫一耳。且专熬一人，容或有弊，多人同熬，转无可败。譬如省会地方，择一公所，汇提被控被拿之人，委正印以上候补者一员往审足矣，不必多员也。临审时恐其带药过瘾，则必先将身上按名严搜，即糕点亦须敲碎，然后点人封门，如考棚之坐号，各离尺许，不准往来。问官亦只准带一丁两役，随身伺候，不许擅离。自辰巳以至子丑，只须静对，不必问供，而有瘾之人情态已皆百出矣。其审系虚诬者，何员所审，即令何员出具切结；倘日后别经发觉，惟原审官是问。

以上六条，就臣愚昧之见，斟酌筹议。未知当否，理合缮折具奏，伏乞皇上圣鉴训示。

再，臣十余年来目击鸦片烟流毒无穷，心焉如捣，久经采访各种医方，配制药料，于禁戒吸烟之时，即施药以疗之。就中历试历验者，计有丸方两种，饮方两种。谨缮另单，恭呈御鉴。可否颁行各省，以资疗治之处，伏候圣裁。谨奏。

谨将戒鸦片烟经验数种良方，缮呈御览。

道光十八年五月十九日奉朱批： 钦此。

（录自军机处录副）

戒烟断瘾前后两方总论

人之喉管有二：食管以主饮食，下达二肠；气管以主呼吸，周通五脏。气管本属清虚，不受一粒半滴之物，若物误人其中，即时咳逆，必出之而后快。而烟乃有气无形之物，故可吸入呼出，往来于五脏，虽其气已去而其味仍留。但人之所以得生者，胥借胃间所纳谷气，循环于经络，以培养其精神。今食烟之人，其脏肺惯得烟气以克谷气，故常人一日不食五谷则饥而惫，食鸦片烟者视五谷犹可缓，但对时不吸烟则瘾而愈，无他，正气为邪气所制也。本草所载生烟，即今之旱烟，其气辛，故止于入肺。若鸦片，则其性毒而淫，其味涩而滞，其色黑，而入肝肾，故一吸而能透于肉筋骨髓之中，一呼又能达于肢体皮毛之杪，遍身内外上下，无处不到，是以食才下咽，自顶至踵均觉舒畅，遂溺其中。始则由渐而常，继则由常而熟。至于熟矣，内而脏腑经络，外而耳目手足，皆必得此烟气而后即安。一旦无之，肾先告乏，故呵欠频作，肝因而困，故涕泪交流。肺病则痰涎并生，心病则痿软自汗，必至是时而起者，脾主信故也。彼溺乎其中者，至是而适受其困矣。然溺而知戒，不过困于一时，溺而不戒，则直徇以身命。以烟气克谷气，引邪夺正，其能久乎？果其戒之，并非难事。瘾之轻者与体之壮者，即无药方，亦可断绝。兹专为受瘾深而气体弱者，立前后两方：一曰忌酸丸，一曰补正丸。

忌酸丸，即以烟灰和药为之。缘初戒时不能遽绝，故以灰代烟也。重用附子者，取其走而不守能通行一十二经也，佐之以柴胡之左旋，升麻之右旋，沉香之直达下焦，四者相合，则彻乎上下表里，顷刻而能遍于一身矣。顾吸烟之人，中气无不伤者，中气伤则气不能化精而血衰，故用参、芪以补肺气，白术以补脾气，陈皮、木香以利诸气，皆所以安其中也。中气既固，再有当归、连、柏以凉血而生血，且连、柏能杀附子之毒，以生一源之水，且制二相之火也。气血两虚之人，保无昏晕，非天麻不能止，故加以天麻。其用甘草者，不但可以补中，兼可益血，并和诸药也。此方气血两补而药味不杂，寒热并用而于理不悖，炼以为丸，吞入于胃，行气于五脏，输精于经络，不俄顷亦即彻顶踵，遍内外，无处不到，是以烟瘾不起，诸病不作。且有沉、木二香，气息芬芳，借附子以行之，熏蒸于五脏之中，吞至数日后，若再取过火之烟吸之，不独脏气与之扞格，即鼻孔闻之，已嫌其臭矣。

补正丸，即以忌酸丸之方减去黄芪、木香二味，不用附子，且不用烟灰，其余药味分两，均与忌酸丸方同。

凡戒烟者，先吞忌酸丸，至三五日后，每日减忌酸一丸，则以补正两丸替之，减两丸则以四丸替之，照此递推，互相加减，至忌酸丸减尽，再专服补正丸，十日或半月后，即连补正丸亦不用服，而瘾自断矣。此方历试历验，具有神效，缘有补中益气之药，日减有烟之一丸以去邪瘾，日增补正之两丸以助正气。正气日足，邪无所容。即使至重之瘾，果能痛自改悔，照法行之，不过略多数日，未有不能断绝者。全身命以保余生，懔国法而免刑戮，凡有血气心知之人，有不觉悟自新、迷途早返者哉！所有方药制法，详开于左：

忌酸丸方

不曰戒烟丸而曰忌酸丸者，盖以既用烟灰，吞服之后，若与味酸之物同食，则令人肠断而死，故以忌酸名方，欲服之者顾名知忌耳。

生洋参五钱　白术三钱　当归二钱　黄柏四钱　川连四钱　炙黄芪三钱半　炙甘草三钱半　陈皮二钱半　柴胡二钱半　沉香二钱，忌火　木香二钱，忌火　天麻三钱　升麻一钱半

共为细末，入生附子七钱，米泔浸透，石臼中捣如泥，再入烟灰一两，搅匀，入面糊同药为丸，如小桐子大。丸成后共秤重若干，约计平时有瘾一分者，每日所服之丸须有烟灰一厘二毫为度。必于饭前吞下，否则不验。起初一二日或多吞些，令其微有醉意，则有烟亦不思食矣。吞定三五日后，每日减忌酸丸一丸，用补正丸二丸顶换吞下。

补正丸方 各药分两俱照前方

生洋参　白术　当归　黄柏　川连　炙甘草　陈皮　柴胡　沉香天麻　升麻

共为细末，用蜜和丸，如桐子大，以之顶换忌酸丸。如初一减忌酸丸一丸，则用补正丸二丸吞下；至初二则减忌酸丸二丸，又用补正丸四丸吞下，余可类推。至忌酸丸减尽，再服补正丸，十日或半月后，连补正丸亦不用服矣。如瘾重者，一剂不能尽除，即多服两剂，瘾亦必断。

忌酸丸加减法

红白痢，加黄芩、白芍。梦遗，加龙骨、牡蛎。诸痛，加重木香、玄胡索。咳嗽，加紫菀、炙冬花、炙枇杷叶去毛。咳甚者，加杏仁、阿胶。热痰，加川贝母、瓜蒌霜。寒痰，加半夏、南星。若觉下焦有火，加黄柏、知母。眼晕，加丹皮、白菊。

小便短，加猪苓、泽泻。　水泻，加白茯苓、车前。　身体不虚者，去洋参换沙参，炙芪不必用。　如无头晕者，不用天麻。　气短不足者，加蛤蚧尾。　气喘者，加故纸，并加蛤蚧尾。

以上或入药，或煎汤送下。

附录简便两方

忌酸、补正前后丸方，极灵验矣，而配合两剂需钱数千文，彼惮于

断烟者尚有所借口。或谓一时乏此整项，或谓配合费事，有需时日。即劝人断烟者，亦未必均肯捐资多制药丸，随人施给。虽刀圭可以救病，如畏难苟安何！故又附录两种良方，皆费钱极少，而为效甚捷者，庶穷乡僻壤之地，舆台奴隶之微，但使一念知悔，皆可立刻自医，更何畏难之有？嗟夫，人孰不欲生，若不于此求生，则死于烟与死于法，均之孽由自作耳，可不惧哉！所有简便两方，附录于后，此两方各自为用，不相连属。

四物饮

赤砂糖一斤　生甘草一斤　川贝母八钱，去心研细　鸦片灰三钱，瘾重者四钱

右四物，以清水十余大碗，入铜锅煎两三时，约存三四碗，愈浓愈妙。将渣漉出，取汁贮瓷瓮内，置静室无人行处。每日早起及夜卧之前各取汁一杯，以开水温服，瘾即可断。如瘾极重者，取已煎之汁而重煎之，十杯煎成一杯，照前再服，必效。

瓜汁饮

南瓜正在开花时，连其叶与根藤一并取下，用水涤净，于石臼中合而捣之，取汁常服，不数日宿瘾尽去。甫经结瓜者，连瓜捣之，亦可用。

谨按：《本草》载："南瓜甘温无毒，补中益气，截其藤，有汁极清，如误吞生鸦片者，以此治之即不死。"是其解毒如神，故除瘾亦极著效。此物最易蔓生，虽荒僻村野无处无之。惟至冬则藤叶皆枯，无汁可取。其在夏秋则取之不穷，并可不费钱而得。凡劝人戒烟者，皆宜多取此汁，广贮坛瓮，留以济人，可谓不费之惠。

臣向所采辑戒烟断瘾药方共十余种，而历试有效者，以此数种为最。忌酸、补正两丸，其法最正；四物、瓜汁两饮，其用尤便。不揣冒昧，一并恭录，随折进呈。是否可以颁行，伏候钦定。

（录自《林文忠公政书》湖广奏稿卷四）

查勘江汉堤工折 *
（1838 年 9 月 20 日）

湖广总督臣林则徐跪奏，为查视江、汉堤工，适值襄河秋涨，督饬抢护，化险为平，并现在水势已落缘由，恭折奏祈圣鉴事：

窃臣前因秋汛届期，水势正在长发，当即亲赴各属查工督防，业经附片奏闻在案。臣乘舟溯流而上，先抵汉川、沔阳两州县境内，即见汛水骤至，业已盈堤拍岸，汹涌异常。查核各处报单，并量验沔阳之仙桃镇志桩，七月初九、初十、十一，此三日内共长水二丈零一寸。汉川北岸之姚儿垸堤长一千九百余丈，香花垸堤长四千二百余丈，均因被水激荡，间段坍矬，经该县赵德辙督率垸民，在于堤外排竖木桩，捆柴拦护，堤上加高子堰，堤内赶筑里帮，极力堵卫三昼夜，水渐退落，堤乃保全。其沔阳州之堤，北岸计七十五里，南岸计八十五里，险处不胜枚举，而周家横堤尤为冲要，幸柴土料物皆已预备充盈，足资抢护。又有西毛台垸一段，形势坐湾，风冲浪激，堤内忽有渗水，情形甚危，居民挈其家具纷纷迁避。该州李兆元与前代理州折锦元，均驻该处，督率汛委各员，集夫抢筑。臣适至堤上，察看形势，尚可不至决裂。当谕居民不必惊悸，亦不可相率逃避，致惑人心，正当随同地方官捧土束薪，尽力守护，即可保无失事。时有署沔阳州州判姚正道，赤足立于水中，连夜收土，督夫塞漏，有隙即填。防汛之委员彭凤池，亦于上下堤段来往飞催，畚锸纷集。该堤发漏之处，遂得逐渐堵闭，并未过水掣通。堤内垸田一望无际，皆免沦于巨浸之中，实为至幸。臣复由沔阳上至天门、潜江、荆门，又上而至京山、钟祥，则皆在汛涨已过之后，堤身出水较高，民情极为安帖。所有各县本届岁修暨捐修各工，除大汛以前完竣奏

＊ 标题据《林文忠公政书》湖广奏稿卷五拟。

明先委道府验收者，此次复经臣自行复验外，又据署潜江县知县甫经卸事之何渭珍禀呈近日续修工折，查系于岁修之外，复经劝捐兴办，如方家湾、戴家岭、卸甲埠、白伏垸等处月堤，新丰垸、皮家拐之上下坝座及石盘头，暨各垸老堤加高撑帮之工，臣皆亲往锥验，均系硪砌坚实，足资抵御。此襄河一带之情形也。

至大江水势，向以荆州府城外之杨林矶志桩为准。自入七月以来，据报初三日长水四尺七寸，初五日长水二尺二寸，初九日长水四尺二寸。其在一日间长至数尺之水，固不可谓不骤，所幸旋长旋落，宣泄较灵，较之连日泛涨不消者，即为有间。臣由荆门州水路至荆州府之万城堤，周历履勘，本年秋汛水势，自交白露后连日大落，已比去年此刻小至一丈有零，各段官役兵夫，棋布星罗，防护亦皆周密。随即由荆江顺流而下，查看江陵、公安、石首、监利所修土石各工，难易虽各不同，办理均尚如式。现届秋分节令，水势似已就平，但距霜降尚有一月之期，防护断不容稍懈。臣勘过之处，即责成印委各员实力严防，不得始勤终怠，致滋贻误。拟再亲历嘉鱼、蒲圻、咸宁一带，将沿江堤段逐一履勘，即可回至武昌省城。

除俟霜降届期，另行照例奏报安澜外，所有阅视江、汉堤工悉臻平稳缘由，理合恭折具奏，伏乞皇上圣鉴。

再，臣经过各属，正有陆续收成，稻谷杂粮均属丰稔，市价亦皆平减，堪以仰慰圣怀，合并附陈。谨奏。

八月初二日

道光十八年八月十七日奉朱批："知道了。"钦此。

（录自军机处录副）

查拿烟贩收缴烟具情形折 *
（1838 年 9 月 20 日）

　　湖广总督臣林则徐跪奏，为敬陈楚省近日查拿烟贩，收缴烟具各情形，恭折奏祈圣鉴事：

　　窃臣前奉谕旨，饬议吸食鸦片烟罪名，当经拟具条款，恭折复奏在案。臣思此事须待各省奏齐，上衷宸断，奉到谕旨，颁发祗遵，而各省远近不同，定议尚需时日，恐民间以为久无消息，或且不必查办。此心稍放，即不可以复收。是以臣与湖南抚臣钱宝琛、护湖北巡抚布政使臣张岳崧熟商，目下吸食罪名虽未定议，而查拿总不可稍懈，收缴亦不可稍迟。当即饬属先访开馆兴贩之人，严缉务获，一面会同出示，剀切禁戒，并捐廉配制断瘾药丸二千料。在于省城及汉口镇等处设局，派委妥员，收缴烟枪烟斗，及一切器具、余烟。果系真心改悔，查无不实不尽者，禀请暂免治罪，并酌给药料，俾其服食除瘾，以观后效。

　　旋据汉阳县知县郭觐辰禀报，拿获兴贩鸦片之朱运升一犯，在其船上货箱内起获夹带烟土一千二百余两、烟膏八百余两。嗣又于汉镇邱第祥栈房内，拿获兴贩之何日升、傅桂芳两犯，起获何日升烟土三百五十两，傅桂芳烟土五百两。又邹阿三、冯奉金两犯，先期已回广东，在邹阿三皮箱内搜获烟土二千零七十两，冯奉金木箱内搜获烟土九百八十两。又在余万顺栈房内，拿获兴贩之范永潍、钟亚长两犯，起获范永潍烟土七百二十两，钟亚长烟土一千二百五十两。又于在逃之樊益潍夹层床内，搜获烟土八百五十两。随有兴贩之邵锦璋、谢长林、范中和等赴府县自行投首，邵锦璋呈出烟土二千余两，谢长林呈出烟土九百五十两，范中和呈出烟土三百六十两。以上拿获及首缴烟土烟膏，共计一万二千余两。又自设局至六月底

---

　　* 标题据《林文忠公政书》湖广奏稿卷五拟。

止，已缴烟枪计一千二百六十四杆，皆系久用渍油之物，烟斗、杂具俱全。臣于未出省以前，即率同两司道府逐一验明，先用刀劈，继用火烧。就中精致华丽之枪斗，极巧尽饰之式样，不胜枚举。其有余膏残沥者，拌以桐油，再行烧透，将灰投入江心。自此次烧毁以后，两局续缴烟枪，又据报有七百余杆，省外各属所收亦已陆续禀报，尚未汇计，统俟臣回省时验明烧毁。并接湖南抚臣钱宝琛来信，南省收缴烟枪亦有二千三百余杆。

臣查近来鸦片烟流毒之深，几于口有同嗜。地方官以为滔滔皆是，不免畏难苟安，幸蒙谕旨特颁，敕议重罪，奸徒闻有论死之法，莫不魄悸魂惊，不特开馆兴贩之徒闻风远窜，并吸食者亦恐性命莫保，相率改图。臣等察看舆情，并非不可挽救，是以乘机谕戒，宽猛兼施，呈缴者姑许自新，隐匿者力加搜捕。不追既往，严儆将来，无非仰借圣主德威，务令力回污俗。

以目下楚北情形而论，除官制断瘾药丸外，凡省城、汉镇药店，所配戒烟之药，无家不有，无日不售，高丽参、洋参等药皆已长价数倍。并有耆民妇女在路旁叩头称谢，据云其夫男久患烟瘾，今幸服药断绝，身体渐强等语。是其父子家人平日所不能断者，皆恃国法有以断之。此时新例尚未颁行，而情形业已如是，总因死罪两字足以怵其心志，可见民情非不畏法，习俗大可转移，全赖功令之森严，始免众心之涣弛。臣惟当督属，随时加紧，极力涮除，俾皆革薄还淳，以期仰副圣主裕国保民之至意。

其迭经拿获兴贩鸦片人犯之汉阳县知县郭觐辰，起出烟膏烟土为数颇多，可否赏予鼓励之处，出自天恩。

谨将现办情形，会同护湖北巡抚布政使臣张岳崧，恭折具奏，伏乞皇上圣鉴。谨奏。

八月初二日

道光十八年八月十七日奉朱批：　钦此。

（录自军机处录副）

钱票无甚关碍宜重禁吃烟以杜弊源片 *
（1838 年 9 月 20 日）

再，臣接准部咨："钦奉上谕：'据宝兴奏，近年银价日昂，纹银一两易制钱一串六七百文之多，由于奸商所出钱票，注写外兑字样，辗转磨兑，并无现钱，请严禁各钱铺不准支吾磨兑，总以现钱交易，以防流弊等语。著步军统领衙门、顺天府、五城会议具奏，并著直省各督抚妥议章程，奏明办理。'钦此。"

臣查钱票之流弊，在于行空票而无现钱，盖兑银之人本恐钱重难携，每以用票为便，而奸商即因以为利。遇有不取钱而开票者，彼即唉以高价，希图以纸易银，愚民小利是贪，遂甘受其欺而不悟。迨其所开之票，积至盈千累百，并无实钱可支，则于暮夜关歇潜逃，兑银者持票控追，终成无著。此奸商以票骗银之积弊也。臣愚以为弊固有之，治亦不难，但须饬具五家钱铺连环保结，如有一家逋负，责令五家分赔，其小铺五家互结，复由年久之大铺及殷实之银号加结送官，无结者不准开铺，如违严究，并拘拿脱逃之铺户，照诓骗财物例计赃从重科罪，自可以遏其流。但此弊只系欺诈病民，而于国家度支大计殊无关碍。

盖钱票之通行，业已多年，并非始于今日，即从前纹银每两兑钱一串之时，各铺亦未尝无票，何以银不如是之贵？即谓近日奸商更为诡猾，专以高价骗人，亦只能每两多许制钱数文及十数文为止，岂能因用票之故，而将银之仅可兑钱一串者忽抬至一串六七百文之多？恐必无是理也。且市侩之牟利，无论银贵钱贵，出入皆可取赢，并非必待银价甚昂然后获利。设使此时定以限制，每两只许易钱一串，彼市侩何尝不更乐从，不过兑银

---

* 在上件的录副折面，誊录的军机章京写有"与钱片同随旨交"字样，故可推知此件为上一件之附片，出奏日期当也相同。

之人吃亏更甚耳。若抑银价而使之贱，遂谓已无漏卮，其可信乎？

查近来纹银之绌，凡钱粮、盐课、关税一切支解，皆已极费经营，犹借民间钱票通行，稍可济民用之不足。若不许其用票，恐捉襟见肘之状更有立至者矣。

夫银之流通于天下，犹水之流行于地中，操舟者必较水之浅深，而陆行者未必过问；贸易者必探银之消息，而当官者未必尽知。譬如闸河之水，一遇天旱，重重套板，以防渗漏，犹恐不足济舟。若闭闸不严，任其外泄，而但责各船水手以挖浅，即使此段磨浅而过，尚能保前段之无阻乎？银之短绌，何以异是？臣历任所经，如苏州之南濠，湖北之汉口，皆阛阓聚集之地，叠向行商铺户暗访密查，金谓近来各种货物销路皆疲，凡二三十年以前某货约有万金交易者，今只剩得半之数。问其一半售于何货？则一言以蔽之，曰鸦片烟而已矣。此亦如行舟者验闸河之水志，而知闸外泄水之多，不得以现在行船尚未搁浅，而姑苟安于旦夕也。

臣窃思人生日用饮食所需，在富侈者，固不能定其准数，若以食贫之人，当中熟之岁，大约一人有银四五分，即可过一日，若一日有银一钱，则诸凡宽裕矣。吸鸦片者，每日除衣食外，至少亦需另费银一钱，是每人每年即另费银三十六两。以户部历年所奏各直省民数计之，总不止于四万万人，若一百分之中仅有一分之人吸食鸦片，则一年之漏卮即不止于万万两，此可核数而见者。况目下吸食之人，又何止百分中之一分乎？鸿胪寺卿黄爵滋原奏所云岁漏银数千万两，尚系举其极少之数而言耳。内地膏脂年年如此剥丧，岂堪设想？而吸食者方且呼朋引类，以诱人上瘾为能，陷溺愈深，愈无忌惮。儆玩心而回颓俗，是不得不严其法于吸食之人也。

或谓重办开馆兴贩之徒，鸦片自绝，不妨于吸食者稍从末减，似亦持平之论。而臣前议条款，请将开馆兴贩一体加重，仍不敢宽吸食之条者，盖以衙门中吸食最多，如幕友、官亲、长随、书办、差役，嗜鸦片者十之八九，皆力能包庇贩卖之人，若不从此严起，彼正欲卖烟者为之源源接济，安肯破获以断来路？是以开馆应拟绞罪，律例早有明条，而历年未闻绞过一人，办过一案，几使例同虚设，其为包庇可知。即此时众议之难齐，亦恐未必由乎此也，吸食者果论死，则开馆与兴贩即加至斩决枭示，亦不为过。若徒重于彼而轻于此，仍无益耳。譬之人家子弟在外游荡，靡恶不为，徒治引诱之人而不锢其子弟，彼有恃无恐，何在不敢复犯？故欲令行禁止，必以重治吸食为先。且吸食罪名，如未奉旨饬议，虽现在止科徒杖，尚恐将来忽罹重刑。若既议而终不行，或略有加增，无关生死，彼吸食者皆知从此永无重法，孰有戒心？恐嗣后吃食愈多，则卖贩之利愈厚，即冒死犯法，亦必有人为之。是专严开馆兴贩之议，意在持平而药不中病，依然未效之旧方已耳。谚云："刖足之市无业屦，僧寮之旁不鬻栉。"果无吸食，更何开馆兴贩之有哉？

或谓罪名重则讹诈多，此论亦似。殊不思轻罪亦可讹诈，惟无罪乃无可讹诈。与其用常法而有名无实，讹诈正无了期，何如执重法而雷厉风行，吸食可以立断，吸食既断，讹诈者又安所施乎？

若恐断不易断，则目前之缴具已是明征；若恐诛不胜诛，岂一年之限期犹难尽改，特视奉行者之果肯认真否耳。诚使中外一心，誓除此害，不惑于姑息，不视为具文，将见人人涤虑洗心，怀刑畏罪，先时虽有论死之法，届期并无处死之人。即使届期竟不能无处死之人，而此后所保全之人且不可胜计，以视养痈贻患，又孰得而孰失焉？夫《舜典》有怙终贼刑之令，《周书》有群饮拘杀之条，古圣王正惟不乐于用法，乃不能不严于立法。法之轻重，以弊之轻重为衡，故曰刑罚世轻世重，盖因时制宜，非得已也。当鸦片未盛行之时，吸食者不过害及其身，故杖徒已足蔽辜；迨流毒于天下，则为害甚巨，法当从严。若犹泄泄视之，是使数十年后，中原几无可以御敌之兵，且无可以充饷之银。兴思及此，能无股栗！

夫财者，亿兆养命之原，自当为亿兆惜之。果皆散在内地，何妨损上益下，藏富于民。无如漏向外洋，岂宜借寇资盗，不亟为计？

臣才识浅陋，惟自念受恩深重，备职封圻，睹此利害切要关头，窃恐筑室道谋，一纵即不可复挽。不揣冒昧，谨再沥忱附片密陈。伏乞圣鉴。谨奏。

（录自《林文忠公政书》湖广奏稿卷五）

江汉安澜堤防巩固折 *
（1838 年 11 月 1 日）

　　湖广总督臣林则徐跪奏，为江、汉普庆安澜，堤防一律巩固，恭折奏报，仰祈圣鉴事：

　　窃照江水自川入楚，由巴东至黄梅，计历十八州县，始交江西之九江。汉水自陕入楚，由郧县至汉阳，计历十三州县，始出汉口而与江汇。除上游依山为岸不必堤防外，江自荆州而下，两岸设堤几及三十万丈，不独以导四川之水，并湖南、广西、贵州诸水凡注于洞庭湖者，涓滴无不入江，即无不赖堤为障。汉自襄阳而下，两岸设堤几及十七万丈，亦不独以导陕西之水，凡豫省西南一带汇入唐河、白河诸水，无不奔赴襄阳，与汉合流，故统谓之襄河。且其水性善曲，泥沙尤多，滩嘴易生，河形屡变。考之志乘，自前代时，此塞彼溃，已无虚岁。我朝以来，远年案卷虽难尽稽，而第观前督臣汪志伊于嘉庆十三年奏办堤工折内声叙，乾隆五十三年万城堤决口以后，连年漫溃各工，共五十余处，自数十丈至数百丈不等。而自嘉庆十三年至今又三十载，除万城大堤历年奏报安澜外，其他漫溃之处，稽诸案卷，则亦无岁无之。总由来源多而水势太骤，泥沙积而河底日高，堤下田庐有较水面低至数丈者，是以蚁穴之漏，即势若建瓴，而波及之区，皆形同仰釜。一处溃则处处之横流四溢，一年溃则年年之溃水长淹。国赋所关，民命所系，均非浅鲜。此臣所以责令各属吃紧修防，不敢稍予松劲，而伏秋大汛之际，尤必亲赴荆江、襄河等处周历稽查，相形势以饬加防，聚料物以资抢办，此岸有险，彼岸相帮，上段有险，下段同护，虽汛水之来，忽以尺计，忽以

---

　　* 标题据《林文忠公政书》湖广奏稿卷五拟。

丈计，不能全有把握，而人事之应尽者，均不敢不竭其心力①。在臣一人心力曾有几何？而②惟以身先之，即人人之心力皆不能不为臣用也。

伏查今年水势盛涨之时，省城皇华馆志桩长水至三丈四尺一寸，上游万城堤杨林矶志桩亦长至二丈六尺二寸，是江流已极浩瀚。而襄河于七月初九至十一日，复陡长二丈有零，几于措手不及。幸本届岁修工段，尺寸俱属认真，硪工无不套打，而臣节次所奏改筑新堤、退挽月堤之处，或筹动息款，或鸠集捐资，以及设法预备防险经费，均经仰奉恩谕，训诲周详，俾得恪遵办理。今蒙圣慈庇福，处处修防稳固，化险为平。现已节过霜降，水落归槽，江、汉数千里长堤，安澜普庆，并支河、里堤，亦无一处漫口，实为数十年来未有之幸。臣钦感之下，兢懔弥深。仍当乘此水落之后，饬令该管道府巡历各堤，查照盛涨水痕，将应办岁修各工及早估办，务令工料愈加坚实，丈尺愈见高宽，俾来年汛涨，捍卫有资，庶几岁岁安澜，以仰副圣主保乂民生至意。

再，管理堤工之员，除巡道职分较大不敢请奖外，其府县暨汛委各员，自估修以至防险，固皆分内之事，但工长日久，亦各著有微劳，而费绌事繁，再系出于捐办，且历遇漫工溃口，无不即予劾参，今于数十年中，幸值全境堤防一律保固，官民庆忭，无不倍感皇仁，可否仰恳天恩，酌加奖励，俾修防各员益知奋勉，出自圣主鸿慈。如蒙俞允，容臣会同抚臣，择其尤为出力者，酌保数员，恭候恩施，不敢稍有冒滥。

所有江、汉普庆安澜缘由，谨会同湖北抚臣伍长华，恭折具奏，伏乞皇上圣鉴。谨奏。

〈九月〉十五日

　　道光十八年九月二十九日奉朱批：　钦此。

　　　　　　　　　　　　　　　　　　　　　（录自军机处录副）

---

①　此处朱批："凡事若能如是，有何不可挽回者！朕意在言外，卿其善体朕心，决意勉为之。"

②　自"而"字起，至"也"字止，共二十个字，每个字旁都有朱圈。

奉旨前往广东查办海口事件传牌稿
（1839 年 1 月 8 日）

为传知事：

照得本部堂奉旨驰驿前往广东查办海口事件，并无随带官员供事书吏，惟顶马一弁、跟丁六名、厨丁小夫共三名，俱系随身行走，并无前站后站之人。如有借名影射，立即拿究。所坐大轿一乘，自雇轿夫十二名；所带行李，自雇大车二辆、轿车一辆。其夫价轿价均已自行发给，足以敷其食用，不许在各驿站索取丝毫。该州县亦不必另雇轿夫迎接。至不通车路及应行水路之处，亦皆随地自雇夫船。本部堂系由外任出差，与部院大员稍异，且州县驿站之累，皆已备知，尤宜加意体恤。所有尖宿公馆，只用家常饭菜，不必备办整桌酒席，尤不得用燕窝烧烤，以节糜费。此非客气，切勿故违。至随身丁弁人夫，不许暗受分毫站规、门包等项。需索者即须扭禀，私送者定行特参。言出法随，各宜懔遵毋违。切切。须至传牌者。

右牌仰沿途经过各州县驿站官吏准此。

此牌由良乡县传至广东省城，仍缴。

（录自《林则徐集·公牍》）

复龚自珍书 *
(1839 年 1 月 16 日)

定庵先生执事：月前述职在都，碌碌软尘，刻无暇晷，仅得一聆清诲，未罄积怀。惠赠鸿文，不及报谢。出都后，于舆中绅绎大作，责难陈义之高，非谋识宏远者不能言，而非关注深切者不肯言也。窃谓旁义之第三，与答难义之第三，均可入决定义；若旁义之第二，弟早已陈请，惜未允行，不敢再渎；答难之第二义，则近日已略陈梗概矣；归墟一义，足坚我心，虽不才曷敢不勉？执事所解诗人悄悄之义，谓彼中游说多，恐为多口所动，弟则虑多口之不在彼也。如履如临，曷能已已？昨者附申菲意，濒行接诵手函，复经唾弃，甚滋颜厚。至阁下有南游之意，弟非敢沮止旌旆之南，而事势有难言者，曾嘱敝本家岵瞻主政代述一切，想蒙清听。专此布颂腊祺。统惟心鉴，不宣。

愚弟林则徐叩头　戊戌冬至后十日①

（录自《龚自珍全集·复札》，上海人民出版社 1975 年版）

---

* 龚自珍，字瑟人，号定庵，浙江仁和人。道光九年（1829）进士，时任礼部主客司主事。

① 冬至后十日，林则徐尚在京城，此处疑将节气记误，似应为小寒为是。

密拿汉奸札稿
（1839 年 2 月 24 日）

为密饬查拿事：

照得本部堂恭膺简命来粤查办海口事件，首在严拿汉奸。缘外夷鸦片之得以私售，皆由内地奸民多方勾串，以致蔓延日广，流毒日深。现在新令极严，查拿不容不力。所有包买之窑口，说好之孖毡，与兴贩各路之奸商，护送快艇之头目，有经京堂科道指名陈奏奉旨将原折发交本部堂查办者，有经密查暗访得其踪迹者，现俱开出姓名，间有访知住址，合急黏单密札饬拿。为此札行布、按两司，速即会同查照单开各项人犯，密派妥干之印委人员，即日改装易服，分投查探，出其不意，带役拘拿，并查起所藏赃具、簿据，一并搜寻务获，不可稍任窜匿。其获到之犯，随即讯取供情，一俟本部堂到省，即日解送行辕，以凭饬审。

惟其中多有各衙门堂差及营兵在内，恐该管官及委员均不免意存回护，化有为无，或称卯册无名，或称其人早故，并或谓其因缉获过严致被挟仇诬陷者。不知此等久已著名，难瞒众人耳目，一经审讯，无难水落石出。即使果有一二被诬，亦须讯明，即予昭雪，总不容听其躲避。至在官人役犯法，本管官虽有失察处分，而自行拿获惩办者，例准免议。况上年各省拿获鸦片，奏奉恩旨："既往之事，付之不咎。"更毋庸规避处分。如目下再有徇庇，是转自陷于私罪矣。岂服官者尚不明此义耶！其或前充兵役、后已缘事革去者，亦准据实声明。但书差久已通同一气，当此极力整顿之际，断不可稍任庇延，其单内列入最要者，尤不得一名远飏，大干未便。嘱切，伫切。特札。

计单开：

最要各项人犯：

捐职都司王振高　　系番禺市桥乡人。住家两处：一在市桥，一在永清门外新沙三板桥对过小巷南头路西。先与同县徐广私铸犯案，后充广协营兵，升外委，缘事斥革；复与徐广等同开快蟹窑口，贩卖致富，交通水师营兵、府县差役。道光十四年捐都司。嗣经管驾巡船，包庇走私，每烟土百斤收规洋四十元。与罗姓在新豆栏回澜桥开东昌洋行。在行管事之冯亚临，即系前开窑口已破案区宽之余党。

关信良又名关清　　系南海九江乡人，充南海县丞差。在靖海门外路南顺利行后开信记窑口。其家一住九江乡，一住兴隆街南头路东。

苏魁大即苏开大　　住永清门外麦栏街。贩鸦片往天津各路。

罗柚明即螺右民　　番禺市桥人。包收快蟹规费，分送营、县兵役。

徐广即赤沙广　　番禺赤沙乡人。在省城兴隆街南头路西开快蟹窑口，三门通街，一门通河。其家属一住赤沙乡，一住五仙门外韭菜栏。自上年奏释之后，又经肆行无忌。

孟成有　　住省城新沙街。

李亚福　　番禺人，又名跛脚福。

李亚可　　番禺市桥人。

九王　　番禺人，不知名。

林仔

黄狗仔

冇鼻泳、冇，音卯，无也。陈老春[1]　　此二名系串合奸商与夷人交易之孖毡最著名者。

谭升即谭第发　　本姓林，冒名樊昌，充澳门县丞弓役。道光六年、十年两次被控饬拿，捏报病故，更名复充。现在澳门开设华馆，为贩卖鸦片屯宿之所。

谢安即何老真　　系娘妈角税口书差。

卢意即郭平　　系兵丁。

土棍马老六　　前系粤海关家丁，因犯案捏报病故，现在澳门住家。与何老真、郭平同包鸦片税及各处使费税后，令私艇载送各处，如未交卸被拿，则税口与窑口分赔。

次要人犯确查再拿：

按司差：

---

① 陈老春，《信及录》刊本、印本均作陈老眷。

苏光、马元　总办省城窑口。

运司差：

杨发、余发、冯老应　伙开养怀堂窑口。

余富、区二　伙开安怀堂窑口。

孔芬、欧老四　伙开杨善堂窑口。

余琳盛、郭亚亮混号偷猫亮　伙开吉庆堂窑口。

孔坤　开玉书堂窑口。

王昭混号萌鼻王、邓老二　伙开安盈店写单。

广州府差：

何高、朱昌、胡春　伙包窑口快艇。

又，朱昌子侄朱亚寿　在大马站开正隆店写单。

朱亚二　在西便巷写单。

南海县差：

毕章、蔡章、梁光即梁三地　伙包快艇。

又，蔡章之子蔡苏九、蔡阿荣与余发之子余淋长　在马鞍街伙开广荣店写单。

番禺县差：

陈燧

南海县丞差：

何建基、黄老二、周五九　俱包窑口。

陆亚社、陈老三、邓老三　俱快艇头人。

冯礼寅　开远兴号。

冯亚泳　开均源号，俱写单。

高亚福　在九曜坊华陀庙对巷开窑口。

蔡老应　在花地开窑口。

梁怀本、高老元即高大相　在佛山伙开窑口。

何怀明、何怀显　在陈村伙开窑口。

此单所开次要人犯或现在敛迹，亦未可定；如查有实据，即须拿办。

再访得武弁中包揽最甚之人：

蒋大彪，闻已革，包。保二少、即保得刚之子。梁恩升、伦世光、伦朝光　以上数人且缓拘拿，先行查复。

札广东布、按两司。

（录自《林则徐集·公牍》）

关防示稿
（1839 年 3 月 11 日）

为关防事：

照得本部堂奉命来粤查办海口事件，现在驻扎省垣，不日出巡各口，均应慎密关防。所有随从人等，不许擅离左右。其派在行辕之书吏，即于公馆内给予伙食，不准借端出入。凡文武各员因公禀谒者，无不立时接见。若游人术士，素无瓜葛，该巡捕官及号房不得妄行传禀，以肃关防。倘有混称打点关说、在外招摇者，所在地方官立即严拿，彻究重办。

至公馆一切食用，均系自行买备，不收地方供应；所买物件，概照民间时价给发现钱，不准丝毫抑勒赊欠。公馆前后，不准设立差房。偶遣家人出门，乘坐小轿，亦系随时雇用，不必预派伺候。如有借名影射扰累者，许被扰之人控告，即予严办。各宜懔遵毋违。特示。

（录自《林则徐集·公牍》）

收呈示稿
（1839 年 3 月 11 日）

为晓谕事：

照得本部堂奉命来粤查办海口事件，所有民间词讼，除实系事关海口应行收阅核批外，其与海口事件无关者，一概不应准理，毋得混行投递。至应收之呈，亦应俟到省数日后，择期牌示放告。照依督、抚两辕状式，填明保戳歇家，以凭提讯。不得以违式之红白呈拦舆混递，以致无从查究。如敢攀轿抛呈，除不收外，定交地方官责处不贷。特示。

（录自《林则徐集·公牍》）

恭报抵粤日期折 *
（1839 年 3 月 12 日）

  湖广总督臣林则徐跪奏，为恭报微臣行抵广东日期，并遵旨体察洋面堵截情形，恭折奏祈圣鉴事：

  窃臣上年冬间进京陛见，于十一月十五日钦奉谕旨："著颁给钦差大臣关防，驰驿前往广东查办海口事件，所有该省水师兼归节制。"等因。钦此。臣当即在京请训，叠聆恩谕，备极周详。蒙委任之逾恒，弥深感奋；念责成之重大，倍切悚惶。陛辞后，于二十三日出京，经由直隶、山东、安徽，皆无停滞。惟江西途次，连遇大雪，间有未能儳［趱］行之处，旋即加紧前进，以速补迟。

  兹于正月二十五日行抵广东省城，与督臣怡良等会晤。当据告知，节次拿获鸦片烟贩，水陆交严，群情颇为警动。迨闻特派查办之旨，声威所被，震慑民夷。是以驻省年久之夷商喳啷，于十二月请牌下澳，附搭港脚唉船回国。其伶仃洋趸船内有港脚啀船及弯吐船两只，亦于十二月二十八日回去。今年正月二十日，又有港脚喊呾及吧嗊等船，咪唎坚国嘌喱喑及吐咖等船，嗹国嘟吐船，小吕宋船，共十四只，起碇开行。二十一日，又有港脚嘖呾等船，咪唎坚国嘛叻等船，共四只，与前船一同驶去。旋据探报，抛泊丫洲洋面。该处为夷船回国必经之路，现仍严行探逐，业经先后具奏等语。臣复细加查访，均属相符。惟思夷情诡谲异常，现有鸦片在船，未必遽甘回国，果否计穷思遁，抑系择地图迁，均未可定。第既经开动，其为畏惮可知，亟应宣示天威，乘势尽行驱逐，以为清源之计。

  除饬外海水师确查飞禀，相机会办外，至臣先于途次承准军机大臣

---

  * 标题据《林氏家藏林则徐使粤两广奏稿》、《林文忠公政书》使粤奏稿卷一拟。

字寄："上年十二月十六日奉上谕：'本日据邓廷桢奏，筹调师船将备，联帮驻泊洋面，堵截民夷售私，并水陆交严以除锢弊一折。著林则徐驰抵广东后，即将各该处情形悉心体察，所有折内所议驻洋守堵各事宜，会同邓廷桢通计熟筹，务臻妥善，核实办理。原折著钞给阅看。将此谕令知之。钦此。'"臣查阅折内所议，分派兵哨各船在伶仃洋一带按月轮流堵截，无论内地何项船只驶近夷船，概行追击，倘敢逞凶拒捕，格杀勿论。其东路惠、潮等属洋面口岸，一体巡防，似此棋布星罗，已足以昭严密。惟现在夷趸既经移动，自须到处跟踪，即使该趸船驶出老万山，犹恐内海匪船潜赴外洋勾结，是杜绝售私之劲，实属刻不容松。

臣甫经到省，于各处岛澳口门尚未亲历，现在检阅图志，先与督抚臣在省互相讲求。拟于旬日之间，出赴中路之虎门、澳门等处，与水师提臣关天培乘船周览，以便相机度势，通计熟筹。俟趸船驱除应手之后，再往东路察看机宜，随时会同邓廷桢等核实办理。总期拔本塞源，力回锢习，以仰副圣主澄清海瀣、绥戢民生之至意。

所有微臣到粤日期，并体察大概情形，谨先缮折具奏，伏乞皇上圣鉴。

再广东旸雨应时，米粮平减，民情均极安贴，足以上慰圣怀，合并陈明。谨奏。

正月廿七日

道光十九年二月廿日奉朱批："另有旨。"钦此。

（录自军机处录副）

附奏粤省鸦片情形片 *
（1839 年 3 月 12 日）

　　再，查奸夷喳嗬，系嗼咭唎国所属之港脚人，盘踞粤省夷馆，历二十年之久，混号"铁头老鼠"，与汉奸积惯串通，鸦片之到处流行，实以该夷人为祸首。伊仅系夷中之一奸贩，并非该国有职之人，只以狡黠性成，转恃天朝柔远之经，为伊护符之计。其因售私，以致巨富，人所共知。道光十六年冬间，即经督臣邓廷桢等遵奉谕旨，查明驱逐，而该夷借称清理账目，又作两载逗留。去冬臣蒙皇上发交太仆寺少卿杨殿邦等条奏各折，带来广东查办，其折内所指，亦以该夷人为奸猾之尤。臣于未出京时，即先密遣捷足，飞信赴粤，查访其人，以观动静。闻十二月间，广东省城互相传播，以为钦差大臣一到，首拿喳嗬究办，该夷人遂即请牌下澳，搭船回国。是其饱则扬去，固为鬼蜮常情，要在使之不敢再来，乃为善策。又伶仃洋面趸船，亦于臣将到之时，先后开动二十只。虽夷情叵测，难保不游奕往来，而其闻知谕旨森严，心怀畏惧，亦已明甚矣。此时查办机宜，惟有外树声威，内加慎重；阳示镇静，阴肃防维，使之生严惮之心，而发悔惧之念，然后晓谕禁止，皆非空言。

　　至广东兴贩吸食之人，固倍蓰于他省，然闻皇上特遣大臣查办，皆有惧心。屡经严拿之余，兴贩者不能不敛戢，吸食者亦不能不戒断。惟民情因见从前旋查旋止，以为官禁未必久长，不免有观望希冀之想。臣入境后，闻民间无不私探罪名轻重，与新例之曾否颁行。大抵惟生死关头，足以生其震恐。如果定论死之例，而宽一年之期，即吸食莫多于广东，而以臣察看情形，亦可保限外无人罹法。若宽而生玩，则不惟未戒

---

　　* 据《林氏家藏林则徐使粤两广奏稿》第 7 页该片末有"道光十九年正月二十七日附奏"字样。

者不戒，即已戒者亦必复食，稍纵即逝，恐不可挽。伏乞圣明乾断，严例早颁，庶办理得有把握。

臣愚昧之见，是否有当，谨附片沥陈，伏祈圣鉴。谨奏。

（录自《林文忠公政书》使粤奏稿卷一）

晓谕粤省士商军民人等速戒鸦片告示[*]
（1839 年 3 月 15 日）

为剀切晓谕速断鸦片以全生命以免刑诛事：

照得广东为声名文物之邦，自古迄今，名儒名宦，代有伟人，闻者莫不起敬。不料近年以来，多沉溺于鸦片烟，以致传遍海隅，毒流天下。推其源则为作俑之始，究其极几成众恶之归。凡各省之贩鸦片者，不曰买自广东，则曰广东人夹带而来也；吸鸦片者，不曰传自广东，则曰广东人引诱所致也。似此大邦，冒此不韪，岂不可惜！从前刑罚当不甚重，查拿亦不甚严，无耻之徒恬不知怪。今则天威震怒，斧钺森严，法在必行，极诸大辟，盖必使之扫除净尽而后已也。本大臣由楚省奉召进京，面承训谕，指授机宜，给以钦差大臣关防来此查办，尔等皆已闻知。试问向来鸦片之禁，有如此之严紧否？如此严紧而尚可以观望否？且钦差大臣关防，非重大之事不用，今蒙特旨颁给，其尚能将就了事否？本大臣与督部堂、抚部院懔遵严旨，惟有指天誓日，极力驱除，凡攘外靖内之方，皆已密运深筹，万无中止之势。除再严拿窝积兴贩立置重典外，惟念尔等吸食之辈陷溺已深，不忍不教而诛，特先悉心开导。

夫人以己所不食之物而令人食之，即使不费一钱，亦为行道所不受，乞人所不屑。况鸦片在外夷人不肯食，而华人乃反甘心被诱，竭赀冒禁，买毒物以自戕其生。吾民虽愚，何至如此！是比诸盗贼之用闷香，拐带之用迷药，妖邪之用蛊毒以攫人财而害人命者，殆有甚焉。且财为养命之源，尔等银钱，都非容易，将银换土，可笑孰甚？舍钱服毒，可哀孰甚？尔等独不思瘾作之时，纵有巨盗深仇、凶刀烈火来至尔

---

[*] 据吴义雄《林则徐鸦片战争时期佚文评介》引《中国近事公牍》所载本告示，末有"道光十九年二月初一日给示"。

前，尔能抵敌之乎？惟有听其所为而已。尔等生长海滨，非同腹地，不可不思患预防，奈何任人愚弄，不惜性命，不顾身家，一至于此！夫鱼贪饵而忘钩，蟹贪光而忘火，猩猩贪酒而忘人之欲其血，彼原自取，何足深尤。所患者，污俗不回，颓波日沸，则人人皆委顿，户户皆困穷，此邦之人将何恃以不恐乎？梓桑绅士宜有以训俗型方，讵忍安坐迁延，不一援手？而士为四民之首，品行为先，一溺其中，直成废物，若不痛改，朝廷岂用此等人？且泾以渭浊，薰因莸臭，万一上干圣怒，一概视为弃材，恐于全省仕路科名大有妨碍，不可不虑也。至闾阎虽众，而十室必有忠信，不能不寄耳目于地邻。向来文武衙门弁兵差役，破获原为不少，而民间惮于查禁，遂以裁害攫物、徇纵诈赃等弊纷纷借口。此固不能保其必无。然兵役作弊，例应加等惩办，官员徇庇，尤必立予严参。果有被诬被诈之人，申诉到官，必为昭雪。但不能因噎废食，使查拿者转为松劲。本大臣上年在湖广所拿各案烟犯，凡员弁带往兵役，临时先令自行搜检，迨查拿出门，又令本官一搜，不许带人物件。今亦通饬照办。

除另刊章程十条并各种断瘾药方，分别檄行严禁外，合亟出示晓谕。为此示仰合省士商军民人等知悉：凡从前误食鸦片者，速即力求断瘾，痛改前非。省城限以二月起至三月底止，各府州县以奉文之日起，勒限两月，务将家有烟枪烟斗几副，杂件烟具若干，余烟若干，一并检齐，赴所在有司呈缴。如惮于自缴，则或父兄及邻右、戚友亦准代缴。但期能改即止，并不查究来历，请问姓名。惟不许以新枪假土朦混搪塞，倍干重咎。尔等须知无不可断之瘾，而贵有必断之心。上年曾见湖广之人，有积瘾三十年、日吸一两而居然断去者，断后则颜面发胖，筋力复强，屡试屡验。岂有别省皆可断，而广东转不能断之理？即谓地有瘴气，尽可以槟榔、旱烟解之，省费适口，且不犯禁，何不以彼易此乎？自示之后，倘仍执迷不悟，匿具不缴，则是玩法抗违，惟有挨查牌甲，责令举首，一面严密搜拿。凡尔吸食鸦片者，处处皆死地，刻刻皆危机，其能藏匿幸全者，未之有也。

至窑口烟馆，经督部堂、抚部院节次严拿治罪，现在关闭者多。然第暂歇一时，以为官禁不能长久，孰知此次非往时之比，不净不休。其将烟土潜藏者，欲俟查拿稍松仍行偷卖，尤为可恶！现有妥线分报查访，一得确信，即往严搜。破获者尽法痛办，指拿者优加奖赏。其藏匿之房屋，一并入官。凡尔有些资本之人，何事不可图利，若前此误卖烟土，藏匿在家，速即自首到官，亦当分别量减。此固本大臣甫经入境，法外施仁，断不能迟迟以待。若不趁此刻猛省回头，以后虽欲改图，噬脐莫及。身家性命所系，生死祸福所关，各宜懔之，慎之，毋贻后悔。特示。

（录自《林则徐集·公牍》）

谕各国夷人呈缴烟土稿
（1839 年 3 月 18 日）

谕各国夷人知悉：

照得夷船到广通商，获利甚厚，是以从前来船，每岁不及数十只，近年来至一百数十只之多。不论所带何货，无不全销；愿置何货，无不立办。试问天地间如此利市码头，尚有别处可觅否？我大皇帝一视同仁，准尔贸易，尔才沾得此利，倘一封港，尔各国何利可图？况茶叶、大黄，外夷若不得此，即无以为命，乃听尔年年贩运出洋，绝不靳惜，恩莫大焉。尔等感恩即须畏法，利己不可害人，何得将尔国不食之鸦片烟带来内地，骗人财而害人命乎！

查尔等以此物蛊惑华民，已历数十年，所得不义之财，不可胜计，此人心所共愤，亦天理所难容。从前天朝例禁尚宽，各口犹可偷漏。今大皇帝闻而震怒，必尽除之而后已，所有内地民人贩鸦片、开烟馆者立即正法，吸食者亦议死罪。尔等来至天朝地方，即应与内地民人同遵法度。本大臣家居闽海，于外夷一切伎俩，早皆深悉其详，是以特蒙大皇帝颁给平定外域、屡次立功之钦差大臣关防，前来查办。若追究该夷人积年贩卖之罪，即已不可姑容。惟念究系远人，从前尚未知有此严禁，今与明定约法，不忍不教而诛。查尔等现泊伶仃等洋之趸船，存有鸦片数万箱，意欲私行售卖。独不思海口如此严拿，岂复有人敢为护送，而各省亦皆严拿，更有何处敢与销售。此时鸦片禁止不行，人人知为鸩毒，何苦贮在夷趸，久碇大洋，不独枉费工资，恐风火更可不测也。

合行谕饬。谕到，该夷商等速即遵照将夷船鸦片尽数缴官。由洋商查明何人名下缴出若干箱，统共若干斤两，造具清册，呈官点验，收明毁化，以绝其害，不得丝毫藏匿。一面出具夷字汉字合同甘结，声明

"嗣后来船永不敢夹带鸦片，如有带来，一经查出，货尽没官，人即正法，情甘服罪"字样。闻该夷平日重一信字，果如本大臣所谕，已来者尽数呈缴，未来者断绝不来，是能悔罪畏刑，尚可不追既往，本大臣即当会同督部堂、抚部院禀恳大皇帝格外施恩，不特宽免前愆，并请酌予赏犒，以奖其悔惧之心。此后照常贸易，既不失为良夷，且正经买卖尽可获利致富，岂不体面？倘执迷不悟，犹思捏禀售私，或托名水手带来与尔无涉，或诡称带回该国投入海中，或乘间而赴他省觅售，或搪塞而缴十之一二，是皆有心违抗，怙恶不悛，虽以天朝柔远绥怀，亦不能任其貌玩，应即遵照新例，一体从重惩创。

此次本大臣自京面承圣谕，法在必行，且既带此关防，得以便宜行事，非寻常查办他务可比。若鸦片一日未绝，本大臣一日不回，誓与此事相始终，断无中止之理。况察看内地民情，皆动公愤，倘该夷不知改悔，惟利是图，非但水陆官兵军威壮盛，即号召民间丁壮，已足制其命而有余。而且暂则封舱，久则封港，更何难绝其交通。我中原数万里版舆，百产丰盈，并不借资夷货，恐尔各国生计从此休矣。尔等远出经商，岂尚不知劳逸之殊形与众寡之异势哉。

至夷馆中惯贩鸦片之奸夷，本大臣早已备记其名，而不卖鸦片之良夷，亦不可不为剖白。有能指出奸夷，责令呈缴鸦片并首先具结者，即是良夷，本大臣必先优加奖赏。祸福荣辱，惟其自取。

今令洋商伍绍荣等到馆开导，限三日内回禀，一面取具切实甘结，听候会同督部堂、抚部院示期收缴，毋得观望逶延，后悔无及。特谕。

（录自《林则徐集·公牍》）

会奏夷人趸船鸦片尽数呈缴折 *
(1839 年 4 月 12 日)

臣林则徐、臣邓廷桢、臣怡良跪奏，为嘆咭唎等国夷人震慑天威，将趸船鸦片尽数呈缴，现于虎门海口会同验收，恭折奏闻，仰祈圣鉴事：

窃照鸦片来自外洋，毒流中国，蔓延既久，几于莫可挽回。幸蒙我皇上涣号大宣，乾纲独断，力除锢弊，法在必行。且荷特颁钦差大臣关防，派臣林则徐来粤查办。顾兹重大之任，虑非暗陋所胜，仰赖谕旨严明，德威震叠，不独禁令行于内地，且使风声播及重洋。复蒙谕令臣邓廷桢等益矢奋勤，尽泯畛域，下怀钦感，倍思并力驱除。在臣林则徐未到之先，已将窑口烟馆兴贩吸食各犯拿获数百起，分别惩办。又派令各师船轮流守堵，水陆交严，并将东路夷船及住省奸夷先后驱逐，节经奏蒙圣鉴。臣林则徐于正月二十五日到省，亦将会商筹办大概情形先行具奏在案。

维时在洋趸船二十二只已陆续起碇开行，作为欲归之势，若但以逐回夷界即为了事，原属不难。惟臣等密计熟商，窃以此次特遣查办，务在永杜来源，不敢仅顾目前，因循塞责。查夷情本皆诡谲，而贩卖鸦片者更为奸猾之尤。此次闻有钦差到省，料知必将该夷趸船发令驱逐，故特先行开动，离却向来所泊之伶仃等洋，以明其不敢违抗。其实每船内贮存鸦片，闻俱不下千箱，因上年以来各海口处处严防，难于发卖，而其奸谋诡计，仍思乘间觅售，非特不肯抛弃大洋，亦必不肯带回本国。即使逐出老万山以外，不过暂避一时，而不久复来，终非了局。且内海匪船，亦难保不潜赴外洋，勾结售买，必须将其趸船鸦片销除净尽，乃为杜绝病源。但洪涛巨浪之中，未能确有把握。因思趸船之存贮虽在大

---

* 标题据《林文忠公政书》使粤奏稿卷一拟。

洋，而贩卖之奸夷多在省馆，虽不必遽绳以法，要不可不喻以理而怵以威。臣林则徐当撰谕帖，责令众夷人将趸船所有烟土尽行缴官，许以奏恳大皇帝天恩，免治既往之罪，并酌请赏犒，以奖其悔惧之心。嗣后不许再将鸦片带来内地，犯者照天朝新例治罪，货物没官等语。与臣邓廷桢、怡良酌商定稿，即于二月初四日公同坐堂，传讯洋商，将谕帖发给，令其赍赴夷馆，带同通事，以夷语解释晓谕，立限禀复，一面密派兵役，暗设防维。

查各国买卖，以嘆咭唎为较大。该国自公司散局以后，于道光十六年派有四等职夷人义律，到澳门经管商梢，谓之领事。臣等发谕之后，各国则皆观望于嘆夷，而嘆夷又皆推诿于义律。其中有通晓汉语之夷人嚧等四名，经司道暨广州府等传至公所，面加晓谕，因该夷嚧等回禀之言尚为恭顺，当即赏给红绸二匹、黄酒二坛，著令开导众夷，速缴鸦片。未据即行禀复。

至二月初十日，义律由澳门进省，其时奸夷嚟哋等希图乘夜脱逃，经臣等查知截回，谕责义律以不能约束之非，并照历届嘆夷违抗即行封舱之案，移咨粤海关监督臣豫堃，将各夷住泊黄埔之货船暂行封船，停其贸易。又夷馆之买办工人每为夷人潜通信息，亦令暂行撤退。并将前派暗防之兵役酌量加添，凡远近要隘之区，俱令明为防守，不许夷人出入往来，仍密谕弁兵不得轻举肇衅。在臣等以静制动，意在不恶而严，而诸夷怀德畏威，均已不寒而栗。

自严密防守之后，省城夷馆与黄埔、澳门及洋面趸船，信息绝不相通，该夷等疑虑惊惶，自言愧悔。臣林则徐又复叠加示谕，劝戒兼施，即于二月十三日据该领事义律禀复，情愿呈缴鸦片。维时距撤退买办之期业已五日，夷馆食物渐形窘乏，臣等当即赏给牲畜等物二百数十件，复向查取鸦片确数。经义律向各夷人名下反复追究，旋据呈明共有二万二百八十三箱。查向来拿获鸦片，如系外夷原来之箱，每一箱计装整土四十个，每个约重三斤，每箱应重一百二十斤。即至日久收干，每箱亦约在百斤以外。以现在报缴箱数核之，总不下二百数十万斤。若经奸贩转售，则流毒何所不至。今设法令其全缴，不动兵刑，无非仰仗天威，自然畏服。臣等钦感之余，仍当倍加慎重。诚恐所报尚有不实不尽，访之在洋水师及商贾人等，佥称外夷高大趸船，每只所贮亦不越千箱之数。是趸船二十二只，核与所报箱数不甚悬殊，当即谕令驶赴虎门，以凭收缴。

　　除商明留臣怡良在省弹压防范外，臣林则徐、臣邓廷桢均于二月二十七日自省乘舟，二十八日同抵虎门。水师提督臣关天培本在虎门驻扎，凡防范夷船，查拿售私之事，皆先与臣等随时商榷，务合机宜。自收缴之谕既颁，尤资严密防堵。兹趸船二十二只陆续驶至虎门口外，关天培当即督率将领，分带提标各营兵船，排列弹压。并先期调到碣石镇总兵黄贵、署阳江镇总兵杨登俊，各带该标兵船分排口门内外，声威极壮。粤海关监督臣豫堃亦驻虎门税口，照料稽查。臣等亲率候补知府、南雄直隶州知州余保纯，署广州府同知、佛冈同知刘开域，候补通判李敦业，乐昌县知县吴思树暨副将李贤，守备卢大钺，分派文武大小各委员，随收随验，随运随贮。惟为数甚多，一趸船所载之箱，即须数十只剥船始敷盘运，而自口外运至口内堆贮之处，又隔数十里，若日期过促，草率收缴，恐又别滋弊端。臣邓廷桢拟收至两三日后，先回省署办公，臣林则徐自当常驻海口，会同提臣关天培详细验收，经理一切。容俟收缴完竣，查明实在箱数，与该夷领事所禀有无参差，再行恭折奏报，并取具各夷人永不夹带切结存案，以断根株。

　　伏思夷人贩卖鸦片多年，本干天朝法纪，若照名例所载化外有犯并依律科断之语，即予以正法，亦属罪所应得。惟念从前该夷远隔重洋，未及遽知严禁，今既遵谕全缴趸船鸦片，即与自首无异，合无仰求皇上覆载宽宏，恩施法外，免追既往，严儆将来。并求俯念各夷人鸦片起空，无资置货，酌量加恩赏给茶叶，凡夷人名下缴出鸦片一箱者，酌赏茶叶五斤，以奖其恭顺畏法之心，而坚其改悔自新之念。如蒙恩准，所需茶叶十余万斤，应由臣等捐办，不敢开销。至夷人呈缴鸦片如此之多，事属创见，自应派委文武大员，将原箱解京验明，再行烧毁，以征实在。

　　是否有当，臣等谨会同水师提督臣关天培、粤海关监督臣豫堃，合词恭折具奏。并录谕夷原稿并夷禀二件恭呈御览，伏乞皇上圣鉴。

　　再，此次距臣林则徐到省拜折之后，已阅一月，先因筹办未即就绪，不敢遽行奏闻。惟事经多日，恐廑圣怀，兹谨由四百里驰奏。合并声明。谨奏。

　　二月二十九日

　　　道光十九年三月十九日奉朱批："所办可嘉之至。另有旨。"钦此。

（录自军机处录副）

致莲友书
（1839年5月1日）

　　莲友先生足下：一昨接披惠翰，拳拳注念，溢于楮墨之间。并承寄示粤东闻见各条，语必精详，事皆确实。非足下澄怀达识，博采周谘，不能知之如是其深，言之如是其切。而非逾恒关爱，亦不能倾吐肝膈，指示无遗。感佩之怀，曷能言喻。

　　弟岭南初到，人地生疏，但既奉使而来，不敢因循了事。此地为夷船麕集，其所带来禁物，久与员弁、兵役一气呵成，而汉奸之以此为业者，更不可以数计。若非捣其要害，势难杜绝来源。到省后察看夷情，外似桀骜，内实惟怯。向来恐开边衅，遂致养痈之患日积日深。岂知彼从六万里外远涉经商，主客之形，众寡之势，固不待智者而决。即其船坚炮利，亦只能取胜于外洋，而不能施伎于内港。粤省重重门户，天险可凭，且其贸易多年，实为利市三倍，即除却鸦片一项，专做正经买卖，彼亦断不肯舍此马头。弟看澈此层，即将此中利害剀切晓谕，一面断其接济，严禁售私。兹洋面各趸船，皆情愿呈缴烟土。弟亲驻虎门海口，已验收一万四千余箱，此外尚有数船，总以收尽为止。虽其中不无波折，而大局均尚恭顺，非竟不可范围者。

　　至所示之铁头老鼠，系名查顿，盘踞夷楼者数十年，于弟将到之时，闻有查拿风声，业经逃回该国矣。夷人之医术所以胜于内地者，其人病死，则斫其尸而观其脏腑，以察其所以不治之故。如十四年律劳卑惊悸胆破而死，及斫尸乃知之。往时汉民每有上夷楼就医者，近来彼亦自秘其术，不甚肯为医治矣。

　　来教又以查办鸦片，关税不免暂绌。此一节弟先已面奏，已蒙宵旰鉴原。尤喜关部豫公最顾大局，渠前任苏州织造，与之共事，恰值灾年免税，渠甚乐从，此次商办夷务，更为公尔忘私，是以弟尚能得手也。

民间吸食之风，几于口有同嗜，种种情状，诚如来示所云。然民有秉彝，大抵天良不昧，弟所发告示，多有见而泪下者。现在分举绅耆，广为劝戒，并设局数处，施药缴枪，悔过者宥其前愆，怙恶者治以重法，劝惩并用，以期咸与维新。所刊告示、章程，附尘察览，即希是正为荷！

承嘱于闽中说项之处，兹已洳就常芝阁廉访一书，并以附上，即烦足下代为面致，谅可有成。再，旧秋尚有见寄一缄，邮递纡回，未经接到。其戒烟必效方则已于荫士大兄信中寄来，并以附及。专此布复，藉候安祺。并问文郎慧吉，不一。

弟林则徐顿首

（录自林纪焘藏手迹摄影件）

附奏夷人带鸦片罪名应议专条夹片 *
（1839 年 5 月 18 日）

臣林则徐、臣邓廷桢跪奏：

再，臣林则徐前谕夷人出具甘结，声明"嗣后来船永不敢夹带鸦片，如有带来，一经查出，人即正法，货尽没官"。旋据嘆咭唎国领事义律禀称："本国在天朝贸易，恭蒙大皇帝怀柔，历有二百余年，仰望先教，示以禁令森严，惟本国地方较远，或可姑宽期限。自开舱后，凡有印度之港脚属地者，给予五月为限，嘆国本地者，给予十月为限，然后即以新例遵行，则各人无不悉知其有此例，倘有来粤者，自必遵行也。"又云："凡有谕令之处，远职自应恭递回国，以俾本国大臣呈上国主阅览，自可明知也。"等语。核其禀词，尚属恭顺，惟甘结仍迁延未具。近日复经谕催，又据禀称："倘不能不取结，则嘆国人船无奈只得回国。"等情。揆其用意，盖因该国公司散局，悉听夷商自行经理，其中良莠不齐，且海道迢遥，设或因风阻滞逾期，即难保在路夷船竟不稍有夹带。一经出结，则此后奸夷带有鸦片，不但本犯罪于重法，即该领事亦不能置身事外。是以心切迟疑，尚非敢违法度。且查该夷来粤贸易，实系利市三倍，不惟以该国之货牟内地之利，并以内地之货牟各国之利。盖海外岛夷之国，不知名者不啻盈千累百，因无力置船办货，故不能自达于天朝，而如茶叶、大黄、丝斤之类，则无一国不需此物。嘆咭唎等国夷商所带内地货物，非独本国自用，尤利于分售各国，得价倍蓰，即使该夷不卖鸦片，专作正经贸易，而其所谓三倍之利者自在。以此度之，其断不肯舍却广东马头，系属实情。所云"只得回国"者，不过惮于具结，强颜而出此言，未必真心如是。

即使果因内地法严，不能带卖鸦片，暂时躲避回国，亦于通商大局并

---

* 标题据《林文忠公政书》使粤奏稿卷二拟。

无加损。查从前每年来船不过数十只，而关税并不短绌，近年多至一百数十只，而鸦片愈以盛行。且每船自夷商以至水手，总不止于百人，合而计之，殊嫌太众，与其多聚奸宄，孰若去莠存良。即如惯卖鸦片之喳顿、嗹哋等，本系早经奉旨查逐之人，除喳顿已先回国外，嗹哋现亦驱逐，其他类此者正须一并严驱，并令出具甘结，永远不敢再来，方为正办。

论者或恐各夷商因此裹足。殊不思利之所在，谁不争趋。即使此国不来，彼国岂肯不至，纵或一年偶少，次年总必加多。且闻华民惯见夷商获利之厚，莫不歆羡垂涎，以为内地民人格于定例，不准赴各国贸易，以致利薮转归外夷。此固市井之谈，不足与言大义，然就此察看，则其不患无人经商，亦已明甚矣。

所以鸦片之禁，不但宜严于百姓，实可倍严于夷商。彼终年之间，住内地之日甚多，在该国之日转少，非独食毛践土，且皆积聚资财，比之内地民人受恩更重，岂有予之以乐利，而不可齐之以政刑者乎。况所来贸易之人，不过该国之一贩户，并非贵戚达官，即鸦片亦皆私带而来，更非受命于其国主。且自道光十四年公司散后，一切买卖，更与其国主无干。此辈奸夷性贪而狡，外则桀骜夸饰，内实恇怯多疑，稍纵即骄，惟严乃肃。查乾隆年间粤省办理嘆夷洪任辉等控案，动即监禁一二三年，无敢违抗，历有成案可稽。即近年奏办夷案，如道光二年之命犯啡叮、六年之命犯喎嗒唦，皆引名例"化外有犯依律拟断"之条，处绞立决，夷人无不帖服。况鸦片之夹带，彼本自知理短，是以臣等此次痛加呵责，不但不敢狡辩，并闻退无怨言，是外夷亦有天良，尚非不可教诲。可否仰求敕部，将夷人带鸦片来内地者，应照化外有犯之例，人即正法，货物入官，议一专条，并暂时首缴免罪，如何酌予限期之处，奏请谕旨，通行遵办，俾得谕令各国夷人咸使懔遵，嗣后自必不敢犯法，似亦刑期无刑之意。

是否有当，谨合词附片密陈，伏祈圣鉴。谨奏。

道光十九年四月二十九日奉朱批： 钦此。

（录自军机处录副）

虎门销烟告示 *
(1839 年 6 月上旬)

为钦奉谕旨从趸船所缴鸦片在粤销毁，剀切晓谕事：

本大臣、本部堂、本部院缴获夷人鸦片二万零二百九十一箱，经即驰奏。旋于四月十七〔八〕日，承准军机处咨开："内阁奉上谕：'前据林则徐等驰奏，趸船鸦片尽数呈缴，请解京验明烧毁等情。此次查办粤洋烟土，甚属认真，朕断不疑其稍有欺饰，且长途转运，不无借资民力。著无庸解送来京，即交林则徐、邓廷桢、怡良，于收缴完竣后，即在该处督率文武员弁公同查核，目击烧毁，俾沿海居民及在粤夷人，共见共闻，咸知震慑。'钦此。"

本大臣、本部堂、本部院遵即于本月二十二日委派省城文武各官，会同虎门将弁，就地开挖石池，混以盐卤，烂以石灰，统俟戳化成渣，送出大海，涓滴不留。

本大臣、本部堂、本部院钦遵谕旨，晓谕尔等沿海居民、在粤夷人，日睹此事，并引以为戒。嗣后尔等应震慑天威，安分守法。应知此等毒物，有如粪土，不能吸用，决不许再行违禁购买，以致戕生荡产。各宜凛遵毋违。特谕。

（据英文《中国丛报》1839 年 5 月第八卷第一期所载回译，录自《林则徐奏稿·公牍·日记补编》，广州中山大学出版社 1985 年版）

---

* 此件与两广总督邓廷桢、广东巡抚怡良会衔。

会奏销化烟土一律完竣折 [*]
（1839 年 7 月 5 日）

臣林则徐、臣邓廷桢、臣怡良跪奏，为虎门销化烟土，公同核实稽查，现已一律完竣，恭折奏祈圣鉴事：

窃臣等钦遵谕旨，将夷船缴到烟土二万余箱在粤销毁，所有核实杜弊，并会督文武大员公同目击情形，已于五月初三日销化及半之时，先行恭折会奏在案。嗣是仍照前法，劈箱过秤，将烟土切碎，抛入石池，泡以盐卤，烂以石灰，统俟戳化成渣，于退潮时送出大海。臣等会督文武员弁，逐日到厂看视稽查。其间非无人夫乘机图窃，而执事员弁多人留神侦察，是以当场拿获之犯，前后共有十余名，均即立予严行惩治。并有贼匪于贮烟处所，乘夜爬墙，凿箱偷土，亦经内外看守各员弁巡获破案，现在发司严审，尤当按律重办。

其远近民人来厂观看者，端节前后，愈见其多，无不肃然懔畏。并有咪唎㘗国之夷商㘈与唎哈哎、咹哋等，携带眷口，由澳门乘坐三板，向沙角守口之水师提标游击羊英科递禀，求许入栅瞻视。臣等先因钦奉谕旨，准令在粤夷人共见共闻，咸知震詟，曾经出示晓谕，是以该夷等遵谕前来。且查夷商㘈等平素系作正经买卖，不贩鸦片，人所共知，因准派员带赴池旁，使其看明切土捣烂及撒盐燃灰诸法。该夷人等咸知一一点头，且皆时时掩鼻。旋至臣等厂前，摘帽敛手，似以表其畏服之诚。当令通事传谕该夷等，以现在天朝禁绝鸦片，新例极严，不但尔等素不贩卖之人永远不可夹带，更须传谕各国夷人，从此专作正经贸易，获利无穷，万不可冒禁营私，自投法网。该夷人等倾耳敬听，俯首输诚，察其情形，颇知倾心向化，随即公同赏给食物，欢欣祗领而去。

---

* 标题据《林氏家藏林则徐使粤两广奏稿》、《林文忠公政书》使粤奏稿卷三拟。

　　至臣等前奏烟土名色，本有三种，曰公班，曰白土，曰金花。迨后复经劈出原箱，另有一种小公班，每箱贮八十个，其式样比常行之公班较小，而个数倍之，故每箱斤两不相上下，每个用洋布包裹，制造亦较精致，访闻此种在外国系最上之烟，价值极贵。是现在所化烟土，竟有四种。臣等近于邸钞伏读上谕："烟膏烟具多有假造，其弊不可胜言。等因。钦此。"仰见圣明务求真实，力戒欺朦之至意。臣等愚昧之见，欲辨其伪，必须先识其真，未知近时各处所拿获者皆系何种烟土。若以外夷原箱之物互相比较，则真伪似可立辨，不至混淆。谨将现在四种烟土，每种各留两箱，可否即将此八箱作为样土。如蒙准令解京，即委便员搭解，并不费事。倘亦无须解送，则此时粤东每月俱有各属拿获解省验毁之烟，亦可随同销化。

　　现除暂存此八箱外，计已化烟土，凑合前奏之数，共有一万九千一百七十九箱，二千一百一十九袋，其斤两除去箱袋，实共二百三十七万六千二百五十四斤，截至五月十五日，业已销化全完。斯时荡秽涤瑕，幸免毒流于四海，此后除奸拯溺，尤期法约于三章，庶几仰副我圣主除害保民之至意。

　　所有销化烟土完竣缘由，臣等谨会同水师提督臣关天培、粤海关监督臣豫堃，合词恭折具奏，伏乞皇上圣鉴训示。

　　再，虎门现在无事，臣林则徐亦暂回省城，商办一切，合并声明，谨奏。

　　五月二十五日

　　　　道光十九年六月十八日奉朱批："可称大快人心　事。知道了。"钦此。

（录自军机处录副）

沥陈民间烟土枪具仍宜收缴折 *
（1839 年 7 月 5 日）

再，广东距京遥远，臣近日始阅三月邸钞："钦奉上谕：'嗣后拿获吸烟人犯，不准以呈缴烟膏烟具入奏，其从前投首不实之犯，仍著各督抚等严饬该地方官随时查察，如有再犯，即加重治罪，以杜朦混而归核实。将此谕令知之。'钦此。"现在部文尚未行到，而臣就邸报中跪诵再三，仰见我皇上于为民除害之中，示核实戒欺之要，严明训饬，感懔交深。

臣恭绎圣谕所指收缴之弊，约有三端：一则恐以拿获之犯作为自首，希图减罪也；一则既缴之后，官不复查，听其吸食也；一则地方官塞责邀功，假造烟膏烟具，以滋朦混也。凡此三弊，皆臣所切齿痛恨，矢以极力扫除者。兹蒙训谕提撕，弥钦核实从严之至意，敢不倍加厘剔，务绝根株。惟是滨海愚民，无知误会，近日纷纷传播，转谓烟禁已弛，有枪有土仍听存留。前此赴乡查访之绅耆辄被乡民恃顽抗阻，谓已奉旨免缴，何得多事。此等借词摇惑，以严为宽，实属诈安之尤，亟宜痛加惩创。除严拿重办外，惟念臣等所办收缴之法，并非令罪人自行投首，官不复查，亦不敢听州县塞责邀功，假造朦混。伏求皇上恕臣愚昧，容其据实沥陈。

查鸦片久已盛行，广东尤甚，所谓遍地皆是，早在圣明洞鉴之中。即使此后外夷断绝来源，正恐内地囤积之多，数年用之不能尽。在臣与督抚臣等尽力督拿，无日不有获犯起赃。然察看向来陷溺之深，与到处窝藏之密，地方辽阔，民俗凶顽，岛澳既不可胜穷，胥役又大都难恃，是即设法拿获，亦只千百中之什一，如必扫数拿尽，窃恐遥遥无期。因

---

* 《林氏家藏林则徐使粤两广奏稿》第 82 页此件末有"道光十九年五月二十五日附奏"字样。

思保甲之行，本系诘奸良法，每乡总有公正绅士，良善耆民，五家十家之间耳目最为切近，兴贩吸食断难瞒其邻人。故保甲有五家连坐之条，在官者因即借以儆众。如一家有犯，责四家以告发，否则与之同罪。而为邻右者既知其人有犯，恐必连累及身，又念比屋相亲，不忍遽置于法，则必多方劝戒，悚惕而禁止之。并取其烟枪膏土，汇缴于官。官则验明即收，并不诘其姓名来历，盖明以留其廉耻，而实则杜其避趋。故第收之于例应举发之族邻，而不收之于律减轻之罪犯。犹恐不实不尽，一面购线查拿，有犯即惩。其于何人曾缴，何人未缴，拿者本不过问，犯者无可借词。此所以不相妨而适相济也。夫有鸦片即有吸食，势所必然，在官多一分之收，即在民少一分之食，诚能减之又减，以至于无，似亦有益无损之事。且吸食之人，其畏收缴转甚于畏查拿。盖查拿不能无漏网，况父兄溺爱，亲族碍情，虽恨子弟之吸烟，而恐其到官问罪，转必多方为之隐瞒。有收缴之一途，则凡家人骨肉，戚友乡邻，平日劝之不从者，至此皆得悚以功令之严，夺其物以祛所嗜，是一人之瘾众人断之。既立死罪以慑其心，复饬收缴以去其疾，迫之以不得不断之势，正所谓以生道杀民，而比闾族党间变化愧厉之方备焉，保受和亲之俗成焉。故报缴者虽见其多，并无公然免罪之犯，而报获者并行不悖，实无缴后不查之人。盖以保甲禁鸦片，而寓收缴于编查，犹之以保甲查教匪，即应收其经卷，以保甲治械斗，即应收其器械，其理一也。

至假造之弊，惟不验乃至被朦，果其验之，则真伪判然，难逃众目。故烟土必用刀剖开，烟膏必以火燃试，不惟全假者即时发觉，即掺和者亦立见区分。若烟枪则外面一观，已有生熟之别，又劈破以视其内，必其烟油久渍，乃为旧枪，即新枪尚不能相混，而他物所假，更无论矣。现在粤省所收膏土枪具，惟僻远隔海之雷、琼二属，为数本少，免令解省外，其余各属悉经通饬解验。且不独收缴者当验，而拿获者更当验。盖收缴无功可见，惟拿获始足见功。地方官如存邀功之心，则与其假造而报收缴，不如假造而报拿获之为得也。夫以粤省作伪之风，命案尚有顶凶，盗案亦有买犯，要在上司认真，乃不受其朦蔽耳。况鸦片获利最厚，弊窦最多，有卖放正犯真赃以从犯假赃报获者，有获时明系真赃而侵吞偷换，解时变作假赃者，诈伪丛生，何所不至。然既不能因查拿之有伪，遂并查拿而停止之。则收缴中之真假，或亦责成臣与邓廷桢等逐一调验，如有假造，惟臣等是问。且查粤省自上年以来，未曾于鸦片案内保举一员，是既不使邀功，安敢听其朦混。臣到粤以后，叠准邓廷桢等将解省之烟土等物移同查验，间有一二搀和之膏土，搪塞之新枪，皆必剔出，发司澈底究办。此后更当责成地方官，先自劈验，再行封解，如有不实，即将该州县严参示儆。

又如烟枪一物，臣始亦以为不过如寻常之烟杆耳，断瘾与否，于枪何与？迨屡获烟犯，细加研讯，始知溺于鸦片之人，直以其枪为性命。缘新枪不能过瘾，总须平素用熟有烟油久渍其中者，方能适口。故一枪有值数十金百余金者，甚至父子兄弟间不肯相假。其陷溺之深如是，所以欲去其瘾，先去其枪，有如理发而夺其栉，作字而夺其笔，虽酷嗜者亦无可如何，非第使之明志也。谨查《大清律例》内，禁止赌博，必并赌具而严禁之，盖有具则有赌，无具即无以为赌也。烟之需枪，恐或类是。臣前于邸钞中，见有被罪圈禁而仍群聚吸烟者，是因破案而不收枪之故。若不收枪，则未犯案者固难望其自毁，即已犯案者仍不甘于弃枪，将使在家独吸之人合之而同吸于囹圄，并将各处散吸之人徙之而聚吸于配所，窃恐辗转流传，其势更难于禁止矣。凡人不见可欲则心不动，烟入于目，枪入于手，欲其口之不馋，不可得也。吸旱烟者若无烟杆，亦有不能不歇之势，然旱烟之新杆尚可将就，而鸦片之新枪与无枪同。由此观之，收枪之法或亦禁烟者所不废耳。

至自首一节，现在粤省固无其事，而《大清律例》明有此条，除杀人不准首外，小而寻常罪犯，大而习教为盗，尚皆准首。设有人烟瘾已断，本身出首，察看得实，似亦只得遵例办理，未便竟不准首，致与定例两歧，而与怙恶不悛之人亦无区别。惟流弊必须严杜，倘州县将拿获之犯捏为投首，定当以故出人罪，严行参办。而罪人首后复犯，似宜即照新例定罪，不得仍与初犯者同科，始足以昭警戒。

伏念我皇上明罚敕法，因恐臣工不知振作，是以训饬加严，而无知蚩氓相率传讹，转幸明谕之颁，冀遂深藏之术。若因此顿更大局，非独前功可惜，更虞挽救无方。且风闻外夷于呈缴之后，知内地民人烟可不缴，不无反唇相稽者，于国体尤有关系。臣仰蒙委任专办此事，下怀实深焦急，不揣冒昧，披沥密陈。如臣言谬妄难行，应请皇上破其颛愚，亦以惩儆。倘蒙俯念臣心无他，惟冀于公有济，可否特颁申谕，将前旨系为核实查办，正以从严之处，明白宣示，嗣后寓收缴于保甲，责大吏以督查，如有州县以拿作首，以假混真，不行严参者，事发以徇庇论。而总不得借口希图免缴，俾天下臣民憬然领悟，庶久藏之毒物渐收获以无遗。顶感鸿慈，倍无既极。

再，督臣邓廷桢与臣筹议意见相同，因接奉朱批，令其酌核，亦已自行另片复奏。惟系专差赍递，恐到京在臣此折之后，合并声明，伏祈圣鉴训示。谨奏。

（录自《林文忠公政书》使粤奏稿卷四）

拟谕英国国王檄 *
（附英船主哗喇收领照会文书字据）
（1839 年 8 月 3 日）

为照会事：

洪惟我大皇帝抚绥中外，一视同仁，利则与天下公之，害则为天下去之，盖以天地之心为心也。贵国王累世相传，皆称恭顺，观历次进贡表文云："凡本国人到中国贸易，均蒙大皇帝一体公平恩待。"等语。窃喜贵国王深明大义，感激天恩，是以天朝柔远绥怀，倍加优礼，贸易之利垂二百年，该国所由以富庶称者，赖有此也。唯是通商已久，众夷良莠不齐，遂有夹带鸦片，诱惑华民，以致毒流各省者。似此但知利己不顾害人，乃天理所不容，人情所共愤。大皇帝闻而震怒，特遣本大臣来至广东，与本总督部堂、本巡抚部院会同查办。凡内地民人贩鸦片、食鸦片者，皆应处死。若追究夷人历年贩卖之罪，则其贻害深而攫利重，本为法所当诛。惟念众夷尚知悔罪乞诚，将趸船鸦片二万二百八十三箱，由领事官义律禀请缴收，全行毁化。叠经本大臣等据实具奏，幸蒙大皇帝格外施恩，以自首者情尚可原，姑宽免罪，再犯者法难屡贷，立定新章。谅贵国王向化倾心，定能谕令众夷兢兢奉法，但必晓以利害，乃知天朝法度断不可以不懔遵也。

查该国距内地六七万里，而夷船争来贸易者，为获利之厚故耳。以中国之利利外夷，是夷人所获之厚利，皆从华民分去，岂有反以毒物害华民之理。即夷人未必有心为害，而贪利之极不顾害人，试问天良安在？闻该国禁食鸦片甚严，是固明知鸦片之为害也。既不使为害于该国，则他国尚不可移害，况中国乎！中国所行于外国者，无一非利人之

---

* 此件与两广总督邓廷桢、广东巡抚怡良会衔。标题据《林氏家藏林则徐使粤两广奏稿》、《林文忠公政书》使粤奏稿卷四拟。

物：利于食，利于用，并利于转卖，皆利也。中国曾有一物为害外国否？况如茶叶、大黄，外国所不可一日无也。中国若靳其利而不恤其害，则夷人何以为生？又外之呢羽哔叽，非得中国丝斤不能成织，若中国亦靳其利，夷人何利可图？其余食物，自糖料姜桂而外，用物自绸缎磁器而外，外国所必需者，曷可胜数。而外来之物，皆不过以供玩好，可有可无，既非中国要需，何难闭关绝市！乃天朝于茶丝诸货，悉任其贩运流通，绝不靳惜，无他，利与天下公之也。该国带去内地货物，不特自资食用，且得以分售各国，获利三倍，即不卖鸦片，而其三倍之利自在，何忍更以害人之物恣无厌之求乎！设使别国有人贩鸦片至嗼国诱人买食，当亦贵国王所深恶而痛绝之也。

向闻贵国王存心仁厚，自不肯以己所不欲者施之于人，并闻来粤之船，皆经颁给条约，有不许携带禁物之语，是贵国王之政令本属严明，只因商船众多，前此或未加察。今行文照会，明知天朝禁令之严，定必使之不敢再犯。且闻贵国王所都之嘞顿及嘶噶嘣、嗳伦等处，本皆不产鸦片，惟所辖印度地方，如喔啊啦、嘤哒啦嗹、嗊喥、叭哒嘽、嚜嘩嘛吥哇数处，连山栽种，开池制造，累月经年，以厚其毒，臭秽上达，天怒神恫。贵国王诚能于此等处拔尽根株，尽锄其地，改种五谷，有敢再图种造鸦片者，重治其罪，此真兴利除害之大仁政，天所佑而神所福，延年寿、长子孙必在此举矣。

至夷商来至内地，饮食居处无非天朝之恩膏，积聚丰盈无非天朝之乐利，其在该国之日犹少，而在粤东之日转多，弼教明刑，古今通义，譬如别国人到嗼国贸易，尚须遵嗼国法度，况天朝乎！今定华民之例，卖鸦片者死，食者亦死。试思夷人若无鸦片带来，则华民何由转卖？何由吸食？是奸夷实陷华民于死，岂能独予以生？彼害人一命者尚须以命抵之，况鸦片之害人岂止一命已乎？故新例于带鸦片来内地之夷人，定以斩绞之罪，所谓为天下去害者此也。复查本年二月间，据该国领事义律以鸦片禁令森严，禀求宽限，凡印度港脚属地请限五月，嗼国本地请限十月，然后即以新例遵行等语。今本大臣等奏蒙大皇帝格外天恩，倍加体恤，凡在一年六个月之内，误带鸦片但能自首全缴者，免其治罪。若过此限期，仍有带来，则是明知故犯，即行正法，断不宽宥，可谓仁之至、义之尽矣。

我天朝君临万国，尽有不测神威，然不忍不教而诛，故特明宣定例。该国夷商欲图长久贸易，必当懔遵宪典，将鸦片永断来源，切勿以身试法。王其诘奸除慝，以保乂尔有邦，益昭恭顺之忱，共享太平之福。幸甚，幸甚！

接到此文之后，即将杜绝鸦片缘由速行移复，切勿诿延。须至照会者。①

朱批："得体周到。"

（录自《林则徐集·公牍》）

英船主啴喇收领照会文书字据
（1840 年 1 月 18 日）

我哎国人船主啴喇，收到三位大官钦差林、两广总督邓、广东抚院怡照会文书一封与我国王后。我小心谨慎带之，并交与所寄之人。我所应承，必诚实做之。

道光十九年十二月十四日啴喇担带。一千八百四十年正月十八日广东。

（录自《林则徐集·公牍》）

---

① 据美国浸礼会来华传教士叔未士（Jehu Lewis Shuck，1812—1863）编译，1840 年在澳门出版的《Portfolio Chinensis》（中国近事公牍）所载《钦差致英国女王书》，文后还有如下一段文字："附载现行新例：一、夷人带有鸦片烟来内地图卖者，为首斩立决，为从绞立决。所带货物，概行入官。仍予一年六个月限期，如于限期内自首，将烟土全行呈缴者，免其治罪。道光十九年六月初九日奉到谕旨起，扣至二十年十二月初九日限满。"转引自吴义雄：《林则徐鸦片战争时期佚文评介》，见张建雄主编：《鸦片战争研究》，广州：广东人民出版社，2010 年，第 75～76 页。

会奏细察夷情务绝鸦片来源片 *
（1839 年 9 月 1 日）

　　再，臣等会办夷务以来，窃思鸦片必要清源而边衅亦不容轻启，是以兼筹并顾，随时密察夷情，乃知边衅之有无，惟视宽严之当否。宽固可以弭衅，宽而失之纵弛，则贻患转足养痈；严似易于启衅，严而范我驰驱，以小惩即可大戒，此中操纵，贵审机宜。

　　夫震于嘆咭唎之名者，以其船坚炮利而称其强，以其奢靡挥霍而艳其富。不知该夷兵船笨重，吃水深至数丈，只能取胜外洋，破浪乘风，是其长技。惟不与之在洋接仗，其技即无所施。至口内则运掉不灵，一遇水浅沙胶，万难转动。是以货船进口，亦必以重资倩土人导引，而兵船更不待言矣。从前啤唠啤冒昧进虎门，旋即惊吓破胆，回澳身死，是其明证。且夷兵除枪炮之外，击刺步伐，俱非所娴，而其腿足裹缠，结束紧密，屈伸皆所不便，若至岸上，更无能为，是其强非不可制也。该夷性奢而贪，不务本富，专以贸易求赢，而贸易全赖中国界以马头，乃得借为牟利之薮。设使闭关封港，不但不能购中国之货，以赚他国之财，即彼国之洋布、棉花等物亦皆别无售处。故贸易者，彼国之所以为命，而中国马头又彼国贸易者之所以为命，有断断不敢自绝之势。而彼肆其贪狡，乃以鸦片漏中国之卮，历年既深，得财无算，于是奸商黠贾，富甲诸夷。第又闻该国前因搆兵多年，大亏国用，乾隆年间于粤省夷馆设立公司，抽取贸易之利，原议三十年限满，即听民自作买卖。迨限满而国用无出，又展两次限期，该国夷民遂多不服，甫于道光十四年将公司撤去。是其富亦不足夸也。

---

　　* 此片与两广总督邓廷桢会衔。标题据《林氏家藏林则徐使粤两广奏稿》拟。《林氏家藏林则徐使粤两广奏稿》第 116 页此件末有"道光十九年七月二十四日自广东香山县由驿附奏"字样。

　　且该国所都咥顿地方，来至中华，须历海程七万里，中间过峡一处，风涛之恶，四海所无，行舟至此，莫不股栗。是则越国鄙远，尤知其难，迥非西北口外，得以纵辔长驱之比。又闻该国现系女主，在位四载，年仅二十，其叔父分封外埠，恒有觊觎之心，内顾不遑，窥边何暇。惟其贸易夷商向在他国，往往争占马头，虽无国主之命，亦可私约兵船前往攻夺，得一新地，则许出资之人取利三十年，乃归其主。故于贸易之处，辄起并吞之心。如夷洋所谓新埠、新嘉坡等处，皆其数十年来侵踞之地，距广东海程不过旬日。占得一处，则以夷目镇之，蚕食之心由是日肆，而畏强欺弱，是其秉性所成。当嘉庆十三年图占澳门之先，曾以七船夷兵，图夺安南东京之地，被安南人诱入浅港，乘机火攻，七船俱成灰烬，从此遂不敢进窥一步。今其商船条约尚有不许近安南〈马〉头之语，其为创巨痛深可知。即同在粤省贸易之咪唎坚等国夷人，皆言嘆国不知好丑，但受制压，盖亦深知其虚骄之习也。

　　臣等细察夷情，略窥底蕴，知彼万不敢以侵凌他国之术窥伺中华，而其肺篋奸谋，总以鸦片为浸淫之渐。当臣林则徐到粤之始，雷厉风行，该夷知臣等上秉天威，惟恐患不可测，故一经严谕，即将二万余箱和盘托出。嗣见稍为宽假，未曾僇及夷人，甫定惊魂，复萌故智，遂徘徊海上，请以澳门为马头，冀逃约法之严，兼收东隅之失，此又其情之大可见者也。

　　臣等前于收缴烟土册，逐箱检出夷票，交洋商译出汉文，始知其按年按月计箱编号，竟有一月之内装至一万二千数百箱者，是牵算夷地一年所发，不下十余万箱。虽其售于他国者，亦在此数之内，而中国总居大半。若源源再至，贻害何穷！此时绝续关头，间不容发。假使新烟不缴完，须遵照新例实办一二夷人，方足以示惩创。况命案抵偿，华夷通例，乃敢宣言示众，以为嘆国不能与他国相同。并知臣林则徐已调两江，私探起身何日。

　　值此除恶务尽之际，臣林则徐何敢意存趋避，粉饰目前？邓廷桢职在海疆，亦岂敢稍存泄视？屡与抚臣怡良、提臣关天培并海关监督臣豫堃，仔细熟商，咸知该夷别无伎俩。即使私约夷埠一二兵船，如前此啤唠啤、吗啮哖之类，并未奉该国主调遣，擅至粤洋游奕，虚张声势，亦惟严防各口，总不与之接仗，一面断其薪水，使之坐困。至偏僻港口，该夷大艘断不能行，而三板小船，应须防其阑入。臣等察看民情，所有沿海村庄，不但正士端人衔之刺骨，即渔舟村店亦俱恨其强梁，必能自保身家，团练抵御。彼见处处有备，自必不致停留，而鸦片来源，非如此严重坚持，不能永远断绝。是以臣等同操定力，意见均属相符。但该夷义律在粤多年，狡黠素著，时常购觅邸报，探听揣摩，并习闻有"边衅"二字，借此暗为恫喝，实则毫无影响。只因该国相距太远，转得影射欺人，且密嘱汉奸播散谣言，皆其惯技。凡此诡诈百出，无非希冀鸦片复行。伏乞皇上明降严旨，切责臣等务将夷船新烟查明全缴，如违即照新例惩办，彼奸夷自必靡然帖服，于杜弊清源之道实为有裨。在民生永断病源，无非托一人之福佑，在臣等懔肩重任，尤须仗圣主之恩威。

不揣冒昧，谨合词附片沥陈，伏乞圣鉴。谨奏。

道光十九年八月十七日奉朱批：　钦此。

（录自军机处录副）

会奏巡阅澳门情形折 *
（1839 年 9 月 18 日）

　　臣林则徐、臣邓廷桢跪奏，为会同巡阅澳门，抽查华夷户口，传见西洋夷目，宣示德威，恭折具奏，仰祈圣鉴事：

　　窃照广东澳门一区，在广州府香山县之东南，距县治一百三十余里，东西南三面环海，惟北面陆路可达县城。自县城南行一百二十里曰前山寨，设有海防同知暨前山营都司驻扎。再迤南十五里，建有关闸一座，驻兵防守，为扼吭拊背要区，出关即入澳境。溯自前明许西洋夷人寄住，岁输地租银五百两，由香山县征收。澳内营造夷楼，栋宇相望，并建炮台六座，以防他夷。其房屋除西夷自住外，余皆赁给别国夷人居住，而以嗼咭唎国为较多。西夷挈眷而居，历今三百余年，践土食毛，几与华民无异。虽素称恭顺，不敢妄为，而既与各岛夷朝夕往来，即难保无牟利营私，售卖鸦片情事。

　　本年臣林则徐奉命来粤，与臣邓廷桢悉意酌商，以趸船虽在外洋，而澳门实为夷商聚集之所，且其间华夷杂处，汉奸勾串尤多，若不从澳门清源，则内外线索潜通，仍恐渐成弊薮。是以于四月间，檄委署佛山同知刘开域、署澳门同知蒋立昂、香山县知县三福、署香山县县丞彭邦晦，仿照编查保甲之法，将通澳华民，一体按户编查，毋许遗漏，并督同该夷目搜查夷楼，有无屯贮鸦片。旋据该员等查明户口，造册呈送。计华民一千七百七十二户，男女七千零三十三丁口，西洋夷人七百二十户，男女五千六百一十二丁口，嗼咭唎国僦居夷人五十七户。并查明虎门收烟之时，有嗼夷咽叹吐将趸船烟土偷运八箱入澳，被西洋夷目查获，将原土押交嗼国副领事参逊，一体呈缴。又据禀：该夷目自行拿获

---

　　* 标题据《林氏家藏林则徐使粤两广奏稿》、《林文忠公政书》使粤奏稿卷六拟。

夷人哑嗯咈零烟，在马头焚烧，将哑嗯咈收监，按照夷法问罪，出具此外并无存贮烟土甘结，禀请亲监查办前来。

臣等因驱逐暎国住澳奸夷，由省城移驻香山，遂于七月二十五日自香山起程，二十六日清晨统领将备管带弁兵整队出关。该夷目嗽嚥吗咃咹率领夷兵一百名迎于关下，兵总四人，戎服佩刀，夷兵肩鸟枪，排列道左，队内番乐齐作。俟臣等舆卫行过，兵总导领夷兵番乐随行。至新庙，夷目嗽嚥吗咃咹具手版禀谒，命之进见。该夷免冠曲身，意甚恭谨。臣等宣布恩威，申明禁令，谕以安分守法，不许屯贮禁物，不许徇庇奸夷，上负大皇帝抚绥怀柔至意。该夷点头领会。据向通事声称："夷人仰沐天朝豢养二百余年，长保子孙，共安乐利，中心感激，出于至诚，何敢自外生成，有干法纪。现在随同官宪驱逐卖烟奸夷，亦属分内当为之事。"等语。以手拄额者三，敬谨退出。臣等当即赏以绢扇茶糖，并颁赏夷兵牛豕面腊数十事，番银四百圆，再辞乃受。臣等即入三巴门，经三巴寺、关前街、娘妈阁，至南湾，督率随员抽查夷楼民屋，均与册造相符。其赁给暎夷房间，自各夷离澳后现俱关闭。复加防察，自春间查办以后，该西洋夷楼实无存贮烟土情事。随由南湾仍回前山。所有经过三巴、娘妈阁、南湾各炮台，俱发一十九炮。询之澳人，称系该国大礼，以示尊敬，不轻举行。兵总率领夷兵，送至关闸，始行撤退。臣等沿途察看，不但华民扶老携幼，夹道欢呼，即夷人亦皆叠背摩肩，奔趋恐后，恬熙景象，帱载同深。此臣等巡视澳门之实在情形也。

臣等伏思，夷人心性，反复靡常，抉诈怀私，事所时有。如果始终驯服，固当抚之以恩，若使微露矜张，即当绳之以法。此次因查办鸦片，执法綦严，澳夷震慑天威，是以倍形逊顺。惟该处华夷丛杂，最易因缘为奸，应请于每年秋间，查照现在编查之法，檄饬澳门同知督同香山驻澳县丞，编查一次，造册通详，再由督抚两司分年轮替前往抽查。如有澳夷屯贩禁烟及庇匿别国卖烟奸夷等弊，即行随时惩办，以清弊薮而靖夷情，似于边徼防维不无裨益。

是否有当，谨合词恭折具奏，伏乞皇上圣鉴训示。谨奏。

八月十一日

　　道光十九年九月初五日奉朱批：　钦此。

　　　　　　　　　　　　　　　　　　　（录自军机处录副）

致望云庐书
（1839 年 9 月 26 日）

望云庐阁下：中秋前后连得六月廿七及七月廿一所惠手书，辱承注念肫拳，指示皆有体要，欣感无量。比维履祺增吉，直务咸绥，南中竹报常通，北堂加膳，定如翘颂。此科仍是分校之局，不如少缓其期，以春易秋，较为计之得也。

此间夷务情形，节次疏陈自邀鉴及。弟总惟据事直书，不敢掩饰，明知中朝均不以为然也。盖反复靡常者夷之情，而欺弱畏强者夷之性。缴土时之恭顺，全恃天威，迨缴完下澳之后，未几而思取巧蒙混，未几又思挟制刁难，皆个中应有之症候。至命案则系临时生出枝节，既已抗不交凶，断无听之之理。断其接济，是遵嘉庆十三年谕旨，即驱逐出澳，亦是遵照不销货不住澳之例，非敢从苟。迫其以索食为名，向师舡先行肇衅，开炮伤兵，幸而抵御有方，国威足振。向闻嘆夷讥我中国船是纸的，炮是磁的，此番轰沉夷船一只，死伤数十，又烧毁空趸一船，纸耶？磁耶？当必有辨。弟但期上足以崇国体，下足以慑夷情，使鸦片永不敢来，犬羊永不敢逞，则虽身遭重谴，亦无懵[惜]焉。此际粤海惊涛与楚江骇浪皆向孱躯激射，果能因此遂其投劾，则淮南禹策转如天花之不著身，似亦幸事也。

亚伯所陈漕务，弟未见其稿，而昨奉寄谕，则又不得不作速筹议，所以有一附片。此事万无良策，卓裁有可指示者否？抽冗手泐，复颂台祺。即仁崇迁之喜，余不具。

云左顿首　中秋后四夜

敝友丁畅之嘱寄乃侄西台茂才一书，现在尊处西席，祈转交并将回书附回为荷。又托。

（录自上海博物馆藏手迹摄影件）

致邓廷桢书[*]
（1839 年 10 月 14 日）

　　咏菊所拟之谕，侍略加删润，顷正赍诣鹬舟就正。适知骖旆入城，闻可转至悦亭棣台处，侍亦正欲与悦亭斟酌此稿，兹特送上，即祈一同商定，于稿内改窜付回，以便照缮。

　　信莽于拜送荣旌后仍回濠镜。今晨与之面商，据云此次当与西夷反复开导，务将兵勇带进等语，以奏准驻澳之大员不至为门外汉，或尚未失体制，要当视其此番回去何如耳。木簰之议，信莽尚念念不忘，谓欲设于澳口，此论殊不中肯，未稔曾达清听否？

　　薛提军送两千总来考，侍当将文牍收下，附有露缄一信，知为此事而发。其所请两弁一同得缺之处可否照办？祈指示及之。原信仍缴，晚间再诣尊舟，借探明日吉时也。手此顺请台安，不一。

侍徐顿首

　　悦亭棣台恕不另函，统此代面。又及。

　　谕稿改定发回，再具会稿送上。

（录自上海图书馆藏《清十五家手札》手迹摄影件）

---

　　* 邓廷桢，字嶰筠，江苏江宁人。嘉庆六年（1801）进士，时任两广总督。

会奏穿鼻尖沙嘴叠次轰击夷船情形折 *
（1839 年 11 月 21 日）

　　臣林则徐、臣邓廷桢跪奏，为嗼国货船正在具结进口，被该国兵船二只拦阻滋扰，即经舟师击逐，逃回尖沙嘴，窥伺陆路营盘，复经我兵据险俯攻，叠次轰击，将尖沙嘴夷船尽行逐出，不使占为巢穴，现只散泊外洋，不敢近岸，臣等仍饬严行堵御，一面绥抚良夷，以示恩威而安贸易，恭折奏祈圣鉴事：

　　窃照嗼夷领事义律，前因抗违法度，当经示以兵威，旋据悔罪求诚，已将趸船奸夷尽驱回国，其甘结亦经议具，惟命案尚未交凶。臣等以夷情反复靡常，虽已具禀乞恩，仍将夷埠兵船暗招来粤，名为护货，恐有奸谋，业于前折奏明，静则严防，动则进剿，不敢稍示柔弱。旋于九月二十八日由驿递到回折，伏读朱批："朕不虑卿等孟浪，但诚卿等不可畏葸，先威后德，控制之良法也，相机悉心筹度。勉之慎之。"等因。钦此。又钦奏上谕："当此得势之后，断不可稍形畏葸，示以柔弱。虽据该夷领事义律浼西洋夷目恳求转圜，但该夷等诡诈性成，外示恐惧，内存叵测，不可不防。著林则徐等相度机宜，悉心筹画，如果该夷等畏罪输诚，不妨先威后德，倘仍形桀骜，或佯为畏惧，而暗布戈矛，是该夷自外生成，有心寻衅，既已大张挞伐，何难再示兵威。林则徐等经朕谆谕，谅必计出万全，一劳永逸，断不敢轻率偾事，亦不致畏葸无能也。等因。钦此。"臣等跪诵之下，仰见我皇上先几洞烛，训示严明，数万里外夷情，毫发难逃圣鉴，臣等服膺铭佩，遵守弥虔。其特蒙恩赏呼尔察图巴图鲁名号并照例赏戴花翎、以副将即升先换顶带之参将赖恩爵等，感激天恩，益图报效，凡在弁士卒，亦皆感奋倍常。

---

　　* 标题据《林氏家藏林则徐使粤两广奏稿》、《林文忠公政书》使粤奏稿卷七拟。

提臣关天培督率舟师，数月以来，常驻虎门二十里外之沙角炮台，巡防弹压，间赴三十里外之穿鼻洋面，来往稽查。近日各国货船，络绎具结，俱经验明，带进黄埔。唉国货船中首先遵结者曰啴喇，亦已进埔贸易。其次遵结者曰啃唧，于九月二十八日正报入口。讵有该国兵船二只，于午刻驶至穿鼻，其一即七月内向九龙滋扰之吐嘧，其一则近来新到之哗呐，硬将已具结之啃唧货船，追令折回，不得进口。提臣关天培闻而诧异，正在查究间，吐嘧一船辄先开放大炮，前来攻击。关天培亟令本船弁兵开炮回击，并挥令后船协力进攻。该提督亲身挺立桅前，[①] 自拔腰刀，执持督阵，厉声喝称："敢退后者立斩！"适有夷船炮子飞过桅边，剥落桅木一片，由该提督手面擦过，皮破见红。关天培奋不顾身，仍复持刀屹立，又取银锭先置案上，有击中夷船一炮者，立刻赏银两锭。其本船所载三千斤铜炮，最称得力，首先打中吐嘧船头。查夷船制度与内地不同，其为全船主宰者，转不在船尾而在船头，粤人呼为头鼻，船身转动，得此乃灵，其风帆节节加高，帆索纷如蛛网，皆系结于头鼻之上。是日吐嘧船头拨鼻拉索者，约有数十夷人，关天培督令弁兵，对准连轰数炮，将其头鼻打断，船头之人纷纷滚跌入海。又奏升水师提标左营游击麦廷章，督率弁兵，连击两炮，击破该船后楼，夷人亦随炮落海，左右舱口间有打穿。哗呐船不甚向前，未致受创。接仗约有一时之久，吐嘧船上帆斜旗落，且御且逃，哗呐亦随同遁去。我军本欲追蹑，无如师船下旁灰路多被夷炮击开，内有三船渐见进水，势难远驶。而夷船受伤只在舱面，其船旁船底皆整株番木所为，且全用铜包，虽炮击亦不能遽透，是以不值追剿。收军之后，经附近渔艇捞获夷帽二十一顶，内两顶据通事认系夷官所戴，并获夷履等件，其随潮漂淌者，尚不可以数计。我师员弁虽有受伤，并无阵亡。惟各船兵丁，除中炮致毙九名外，有提标左营二号米艇，适被炮火落在火药舱内，登时燃起，烧毙兵丁六名，继已扑灭。又有烧伤之额外黄凤腾，与受伤各弁兵，俱饬妥为医治。

此次吐嘧等前来寻衅，固因前在九龙被击意图报复，而实则由于义律与图卖鸦片之奸夷暗中指使。臣等访知义律于该国烟土卖出一箱，有抽分洋银数十圆，私邀夷埠兵船前来，以张声势。每次送给劳金，数至巨万，到粤后，全船伙食皆从各货船凑银供给，无非恃其船坚炮利，以悍济贪。臣等并力坚持，总不受其恫喝，所定具结之令，虽据义律勉强

---

① 此处朱笔旁批："可嘉之至。"

遵依，但不肯缮写"人即正法"字样。而九月间复有该国夷商数人至澳门集议，又谓义律但虑人之正法，而各商尤虑货之没官，反复刁难，迄无定议。所喜该国犹有良夷，如喺喇、啸嘲二船，屡谕之余，颇知感悟，甫与他国夷商一体遵式具结，臣等加意优奖，冀为众夷之倡。而义律与该国奸夷，恐此结具后鸦片绝不能来，遂痛恨该二船之首先遵具，怂恿吐嘧等兵船与之寻衅生事。因喺喇已进口内，无可如何，探知啸嘲入口之时，赶来追捉，适我师在口外弹压，辄敢开炮来攻。是滋扰虽系夷兵，而播弄实由义律。诚如圣谕，佯为畏惧，暗布戈矛，自外生成，不得不大张挞伐。经提臣关天培统师攻击，虽已逃窜不遑，究以师船木料不坚，未便穷追远蹑，则仍须扼其要害，务使可守可攻。

查该夷船所泊之尖沙嘴洋面，群山环抱，浪静风恬，奸夷久聚其间，不惟藏垢纳污，且等负嵎纵壑，若任其踞为巢穴，贻患曷可胜言。臣等自严断接济以来，已于尖沙嘴一带择要扎营，时加防范，本意只欲其畏威奉法，仍听贸易如常，原不忍遽行轰击。而乃抗不具结，匿不交凶，迨兵船由穿鼻被创逃回，仍在该处停桡修理，实难容其负固，又奚恤其覆巢。

节据派防各文武禀称，尖沙嘴迤北，有山梁一座，名曰官涌，恰当夷船脊背之上，俯攻最为得力。当即饬令固垒深沟，相机剿办。夷船见山上动作，不能安居，乃纠众屡放三板，持械上坡窥探。即经驻扎该处之增城营参将陈连升、护理水师提标后营游击之守备伍通标等，派兵截拿，打伤夷人二名，夺枪一杆，余众滚崖逃走，遗落夷帽数顶。九月二十九日，夷船排列海面，齐向官涌营盘开炮，仰攻数次。我军扎营得势，炮子不能横穿，仅从高处坠下，计拾获大炮子十余个，重七八斤至十二斤不等。官兵放炮回击，即闻夷船齐声喊叫，究竟轰毙几人，因黑夜未能查数。十月初三日，该夷大船在正面开炮，而小船抄赴旁面，乘潮扑岸，有百余人抢上山冈，齐放鸟枪，仅伤两兵手足。被增城右营把总刘明辉等率兵迎截，砍伤打伤数十名，刀棍上均沾血迹，夷人披靡而散，帽履刀鞘遗落无数，次日望见沙滩地上掩埋夷尸多具。初四日，夷船又至官涌稍东之胡椒角，开炮探试。经驻守之陆路提标后营游击德连将大炮抬炮一齐回击，受伤而走。

臣等节据禀报，知该处叠被滋扰，势难歇手，当又添调官兵二百名，派原任游击马辰暨署守备周国英、把总黄者华，带往会剿。复思该处既占地利，必须添安大炮数位，方可致远攻坚，复与提臣挑拨得力大炮六门，委弁解往，以资轰击。并派熟悉情形之候补知府、南雄直隶州知州余保纯，带同候补县丞张起鹍驰往，会同新安县知县梁星源，相度山梁形势，妥为布置。复札驻守九龙之参将赖恩爵、都司洪名香、驻守宋王台之参将张斌，亦皆就近督带兵械，移至官涌，并力夹击。兹据会禀，十月初六日，该文武等均在官涌营盘会同商定，诸将领各认山梁，安设炮位，分为五路进攻。陈连陞、伍通标、张斌各为一路，赖恩爵及马辰、周国英、黄者华为一路，德连、洪名香为一路，该县梁星源管带乡勇，前后策应。晡时，夷人在该船桅上窥见营盘安炮，即各赶装炮弹，至起更时连放数炮打来。我军五路大炮重叠发击，遥闻撞破船舱之声，不绝于耳。该夷初犹开炮抵拒，迨一两时后，只听咿哑叫喊，竟无回击之暇，各船灯火一齐灭息，弃碇潜逃。初七日天明瞭望，约已逃去其半，有双桅三板一只在洋面半沉半浮，余船十余只退远停泊，所有篷扇桅樯绳索杠具，大都狼藉不堪。该文武等因夷船尚未全去，正在查探间，即据引水等报称：查有原扮兵船，在九龙被炮打断手腕之嘚唲喇吐，及访明林维喜命案系伊水手逞凶之哆唎两船，尚欲潜图报复。该将领等因相密约，故作虚寂之状，待其前来窥伺，正可痛剿。果于初八日晡时，哆唎并嘚唲喇吐两船，潜移向内，渐近官涌，后船十余只，相随行驶。我军一经瞭见，仍分起赶赴五路山梁。约计炮力可到，即齐放大炮，注定头船攻击。恰有两炮连打哆唎船舱，击倒数人，且多落海漂去者。其在旁探水之夷划一只，亦被击翻。后船惊见，即先折退，而哆唎一船，尤极仓皇遁去，无暇回炮。

计官涌一处，旬日之内，大小接仗六次，俱系全胜。惟初八日晚间，有大鹏营一千斤大炮，放至第四出，铁热火猛，偶一炸裂，致毙顺德协兵丁二名。除与穿鼻洋面阵亡兵丁及受伤兵内如有续故者，一体咨部请恤外，现据新安县营禀，据引水探报，吐嘧、哗唑兵船，义律三板，暨嘆夷未进口大小各船，自尖沙嘴逃出后，各于龙波、筲洲、赤沥角、长沙湾等处外洋四散寄泊。查粤省中路各洋，为汉夷通商总道，虽皆可许泊舟，亦须察看形势，随时制驭。即如道光十四五年间，夷船借称避风，辄泊金星门，该处地属内洋，不得任其逼处，经臣邓廷桢严行驱逐，至今不敢进窥。年来改泊尖沙嘴，只于入口之先，出口之后，暂作停留，尚无妨碍。今岁占泊日久，俨有负固之形，始则抗违，继且猖獗，是驱逐由其自取，并非衅自我开。此次剿办之余，于澳门既不能陆居，于尖沙又不能水处，苟知悔悟，尽许回头。① 若义律与吐嘧等尚以报复为心，则坚垒固军，静以待之，亦自确有把握，② 不敢轻率畏葸，致失机宜。

至贸易一事，该国之国计民生皆系于此，断不肯决然舍去。若果唉夷惮于具结，竟皆歇业不来，正咪唎喹等国之人所祷祀而求，冀得多收此利者。与其开门揖盗，何如去莠安良，而良莠之所以分，即以生死甘结为断。臣等现又传谕诸夷，以天朝法纪森严，奉法者来之，抗法者去之，③ 实至公无私之义。凡外夷来粤者，无不以此为衡，并非独为唉咭而设。此时他国货船遵式具结者，固许进埔，即唉国货船，亦不因其违抗于前，而并阻其自新于后。又如唉国啵喇之船，已在口内，闻有穿鼻、官涌之役，难免自疑。臣等谕令地方印委各员，谆切开导，以伊独知遵式具结，查明并无鸦片，洵属良夷，不惟保护安全，且必倍加优待。复经海关监督臣豫堃亲至黄埔验货，特传啵喇，面加慰谕，该夷感激涕零。惟啝唧一船，被吐嘧吓唬之后，尚未知避往何处。臣等饬属查明下落，护带进埔。④ 倘吐嘧兵船，复敢阻挡，仍须示以兵威，总期悉就范围，仰副圣主绥靖华夷之至意。现在沿海闾阎，照常安贴，堪以上慰宸怀。

所有现办情形，谨会同广东巡抚臣怡良、水师提督臣关天培、粤海关监督臣豫堃恭折具奏，伏乞皇上圣鉴。谨奏。

十月十六日

道光十九年十一月初八日奉朱批： 钦此。

（录自军机处录副）

---

① 此处朱笔旁批："不应如此，恐失体制。"
② 此处朱笔旁批："虽有把握，究非经久之谋。"
③ 此处朱笔旁批："所见甚是，而所办未免自相矛盾矣。"
④ 此处朱笔旁批："恭顺抗拒情虽不同，究系一国之人，不应若是办理。"

会奏察看英夷反复情形遵旨不准交易折
（1839 年 12 月 14 日）

臣林则徐、臣邓廷桢跪奏，为察看唤夷反复情形，仍为图卖鸦片起见，遵旨不准交易，俾知儆惧，并以折服各国夷情，恭折奏祈圣鉴事：

窃照唤咭唎国货船于九月底正在具结进口，旋被该国兵船二只拦阻滋扰，我兵水陆叠击，将该兵船及尖沙嘴各夷船尽行逐出外洋，经臣等于十月十六日恭折具奏在案。嗣承准军机大臣字寄："九月二十三日奉上谕：'前后驶回各船，难保不潜赴东西两路，冀图私销。著即派员跟踪侦察，严饬沿海各营认真防范。至所出切结，如果可靠，自必渐就肃清。倘该夷迫于势蹙，暂作缓兵之计，日后再有反复，即当示以兵威，断绝大黄、茶叶，永远不准交易，俾冥顽之徒知所儆惧。'等因。钦此。"臣等跪读之下，仰见我皇上料夷情之反复，示儆惧于冥顽，训谕周详，弥深钦服。

查臣等先于收缴烟上事竣，当以此后不许夷人再卖鸦片，理应取具遵依，是以饬缮甘结，声明"如有夹带鸦片，人即正法，货物没官"字样。义律先本抗违，迨数月相持，屡经折挫，八月内始据禀称情愿具结，惟所写字样，尚与新例不符。臣等念其畏罪输诚，冀可再加开导，是以将其原递澳门同知说帖缮录奏闻。讵该夷阳奉阴违，早不出圣明所料，至九月间，义律复招夷商数人在澳门集议，彼此推卸刁难，此即反复之始也。该国有嘭喇、啷啷二船，均遵式具结。嘭喇先进黄埔，而啷啷船正在入口，被义律潜约吐嗱兵将将其挡回，以致与师船互相炮击，其为反复，莫甚于此。且前递说帖内云："殴毙林维喜命案凶手，已悬赏二千圆令人报知。"至九月底乃将囚禁在船之夷人五名，均欲解回该国，照夷例办理，是其反复之形，不一而足。而究其所以反复之故，实因惯卖鸦片，奸夷利心不死，前虽已将新烟带回夷埠，而往来伙党尚多，仍思乘机偷运，伊恐甘结一具，性命难逃，而义律利其抽分，与之朋比，忽恭忽踞，皆有谲谋。臣等前已传谕诸夷："奉法者来之，抗法者去之。"唤夷既不遵约束，与其开门而揖盗，何如去莠以安良。兹蒙训谕严明，尤当恪遵办理。当商粤海关监督臣豫堃，会同出示晓谕，自十一月初一日起停止唤咭唎国贸易。除未经停止以前，唤夷有将货物转卖与别国夷商者，既据遵式具结，查无鸦片，即系正经贸易，业已移步换形，尚可不追既往，当与哗唎等一体准令进口外，其余责成洋商，认明唤国来船，一概停其交易。所有大黄、茶叶二物，查大黄每年出口本属有限，不过附搭药材项下，唤夷所销尤少。惟茶叶在所必需，然有绿茶、黑茶之分，唤夷所销多系黑茶，现在严密稽查，不使影射偷漏。

查向来夷船到粤，以唤咭唎为最多，自严办鸦片以来，各夷埠均有传闻，以鸦片出自唤国，此后该国买卖可减，别国买卖可增，如唯国、喘国及单鹰、喥啵啦等国，历年不过偶来一二船，本年来者特多，是他夷皆有欣欣向荣之象。而咪唎坚国之船现来四十五只，则比往届全年之数已有浮多。尤见天朝声教覃敷，并不少此唤咭唎一国。而义律之勾结吐嘧等，虚张骄饰，玩法营私，该国以七万里之遥，其主若臣，未必周知情状，今他国通商如旧，而唤国独停，若该国查察情由，系因图卖鸦片，抗违天朝新例，则内而自知理曲，外而颜面何存，彼亦不肯容义律等之诡计奸谋，以自坏其二百年来之生计也。

伏思断绝鸦片首贵杜其来源，而杜源总在夷船，无他谬巧，譬之防守河工，鸦片之来如黄水然，惟有严堤防以御之，纹银之出如清水然，惟有闲闸坝以束之。本年以来，收缴已化之烟土值银千余万两，人所共知，而新来之鸦片半途闻信折回，及到粤畏拿运回者，访闻亦复称是。故本年唤夷来船本较往年为少，今既发令断绝该国贸易，所有洋商行铺均不敢与之私售。惟当视其有无悔惧真情，再行核办。至他国遵照具结进口，查无鸦片者已有船六十二只，并据查报带来洋钱将及二百万圆。臣等仍当时刻稽查，防其潜代唤夷走私偷卖，不敢因他夷之遵式出结，即遽信为无他。

其先已具结之啃嘟一船，虽系唤国夷人，而早知遵循法度，现被义律等扣留口外，日后若求入口，仍当带进黄埔，不宜与观望营私之他船一例办理，以示区别。至前后驶回各船，诚难保不潜赴东西两路希冀私销，臣等仍遵谕旨，密派文武，跟踪侦察，并严饬沿海各营，认真防范。总期该夷鸦片无处可售，庶使海面肃清，以仰副圣主除患保民之至意。

所有现断唉夷贸易缘由，谨会同广东巡抚臣怡良、水师提督臣关天培、粤海关监督臣豫堃，合词恭折具奏，伏乞皇上圣鉴训示。谨奏。

十一月初九日

道光十九年十二月初二日奉朱批： 钦此。

（录自军机处录副）

复奏遵旨体察漕务情形通盘筹画折
（1839 年 12 月 14 日）

奏为遵旨体察漕务情形，通盘筹画，恭折复奏，仰祈圣鉴事：

窃臣承准军机大臣字寄："七月初四日奉上谕：'前据金应麟奏请将漕运事宜量为变通，已有旨交两江总督、江苏巡抚等妥议具奏矣。著陈銮、裕谦即将原奏内所指各情节，体察情形，通盘筹画，仍俟林则徐到任后，再行会商，务臻妥善，据实具奏。将此谕令知之。'钦此。"臣因奉差在粤，未见金应麟原奏，请俟江苏省将原奏咨到，即当体察筹议，先于八月内附片奏闻在案。嗣准署江苏巡抚布政使臣裕谦，钞录金应麟原奏移咨到粤。

臣细阅奏内所陈查办六条，处分一条，皆办漕切要之事，自应大加整顿，力挽积疲。而其附片采访见闻，亦不得已而求变通之法。惟是漕务势成积重，如医家之治久病，见证易而用药难。盖他端政事，只求官与民两相安而已，独漕务则粮户输之州县，州县兑之旗丁，而旗丁领运于南，斛交于北，则又有沿途闸坝与通仓经纪操其短长，故弊常相因而事难独善。即论病根所起，南北亦各执一词。以北言南，则谓州县浮收，以致旗丁勒索，旗丁勒索，以致到处诛求。而以南言北，又谓旗丁既被诛求，安得不勒索，而州县既被勒索，安得不浮收。每以反唇相稽，鲜能设身处地。于是官与民竞，丁与官竞，即官与官亦各随其职掌以顾考成，而无不相竞。而凡刁生、劣监、讼棍、包户、奸胥、蠹役、头伍、尖丁、走差、谋委之徒，亦皆乘机挟制，以衣食寝处于漕。本图私也而害公矣，本争利也而交病矣。原奏谓近年州县临漕规避，挟制上司，莫可谁何，此亦难免之事。盖宽之，固不啻教猱升木；即严之，亦不过掩耳盗铃。各处类然，而苏、松为尤甚。苏、松之漕果治，则他处当无不治。臣前在苏省，虽历五次冬漕，只求无误正供，实不敢言无弊。兹奉谕旨敕议，谨忆往时所历情形，与原奏互相参酌，分拟四条，或正本清源，或补偏救弊，或为补救外之补救，或为本源中之本源，近则先计一时，远则勉图经久。不揆固陋，谨逐条另缮清折，恭呈御览，伏候圣裁。惟差次未带案卷，窃恐记忆舛讹，如蒙圣明采择，可否发下署两江总督臣陈銮、署江苏巡抚臣裕谦，核对案据，并将本届冬漕有无堪以照办之处，斟酌具奏，请旨定夺。

是否有当，谨缮复奏，伏乞皇上圣鉴训示。谨奏。

谨将筹议漕务四条，缮具清折，恭呈御览。

一、议正本清源。必使自南至北皆无例外苟求，然后可以杜州县之浮收，绝旗丁之勒索。要不能专禁一处，故其事极难。然果法在必行，则亦不敢困难而阻也。臣窃拟一简便之法，曰县督帮收。缘州县一经开仓，则逐日用度不胜枚举，不独帮费繁重已也。与其进仓出仓，时日耽延，耗费无算，何如合收兑为一事，就粮船为仓廒。查每年重运过后，本次总有减歇及届造之船，先令依限修造，一经开漕，先以此船收米，回空到后，速催修舱，接续贮收。收完一船，即取一船关结，先开离次。州县于岸上搭盖篷厂，令花户斛米交船，丁与民相授受而官监之，务使平斛响挡，颗粒不得浮加，其米色之高低，胥由州县持平，不任旗丁欺压。盖在官既无沾染，则理直气壮，即禁止令行，不但旗丁无敢刁难，即索规包抗之徒皆可执法从事，而小民胥免浮折，征收可决公平矣。惟就中窒碍者有三：一则春筛白粮，采买糯米，一切夫工折耗口袋麻绳，向由州县津贴。一则逃亡绝户，废地老荒，向由州县垫补。一则票册纸张，夫役饭食，篷厂薪烛，向由州县措办。一收新漕，皆无从挹注。但能责州县以洁己，不能责州县以解囊，即帮费不花一钱，而亏漕误运之患自若，况重船不能不胫而走，又人所共知者乎。不得已仍仿成法而变通之。溯查丁代民劳之始，每石原有耗米六斗六升，办运极为充裕，嗣将耗米划出四斗，起运归公，其余二斗六升折征银一钱三分，由粮道批解仓场衙门，以充支放公用，故有二六轻赍之名，而丁不与焉。又有筛飏耗米一款，每石给二升七合有零，专以贴丁，嗣则奏准米归通仓，其贴丁之款由县折银支给。复有漕赠一款，正耗二米每石赠银一钱，改兑之米每石赠银五分，原由粮户津贴旗丁，故谓之赠。迨后此款内每石划出二十七文分给北坝，名曰个儿钱。又于雍正七年，前大学士尹继善奏准革除江苏漕弊，每米一石津贴银六分，半归旗丁，半归州县，近闻此款专归丁收。凡此皆贴漕之大略，或载《全书》，或见部案，班班可考。今果力办清漕，似须统核仓场经纪以及旗丁州县每处应得漕务款项，实有若干，其用度万不可少者若干，彻底查明，通盘筹画。凡有可以取资之款，各支各用，彼此不许侵克。其实在无从设措者，即不得不参酌成法，仍著粮户贴银。盖完米既颗粒无浮，则粮户受益不少，而县帮办公掣肘之处，粮户亦无不周知。从前中外条陈，每有八折收漕之议，事多流弊，自不可行。若仿尹继善奏准章程，参考历来成案，比较现在情形，则每石酌贴银三四钱，似亦不诡于正。可否责令各府州细加察看，由司道议详，督抚分别奏明，予以限制，将大小户一律征收，比之目下完漕，定可减轻过半。如县帮再有婪索，粮户再有抗延，以及后手之尖丁，白规之生监，惟有尽法痛办而已。虽然，疲帮军船不得不裁汰也。查江淮、兴武二帮，因无屯田，疲名久著，然尚有造费贴息。其最不堪者，如太仓后帮、滁苏帮、太河二三帮，债积巨万，船坏八九，不调剂不能出运，即调剂亦无完肤。且孤寡废疾之流皆其债主，沿河拦索以累百计，故津贴到手即罄，而开行数里即停。索债者认船不认人，谓之黑帐，惟船去然后债去。虽定例各帮额船不许缺少，然负重洒带，雇募买补，与夫加一免雇，亦例内所许通融者。与其强留之而各帮效尤，何如酌减之而米归洒带，抑或减疲帮之额以添殷帮之船，似宜责成粮道体察办理，勿以原额拘之，庶可悉归完善矣。虽然，闸坝关缆不得不酌减也。查重运挽过清江浦，向称三闸五坝，每船关缆夫钱不过十余千至二十余千为止。嗣因清江一闸亦难挽放，而临黄各坝复有加添，道光二年前漕臣李鸿宾所定水榜，则称四闸九坝。近年复加至十四坝。每处关缆皆以头二三进为差，年增一年，每船渡黄，需钱百余千至百数十千不等。固由水势湍急，而夫头之乘危勒诈，委员之暗地分肥。薄人于险，实为可恶。欲除其弊，先须大减委员，留一二实心者，专其责成，以每日所放船分勤惰，以所放之有无失事核功过，其坝座设法减少，关缆夫钱悉定其数，刊榜晓谕。此外沿途各闸，亦皆照行，如有讹诈，立置于法，似可以杜其弊。虽然，候补卫弁不得不甄别也。捐纳卫官，分发到淮图差使者，无非图规费耳。从前自南而北，漕委不过二十余人，迨道光七年奏定重运不得过四十员，回空不得过二十八员，至十六年又有不得过八十员之奏，总由候补人众，难令空闲。然与其调剂而累丁，何如酌留而汰冗，或量其膂力改补营职，或按其捐数量改佐杂，似亦可以疏通矣。虽然，通仓使费不得不核实也。查通仓经纪，以米为生，凡米之好丑，斛之赢缩，俱不难随手改移，故费足则秕稗亦珠玑，费不足则釜钟当升合。不独旗丁惟命是听，即各省粮道恐亦莫可如何，惟赖本管官为之裁制而已。查粮船有带北存公一款，本系从帮费内划出，以为坝费。闻近年存公款银每不敷用，以致坝债愈多，则累丁之故可想。似宜准令各帮旗丁于抵通交米后，将经纪有无勒索，禀知该管粮道，即由道汇取丁结，径揭部科一次。如有指出赃款，准予查办按实者，置之重典，或可互相钤制。至赋出于田，理宜清丈顷亩，以除寄庄飞洒之弊；丁起于屯，理宜稽核卫地，以裕贴造赡运之资。此亦本源之所应治，而不能期诸旦夕，似当从容以理之者也。

一、议补偏救弊。漕务已成积重，若一时不能骤改，亦须补救有方。金应麟原奏所陈，本已详悉。兹臣所议，有于原奏中融会者，有于原奏外推详者，在县在帮，各有六事：

一则核旧章以去太甚也。查苏松粮户向分大小，而收数因有短长，大户愈占便宜则小户愈受苛刻，彼此相较，有数十等之差。于是小户效尤，亦诡寄于大户，而办漕愈难矣。今虽未能遽令画一，断不可过于偏枯。该管府州耳目切近，应令确查所属州县历年收兑旧章，援以为准，不及者曲在民，太过者曲在官，随地随时，持平核办。至近年祠堂公产，假托者多，即义产息田，亦窃善举之名，以遂短漕之计。应令散归各户，照众征完，以杜影射，有挟制者罪之，总以去其已甚为主。

一则治经造以除弊匿也。查近岁完漕，不但征新，且多带旧，其中分年分限，各届完数不同，民间要见由单，始可照数完纳，而阖县粮户多者数十万，少亦十数万，一切完带之数，琐碎畸零，官吏难以周知，不得不假手丁里甲广差，统名谓之经造。而若辈居为奇货，不以实征户册与官，不以易知由单与民，私折暗包，以完作欠。迨至兑漕紧急，硬将短数交官，而加贴之多早经肥己，迟误把持，莫此为甚。应令州县于开漕之先，速将由单散给，并将给单日期出示通谕。各粮户如五日内单未到手，许控经造，若单到手而不完纳，另差查催。倘已由经造折收匿不禀官者，一经发觉，立办重罪。

一则清讼米以杜抗延也。查收漕之事固少持平，而告讦之人总非善类，无粮而上控则索规可知，有粮而上控则躲避可知。控案固须审明，正供岂容借抗，应将上控之粮户，由赴诉衙门押令到仓交完本名下米石，始行准理。

一则稽丁胥以凭惩蠹也。查漕书记书仓差斗级以及管仓管廒家人，皆不能不用，若辈莠多良少，非鱼肉百姓，即侵盗本官，飞串洒米，搬户挂筹等弊，难以枚举，甚且结尖丁而分肥于后手，引讼棍而调处以居间，破案即逃，浮踪莫捉。应先责令州县将此等的实姓名，年贯住址，并其家属亲丁，详列册内，送该管府州复查，一有弊端，立即提究。如查造不实，提拿不到，惟该州县是问。至总运厅差，亦须裁减，并永禁坐仓，以免勾结滋弊。

一则严截串以杜豫亏也。州县阘茸之员，间有漕前先截板串，或挪解下忙钱粮，或垫办修仓铺底，其串或给书差，或付钱铺，无非明亏暗损，挖肉补疮，至临漕而无所措手矣。更有不肖之员，暂时署事，将值交卸，赶将善区美户截串先征，此为营私误公之尤，必须重办。

一则消漕尾以实库贮也。江苏漕额之大，有一县而可抵湖南、北一省者，漕船催开紧急，断不能守待阘县疲户一律全完，故州县垫漕，万不能已，所谓漕尾是也。惟其恃有现存未征之串，得交后任接征，而后任又以新届钱漕为亟，未遑兼顾，一辗转间，旧串流交，久之几成废纸。应责令州县，按年分月带征二成，征不足者著赔，则虽往复乘除，总无五年以外之漕尾，而库款庶免虚悬。至有一种取巧州县，将短缩太甚之大户故意不征，留作漕尾移交者，察出特参，与大户一同惩办，庶可示儆。此在县之六事也。

其在帮者，亦有六事：

一则复冬兑以符趱限也。查漕船例应冬兑冬开，嗣因节节为难，不能悉符旧制，近年叠奉谕旨，统限四月初十以前，全数趱至清江，渡黄北上，定须懔遵钦限，不得刻逾。但冬间若不多兑，春间必不能早开，而旗丁惯以米色为词，停兑议费，且其意欲令米石在县仓发热过后，始行上船，故兑愈疲而费愈重，漕亦愈迟。嗣后冬间，须尽县中所收之米全行兑帮，不得任丁刁掯，庶来春只须找兑，差可速漕矣。

一则按兑米以给津贴也。帮费既不能遽裁，而频岁叠加，何以为继？惟当钦遵嘉庆二十二年九月所奉谕旨，统以米石多寡，按水次旧章，酌给津贴，作为一定限制，如再格外需索，即当治罪。而给付之法，总惟兑一石之米，给一石之费，如兑多给少，不依州县，给多兑少，不依旗丁，有逐日兑单为凭，自足以昭公允。至于未兑以前，责在州县，既兑以后，责在旗丁，历奉谕旨严明，定须敬谨遵守。若兑竣之后，勒掯通关，及空船先开，随后赶米，皆旗丁误漕大弊，必须重治其罪。

一则别虚船以昭核实也。查加一免雇及轮减存次之船，并不受兑出运，而仍给与行月苫盖，已属格外从优，岂得复争津贴。应查照从前奏案，此项虚船，不准混索帮费，致全帮延缓开行，如违即当严办。

一则实行月以防正亏也。查旗丁行月米粮，皆计口授食之需，升合不容短少。乃近闻县帮串合折干，每船有折米数十石及百余石不等，独不思沿途食米不足，致亏正粮，谁执其咎？嗣后水次如有此弊，县帮一体治罪。

一则惩水手以节身工也。粮船水手有额雇在船者，有游帮短纤者，总之皆凶狠之徒，或师傅盘踞老堂，或头船勒荐伙党。偶遇风水阻滞，即借端勒加身工，甚至殴丁折舱，大为帮累。近年叠经严办，略见敛戢。嗣后如有勒加身工之水手，即于所在地方尽法惩创，不稍姑息，毋使旗丁被累，方免误公。

一则定轮开以齐跨兑也。苏、松等属，向有调帮章程，原使酌剂均平，而船数米数，不能恰合，故一县之米有兼兑数帮者，一帮之船又有跨兑数县者，与其按县全开，不如按帮为便。应饬粮道，排定日期，每县先轮一帮开行，周而复始，其跨兑者合轮数县，遂齐一帮，以免参差，似亦可以速漕利运。此在帮之六事也。

一、议补救外之补救。查原奏片称：兑费断不能减，南粮恐不能来。有谓宜于粮船大修时将船改小，以一分二，即免剥费闸费。有谓宜于淮上建廒贮米，即令小船运京。有谓宜令苏、松、常、镇、杭、嘉、湖等府，逐年试办海运，仍将兑费提存藩库。此三者皆不得已而求变通之法也。臣查中途建仓以利转盘，与古之洛口仓相仿，本系成法。但核计一廒贮米约五六百石，大者亦止千石，以南漕四百万石计之，每廒贮一千石，即须廒座四千，就令减半转运，二千廒亦不可少，经费殊觉浩繁，且淮上逼近河湖，亦恐难以择地。若粮船以一分二，过闸既觉轻灵，遇浅又免盘剥，诚利运恤丁之善策。然查南漕起运之船约有四千只，其中本已区分大小，江广之船最大，浙次之，苏又次之。缘江广重运，直下长江，小船难禁风浪。若江浙之船改小而江广不改，则闸河磨浅起剥，仍费周章。且即江浙之船，所载正漕照例只四百石，此外则为加载负重，而又有例准携带土宜，自不能强小船以受大船之载。若因改船，而船数骤加一倍，是欲去累而累转增矣。且大修较之折造，例限尚隔三年，领项亦少三分之一，当大修而令其折造，丁必借口抗延，尚有未届大修者尤不能一律勒改。是一帮之船有大有小，既难稽核，而剥费亦所省无几，是以臣未敢轻议更张也。窃谓三者之中，惟海运曾经办过，尚有成案可循，若按候放洋，得乘南风北驶，春夏两季中，一船必可两运。如以涉险为虑，则沙船往来关东，每岁以数千计，水线风信皆所精熟，只令装载六七分，已合松舱之数，则风暴无虞也。如虑米石出洋易滋影射，查南北洋面，沙船鸟船各有所宜，本难越驶。倘恐萑苻窃发，自应护以舟师。且每岁沙船所运关东豆石杂种，不知凡几，奚独于载米而疑之？海运若行，或以官运，或以商运，或运正供额漕，或运采买米石，尚当细酌情形，另行从长计议。惟原奏有将兑费提存藩库，以实库项之议，查道光六年办理海运，雇募沙船，每石给价七钱，若兑费另提，则雇资安出？且既明提兑费，又奚能禁止浮收？如谓轮年提费补亏，正恐一年提存难补节年亏缺，若提者自提，亏者自亏，于事仍恐无济。大抵海运尚属可行，而所以行之者不同，设或规费渐增，亦与河运奚择？惟现在河运甚形棘手，未卜日后如何，而海道直捷易通，亦不敢不预留地步。如蒙饬令议行，容臣到两江之任，再与江苏抚臣及司道等详细筹商，会同具奏，请旨定夺，理合声明。

一、议本源中之本源。臣愚窃维国家建都在北，转粟自南，京仓一石之储，常糜数石之费，奉行既久，转输固自不穷，而经国远猷，务为万年至计，窃愿更有进也。恭查雍正三年，命怡贤亲王总理畿辅水利营田，不数年垦成六千余顷，厥后功虽未竟，而当时效有明征，至今论者，慨想遗踪，称道勿绝。盖近畿水田之利，自宋臣何承矩、元臣托克托、郭守敬、虞集，明臣徐贞明、邱浚、袁黄、汪应蛟、左光斗、董应举辈，历历议行，皆有成绩。国朝诸臣章疏文牒，指陈直隶垦田利益者，如李光地、陆陇其、朱轼、徐越、汤世昌、胡宝瑔、柴潮生、蓝鼎元，皆详乎其言之。以臣所见，南方地亩狭于北方，而一亩之田，中熟之岁收谷约有五石，则为米二石五斗矣。苏、松等属正耗漕粮，年约一百五十万石，果使原垦之六千余顷修而不废，其数即足以当之。又尝统计南漕四百万石之米，如有两万顷田即敷所出，倘恐岁功不齐，再得一倍之田，亦必无虞短绌。而直隶天津、河间、永平、遵化四府州，可作水田之地，闻颇有余，或居洼下而沦为沮洳，或纳海河而延为苇荡，若行沟洫之法，似皆可作上腴。臣考宋臣郏亶、郏乔之议，谓治水先治田，自是确论。直隶地方，若俟众水全治而后营田，则无成田之日。前于道光三年举而复辍，职是之故。如仿雍正年间成法，先于官荡试行，兴工之初，自须酌给工本，若垦有功效，则花息年增一年。譬如成田千顷，即得米二十余万石，或先酌改南漕十万石折征银两解京，而疲帮九运之船，便可停追十只。此后年收北米若干，概令核其一半之数折征南漕，以为归还原垦工本及续垦佃力之费，行之十年，而苏、松、常、镇、太、杭、嘉、湖八府州之漕，皆得取给于畿辅。如能多多益善，则南漕折征岁可数百万两，而粮船既不须起运，凡漕务中例给银米所省，当亦称是。且河工经费，因此更可大为撙节。上以裕国，下以便民，皆成效之可卜者。至漕船由渐而减，不虑骤散水手之难，而漕弊不禁自除，绝无调剂旗丁之苦，朝廷万年至计，似在于此。可否饬下廷臣及直隶总督筹议酌办之处，伏候圣裁。

（录自《林文忠公政书》使粤奏稿卷八）

滑达尔各国律例*
(1839 年)

尝思各国皆有当禁外国货物之例，其外国不得告诉委曲而违此禁，亦不得以仁情推辞。若他告诉委曲，是不过欲利而已。该国必不以他得利而违自己之禁。试思凡国有禁，皆有所谓而然也。

第三十七章①

一禁立之后，如有犯禁船货物夹带出口，或夹带入口，或带货漏饷，则变价充公。

第二百九十二条②

打仗者，是我们出于不得已，强逼而应有此事也。盖打仗者，有公私之分，或两国交战，或二主相争，所事皆出于公，而兵权亦出于公，此是也。私自两人相敌，此是性理之常，此之谓也。

予详审有应战，有不战者。若情有可原，固无论人人皆欲战。岂不欲自保其身，自护其地，而于当战之日，而竟不战者乎？然战合于人心，事自合乎天理。如匪盗打劫村场，谁不与之抗拒？是理所必然，势当如是。是故应战应不战者，皆以合义为贵，非可苟焉而已也。今我说此，应想一想于自己。但如英吉利国王不与大臣同行事，虽用钱银，不逼迫百姓守兵械，他们为打仗，据实是必议大臣同行与索军粮。

---

* 《海国图志》注："米利坚医生伯驾译出。"
① 英文版脚注第 37，误译为章。
② 英文版第 292 页，误译为条。

一当者　如父母打不孝顺之子女，此是应当也。但别人因我子女不孝之事，他将我子女打，所论之理亦不应当打我之儿子也。

二职　如琉球人往别国，忽遇大风打烂船只，失水往中华去，此琉球人并无钱财，亦不能糊口，不能回国，则要禀明此县，或曰后方可回国，此是人情之职。

三或　如外国带鸦片往省，流毒射利，该本国不准他进口，亦不能告诉一说之事，此是理也。

四守法　往别国遵该国禁例，不可违犯，如违犯，必有罚以该国例也。

五公法者　但有人买卖违禁之货物，货与人正法照办。

六或　或各花旗人各司其事，花旗之事，别国之人往花旗去，立不能做此处兵丁也。

七不论　不论别国人在此该国。

八或　如若英吉利国女王欲与佛泠西国打仗，但大臣思想无道理，此大臣不愿发一将，不发一银，何得战也。

法律本性正理所载第三十九条[①]

各国有禁止外国货物不准进口的道理，贸易之人有违禁货物格于例禁不能进口，心怀怨恨，何异人类背却本分，最为可笑。若不分别违禁不违禁，以及将本求利均不准进口，可以含怨。即如甲国货物而至乙国，并不见有违碍，而乙国禁之，此谓之不是好意，亦可含怨。已无遗〔违〕碍而又无实在明白说出其所以不准之理，立此等例禁，令人难以推测，算是与人隔别断绝往来也。所立例禁，即如走私出口、入口，有违禁货物并例准货物偷漏不上税饷情事。有违犯者，将船并货入官充公。

一百七十二条[②]

中国、日本国无有照会某处之船准进，某处之船不准进，皆禁

---

① 英文版第39页，误译为条。原注："袁德辉译"。
② 英文版第172页，误译为条。

止外国人不许进口。在欧罗巴洲中各国，除与有仇敌之数国，此外人人皆可游行，国国可以进口。一经准其进口，就当遵顺其律例。我思律例之设，原为保存身家性命起见，非关遵其例即子其民之理，国家立法应须如此。而外国人一入其地，即该凛然遵顺。国家抚有天下，治理亿兆，而律例亦不止此。自法制一定，普天之下莫不遵守，故外国有犯者，即各按各犯事国中律例治罪。其治罪之意，不过令人保全身家性命也。

二百九十二条①

兵者，是用武以伸吾之道理。有公斗、私斗。公斗系两国所兴之兵，私斗乃二家所怀之忿。以妥当道理而论，凡保护自身及保全自己道理，自然可以有用武之道理。此等道理常在人心中，亦人人所共知。有些迂儒用经典上义理，如己身已被人杀害，犹曰只好任他杀去而已，总不任杀人之名。此等错意见终怕行不开，原其故无非为避害保身，此亦人之常情。然兵亦不是乱用，若知夫天性所赋之理，不得已而用兵，总合夫道理，以仁义之律法而节制之。国中权柄是决断争辩，镇压伤害，禁止我们。私自所欲伸之义理，欲与外国人争论，先投告对头之王或有大权之官。设或都不伸理，可奔回本国禀求本国王保护，核其可行则行，可止则止。若概而准之，与外国人理论相对，则国中无一人不连累其中，人人亦可扰乱，何以保全两国和气？此系大危险之事。先要审定虚实，有何怨的道理，或是应该兴兵，或是应该不兴兵，或是须要用兵，国中方才太平，悉听国王裁夺。无此法度，何能一国太平？

如此，惟国王有兴兵的权。但各国例制不同，英吉利王有兴兵讲和的权，绥领王无有此权。

英吉利王无有巴厘满衙门会议，亦不能动用钱粮，不能兴兵，要巴厘满同心协议始可。

（录自魏源《海国图志》百卷本的卷八十三，
光绪二年平庆泾固道署重刊本）

---

① 英文版第 292 页，误译为条。

复议骆秉章条陈整饬洋务章程折
（1840 年 1 月 28 日）

　　臣林则徐、臣邓廷桢、臣怡良、臣豫堃跪奏，为粤省现办洋务已将旧弊渐除，仍遵旨筹议整饬章程，恭折奏祈圣鉴事：

　　窃臣等承准军机大臣字寄："钦奉上谕：'御史骆秉章奏请整饬洋务以绝弊端一折，所有慎选洋商，严禁孖毡，并夷人久住省馆，三板夷船停泊省河，及内地洋银应与纹银一律严禁出洋之处，著林则徐、邓廷桢、怡良，并传谕豫堃，一体妥议章程具奏。'钦此。"臣等谨将原折公同阅看，所列五条，皆夷人与汉奸勾通弊混之事，虽系从前积习，近时业已革除，仍恐旧弊复滋，整顿倍宜严紧。谨将办过情形及现在立定章程逐条分晰，敬为我皇上陈之：

　　一、原折慎选洋商以专责成一条，内称："试办之商素非殷实，每向夷人借资营运，嗣后呈充新商，务须总散各商联保互查。"等语。臣等溯查嘉庆十八年，前任粤海关监督德庆奏准设立总商，综理行务，嗣后选承新商，责令总散各商联名保结，择其身家殷实、居心诚笃者，方准承充，立法本为周密。惟因从前洋行十三家渐有倒歇，至道光九年仅存怡和等七行，前任监督延隆奏请变通招募新商，准其试办一二年，即令一二商具保承充，将各商联保之法停止。此后虽复十三行旧观，而流品不无混杂，纵不至径向夷人借本营运，而纠伙朋充之弊，实所难免。是以臣邓廷桢于十七年八月内，察看情形，会同前任监督文祥，奏请将试办之法革除，仍复总散各商联保旧制，除遇十三行内有歇业者，准其联保承充外，不得无故添设一商。是原折所指一二年试办及一二商保充之弊，系在十七年以前，自奏准改立章程，即无借资朋充等弊。且彼时拿获走私匪犯梁亚奇等案内，起有洋商罗福泰请托书信，臣邓廷桢当将罗福泰革商办罪，并因信内牵涉守备罗晓风，亦将守备革职示儆在案。

今御史折内所指之严兴泰，亦即从前试办之商，其斥革监追，系因拖欠饷项，尚非有滥保夷船情事。又于十八年十月内拿获带送夷信、运贩烟土之刘亚英等，讯系在义和夷行内充当管店，当问拟军罪，咨部核复，亦非在潘人和行内搜获鸦片。现在禁断夷人夹带烟土新例愈严，所有各洋行轮流保办，尤必严切责成，如有夹带分毫，不独该夷商照新例惩办，并保之洋商亦干斥革治罪，嘆咭唎夷船不敢进口，职是之故。臣等仍时刻访查，如洋商中尚有朋充负欠不能诚笃殷实者，一经察出，轻则革退，重则办罪，总须有犯即惩，庶几咸知畏惧矣。

一、原折严禁孖毡以防勾串一条。内称："孖毡自出资本，与夷人交易，货物出口则搭洋行代为输税，名曰搭报，遂有违禁售私，并出入夷楼，过付银两等弊。"臣等查夷语有孖毡名目，音同马占，即华言所谓卖买人也。不独洋商工伙，该夷以此相称，即一应交易货物者流，该夷均呼为孖毡，而汉奸即在其内。盖粤洋通商年久，内地民人多与夷人相习，以致暗地勾通。臣等自查办夷务以来，责令各洋行将所用司事管店人等，按月造具清册，送官查考。本年五月内访有安昌行司事罗老本及其子罗坤，在该行另立祥记字号，于五六月间两次将茶叶搭附该行，赴关报税，交便单渡船载往澳门，卖与西洋夷人，当将罗坤拿获提究，并安昌行商容有光，渡夫叶保昌、叶永利，讯明虽系已经纳税，但借名搭报，究属不合。将罗坤拟以枷杖，容有光革退商名，叶永利渡船裁革，严饬各商嗣后不得容隐司事搭报，致干究办。至各夷馆所用工人以及看门人等，均责成买办保雇，其买办责成通事保充，而通事又责成洋商选择，令其逐层担保，仍由府县查验，给牌承充。如查有营私舞弊，悉惟担保之人是问。如此严加钤束，谅不致因缘为奸。此外，私赴夷船代为经手买卖，或私充买办接济食物各犯，均饬地方文武随时拿究。前于十六年缉拿捐职千总之孖毡冯清，即冯亚求，讯拟军罪。本年叠获通夷各匪犯，内有情罪重大，如黄添花、邓三娣、彭亚开、钟亚二四犯，臣等于驻扎虎门时，先后审明，恭请王命正法；其余各案发司，督饬府县，分别照例详办，节经具奏在案。至原折所指之陈老眷、无鼻泳两名，臣林则徐甫入粤境之时，开单札饬访拿，该犯先已远扬，当经南海县将其所开杂货店铺查抄封闭，现仍悬赏购缉，务获究办。惟孖毡并无定数，沿海渔民疍户动辄贪利忘生，惟有力拿严惩，不敢姑息养奸，以冀令行禁止。

一、原折严禁夷人久住省馆以绝弊源一条。内称："喳顿、嗰吔等夷多年在省城夷馆居住，潜行探听，应请速为驱逐。"等语。臣等查定例："夷商于销货归本后，即应随原船回国。"自喳顿、嚹㖞盘踞省垣，把持洋务，百弊丛生，实为罪魁恶首，先经臣邓廷桢严行驱逐。该夷喳顿已于十八年冬间回国，其嚹㖞及卖烟奸夷吡啉啮等十六名，又经臣林则徐等于本年勒缴烟土后，尽数驱逐回国。现在停止唤国贸易，所有唤夷并不准一名住省。其咪唎唎等各国正经贸易良夷，亦勒令遵照定例，于销货后依期回国，即间有行欠未清，止准酌留一二夷人住冬清厘，并于省馆周围地段安设栅栏，防闲出入，不准与内地民人私相交接。凡进省出省各国夷人，俱令委员逐日按名点验，造册缴查，均不容其任意逗留，致滋弊混。

一、原折禁止夷船停泊省河以防偷漏一条。内称："夷人制造三板，驾驶如飞，每船可载货物二三万斤，从前啡唠啤装载炮位进省，即用此项船只，应一概驱逐。"等语。臣等查夷船停泊黄埔，向用西瓜扁艇剥货入省，而夷人往来省埔所坐三板，或系有舱，或系无舱，船身本小，不能载货二三万斤之多。从前啡唠啤系用大船入埔，而省河防堵极严，遂致惊吓破胆，出口即死，并无将三板运炮驶入之事。臣邓廷桢前因三板来往向无定额，易滋影射，于十八年十一月内设立编号顺字三板七只，载运夷人往来省、澳，此外运货各项三板，均不许驶入省河。现因停止唤夷贸易，恐其冒混进省，议将顺字三板一律裁撤，另由粤海关发给咪唎喳等国护照两张，凡各国夷人进省及寄信往来，均令另雇民艇，持照赴各炮台隘口验明，方准内驶。是夷人三板既不准入省河，自不至有夹带走私之弊。

一、原折内地洋银与纹银一律严禁出洋一条。内称："近来夷人止带禁物，并无另带洋银，及其出洋，不拘纹银洋银，任意携带，并托名某年某夷寄存，临期载归，此后应不准违例携带，并不准有代带名目。"等语。臣等查纹银出洋，经递年遇案严办之后，沿海奸徒较前大为敛迹。至夷商买货余剩洋银仍行携带回洋，向无限制。自嘉庆二十三年前督臣阮元酌议夷人带来洋银，置货所剩，量准带回三成，历年以来遂循其旧，曾于奏案内节次声明。但既有准其带回三成旧章，既难保无影射代带情弊。现在臣等会同责令洋商，核明夷人带来洋银之数，务令以银准货，不使余剩带回。查本年夷船载运入口洋银，已经查验者有二百七十三万二千九百余圆，其未验者尚不在此数之内，是此时外来洋银实见旺盛。而广东省城市上纹银价值，每两较前少兑大钱百余文至二百文不等，似系禁止鸦片之成效。第夷情变幻多端，仍须严督洋商，于夷船出口时切实查验，以杜弊混。

十二月二十四日

道光二十年正月十八日奉朱批："军机大臣速议具奏。"钦此。

（录自军机处录副）

密陈驾驭澳夷情形片（附钞译信六）*
（1840 年 3 月 7 日）

再，澳门寄居西洋夷人历三百年之久，货物自行收税，盖屋转赁他夷，嘆咭唎人早已垂涎其地。自嘉庆十三年间，嘆夷突占澳门炮台，旋经天朝官兵驱逐，从此西夷始有戒心。而澳中夷众，良莠不齐，难保不被嘆夷勾通煽诱，必使该夷官明于大义，上感天朝恩泽，下顾夷众身家，始可固籓篱而资捍卫。

上年嘆夷义律于缴清鸦片以后，即有在澳门装货之请，经臣林则徐严切批驳，不许开端，伊之诡计不行，因而多方违抗。七月间将澳内五十七家嘆众全行驱逐出澳，散住各船，而该夷每以三板驶近澳门，潜行窥探，是其处心积虑，未尝一日忘也。嗣既不准通商，尤恐其铤而走险，故于澳门水陆加倍严防，既经前督臣邓廷桢奏请，将新升南澳镇总兵惠昌耀暂留香山协之任，复与臣等奏请，将高廉道易中孚驻澳弹压，均蒙圣慈俞允。其水陆官兵陆续调派分布澳内、澳外要隘者，各数百名，计已足资策应。

惟澳地三面皆临外洋，嘆夷货船自经逐出之后，仍恃有吐嘧、哗吪两兵船为之护符，不免乘间游弈。本年正月初间，义律等潜放三板私行入澳，臣等接禀，即饬严拿。旋据该道易中孚等以西洋夷目禀称："澳内华夷杂处，若兵役围拿，恐致扰动，恳请稍缓，自必驱逐。"等语。臣等谕令限以日期，驱逐净尽，若过期尚有嘆夷在澳，西洋贸易亦即暂停。盖驭夷不外操纵二端，而操纵只在贸易一事，夷性靡常，不得不以此为把握。自责令西夷驱逐嘆夷之后，义律已即出澳，而尚有嘆夷喹喱、呢咀二名逾期未去。臣等当将西夷贸易示谕暂停，一俟嘆夷全逐出

---

* 标题据《林氏家藏林则徐使粤两广奏稿》、《林文忠公政书》两广奏稿卷一拟。

澳，仍即照常通市。缘西洋夷人在澳内者，有天朝声威可恃，而其出洋之船一至夷界，则畏嘆夷之强，顾后瞻前，情所难免。臣等责其容留嘆夷，停其澳中贸易，则西夷有词可借，而嘆夷遂无地可容。迨其逐去而贸易复开，仍无损西夷生计。但系驾驭权宜之术，不敢明宣，惟有据实密陈，仰乞圣明垂鉴。

至现准军机大臣字寄："钦奉谕旨：'据曾望颜奏请封关禁海。又另片奏，澳夷互市，定以限制。著悉心妥议具奏。'等因。钦此。"容臣等与水陆两提臣暨粤海关监督备细熟商，总期计出万全，始敢筹核定议，另行会折复奏。

再，现值防夷吃紧之际，必须时常探访夷情，知其虚实，始可以定控制之方。兹臣等访获嘆夷与西洋往来书信六封，密令谙晓夷字之人译出汉文，另录清折，恭呈御览。谨奏。

道光二十年三月初七日奉朱批："从长计议，务出万全。"钦此。

（录自军机处录副）

钞录夷信

谨将访获嘆夷义律、吐嘧与澳门西洋兵头近日往来密信六封，译出汉文，钞录清折，恭呈御览。

嘆咭唎领事义律寄澳门西洋兵头信

义律寄信与西洋兵头敦阿特厘阿加西阿打西尔威拉宾多：

现在嘆咭唎在中国贸易首领事，为钦差及省中官府所行强霸之事，我今以嘆咭唎国家之名，恳请求准将嘆人存下货物运至澳门，囤贮栈房，依澳门章程纳税。今我所求之事，并非立意欲破中国人所定之章程，将嘆国货物在澳门出卖与中国人，不过立意欲将嘆国之货物放于平安之地步，使各空船可以开身。我今不必多言，惟望尔贵人施仁厚之德与嘆咭唎之人，我甚感激不浅。至我时常思想欲将澳门变为长久大利益之处，我等思想之事时候已至，欲将货物交澳门代理发卖，其权系在尔贵人手上，以我想来，此事亦并未破中国人所立之章程，今我求尔贵人熟思此事。

一千八百四十年正月初一日，在澳门洋面窝拉疑兵船上。首领事义律印此。外夷本年正月初一日，乃是内地上年十一月二十七日，理合声明①。

西洋兵头回信

西洋兵头回复管理嘆咭唎在中国贸易首领事贵人义律之前明鉴：

　　澳门兵头等接得正月初一付来之信，欲将嘆咭唎船上之货物搬到澳门，不过欲将各货放于平安地步，使各空船可以回国。观此信中之事，我见得自己不能有如此大权回答此件大紧要之事，兼以须依管理澳门地方之法律，我亦无如此大权可能定夺此事，故我即将首领事之信知会此处之西掌底，大家商议。我等心中虽欲应承，惟因中国官府禁止我等不准与首领事有来往，我等虽欲将就首领事，惟因例禁，不能如我等所愿，故不得已推辞首领事所请。现在我等并不为所失不能在澳做中国与外国贸易之利益而忧愁，乃为不能遵首领事请带货物到澳囤积之事而忧愁。现在我亦不必多写书信，解明因何不依首领事所请带货到澳门囤贮之事，盖首领事曾在澳门居住数年，谅已知道在澳西洋人与中国官府之交情。尚望忠厚之嘆咭唎国王保护澳门，以免我等受从来所未受过之艰难危险。今我等已定夺，不能如首领事所请，故特写此回信与首领事，求首领事明鉴体察。

　　一千八百四十年正月十六日，在澳门。敦阿特厘阿加西阿打西尔威拉宾多印此。外夷本年正月十六日，乃是内地上年十二月十二日，理合声明。

嘆咭唎夷官吐嚟致西洋兵头信

窝拉疑兵船船主吐嚟寄信与西洋兵头敦阿特厘阿加西阿打西尔威拉宾多：

　　我现在实不隐瞒尔贵人，因为中国官府出如此严重之告示，粘在澳门墙上，其中言语，嘆咭唎住澳之人读之尽皆惊惶。尔贵人亦知道保护嘆咭唎人之性命乃系我之专责，目下之事乃关于我之重任，欲遣一只兵船进至澳门港口，不独为保护在澳居住之嘆咭唎人，亦可以守着澳门，以为有事时退步之计。而兵船进澳门，并无打仗之意，我正愿尔贵人不必理我等与中国之事，如此我亦十分恭敬尔贵人。

---

① 译信末尾的小字是林则徐的批注。下同。

一千八百四十年二月初四日，在澳门洋面窝拉疑兵船上。吐嘧印此。外夷二月初四日，乃是内地正月初二日，理合声明。

西洋兵头回信

接尔贵人来信，云要遣兵船一只进澳门港口之事，似是与我等国中对敌。盖兵船进口乃历来禁止之事，即尔贵人之国家亦未必令尔攻敌我等之道理。当水师官特鲁里时，亦并未有带兵船进澳门港口之事。今尔贵人之非，我特讲明，如果欲遣兵船到澳门港口，乃是不公义之事，现在尔贵人所行之事，与尔贵人去年所见甚是不同。尔贵人若如此言行相违，我必将尔贵人之事声明与嘆国及我等国家知道矣。伏望上天保护于尔贵人。

一千八百四十年二月初四日，在澳门。敦阿特厘阿加西阿打西尔威拉宾多印此。

吐嘧又寄西洋兵头信

我今对尔说知：尔于本日付来之信，我已经收到。今复有信与尔贵人，现在嘆咭唎人要在西洋旗下居住，尔肯保护否？抑或尔竟任嘆咭唎各人，如前六个月被人苦磨，不肯保护耶？如果实是不能保护咭唎人，须要嘆咭唎人离去澳门，尔贵人据实说明，我亦立将兵船撤去离此处澳门港口，并即将尔所说之话知会我本国之人。

一千八百四十年二月初四日，在窝拉疑兵船上。吐嘧印此。

西洋兵头回信

本日内附来问我之信，缘我乃系我等国王命来代理此处事情之人，我今明回答与尔。此处地方与我等国王所管之别处地方不同，管别处地方可以给别国人居住，若此处给别国人居住，此处地方之居民既不得安静，又受惊吓之事，断断不能。难道现在嘆咭唎人到船居住，岂即有各样扰害乎？岂必须到此处居住以为保护乎？前时嘆咭唎人在澳门居住，我亦曾一体保护，此乃实在事情，人所共知，管理在中国之嘆咭唎贸易首领事曾赞扬于我，即尔自己亦曾称扬于我。惟现在此处之事情已比从前不同，中国一封禁伙食，所有各样贸易事务皆已败坏矣。尔亦知道我等国家与中国相交之章程律例，除却破坏船只到来修理之外，从未有何等船只进至澳门港口。我今以我等国家之名，请尔出令吩咐海阿新兵船离去此处港口，俾我可尽心保护我国家之人民在此地方得以平安。唤咭唎人不要想我留他们在此处居住，我亦必守与中国人所定之章程，定不肯违背之。只是中国与唤国两边之事，我皆不理，如在尔之第一封信内所说一样。在尔不过系为尔自己所受之重任，故行如此冒失之事，以违犯我等之法律，在此等行为，岂得谓之好道理？此封信乃我在议事亭与西挐底等会议时所写。

在尔只是指出唤咭唎人不在澳门居住之难处，并不思及西洋五千人为唤咭唎人朋友之情，亦受重累。自首领事回到此处之后，所有之贸易皆要停止，所有之税饷为西洋兵丁之费，以为保唤咭唎人平日之平安，尔亦当思念及之。尔若不念我对尔说之事，我即将近来九个月内所有之事宣布与通天下知道，求各国依公义判断。我又对尔说知，尔所行之事不独犯我国法律，乃亦有犯于唤咭唎国家之法律。伏望上天保佑于尔。

一千八百四十年二月初四日，在议事亭内。敦阿特厘阿加西阿打西尔威拉宾多印此。

"览。"

（录自宫中朱批奏折）

复奏曾望颜条陈封关禁海事宜折 *
（1840 年 4 月 27 日）

　　臣林则徐、臣怡良、臣关天培、臣郭继昌、臣豫堃跪奏，为遵旨悉心筹议，恭折复奏，仰祈圣鉴事：

　　窃臣等承准军机大臣字寄："道光十九年十二月十一日奉上谕：'本日据曾望颜奏，夷情反复，请封关禁海，设法剿办，以清弊源一折。又另片奏，澳夷互市货物，亦请定以限制等语。著林则徐等悉心妥议具奏。原折片著钞给阅看。将此谕知林则徐、怡良、关天培、郭继昌，并传谕豫堃知之。钦此。'"臣林则徐、臣怡良谨将钞发原折细加阅看，并传知臣豫堃一体领阅。因关各国夷人事务，只宜慎密面商，未便遽事宣扬，后经函约臣关天培、臣郭继昌，于查阅营伍之便至省面商。兹已询谋金同，谨将察看筹议情形，为我皇上敬陈之。

　　查原奏以制夷要策首在封关，无论何国夷船，概不准其互市，而禁绝茶叶、大黄，有以制伏其命。封关之后，海禁宜严，应饬舟师将海盗剿捕尽绝，又禁大小〈民〉船概不准其出海，复募善泅之人，使驾火船乘风纵放，而以舟师继之，能擒夷船，即将货物全数给赏，该夷未有不畏惧求我者。察其果能诚心悔罪，再行奏恳天恩，准其互市，仍将大黄、茶叶毋许逾额多运，以为钳制之法。所论甚切，所筹亦甚周。臣等查粤东二百年来，准令诸夷互市，原系推恩外服，普示怀柔，并非内地赖其食用之资，更非关权利其抽分之税。况自上冬断绝唉夷贸易以来，叠奉谕旨，区区税银何足计论。大哉谟训，中外同钦。臣等有所秉承，更可遵循办理，绝无所用其瞻顾，即将各外国在粤贸易一律停止，亦并不难。惟是细察情形，有尚须从长计议者。

　　* 标题据《林氏家藏林则徐使粤两广奏稿》、《林文忠公政书》两广奏稿卷一拟。

窃以封关禁海之策，一以绝诸夷之生计，一以杜鸦片之来源，虽若确有把握，然专断一国贸易，与概断各国贸易，揆理度势，迥不相同。盖鸦片出产之地，皆在嘆咭唎国所辖地方，从前外禁宽时，原不止嘆夷贩烟来粤，即别国夷船亦多以此为利。而自上年缴清趸船烟土以后，业经奏奉恩旨概免治罪，即未便追究前非。此后别国货船莫不遵具切结，层层查验，并无夹带鸦片，乃准进口开舱。惟嘆咭唎货船，聚泊尖沙嘴，不遵法度，是以将其驱逐，不准通商。今若忽立新章，将现未犯法之各国夷船与嘆咭唎一同拒绝，是抗违者摈之，恭顺者亦摈之，未免不分良莠，事出无名。设诸夷禀问何辜，臣等碍难批示。且查嘆咭唎在外国最称强悍，诸夷中惟咪唎坚及佛兰西尚足与之抗衡，然亦忌且惮之。其他若荷兰、大小吕宋、嗹国、嘴国、单鹰、双鹰、咟啵哑等国到粤贸易者，多仰嘆夷鼻息。自嘆夷贸易断后，他国颇皆欣欣向荣，盖逐利者喜彼绌而此赢，怀忿者谓此荣而彼辱，此中控驭之法，似可以夷治夷，使其相间相暌，以彼此之离心，各输忱而内向。若概与之绝，则觖望之后，转易联成一气，勾结图私。《左传》有云："彼则惧而协以谋我，故难间也。"我天朝之驭诸夷，固非其比，要亦罚不及众，仍宜示以大公。且封关云者，为断鸦片也，若鸦片果因封关而断，亦何惮而不为。惟是大海茫茫，四通八达，鸦片断与不断，转不在乎关之封与不封。即如上冬以来，已不准嘆夷贸易，而臣等今春查访外洋信息，知其将货物载回夷埠，转将烟土换至粤洋。并闻奸夷口出狂言，谓关以内法度虽严，关以外汪洋无际，通商则受管束而不能违禁，不通商则不管束而正好卖烟。此种贪狡之心，实堪令人发指。是以臣等近日更不得不于海口倍加严拿，有一日而船烟并获数起者，可见嘆夷货去烟来之言，转非虚捏。不然，以外洋风浪之恶，而嘆船仍不肯尽行开去，果何所图？

若如原奏所云大小民船概不准其出海，则又不能。缘广东民人，以海面为生者，尤倍于陆地，故有渔七耕三之说，又有三山六海之谣，若一概不准出洋，其势即不可以终日。至谓捕鱼者止许在附近海内，此说虽亦近情，然既许出洋，则远近几难自定，又孰能于洋面而阻之。即使责令水师查禁，而昼伏夜动，东拿西逃，亦莫可如何之事。臣林则徐上年刊立章程，责令口岸澳甲，编列船号，责以五船互保，又令于风帆两面及船身两旁，悉用大字书写姓名以及里居牌保。惟船数至于无算，至今尚未编完。继又通行沿海县营，如有夷船窜至该辖，无论内洋外洋，均将附近各船暂禁出口，必俟夷船远逊，始许口内开船，其平时出入渔舟，逐一验查，只许带一日之粮，不得多携食物，若银两洋钱，尤不许随带出口，庶少接济购买之弊。

至大黄、茶叶二物，因属外夷要需。惟臣等历查向来大黄出口，多者不过一千担。缘每人所用无几，随身皆可收藏，且尚非必不可无之物，不值为之厉禁。惟茶叶历年所销，自三十余万担至五十余万担不等，现在议立公所，酌中定制，不许各夷逾额多运，即为钳制之方。然第一要义，尤在沿海各口查拿偷漏。若中路封关，操之过蹙，而东西各路得以偷贩出洋，则正税徒亏，而漏卮依然莫塞。是以制驭之道，惟贵平允不偏，始不至转生他弊。若谓他国买回之后难保不转卖㖦夷，此即内地行铺互售，尚难家至目见，而况其在域外乎？要知㖦夷平日广收厚积，本有长袖善舞之名，其分卖他夷，独牟余利，乃该夷之惯技。今断绝贸易之后，即使从他夷转售一二，亦已忍垢蒙耻，多吃暗亏。譬如大贾殷商一旦仅开子店，寄人篱下，已觉难堪。惟操纵有方，备防无懈，则原奏所谓该夷当畏惧而求我者，将于是乎在矣。

至于备火船，练乡勇，募善泅之人等事，则臣等自上年至今，皆经筹商办理，惟待相机而动。即各山淡水，上年本已派弁守之，始则夷船以布帆兜接雨水，几于不能救渴，继而觅诸山麓，随处汲取不穷，则已守不胜守，似毋庸议。

总之，驭夷宜刚柔互用，不必视之太重，亦未便视之太轻。与其泾渭不分，转至无所忌惮，曷若薰莸有别，俾皆就我范围。而且用诸国以并拒㖦夷，则有如踣鹿，若因㖦夷而并绝诸国，则不啻驱鱼，此际机宜，不敢不慎。况所杜绝者惟在鸦片，即原奏亦云："凡有夹带鸦片夷船，无论何国不准通商。"则不带鸦片者，仍皆准予通商，亦已明甚。彼各国夷人，原难保其始终不带，若果查出夹带，应即治以新例，不但绝其经商，如其无之，自不在峻拒之列也。

又另片请将澳门西洋贸易定以限制。查上年臣林则徐先已会同前督臣邓廷桢暨臣豫堃，节次商议及之。嗣经核定章程，谕令澳门同知转饬西洋夷目遵照。即如茶叶一项，每岁连箱准给五十万斤，仍以三年通融并计，以示酌中之道，其他分条列款，该夷均已遵行。本年正月，澳内容留㖦夷，即暂停西洋贸易，迨其将㖦夷驱出，仍即准令开关，亦与原奏请议章程不谋而合。至所请责令澳夷代㖦夷保结一节，现已不准㖦夷贸易，自可毋庸置议。

臣等彼此商酌，意见相同，谨合词恭折复奏，伏乞皇上圣鉴训示。

再，此折系臣林则徐主稿。内有密陈夷情之处，谨请毋庸发钞，合并声明。谨奏。

三月廿六日

道光二十年四月二十五日奉朱批： 钦此。

（录自军机处录副）

洋商捐输防夷经费折 *
（1840 年 5 月 14 日）

臣林则徐、臣怡良、臣豫堃跪奏，为粤东查办鸦片，先后防堵嘆夷，需费繁重，现据洋商呈请，将茶叶一项向定行用银两，陆续捐缴三年，借供经费，恭折奏恳天恩，准令捐输备用，仰祈圣鉴事：

窃自上年正月间，臣林则徐衔命至粤，与调任督臣邓廷桢暨臣怡良商办海口事件。年余以来，所有控制外服，查缉内奸，一切机宜，悉荷圣谟指授，俾臣等秉承有自，感刻难名。迨断绝嘆咭唎贸易，尤赖乾断严明，足使夷情震慑，虽该夷尚复强颜延喘，飘泊外洋，诡计诪张，虚疑恫喝，而臣等遵奉谕旨，既允其以逸待劳之议，更示以应防叵测之心，守险攻瑕，皆得随机应变。

查嘆夷所传续到兵船之信，只于吐嘧、哗咙两船而外，复来嘟噜嗱兵船一只，其夷官名为嚁啐唅喱，虽据引水探报，该船有大炮四十余门，夷兵三百余名，而在外洋寄碇数旬，毫无动静，自系探闻我师布置严密之故。惟防堵固有把握，而守望并无定期，各口水陆官兵不能遽撤，即各处口粮兵费皆必预筹。且自上年查办至今，所费本已不少。始则谕令夷人，将趸船烟土尽行呈缴，而嘆国领事义律欲带嚩呬潜逃，当经官兵截回，于是水路排舟，陆路设卡，自省河至虎门，不使有空虚之处，然后该夷禀缴鸦片，悔罪乞诚。而所缴之二万二百八十三箱，分载趸船二十二只，计每只趸船烟土，即需剥船五六十只，始敷盘运。其堆贮之处，统令庙宇民房，围筑外墙，搭盖高棚，以昭严密，并派文武员弁，各带兵役，看守巡逻，常防偷漏。自二月底至四月初，甫经收毕，正在雇船装运起解进京。旋奉谕旨，即于粤省销

---

* 标题据《林氏家藏林则徐使粤两广奏稿》拟。

毁,当又开砌石池挖沟安闸,树栅设厂,毁化浃月,始经蒇事。其间一切费用,力加撙节,在事者莫不共见共闻。厥后义律禀请在澳卸货不准,因而阻挡该国货船进口,并呈令奸夷空趸逗留。七月间逐出澳门,断其接济,凡各处紧要隘口,无不添派防兵。讵义律胆敢鸱张,公然抗敌,我军于九龙山、穿鼻洋叠次轰击之后,复于尖沙嘴俯攻六次,伤毙嘆夷无数。自此该国各船窜赴长沙湾一带外洋,不敢妄动。所需用度,尚无虚糜。

惟国家经费有常,何敢擅行渎请,而年余支应各项,非捐即垫,其有待于归补者已觉繁多。且既奉旨不准通商,而该夷仍逗留观望,则所以制其反侧、绝其窥伺者,更不可不加意图维。即如炮位一项,洋面师船所用,必须三四千斤以上,而制造又极精巧者,以之抵御夷炮,方可得力,若炮台所安之炮,竟须七八千斤至万斤以上,方能及远。经臣等节次筹办,颇有眉目,容俟详晰汇陈。其水师战船,工料例价,向来本有一定,欲其倍加坚实,亦须斟酌变通。凡有裨益于海防者,臣等均不敢不悉心区画,而筹措经费,实为首务。

查粤东通省大小官员养廉,因奏明摊捐连州军需,及前次防夷等案外销之款,每年已扣三成,计至道光二十六年始能扣清归款,此时未便再有加摊。兹据洋商伍绍荣、卢继光、潘绍光、梁承禧、谢有仁、潘文涛、马佐良、潘文海、吴天垣、易元昌呈称:"商等服贾海隅,安生乐业,仰荷皇仁优渥,报称末由。上年夷人呈缴鸦片烟土,盘运销毁,其船脚等项,所费已多,嗣因嘆夷桀骜不驯,驱逐防范,需用更复不少。伏思商等与夷人交易货物,向照估价每两应得行用三分,以资办公。今通行公议,将茶叶一项应得行用银两,自具呈之日为始,捐缴三年,按卯解缴关库,听候提用。"等情前来。臣等察其情词恳切,洵为踊跃急公,相应仰恳天恩,俯准捐缴,以遂其报效之忱。如蒙俞允,俟该商等捐缴年限届满,再行核明总数,奏恳恩施,量加奖励。所有查办鸦片案内收烟防夷一切经费,即于此款撙节动支,其有不敷,仍由臣等酌量筹捐凑办。

再,此项捐缴银两系属商捐外款,而海口一切用费类多繁杂琐屑,并恳天恩免其造册报部,仍由外核实支销,合并陈明。

臣等谨合词恭折具奏,伏乞皇上圣鉴训示。谨奏。

四月十三日

道光二十年五月十一日奉朱批: 钦此。

(录自军机处录副)

焚剿夷船办艇擒获接济汉奸情形折[*]
（1840 年 6 月 14 日）

两广总督臣林则徐、广东巡抚臣怡良跪奏，为钦遵批谕，严密防范嘆夷，并经设法焚剿夷船办艇，擒获接济汉奸，谨将办理情形恭折奏祈圣鉴事：

窃臣等前次附片具奏嘆夷逗留外洋，常惧火船猝往焚烧，并传闻该国有大号兵船将至，加意严防各缘由。钦奉朱批："无论虚实，总当不事张皇，严密防范，以逸待劳，主客之势自判，彼何能为也。勉之。钦此。"仰见我皇上运筹决胜，洞烛夷情。臣等跪诵服膺，莫名钦感。

伏查嘆夷近日来船所配兵械较多，实仍载运鸦片，探系该国嗌啊啦等处夷埠，闻知内地办烟严紧，销路日稀，而夷埠新旧烟土存积累累，不肯轻弃，是以减跌价值，用三桅大船满载而来，而奸夷遂借以扬言恫喝，冀可准其贸易之求。迨见臣等拒之益坚，不为所动，其到粤之吐嘧、哗唴、嘟噜嘻兵船三只，并现在续到之嗒吧吐兵船一只，亦只在外洋往来游弈，此东彼西，总无定处。日则暗放三板，分运烟土，引诱奸民，零星贱卖；夜则抛锚寄碇，并招集办艇环护，支更瞭望，以防我兵火攻，此外别无动静。诚如圣谕，实无能为。

惟思峻拒嘆夷，原为断绝鸦片。乃奸夷仍私在外洋售卖，即奸民必贩至内地行销，积弊何日能清，前功尤虞尽弃。且该夷诡计百出，竟不惮亏本以诱愚民，查近日公班大土一个，仅卖洋银五六圆，较之前年秋冬，价减十分之七。并讯据先后获到烟犯供称，有鹅鸭一只换得公班土一个者，并有买过一二次，即可向夷人赊烟者，在彼总欲愚弄沿海之汉

---

* 标题据《林氏家藏林则徐使粤两广奏稿》拟。《林氏家藏林则徐使粤两广奏稿》第 406 页此件末有"道光二十年五月十五日具奏"字样。

奸，以阻挠当官之禁令，实属可恶之极。

臣等于前次烧毁接济匪船二十三只之后，仍严饬水陆文武力拿通夷匪犯，并设法惩创奸夷，因其防备甚周，未易乘机下手。先于四月间接据新安县知县梁星源禀报，会同营弁在小濠海边续烧办艇四只、篷寮五间，又获夷船上厨工梁亚次等六名。除与所获潜买烟土各犯并案审办外，一面函商水师提臣关天培，以夷船最畏焚烧，仍惟以所畏者设法制之。随经关天培委令副将李贤、都司马辰、守备费琼、卢大钺、林大光，选带能事把总潘永蓁、杨雄超、廖振邦、关东及记委卢麟等，密受机宜，相度形势，分带兵勇四百余名，暗伏岛澳，并多雇素谙夷语线民，假装济夷办艇，作为内应，仍于各隘口分派弁兵防堵。

五月初九日，乘夜半月明时候，将大队火船移近磨刀外洋夷船聚泊处所，占住上风，出其不意，火船闯进焚烧，各线民亦于假办艇内同时纵火。有吧唎夷船上身穿白衣嘆夷持械跳出，经记委卢麟挥令水勇方亚早等，奋力杀毙四人，其余夷众连船全行烧毁。各将备督率把总潘永蓁、杨雄超等，乘夷船乱奔之际，将火箭、火罐、喷筒等物纷纷抛掷，又将载有烟箱之夷船烧毁一只，另有夷船一只桅帆着火，弃碇驾逃，经夷众将火扑救，先后延烧大小办艇十一只，又烧毁近岸篷寮九座。其冲突窜逃各夷船，彼此撞碰，叫喊不绝，夷人带伤跳水、烧毙、溺毙及被烟毒迷毙者，不计其数。我兵并无被害，惟于杀毙吧唎船上夷人时，有水勇二名被夷剑斫伤手膀，尚不甚重。该将备等于火发后分头截拿逸艇，适有罟船一只慌忙奔窜，当将人船并获，其船内有烟盒、烟枪及各种烟具一并起出。又有弃艇逃赴篷寮及由篷寮复逃之犯，亦俱拿获，计先后获犯姜亚连等十三名，现在行提严审办理。此次该嘆夷猝遭焚剿，伤毙已多，而嘟噜噎船上带兵之夷官喷啐哈喱，亦在该船病毙，并查悉夷兵吸水受毒患病者甚众。似此频经受创，当亦共知天朝重地非么魔异类所可玩法偷生。如再抗不回帆，抑别滋奸计，臣等仍惟恪遵批谕，不事张皇，明则以逸待劳，倍森严而镇静，暗则相机而动，期震詟其贪顽，一切机谋，密之又密，以仰副圣主训诲谆谆之至意。

至嘆夷未销货物，恐其私行寄顿，影射进口，节经臣等会同粤海关监督臣豫堃，逐一严查。即他国货船中稍有形迹可疑者，如咪唎嗊国之泌吐一船，吐嘎一船，吕宋国之吻顿一船，因查阅该国船牌货单，译出汉文，与现船所载货物未尽符合，立即逐出，不准进口。嗣后尤当时加厘剔，务使各国夷人咸知法度严明，不敢希图朦混，以肃海禁而绝诡谋。

所有现办情形，谨会同水师提督臣关天培，恭折具奏，伏乞皇上圣鉴。谨奏。

道光二十年六月十九日奉朱批："所办可嘉之至。"钦此。

（录自军机处录副）

英夷续来兵船情形片 *
（1840 年 6 月 24 日）

再，嘆咭唎夷船逗留外洋，臣等叠饬各将弁带领兵勇火船，设法焚剿，于五月初九日乘夜纵火烧毁夷船三只，业经会折奏闻在案。

查该夷自贸易断后，每扬言兵船多只即日到粤，臣等不为所动，而仍密为之防。除上年所到之吐嘧、哗仑两船，与近时续到之嘟噜嘻、哈吧吐两船在外洋游弈情形，先已查明具奏外，兹据澳门文武禀：据引水探报，五月二十二日望见九洲外洋来有兵船二只，一系大船，有炮三层，均七八十门，其一较小，有炮一层。二十三日陆续又来兵船七只，均不甚大，炮位亦只一层。又先后来有车轮船三只，以火焰激动机轴，驾驶较捷，此项夷船前曾到过粤洋，专为巡风送信。兹与各兵船，或泊九洲，或赴磨刀，或赴三角外洋，东停西窜，皆未敢驶近口门。

臣等查中路要口，以虎门为最，次即澳门，又次即尖沙嘴一带，其余外海内洋相通之处，虽不可胜数，然多系浅水暗礁，只足以行内地之船，该夷无 [兵] 船不能飞越。所有虎门各炮台，先已添建增修，与海面所设两层排链相为表里。犹恐各台旧安炮位未尽得力，复设法密购西洋大铜炮，及他夷精制之生铁大炮，自五千斤至八九千斤不等，务使利于远攻。现在该处各炮台，计有大炮三百余位，其在船在岸兵勇，随时分拨，共有三千余名。

至澳门地方，自奏委高廉道易中孚，与奏留升任之东山协惠昌耀会同防范，先后派驻兵勇亦有一千三百余名。又尖沙嘴一带，新建炮台两座，业已赴办完工，并设法购办大炮五十六位，分别安设。其附近山梁，驻兵共有八百余名，此外各小口及内河水陆要隘，亦皆添兵多名，

---

* 标题据《林氏家藏林则徐使粤两广奏稿》、《林文忠公政书》两广奏稿卷三拟。

协同防堵，声势已皆联络，布置并不张皇。现在该夷兵船亦只飘泊外洋，别无动静，即便此后渐图窥伺，而处处皆有准备，不致疏虞。

此时商旅居民极为安谧，即他国在澳夷人，亦皆各自贸易，安静如常。而臣等密察周防，总不容一刻稍懈，且随处侦拿接济，严断汉奸，务令尽绝勾通，俾其坐困。第恐在粤无可乘之隙，该夷船趁此南风盛发，辄由深水外洋扬帆窜越，臣等现已飞咨闽浙、江苏、山东、直隶各省，饬属严查海口，协力筹防，以冀仰纾宸念。

谨合词缮片附陈，伏乞圣鉴。谨奏。

道光二十年七月初四日奉朱批："随时加意严防，不可稍懈。"钦此。

（录自军机处录副）

英夷兵船情形片（附说帖）*
（1840 年 7 月 3 日）

　　再，嘆咭唎来粤兵船，除上年所到之吐嘧、哗呤两船，及本年续到之嘟噜喧、哈吧吐两船，先经随时奏报，嗣于五月二十二三等日，又到大小兵船九只，车轮船三只，游奕外洋东停西窜。臣等示以镇静，不事张皇，而仍严密周防。于水陆各要隘加炮添兵，处处准备，并严拿接济，杜绝勾通。复将筹办情形于五月二十五日附片奏闻在案。

　　兹查近日该嘆夷又先后到有大小兵船十只，车轮船二只，仍止散泊外洋，别无动静。惟扬言不先寻衅，谅欲懈我军心。旋于海滩上插一木牌，写有汉字说帖，妄称："内地船只不准出入粤省门口，俟英国通商再行无阻。"又称："鱼艇日间出入，不为拦截，各邑乡里商船，可赴英国泊船之处贸易。"等语。查嘆夷中有马里逊①能书汉字。上年一切夷禀皆出伊手，此次说帖，谅即该夷人所写。揣其鬼蜮伎俩，一则希图挟制通商，　则招引奸徒兴贩。与其所称不先寻衅之言，又大相刺谬。当经函嘱提臣关天培，如果该嘆夷胆敢拦阻行舟，即当示以兵威，不容滋扰。

　　又查该夷说帖内，有国王命伊前往中国海境，据实奏明之语。而先来之哈吧吐一船，及后到之咘啉嘛等船八只、车轮船三只，又据引水禀报，于五月底及六月初间，先后驶出老万山东向扬帆而去，瞭望无踪。饬据洋商伍绍荣等转呈咪唎喹夷禀，译出汉字，内称听说嘆夷兵船系赴浙江、江苏，又有人说往天津等情。臣等复查夷情诡谲，凡事矫饰虚

---

　　* 标题据《林氏家藏林则徐使粤两广奏稿》、《林文忠公政书》两广奏稿卷三拟。此片与广东巡抚怡良会衔。《林氏家藏林则徐使粤两广奏稿》第 437 页此件末有"道光二十年六月初五日附奏"字样。
　　① "马里逊"旁画朱线。

张，固难凭准。而现值南风盛发，外洋茫无界限，亦无从遏止前往。如其驶至浙江舟山，或江苏、上海等处，该二省已叠接粤省咨文，自皆有备，不致疏虞，若其径达天津，求通贸易，① 谅必以为该国久受大皇帝怙冒之恩，不致遽遭屏斥。此次断其互市，指为臣等私自擅行。倘所陈尚系恭顺之词，可否仰恳天恩，仍优以怀柔之礼，敕下直隶督臣，查照嘉庆二十一年间唛国夷官啰哃啊嘆吐噉等自北遣回成案，将其递词人由内河逐站护送至界，借可散其牙爪，较易就我范围。倘所递之词有涉臣等之处，惟求钦派大臣来粤查办，俾知天朝法度，一秉大公，益生其敬畏之诚，不敢再有借口。

事关控制外夷，臣等管窥所及，谨合词附片密陈，并将该夷说帖另录清折，恭呈御览，伏乞圣鉴训示。

再，沿海闾阎，现俱照常静谧，合并声明。谨奏。

军机大臣奉旨："另有旨。"钦此。道光二十年七月初六日奉朱批："另有旨。"钦此。②

（录自军机处录副）

说　帖

谨将英夷兵船所出汉字说帖钞录清折，恭呈御览。

大英国特命水师将帅为通行晓谕事：

照得粤东大宪林、邓等因玩视圣谕"相待英人必须秉公谨度"，辄

---

① 此处朱批："卿等所见不为无因，然逆夷今番之举决不为此也。"

② 《林氏家藏林则徐使粤两广奏稿》第 438 页在此后有一段文字："先于七月二十七日，录准军机大臣字寄：两广总督林〈则徐〉，广东巡抚怡良，道光二十年七月初六日奉上谕：'据林〈则徐〉等奏，英夷船只散泊外洋，于海滩插立木牌，写有汉字说帖，并查有船只扬帆东向，传言驶赴浙江、江苏及天津等语。该夷现在浙洋滋扰，定海失守，业已调兵剿办。江苏等省，亦经饬令为防范。其天津海口，另有旨，谕令琦善相机妥办矣。粤省海口，最为紧要，该夷诡诈百出，尤当加意防范。著林〈则徐〉等严密周防，于水陆各要隘处准备，并严拿汉奸，毋使勾通接济。该督等仍当示以镇静，不事张皇，是为至要。将此谕令知之。'钦此。遵旨寄信前来。"

将住省英国领事、商人等诡谲强逼，捏词诓骗，表奏无忌。故此，大英国主钦命官宪著伊前往中国海境，俾得据实奏明御览，致使太平永承，妥务正经贸易。且大英国主恭敬皇帝，怀柔内地安分良民，严命本国军士，设使民人不为抗拒，即当凛行保全各人身家产业。是则该民无庸惊惧，乃可带同货物接济，赴到英师之营汛，定要施惠保护，给尔公道价钱也。且大宪林、邓捏词假奏请奉皇帝停止英国贸易之谕，以致中外千万良人吃亏甚重。缘此大英国将帅现奉国主谕旨，钦遵为此告示，所有内地船只不准出入粤东省城门口，兼嗣后所指示各口岸，亦将不准出入也。迨俟英国通商，再行无阻，本将帅才给符官印，发檄晓示所应经商之港口也。至鱼艇悉准日间出入粤省港口，不为拦截。又沿海各邑乡里商船，亦准往来，可赴英国船只停泊之处贸易无妨。特示。①

"甚属可恶。"

（录自宫中朱批奏折）

---

① 《林氏家藏林则徐使粤两广奏稿》第 440 页，在此后记："道光二十年六月初五日进呈。八月初十日录准军机处片开：'贵督等本日具奏夹片一件，奉朱批：甚属可恶。钦此。'片留本处备查，为此知会。"

英夷鸱张安民告示
（1840 年 7 月 3 日）

两广总督部堂林、广东巡抚部院怡，谕近省一带军民、客商、工匠、渔户诸色人等知悉：

照得英吉利国夷人本多狡诈，且以鸦片害我民人性命，骗我内地资财，亦我民所同仇共愤。乃自断其贸易以后，该夷人尚不迅速回国，又不悔罪输诚，近更传言有兵船来粤。其来意之善恶，到后之顺逆，虽不可尽知，而彼既自外生成，我无难力制其命。在不知者，或恐其闯进内河，不无滋扰；有知者，正欲其闯入内河，乃可一鼓聚歼，不留余孽。本部堂现于乌涌至大豪头一带备齐石船数十只，并非先塞河头，杜其闯入，乃欲俟其闯入，然后填塞，使其不能逃出也。英夷诡谲，凡事虚张，来兵即极多，亦不过一万余人为止，彼之数有尽，而内地兵勇用之不尽，不独以十抵一，以百抵一，直以十千万万抵一，又何不能剿灭之有？彼若敢来内河，一则潮退水浅，船胶臌裂，再则伙食尽罄，三则军火不继，如鱼处涸河，自来送死，安能生全？倘因势迫奔逃上岸，该夷浑身裹紧，腰腿直朴，一跌不能复起。凡我内地无论何等之人，皆可诛此异类，如宰犬羊，使靡有孑遗，方足以快人心而彰国宪。本部堂、本部院，今与尔等约：如英夷兵船一进内河，许尔人人持刀痛杀，凡杀有白鬼一名，赏洋一百元，杀死黑鬼一名，赏洋五十元。如持首级来献，本部堂、本部院验明后，即于辕门立时给赏，擒夹带鸦片之侦船者倍之，擒及杀死鬼夷官者又倍之。如能夺其炮位，亦照炮之大小，分别给赏。虽通夷之汉奸杀无赦，能立功赎罪并赏之。业经分别赏单，榜诸道路，谕尔等共知。本部堂、本部院急于荡邪涤秽，无非除害安民，定必敌忾情殷，争先恐后也。至于十三行夷楼内有别国夷人住处，闭户安居，不与英夷助势，断不许尔等乘机滋扰。擅行入室，抢夺杀人，立斩抵偿。其各凛遵毋违。特示。

道光二十年六月初五日示

（清钞本《夷事香》第一册，录自杨国桢《英夷鸱张安民告示录评》，载《学术研究》1990年第6期增刊）

英夷在浙洋滋事密陈攻剿事宜片 *
（1840 年 8 月 4 日）

再，唉夷先后来粤兵船，上年秋间有吐嘧、哗吣两只，本年春间有嘟噜噎船一只。自五月至六月中旬，又有哈吧吐等船二十三只，除陆续据报驶出老万山外，在粤洋者尚有十只。又送信之车轮船，自五月以后共来五只，旋于六月初旬全出老万山外，均经臣等于五月二十五日及六月初五、二十一等日节次奏闻在案。嗣于六月下旬，又报驶去兵船五只，续到二只，现在共存七只。其上年九月在穿鼻洋与官兵接仗之吐嘧一船，亦在驶去之内。臣等以唉夷兵船既经来粤，即因防范严密，不敢进口滋事，亦未遽肯回国，何以其中有二十一只先后驶出老万山？恐系越窜各洋，乘虚滋扰。不特本省水陆文武刻须谆饬严防，并沿海各省亦叠经飞咨防备去后。

兹于七月初六日准浙江抚臣乌尔恭额来咨，以六月初间唉夷有兵船三十一只窜至浙洋，肆其猖獗，致定海县失守。闻之不胜发指。因查六月初间粤洋开去之唉夷兵船仅止七只，而浙洋彼时已到三十一只之多，大抵径从该国黑水洋乘风北驶，乃敢聚于定海，妄逞鸱张，明因该处孤悬海中，希图踞为巢穴，是必预相纠约，早蓄逆谋。臣等六月初五日奏片内所陈，闻有欲赴浙江舟山之语，竟非虚传，实属罪恶滔天，亟宜痛加剿办。

惟思闽、粤等省，四面环海之地，与定海形势相似者不一而足。逆夷既谋窥伺，难免各处垂涎。此时粤省各岛澳随在设防，更宜密益加密。第彼之所恃，只在炮利船坚，若赴大洋与之交锋，总应相度机宜，

* 标题据《林氏家藏林则徐使粤两广奏稿》拟。此片与广东巡抚怡良会衔。《林氏家藏林则徐使粤两广奏稿》第 462 页此件末有"道光二十年七月初七日附奏"字样。

须得确有把握，方无虚发。一至岸上，则该夷无他技能，且其浑身裹缠，腰腿僵硬，一仆不能复起。不独一兵可以手刃数夷，即乡井平民亦尽足以制其死命。况夷人异言异服，眼鼻毛发皆与华人迥殊，吾民协力齐心，歼除非种，断不至于误杀。但恐啸聚日久，彼即结汉奸为护符，筑炮台为障卫，剿办不免费手。此时定海县城甫被占踞，即使城中人户仓卒逃亡，而该县周围二百余里，各村居民总不下十余万众，夷匪既踞岸上，要令人人得而诛之，不论军民人等，能杀夷人者，均按所献首级给予极重赏格。似此风声一树，不瞬息间，可使靡有孑遗。其人既以尽诛，则其船炮皆为我有，是破格给赏，所费不为虚靡，似亦敌忾同仇之一道。

除飞咨浙江抚臣外，是否有当，臣等谨合词附片密陈，伏乞圣鉴。谨奏。

道光二十年八月初十日奉朱批："知道了。"钦此。

（录自军机处录副）

致怡良书
（1840 年 8 月 28 日）

　　晦、朔两接惠函，敬聆一一。日来澳门、前山等处绝无动静，未必不因大帮多船西去络绎，足以稍压夷氛之故。然九洲太旷，万难交锋，而连日夷船又报陆续东窜，则以合剿磨刀为亟。查前山一带，本有香山协之兵船八只，除廿二日接仗损漏三只外，昨又由虎门驾还一只，共成六只。惠升协自雇拖船四只，兄昨又拨红单船五只与之，香山绅士亦公雇缯船八只，统计有船二三十只矣。其大炮则除该处本有不计外，省、虎二处先后解去二十九只，内有四千、三千斤重者，似亦不得为单。兄迭札饬令于要路筑做炮墩，似是扼要之法，而至今未见禀复，尚不知在事文武于意云何。所有日前拨去拖船二十五只，现须饬随师船前赴磨刀剿办，不能株守一处，前日飞札往调，亦未见到，甚不可解。现在沙角调回师船及红单、火船等项，均已一一排齐，专待拖船一回，即连夜乘潮东去。第恐前山一带又欲坚留拖船，若其苦留，亦只可拨数船以予之耳。水师将弁经兄连朝剀谕，迭用柔刚，察看此去情形，似有慷慨激昂之气，得手与否，惟视此一举矣。台旆即须入闱，必当面商一切，兄初四或初五定行暂返省垣。初六早祭祀，阁下断不必出，兄必能在省主祭也。火药需用至六万斤，盖以一炮四十出而计，船多炮多，即已合成此数，现在可拨似已足额。贵标两营已将添制之四千斤拨来，今尊意又将储备之一万四千斤径拨一万，固克己急公之盛意。而十拨其七，似觉太多，是以昨嘱祺、庆两君拨六千济用。凡兹节节费事，总求磨刀一捷，始可稍开抑塞之胸耳。

　　士子册结一事，既令而不遵行，后此恐无忌惮。现查敝署只有阳山一学送来，而颠倒错乱至于不可胜纪。兄已专札驳饬，札稿附览。可否仰资鼎力，专委一明干之员，赶催送考各教官，告以无结者必不许入场，庶知儆惕。是否，裁之。

苏省来雇水勇，是与吾辈未到此间时所见所闻无以异也。兄有公牍未便明言之语，于信内另单复之，兹以附政，未知是否？南澳现有夷船数只游奕，谅即浙省所报南来之船，恐余提军到后会合通剿，一遇北风即必纷纷至粤。南澳原属可虑，兹又札饬潮州镇拨兵三百名，并再拨大炮赴澳协防，并以附达。手此，泐请台安。余容晤罄，不一。

愚兄则徐顿首　初二日巳刻

总局屡有信来，未及细复，祈以此函示之。

（录自《致怡良书柬》第一百零八号）

密陈夷务不能歇手片 *
（1840 年 9 月 24 日）

　　再，臣渥受厚恩，天良难昧，每念一身之获咎犹小，而国体之攸关甚大，不敢不以见闻所及，敬为圣主陈之。

　　查此次哦逆所憾在粤省，而滋扰乃在浙省，① 虽变动若生于意外，而穷蹙正在于意中。② 盖逆夷所不肯灰心者，以鸦片获利之重，每岁易换纹银出洋，多至数千万两。若在粤得以复兴旧业，何必远赴浙洋。现闻其于定海一带大张招帖，每鸦片一斤只卖洋钱一圆，是即在该国喯啊啦等处出产之区，尚且不敷成本。其所以甘心亏折，急于觅销者，或云以给雇资，或云以充食用。并闻其在夷洋各埠赁船雇兵而来，费用之繁，日以数万金计，即炮子火药亦不能日久支持，穷蹙之形已可概见。又夷人向来过冬以毡为暖，不着皮衣，盖其素性然也。浙省地寒，势必不能忍受。现有夷信到粤③，已言定海阴湿之气④，病死者甚多⑤。大抵朔风戒严，自然舍去舟山，扬帆南窜。而各国夷商之在粤者⑥，自六月以来⑦，贸易为哦夷所阻⑧，亦各气愤不平⑨，均欲由该国派来兵船⑩，与之讲理⑪，是该逆现有

---

　　* 标题据《林氏家藏林则徐使粤两广奏稿》、《林文忠公政书》两广奏稿卷四拟。
　　① "英逆所憾在粤省，而滋扰乃在浙省"旁画朱线。
　　② "而穷蹙正在于意中"旁画朱线。
　　③ 该字旁加朱点。
　　④ 该字旁加朱点。
　　⑤ 该字旁加朱点。
　　⑥ 该字旁加朱点。
　　⑦ 该字旁加朱点。
　　⑧ 该字旁加朱点。
　　⑨ 该字旁加朱点。
　　⑩ 该字旁加朱点。
　　⑪ 该字旁加朱点。

进退维谷之势①，能不内怯于心②？惟其虚骄性成③，愈穷蹙时愈欲显其桀骜④，试其恫喝，甚且别生秘计，冀得阴售其奸⑤。如一切皆不得行⑥，仍必帖然俯伏⑦。臣前此屡经体验，故悉其情。即此时不值与之海上交锋，而第固守藩篱，亦足使之坐困也。

夫自古顽苗逆命，初无损于尧舜之朝。我皇上以尧舜之治治中外，知鸦片之为害甚于洪水猛兽，即尧舜在今日，亦不能不为驱除。圣人执法惩奸，实为天下万世计，而天下万世之人亦断无以鸦片为不必禁之理。若谓夷兵之来，系由禁烟而起，则彼之以鸦片入内地者，早已包藏祸心，发之于此时，与发之于异日，其轻重当必有辨。今臣愚以为鸦片之流毒于内地，犹痈疽之流毒于人身也。痈疽生则以渐而成脓，鸦片来则以渐而致寇，原属意计中事。若在数十年前查办，其时吸者尚少，禁令易行，犹如未经成脓之痈，内毒或可解散。今则毒流已久，譬诸痈疽作痛，不得不亟为拔脓，而逆夷滋扰浙洋，即与溃脓无异。然惟脓溃而后疾去，果其如法医治，托里扶元，待至浓尽之时，自然结痂收口。若因肿痛而别筹消散，万一毒邪内伏，诚恐患在养痈矣。

溯自查办鸦片以来，幸赖乾断严明，天威震叠，趸船二万余箱之缴⑧，系嘆夷领事义律⑨自行递禀求收⑩，现有汉夷字原禀可查⑪，并有夷纸印封可验⑫。继而在虎门毁化烟土⑬，先期出示⑭，准令夷人观看⑮。维时来观之夷人⑯，有撰为夷文数千言以纪其事者⑰，大意谓天朝法令足服人心，今夷书中具载其文，谅外域尽能传诵。迨后各国来船

---

① 该字旁加朱点。
② 该字旁加朱点。
③ 该字旁加朱点。
④ 该字旁加朱点。
⑤ 该字旁加朱点。
⑥ 该字旁加朱点。
⑦ 该字旁加朱点。
⑧ 该字旁加朱点。
⑨ 该字旁加朱点。
⑩ 该字旁加朱点。
⑪ 该字旁加朱点。
⑫ 该字旁加朱点。
⑬ 该字旁加朱点。
⑭ 该字旁加朱点。
⑮ 该字旁加朱点。
⑯ 该字旁加朱点。
⑰ 该字旁加朱点。

遵具切结，写明"如有夹带鸦片，人即正法，船货没官"，亦以汉夷字合为一纸。自具结之后①，查验他国夷船②，皆已绝无鸦片③。惟嘆夷不遵法度，且肆鸱张，是以特奉谕旨断其贸易。然未有浙洋之事，或尚可以仰恳恩施，今既攻占城池，戕害文武，逆情显著，中外咸闻，非惟难许通商，自当以威服叛。第恐议者以为内地船炮非外夷之敌手，与其旷日持久，何如设法羁縻。抑知夷性无厌，得一步又进一步，若使威不能克，即恐患无已时，且他国效尤，更不可不虑④。臣之愚昧，务思上崇国体，下慑夷情，实不敢稍存游移之见也。即以船炮而言，本为防海必需之物，虽一时难以猝办，而为长久计，亦不得不先事筹维。且广东利在通商，自道光元年至今，粤海关已征银三千余万两，收其利者必须预防其害，若前此以关税十分之一⑤制炮造船，则制夷已可裕如，何至尚形棘手。臣节次伏读谕旨，以税银何足计较，仰见圣主内本外末，不言有无，诚足昭垂奕祀。但粤东关税既比他省丰饶，则以通夷之银量为防夷之用，从此制炮必求极利，造船必求极坚，似经费可以酌筹，即裨益实非浅鲜矣。

臣于夷务办理不善，正在奏请治罪，何敢更献刍荛。然苟有裨国家，虽顶踵捐縻，亦不敢自惜。倘蒙格外天恩，宽其一线，或令戴罪前赴浙省，随营效力，⑥ 以赎前愆，臣必当殚竭血诚，以图克复。

至粤省各处口隘，防堵加严，察看现在情形，逆夷似无可乘之隙，借堪仰慰宸怀。

谨缮片密陈，伏祈圣鉴。谨奏。

道光二十年九月二十九日奉朱批："点出者，俱当据实查明具奏。另有旨。"

（录自军机处录副）

---

① 该字旁加朱点。
② 该字旁加朱点。
③ 该字旁加朱点。
④ "且他国效尤，更不可不虑"旁画朱线，并朱批"汝云嘆夷试其恫喝，是汝亦效嘆夷恫喝于朕也。无理，可恶！"
⑤ "十分之一"旁朱批："一片胡言。"
⑥ "前赴浙省，随营效力"旁画朱线。

四洲志·英吉利国[*]
（1840 年）

英吉利，又曰英伦，又曰兰顿，先本荒岛，辟地居处，始自佛兰西之人。因戈伦瓦产锡最佳，遂有商舶往贸。于耶稣未纪年以前，蛮分大小三十种：居于西者曰墨士厄，居于北者曰木利庵斯，居于南者曰西鲁力斯，居于糯尔和者曰委力斯、曰矮西尼，居腹地者曰萨濩、曰埂底伊，尚有诸蛮，俱居于弥特色斯。旧皆茹血、衣毳、文身，惟脉士厄数种渐兴农事，创技艺，制器械，修兵车。各蛮效之。旋被意大里国征服，旋叛旋抚。至耶稣纪岁百五十年汉孝桓帝和平元年，分英地为七大部落：曰景，曰疏色司，曰依掩那司，曰委屑司，曰落滕马兰，曰伊什，曰麻可腊，与邻部塞循各自治理。八百年间唐德宗贞元十五［六］年，委屑司之伊末遂并合七部为一国，始名英吉利，建都兰顿。从此不属意大里。又二百年宋真宗咸平三年，为领麦攻击，遂属领麦。其后叛服不常。公举壹货为王，传至显利二代王，先得爱伦，次得斯葛兰。显利四代王，即弃加特力教，而尊波罗特士〈顿〉教。至昴利七代王，娶依来西白剌为国郡，按：英夷称其王妃曰郡。始革世袭之职，皆凭考取录用，开港通市，日渐富庶，遂为欧罗巴大国。

职　官

律好司衙门，管理各衙门事务，审理大讼。额设罗压尔录司四人，

---

* 《四洲志》，译自 1834 年在伦敦出版的慕瑞（Hugy Murray）著《世界地理大全》（Cyclopedia of Geography）。虎门销烟后，林则徐派人到澳门购买了此书，由幕下译员梁进德译出。道光二十一年（1841 年）七月，林则徐将《四洲志》交托魏源，嘱撰《海国图志》。存世者为《海国图志》辑录，据说《四洲志》有刊本，未见著录。光绪二十年（1894 年）有南清河王氏铸版的上海著易堂本《四洲志》一卷，系从《海国图志》辑录，收入王锡祺辑《小方壶舆地丛钞再补编》第十二帙。

厄治弥索司二人，爱伦厄治弥索司一人，录司二十一人，马诡色司十九人，耳弥司百有九人，委尔高文司十八人，弥索司二十四人，爱伦弥索司三人，马伦司百八十一人，斯葛兰比阿司十六人，即在斯葛兰部属选充，三年更易；爱伦比阿司二十八人，即在爱伦部属选充。统计四百二十六人。有事离任，许荐一人自代。凡律好司家人犯法，若非死罪，概免收禁。

巴里满衙门，额设甘弥底阿付撒布来士一人，专辖水陆兵丁；甘弥底阿付委士庵棉士一人，专司赋税。凡遇国中有事，甘文好司至此会议。

甘文好司理各部落之事，并赴巴厘满①衙门会议政事。由英吉利议举四百七十一名，内派管大部落者百四十三名，管小部落者三百二十四名，管教读并各技艺馆者四名；由委尔士议举五十三名，内派管大部落者三十名，管小部落者二十三名；由爱伦议举百有五名，内派管大部落者六十四名，管小部落者三十九名，管教读并各技艺馆者二名。统共六百五十八名。② 各由各部落议举殷实老成者充之。遇国中有事，即传集部民至国都巴厘满会议。嗣因各部民不能俱至，故每部落各举一二绅耆至国会议事毕各回。后复议定公举之人，常住甘文好司衙门办事，国家亦给以薪水。

布来勿冈色尔衙门，掌理机密之事，供职者，先立誓，后治事。

加密列冈色尔衙门，额设十二名，各有执事。曰法士律阿付厘特利沙利管库官，曰律占色拉管口官，曰律布来阿付西尔管印官，曰不列士顿阿付冈色尔管口官，曰色吉力达厘士迭火厘火伦厘拔盟管口官，曰色吉利达厘阿付士迭火哥罗尼士奄窝管口官，曰占色拉阿付厘士支厥管口官，曰法士律阿付押弥拉尔底管口官，曰马士达依尼罗付厘曷南士管口官，曰布力士顿阿付离墨阿付观特罗尔管口官，曰占色腊阿付离律治阿付兰加司达管口官。

占色利衙门，专管审理案件。额设律海占色腊一名，司掌印判事之职；委士占色腊一名，司判事之职；马士达阿付离罗士十一名，司判事之职。每判事，二人轮值，周而复始。扼冈顿依尼拉尔，司理算法之职。

----

① 巴厘满，即议会。
② 文中漏译苏格兰代表人数，却将其讹为威尔士代表数，故总人数有出入。

经士冕治衙门，专司审理上控案件，额设知付质治一名，布依士尼质治三名。

甘文布列衙门，专审理职官争控之案，额设知付质治。溢士知加衙门，专审理田土、婚姻之案，额设知付马伦一名，布依士马伦三名。

阿西士庵尼西布来阿士衙门，额设撒久六，每撒［撒］久设质治二名，共十二名，专司审讯英吉利人犯。每年二次。依尼拉尔戈达些孙阿付厘比士衙门，每年审讯各部落人犯四次。

舍腊达文衙门。此官职掌原缺。

历衙门，每年派马落百人，稽查各部落地方是否安静，归则具结一次。

额设律占麻连官，值宿宫卫；马士达阿付厘夥士，专司马政；色吉力达厘押窝，专司收发文书；特里舍厘阿付利尼微，管理水师船；勃列士顿阿付厘墨阿付特列，专司贸易；委士勃列士顿阿付厘墨阿付特列，副理贸易；比马士达阿付厘夥士，专司支放钱粮；陂率马士达依尼拉尔，专司驰递公文；流底南依尼拉尔阿付厘曷南士，协理火炮；法士甘靡孙拿阿付厘兰利委奴，管理田土钱粮；押多尼依尼拉尔，即总兵官；疏利西多依尼拉尔，即副总兵官。

爱伦，额设律流底南阿付爱伦一，律占色腊一，甘曼那阿付厘贺些士一，知付色吉力达厘一，委士土厘沙腊一，押多尼依腊尔一，疏利西达依尼腊尔一，皆驻扎爱伦。

军　伍

额设水师战舰百有五十，甘弥孙百六十人，管驾水师战舰；水师兵万人，水手二万二千。英吉利陆路兵八万一千二百七十一名，阿悉亚洲内属国兵丁万有九千七百二十名。此所述军伍之数，毫无夸张，最可信。盖此书本夷字，非翻译成汉字者比也。惟无养饷数，是为疏漏之大者。

政　事

凡国王将嗣位，则官民先集巴厘满衙门会议，必新王背加特力教，而尊波罗特士顿教始即位。国中有大事，王及官民俱至巴厘满衙门，公议乃行，民即甘文好司供职之人。大事则三年始一会议。设有用兵和战之事，虽国王裁夺，亦必由巴厘满议允。国王行事有失，将承行之人交巴厘满议罚。凡新改条例、新设职官、增减税饷及行楮币，皆王颁巴厘满转行甘文好司而分布之。惟除授大臣及刑官，则权在国王。各官承行之事，得失勤怠，每岁终会核于巴厘满，而行其黜陟。

王宫岁用

甘文好司岁输银二百五十五万圆。凡有金银矿所产金银与赃罚银，俱供王宫支发。称国王曰京，岁需银三十万圆；称王妻曰郡，岁需银二十五万圆；值宿官曰占麻连，管马［家］官曰士底赫，管家［马］官曰麻司达阿好司，岁需银七十七万圆；护卫官曰班侍阿勒尔，岁需银三十七万五千圆。此外尚有津贴罗压尔之官、溢士达之官、唔官、里士曼等官，岁需银八十五万圆。综计每年王宫需银五百九万五千圆。国用止述王宫而不及官禄、兵饷全额，殊不可解。

杂　记

兰顿国都银号一所，因昔与佛兰西战，亏欠商民本银四十二万四千一百四十一万有奇，息银万有六千九百二十七万有奇。书票付给，分年支取。

河道先不通于各港，嗣经疏浚厄兰特冷河，长九十里；疏浚历士河，长百二十里；又浚依尔力斯靡耶河、厄兰精孙河、厄兰王［玉］尼河，四通八达。舟由港口至各部落，任其所之，贸易大便。

兰顿建大书馆一所，博物馆一所。渥斯贺建大书馆一所，内贮古书十二万五千卷。在感弥利赤建书馆一所。有沙士比阿、弥尔顿、士达萨、特弥顿四人工诗文，富著述。俗贪而悍，尚奢嗜酒，惟技艺灵巧。土产麦、豆、稻，不敷民食，仰资邻国商贩。千八百年，各国封港，外粮不至，本国竭力耕作，粮价始略减。所产呢羽，皆不及佛兰西。纺织器具俱用水轮、火轮，亦或用马，毋烦人力。国不产丝，均由他国采买。

英吉利国，在欧罗巴极西之地，四面皆海。南距佛兰西仅一海港，东近荷兰、罗汶；东临大海，与士干里那威耶对峙；西抵兰的；北抵北极洋。幅员五万七千九百六十方里，户口千四百一十八万有奇。国东平芜数百里，西则崇山峻岭。大部落五十有三，小部落四百八十有五。

弥特色司部，东界伊什，西界墨经含，南界舍利，北界赫治。领小部落三。

兰顿，国都，其首部也。都在甜河北岸，东西距八里，南北距五里。户口百四十七万四千有奇，兵四千四百名。产金、银、时辰表、珍宝、波达酒。

落滕司兰部，东界海，西、南皆界斯葛兰，北界特尔含。领小部落十有七。

艮马伦部，东界特尔含，西界海，南界兰加〈社〉，北界斯葛兰。领小部落二十有三。产铅。

育社部，东界海，西界兰加社，南界那弥，北界特尔含。领小部落四十有三。产粗呢、白矾、白呢、棉花、地毡、细呢。

委士摩含部，东界育杜，西、北皆界艮马伦，南界兰加社。领小部落七。

兰加社部，东界育社，西界海，南界支社，北界委士摩兰。领小部落十有七。有兰加士达炮台一所。产呢布、盐、煤、波达酒。

支社部，东界那弥，西界佛凌，南界佘勒社，北界兰加社。领小部落七。有士顿博炮台一所。土产盐。

那弥部，东界纳鼎含，西界士达贺，南界利洗达，北界育社。领小部落七。土产磁器、铁、铅、煤。

讷鼎含部，东界领戈吾社，西界那弥，南界利洗达，北界育社。领小部落八。

领戈吾社部，东界海，西界讷鼎含，南界感密利治，北界育社。领小部落二十二。土产呢、长毛羊。

勒伦部，东、北皆界领哥吾社，西界斯达，南界落含社。领小部落三。

利沈达部，东界勒伦，西界注隘，南界落尔顿，北界讷鼎含。领小部落六。产毡袜。

斯达贺部，东界那弥，西界佘勒社，南界窝洗斯达，北界支社。领小部落七。产煤、铁、盐。

佘勒社部，东界斯达贺，西界闷俄脉里，南界希里贺，北界支社。领小部落九。产橡木。

佛凌部，东界支社，西界领糜，南界领弥，北界海。领小部落二。

领弥部，东界佛凌，西界格那完，南界闷俄脉里，北界海。领小部落五。

格那完部，东界领弥，西界敖额里西，南界麻里垣匿社，北界海。领小部落四。

敖厄里西岛部，南界格那完，东、西、北俱界海。领小部落四。产铜。

麻里垣匿社部，东界闷俄脉里，西界海，南界加里凝，北界格那完。领小部落四。

闷俄脉里部，东界佘勒社，西界麻里垣匿社，南界那落社，北界领弥。领小部落三。

加尔里部，东界墨力诺，南界格尔马廷，西界海，北界麻里匿［垣］垣［匿］社。领小部落三。产铅。

拉落社部，东界希里贺，西界加里凝，南界墨力诺，北界闷俄脉里。领小部落四。

希里货［贺］部，东界窝洗士达，西界墨力诺，南界满茅治，北界佘勒社。领小部落五。

洼洗士达部，东界洼隘，南界俄罗洗士达，西界希里贺，北界斯达货［贺］。领小部落五。产磁器、细呢。

窝隘部，东界落尔含，西界窝洗斯达，南界恶斯贺，北界斯达贺。领小部落七。产铜、扣针。

落斯含顿部，东界韩鼎含［伦］，西界洼隘，南界墨经含，北界利洗达。领小部落五。

韩鼎伦部，东界感密力治，西、北皆界落含顿，南界脉贺。领小部落二。

感密力治部，东界萨濩，西界韩鼎伦，南界赫贺，北界领哥吾社。领小部落四。

落尔和部，东界海，西界感密力治，南界萨濩，北界海。领小部落一十五。产羽毛呢、哔叽、五彩缎。

伊什部，东界海，西界赫贺，南界景，北界萨贺。领小部落三十。产麦、呢。

萨濩部，东界海，西界感密力治，南界伊什，北界落尔和。领小部落七。产短羊毛。

赫贺部，东界伊什，西、北皆界墨经含，南界敏特塞司。领小部落四。

脉贺部，东界感密力治，西界墨经含，南界赫贺，北界韩鼎伦。领小部落五。

墨经含部，东界赫贺，西界恶斯贺，南界脉社，北界落含顿。领小部落五。

恶斯贺部，东界脉经含，西界俄罗洗斯达，南界脉含，北界洼隘。领小部落五。

俄罗洗斯达部，东界恶斯货［贺］，西界满茅治，南界稳社，北界窝洗斯达。领小部落八。产细呢、铅、布、煤。

墨力诺部，东界希厘贺，西界格马廷，南界厄拉磨凝，北界拉落。领小部落三。

格尔马廷部，东界墨力诺，西界宾目鹿，南界海，北界加里凝。领小部落三。

宾目鹿部，东界格马廷，西、南、北皆界海。领小部落四。

额腊磨凝部，东界满茅治，西界格马廷，南界海，北界墨力诺。领小部落七。产铁、锡、马口铁、煤。

满茅治部，东界俄罗洗斯达，西界厄腊磨凝，南界海，北界希里贺。领小部落三。产棉花、羊毛、铁、煤。

戈伦和尔部，东界里完，西、南、北皆界海。领小部落一十七，有戈伦和尔炮台一所。产铜、铁、锡。

里完部，东界疏马什，南界海，西界戈伦和尔，北界海。领小部落二十二。土产锡。

疏马什部，东界稔社，北界俄罗洗斯达，西界海，南界落尔什。领小部落十四。产羊毛。

落尔什部，东界含社，西界里完，南界海，北界疏马什。领小部落十。

稔社部，东界含社，北界俄罗洗斯达，南界落尔什，西界疏马什。领小部落十一。产大呢、小呢、铁、细地毡。

含社部，东界舍利，西界稔社，南界海，北界脉社。领小部落十六。其首部距兰顿甚近。产橡木。

疏色司部，东界景，西界含社，南界海，北界舍利。领小部落十六。产棉花、羊毛。

景部，东界海，西界舍利，南界疏色司，北界伊什。土旷而沃，物产丰盛。所属落洼之新圭博，在国之南，海舶出入要港。距兰顿甚近，对海即是佛兰西，实兰顿咽喉之所。设立落洼大炮台，水师巨舰多泊此及渣咸两地。所有军装、器械、火药、火炮，均储渣咸库。领小部落十七。

舍利部，东界景，南界疏色司，西界含社，北界兰顿。领小部落七。

脉社部，东、北皆界恶斯贺，西界稔含［社］，南界含社。领小部落五。

特尔含部，东界海，西界艮马伦，南界育社，北界落滕马兰。领小部落九。

萌岛部，四面界海。与艮马伦对峙。领小部落四。

（录自魏源《海国图志》五十卷本，道光甲辰仲夏古微堂聚珍版）

四洲志·弥利坚国即育奈士迭国
（1840 年）

按：粤人咸称曰弥利坚国，又曰花旗国。其实弥利坚即墨利加，又作美理哥，乃洲名，非国名也。西洋称部落曰士迭。而弥利坚无国王，止设二十六部头目，别公举一大头目总理之，故名其国育奈士迭国，犹华言总理部落也。夷图及贸易通志译曰兼摄邦国，亦以其无国王之故，则育奈士迭亦非地名，故仍以弥利坚称之。

育奈士迭国，在北阿墨剌［利］加洲中为最巨之区。其地自古不通各洲，土旷人稀，皆因底阿生番游猎其间。耶稣纪岁千二百九十二年宋祥兴十五年①，吕宋之戈揽麻土［士］乘船西驶，始知此地，创立佛罗里达部落，开垦兴筑，将二百年，辟地未广。千五百八十四年明万历十二年，英吉利女王依里萨柏时，有英吉利人往弥利坚海岸开垦，大吕宋人拒战，英吉利人败走。英国女王依里萨柏遂遣勇将精兵，往垦其地，无人敢阻，遂名其地曰洼治尼阿。续遣二臣协创部落，复垦罗阿录之地。英国占士王遂设甘巴尼二员分治之，一曰兰顿甘巴尼，一曰勃列茂甘巴尼。又于所属各部落增设冈色尔之官，而总辖于兰顿之冈色尔。又遣三巨舶，每舶载百有五人，濒河建筑部落，即以国王之名名之，曰占士部落。

千六百有七年明万历三十五年，英人与土人争斗，英之首领士弥为土目包哈但所擒。自后英人不敢横行，惟与土人互相姻娅，生齿日炽。千六百二十一年明天启元年，英国设总领事于洼治尼阿。是年，严禁波罗特士顿教，斯教逃出百人②，由荷兰驾舟至弥利坚开垦，创建城邑，曰纽英兰。千六百二十八年明崇祯元年，复得沙廉之地，即今马沙朱硕斯

---

① 应为 1492 年，即明弘治五年。
② 《海国图志》百卷本作"数百人"。

部落，自设总领，自立律例。千六百三十二年明崇祯五年觅出钮含社。千六百三十五年明崇祯八年觅出勃罗威电。次年开出衮弱底格。千六百三十八年明崇祯十一年，复开出纽含汾，并历年在海岸所垦之缅地，均建筑城邑，设官治理。尚有欧罗巴人续垦洲内各地。千六百四十二年明崇祯十五年，英国女王马里阿敕加特力教之律官来治此地，亦以国王之名名之其地曰马里兰。千六百六十三年康熙二年，英国查尔士王令数臣往垦弥利坚南隅，即今之戈罗里那，亦以国王之名名之其首部落曰查尔士顿。后又扩地开疆，遂分为南戈罗里、北戈罗里。明年，英国复夺取荷兰与绥林所垦之纽育、纽惹西、若地那洼三部落。至是千六百八十年康熙十九年，英吉利水师官威廉边者，复开宾西尔洼尼阿部落。千七百三十二年雍正十年，英人复垦若治阿之地，竭心力，历艰险，至千七百五十二年乾隆十七年始成部落，无异于戈罗里。计英吉利占士王至查尔士王二代所得阿弥利坚洲内之部落十有六区，悉将因底阿土番驱之遐陬。

千七百五十六年至六十三年乾隆二十一年至二十八年，复兴兵夺据佛兰西国所垦之加那达、佛罗里达两大部落。除墨西果一国外，凡欧罗巴人所垦阿弥利坚洲部落，归英国者十有八区。盛极生骄，强征税饷，部众吁免，不听。千七百七十六年乾隆四十一年，士众愤怒，次年遂约佛兰西、大吕宋、荷兰诸仇国助兵恢复，爰议以戈揽弥阿之洼申顿为首区，总统兵马，称为育奈士迭国。与英国血战七年，客十[不]敌主，大破英军，国势遂定。千七百八十三年乾隆四十八年，即有附近弥斯栖比各部落前来归之。千七百九十二年乾隆五十七年，有根特机部落率众附之。千七百九十六年嘉庆元年，地尼西部众咸背英吉利而附之。洼门部落在阿希阿地开垦，历十四年之久始成部落，于千八百有二年嘉庆七年即来归之。因底阿那、伊里内斯西隅之阿那麻马同弥斯西北[比]极南近海之佛罗里达、缅地、马沙朱硕斯，以及弥斯西北[比]东边各部落，米梭里诸部落，于千八百十六年至二十年嘉庆二十一年至二十五年先后归之。千八百三十六年道光十六年阿干萨斯、米治颜同时附之。此外，尚有弥斯栖北[比]西隅之雷栖阿那一部落，亦以价赎诸佛兰西而归育奈士迭管辖。统计设立育奈士迭以后凡六十年，创建大部落二十有七，称大国，与英吉利为勒[勍]敌。

政事：自千七百八十九年乾隆五十四年议立育奈士迭国，以戈揽弥阿之洼申顿为首区，因无国王，遂设勃列西领一人，综理全国兵刑、赋税、官吏黜陟。然军国重事，关系外邦和战者，必与西业会议而后行。设所见不同，则三占从二。升调文武大吏，更定律例，必询谋金同。定例，勃列西领以四年为一任，期满更代。如综理允协，通国悦服，亦有再留一任者，总无世袭终身之事。至公举之例，先由各部落人民公举曰依力多，经各部落官府详定，送衮额里士衙门①核定人数，与西业之西那多、里勃里先特底甫官额相若。各自保举一人，暗书弥封，存贮公所，俟齐发阅，以推荐最多者为入选。如有官举无民举，有民举无官举，彼此争执，即由里勃里先特底甫于众人所举中拣选推荐最多者三人，仍由各伊力多就三择一，膺斯重任。其所举之人，首重生于育奈士迭国中，尤必居住首区历十四年之久，而年逾三十五岁方为合例，否则亦不入选。

设立副勃列西领一人，即衮额里士衙门西业之首领。若勃列西领遇有事故，或因事出国，即以副勃列西领暂理。其保举如前例。

设立衮额里士衙门一所，司国中法令之事，分列二等，一曰西业，一曰里勃里先好司。好司二字，犹衙门也。

在西业执事者，曰西那多，每部落公举二人承充，六年更代。所举之人必居首区九年，而年至三十岁者方为合例。专司法律审判词讼。如遇军国重事，其权固操勃列西领，亦必由西那多议允施行。常坐治事者额二十人，曰士丹吝甘密底；无额数者曰甘密底。皆西那多公同拈阄，以六月、八月为一任，期满复拈阄易之。

在里勃里先好司执事者曰特底甫，由各部落核计四万七千七百人中公举一人承充，二年更易。所举之人须居首区七年，并年至二十五岁者方合例。以现在人数计之，特底甫约二百四十二人。立士碧加一人士碧加，头目也。总司其事。凡国中征收钱粮、税饷，均由特底甫稽核。官府词讼，则特底甫亦可判断。常坐治事之士丹吝甘密底，每年于三月初四日，由士碧加于各特底甫中拣派二十九人，以六人专司会议，其余或理外国事宜，或设计谋，或理贸易，或理工作，或理耕种，或理武事，或理水师，或理公众田地，或理案件，或理驿站，或理因底阿人事件，各司其事。以一年期满，再由士碧加选代。

每岁十二月内第一礼拜日，则衮额里士衙门之西那多，里勃里先衙门之特底甫，齐集会议。或加减赋税，或国用不足，商议贷诸他国、贷

① 衮额里士衙门，即美国国会。

诸本国，或议贸易如何兴旺、铸银轻重大小，或议海上盗贼如何惩治，或国中重狱有无冤抑，或菀［蒐］阅士卒、增益兵额，或释回俘虏，或严立法律、惩服凶顽，或他国窥伺如何防御，一一定议。至岁中遇有仓猝事宜，随时应变，又不在此例。

其专司讼狱衙门，在洼申顿者一，曰苏勃林；在各部落者曰萨吉，凡七；曰底士特力，凡三十有三。各以本国法律判断。

苏勃林衙门一所，专司审讯，额设正官一员，副官六员。每一人分辖一萨吉。凡国内大官之讼，或案中有牵涉大官之讼，或本属萨吉所辖部落与别萨吉所辖部落不睦争执之讼，均归其审断。

萨吉衙门七所，每萨吉辖底士特力四五属不等。凡属下部落之狱，有罚赎银百圆以上者，或所犯之事例应监禁六月者，俱归萨吉审判。

底士特力衙门三十有三所，每底士特力辖部落多寡不等。凡属下部落有犯轻罪与在洋不法者，俱归底士特力审断，按其情节轻重，拟议罪名。间有不能结案者，送萨吉审断，或与萨吉会讯。

每部落设底士特力阿多尼一员，麻沙尔一员。底士特力阿多尼专司缉捕，理所属官民讼狱；麻沙尔会同萨吉、底士特力等衙门审判部内之事。国中于衮额里士之外，又设立士迭西格里达里一人，（仁尼腊）仁尼腊尔二人。在国中治事，以士迭西格里达里为首。若行军，则以两仁尼腊尔为首，俱听勃列西领调遣。又三人会合副勃列西领为加弥业，掌国中印信、法律章程、官府文檄及他国来往文书、照票，兼理巴鼎荷非士存贮文案。凡加弥业，总理邻国相交之事，内分五等：曰勃罗麻的模里敖，口衮苏拉模里敖，曰毫模里敖，曰阿支付士，曰巴鼎荷非士，各执其事。

其赋税，设立西格里达里荷非士、衮多罗拉二人，敖底多五人，里尼士达、特列沙那、疏里西多等官，专司征收支发，岁报其数于衮额里士衙门，以候稽核。

其武事，额设里贵西循模里敖官、芒地兰模里敖官、兵饷官、管理因底阿土人事务官、督理火器官、绘图丈量地亩官。其总兵曰仁尼腊尔因智甫官，统辖官兵，分东西二路：东路总兵统辖缅地、纽含社、马沙朱硕斯、洼门、衮特底格、律爱伦、纽育、纽惹西、地那洼、马里兰、洼治尼阿、南戈罗里、北戈罗里、佛罗里达、宾西尔洼尼阿、若治阿、根特机、地尼栖、阿希阿、弥治颜等二十部之兵；西路总兵统辖阿拉麻马、弥斯西比、雷西阿那、阿干萨士、因地阿那、伊里内士、弥梭里、威士衮申、达多里等十一部之兵。国中节啬，养兵甚少。设马约仁尼那尔官一员、墨里牙底阿士仁尼那尔官三员、戈罗尼尔官十九员、副戈罗尼尔官十五员、马约官二十八员、急顿官百有四十员，领马兵两队、炮兵四队、步兵七队，以及制造火器、兵器、绘图工匠，统计仅战兵七千有六百名，每年支发兵饷银九十八万八千三百十七圆，津贴兵丁银四十九万五十〔千〕五百圆。每兵岁饷银将二百圆。兵少饷厚，故训练精强。又制造军装、器械银三十三万圆，存贮军器库银二十三万一千五百圆。瓜达麻士达底八门银三十三万二千圆。国中防守地方汛兵银一百三十万圆，各处防守炮台兵银二十万圆。此守兵在战兵之外。共计战守兵饷及修理器械共需银三百八十七万七千三百一十七圆。

千七百九十八年^{嘉庆三年}，设立管理水师书记衙门。千八百十五年^{嘉庆二十年}，始立管领水师官。兵船不甚多，而与英吉利交战三年，地险心齐，水战练习，其名遂著。原设大兵船十五只，中兵船二十五只，小兵船三十三只，火烟轮兵船一只。近年因船不敷用，增修兵船，复设船厂七，雕刻厂二所。历年支发水师银二百三十一万八千圆，修船银百有六万五千圆，津贴银七十八万二千圆，修船厂银七十九万八千一百二十五圆，水上费用银四十三万八千七百四十九圆，巡查南极费用银三十万圆，共需银五百九十万有奇。

波斯麻达仁尼腊尔衙门，掌理国中水陆邮程递报之事。计递报道路约十一万二千七百七十四里，每年往来路程约二千五百八十六万九千四百八十六里，各处信驿计万有七百七十所，历年往来驿费银二百七十五万七千三百五十圆，历年约收信价银二百九十九万三千五百五十六圆。综计出入，有盈无绌。

国中原在非腊特尔非阿设铸金银局一所。千八百三十五年^{道光十五年}，复在纽哈兰、北戈罗里、若治阿三部落各增设一所，派官监铸。其炉灶、器具、机窍皆以火烟激动，不烦人力。计每年倾铸金钱值银二百十八万六千一百七十五圆，银钱三百四十四万四千零三圆，铜钱值银三万九千四百八十九圆，统值银五百六十七万圆。

各部落自立小总领一人，管理部落之事。每部落一议事公所。其官亦分二等，一曰西业，一曰里勃里先特底甫。即由本部落各择一人，自理其本部之事。小事各设条例，因地制宜；大事则必遵国中律例。如增减税饷、招集兵马、建造战船、开设铸局、与他部落寻衅立约等事，均不得擅专。所举执事之人，数月一更代。如分管武事，设立章程，给发牌照，开设银店，贸易工作，教门，赈济贫穷，以及设立天文馆、地理馆、博物馆、义学馆，修整道路桥梁，疏通河道，皆官司其事。其法律大都宗欧罗巴之律删改而成。征收钱粮税饷，通酌国中经费出入，公议定额，不得多取。

国中钱粮税饷虽多，惟创业开国，军旅时兴，入不敷出，遂致亏欠民项，为数不赀。千七百八十三年乾隆四十八年，欠项仅四千二百万圆。千七百九十三年，即多至八千有三十五万二千圆。官府历年筹补，止余四千五百万圆。千八百一十三年嘉庆十八年，因与英吉利交兵，三年即欠至万二千七百三十三万四千九百三十三圆。迨至千八百一十六嘉庆二十一年，兵戈寝定，二十年来统计所还子母共二万一千二百万圆。当开国之初，轻税薄敛，原可足用。自与英国攻战，供亿浩繁，及向佛兰西赎回雷西阿那、佛罗里达两部落，所费亦不轻。于千七百九十八年嘉庆三年及千八百一十三四五等年，始加征户口、田地、房产、奴仆等项钱粮，每年或加一百七十五万，或二百万，或三百万，多少不等。千八百十六年嘉庆二十一年，停止加征。惟征入口货物税饷，视贸易之盛衰为多寡。按千八百十六年所征税饷，多至三千六百三十万有奇。自此以后十年，即仅收千三百万以至二千万圆等。千八百二十五年至千八百三十四年道光五年至道光十四年，自二千万至三千万圆不等。近年日见减少。此外尚有出卖官地一项。其田地散在各部落，即先日价买佛兰西及因底阿土人田地，逐一丈量，划分当隰，当隰，村庄也。每当隰计三十六色循，每色循计六十四埃加，埃加，一亩也。除留出学校、道路、河道基址丁六百有四万零二千坝埃加外，余俱由勃列西领出示招买。初定每埃加价值二圆，先交半价，余半期年交讫。嗣因欠价不缴者二千二百万圆，旋议减价，每埃加定价一圆零先士二十五枚，不得赊欠。自后每年卖出田土价值，少则百余万圆，多则六百万圆有奇。在千八百三十五年道光十五年，所得卖价多至千二百万圆。截至是年为止，计阿希阿丈出田土千四百七十万零三千一百六十三埃加，已卖者千有六十万二千六百七十一埃加，得田价千有九百四十八万九千九百三十二圆；因底阿那丈出田土千有八百九十九零四百四十七埃加，已卖者八百三十九万零八百三十九埃加，得田价千八十一万零一百七十二圆；依里内士丈出田土二千一百五十七万四千四百五十九埃加，已卖者四百三十四万零四百八十一埃加，得田价五百五十五万五千四百八十七圆；阿那麻马丈出田土二千九百九十一万五千零八十八埃加，已卖者七百三十二万九千零三十埃加，得田价一千三百零万七千一百一十五圆；弥斯西比丈出田土千有七百五十二万五千八百二十埃加，已卖者五千六百万零一千五百一十七埃加，得田价七百八十二万二千九百八十七圆；雷西阿那丈出田土六百四十五万零九百四十二埃加，已卖者七十六万七千四百一十五埃加，得田价百有十六万二千五百九十一圆；弥治颜湖东丈出田土千有二百二十一万一千五百一十九埃加，已卖者三百二十万零七千八百二十二埃加，得田价四百零七万二千三百九十四圆；弥治颜湖西丈出田土四百六十七万四千六百九十一埃加，已卖者十四万九千七百五十五埃加，得田价二十一万五千一百八十九圆；阿干萨士丈出田土千有三百八十九万一千五百三十八埃加，已卖者六十六万八千三百六十二埃加，得田价八十六万一千八百一十六圆；佛罗里达丈出田土六百八十六万七千一百三十埃加，已卖者四十九万二千九百零九埃加，得田价六十五万七千零九十二圆。统计已卖田土四千五百四十九万九千六百二十一埃加，未卖者万有二千一百三十九万七千四百六十三埃加。别有旷野荒郊田土七万七千百埃加，已丈过万有二千二百三十万埃加。计卖出田价共六千七百八十二万零八十五圆，除办理因底阿土人事务需银千有七百五十四万一千五百六十圆，买雷西阿那部落需银二千三百五十二万九千三百五十三圆，罗［买］佛罗里达部落需银六百四十八万九千七百六十九圆，还若治阿部落银一百二十五万圆，赎弥斯西比部落银店需银一百八十三万二千三百七十五圆，地方官需银三百三十六万七千九百五十一圆，丈量地亩需银七十八万六千六百一十七圆，总共需银五千八百四十三万八千八百二十四圆。综计出入，有盈无绌。

弥利坚国历年出纳款项，自千七百九十一年乾隆五十六年开国起，至千八百三十二年道光十二年，征收税饷银五万九千四百九十万零九千零六十七圆，田土赋税银二千二百二十三万五千二百六十圆，人丁钱粮千二百七十三万六千八百八十八圆，递寄邮信银百有九万一千二百二十三圆，公众田土价银四千零六十二万七千二百五十圆，债银及库中所出银单等项银万有五千六百一十八万一千五百七十八圆，银店股分利息及出银店股分银千有一百零五万二百［千］五百零六圆，杂项银六百四十二万八千八百九十二圆。

历年支银，文事需银三千七百一十五万八千零四十七圆，邻国往来相交事件需银二千四百十四万三千五百八十二圆，杂款需银三千二百十九万四千七百零三圆，修整炮台银万有九千零五十三万八千六百四十三圆，历次兵饷需银千有七百二十九万八千二百八十二圆，别款兵饷需银六百七十一万零三百零七圆，办理因底阿土人事件需银千有三百四十一万三千一百八十八圆，设立水师兵船等项需银万有一千二百七十万零三千九百三十三圆，归还军需借项本利银四千八百九十万圆。统计征收银八万四千五百二十六万二千六百六十八圆。除支发银八万四千二百二十五万零八百九十圆，仍存贮国库银三百零一万一千七百七十八圆。

千八百三十三年道光十三年，所征各款钱粮税饷，除支发兵丁银二百四十三万五千四百零三圆，行营口粮银三百五十万零七千四百八十四圆，修造军器、修补武备库共银五十三万零九百五十一圆，修建炮台银九十六万一千四百八十圆，修筑堤工银四十三万五千七百六十一圆，浚河银二十四万圆，建筑习武馆银十一万七千一百六十六圆，办理因底阿土人事件银百有九十一万二千五百八十一圆，水师兵船等项银三百九十万一千三百五十六圆，还亏欠银百有五十四万三千五百四十三圆，修道路桥梁银六十五万五千四百十六圆，立法各官公费银四十六万九千零七十四圆，各路办事公费银六十五万八千六百零八圆，审讯衙门支发三十三万八千七百五十八圆，修造路灯银三十一万三千九百零三十圆，修造税馆栈房银二十五万零四百一十五圆，丈量海岸银万八千三百一十三圆，洼治尼阿疏浚运河银二十八万九千五百七十六圆，与他国交往、贸易事务银九十五万五千三百九十六圆，共计千有九百五十三万五千六百八十一圆，尚有盈余银八百六十九万一千一百圆。连历年盈余贮库共银千有百七十万零二千九百零五圆。

千八百三十四年道光十四年，征收税饷银千有六百二十一万四千九百五十七圆，地租银四百八十五万七千六百圆，银店息银二十三万四千三百四十圆，出卖银店银三十五万二千三百圆，杂税银十三万二千七百二十八圆；支发文事杂项银八百四十万零四千七百二十九圆，武事需银三百九十五万六千二百六十圆，还国家亏欠银六百一十七万六千二百六十圆。共计征收银二千一百七十九万一千九百八十二圆，核计本年亏欠银二百八十一万零四十七圆，在于盈余库项支销外，尚有余银八百八十九万二千八百五十八圆存贮国库。

千八百三十五年道光十五年，征收各款钱粮税饷银〈二〉千有八百四十三万零八百八十一圆，除支发各项银千有九百二十七万六千一百四十一圆，盈余银九百一十五万四千七百四十圆，共历年盈余贮库银千有八百四万七千五百九十八圆。

疆域，东界阿兰底海，西界卑西溢海、墨西果国，南界墨西果国之墨西根海，北界英吉利、俄罗斯所属地。幅员二百三十万方里。以周围边界程途计之，径一万里。内滨海岸者三千六百里，滨湖岸者一千二百里。自卑西溢海至阿兰底海，东西距二千五百里。除国中各部落之外，西隅尚有地百三十万方里未尽开辟。地势内辽阔，外险阻，故虽英吉利兵亦不能再窥伺。

山陵最著者，在洼申顿有阿巴腊止庵山，又名阿里牙尼山，高峰仅二百四十丈，而迤长袤延通数部落之远；在北哥罗里有墨力山，其最高峰亦不过五百一十四丈有奇；在国之西隅有落机山，峰高九百六十丈。此外山多，未能悉载。

川泽分歧，难以悉数。其最长者曰弥梭里河，自落机大山发源，至雷西阿那出海，长四千五百里；其次弥斯西比河，自威士袞申部落发源，至雷西阿那出海，长三千有百六十里。两河往来舟楫最盛。此外，苏比厘阿湖、休伦湖、安达里阿湖，均处边界。惟弥治颜湖居于腹地，南北距三百六十里，东西距八十里，水深七十二丈。有弥支里墨机纳港可通休伦湖。

国中地广人希，以近年生聚计之，自开国迄今仅数百载，蕃庶数倍。在千七百九十年乾隆五十五年间，户仅三百九十二万九千八百二十七口。及千八百三十年道光十年，计白男五百三十五万三千零九十二人，九十岁以上至百岁者二千有四十一人，百岁以上三百有一人；白女五百十六万八千五百三十二人，九十岁以上至百岁者二千五百二十三人，百岁以上者二百三十八人；黑男十五万三千一百八十四人，百岁以上者二百六十九人；黑女十六万五千七百六十人，百岁以上者三百八十六人；奴仆百有万二千零七十五人，百岁以上者七百四十八人；奴婢九十九万五千五百四十四人，百岁以上者六百七十六人；白瞎人三千九百七十四名，黑瞎人千四百七十人；白聋哑人五千三百六十三名，黑聋哑人七百四十三名，统共千有二百八十六万六千九百十九人。即丁口之衍蕃，征国势之炽盛，果能永远僇力同心，益富且庶，虽欧罗巴强盛各邦，未之或先。国人多由外域迁至，如居宾西尔洼尼阿者，皆由耶麻尼，言语近始更变；居雷西阿那、〈弥〉梭里、依里内士、弥治颜等处者，皆佛兰西国之人；居阿希阿、因第阿那者，皆瑞国与耶麻尼之人；尼［居］纽育者，皆荷兰国人。种类各别，品性自殊，因地制宜，教随人便，故能联合众志，自成一国。且各处其乡，气类尤易亲睦也。传闻大吕宋开垦南弥利坚之初，野则荒芜，弥望无人；山则深林，莫知矿处；攘［壤］则启辟，始破天荒。数百年来，育奈士迭遭成富强之国，足见国家之勃起，全由部民之勤奋。故虽不立国王，仅设总领，而国政操之舆论，所言必施行，有害必上闻，事简政速，令行禁止，与贤辟所治无异。此又变封建郡县官家之局，而自成世界者。

国中黑人居六分之一，其中亦有似黑非黑、似白非白者，种已夹杂，难变［辨］泾渭。各部落中不准黑人预政事。有数部落准其一体公举。其律例内载：宾西尔洼尼阿、纽育部落之人皆得自主。惟黑奴子孙分属下等，凡事不得擅专。至千七百九十八年嘉庆三年，禁止买卖奴仆，即逃走亦不准收回。嗣西北之洼治尼阿、弥斯西比各部，亦禁携奴仆进口，自此兴贩少息。惟南隅产棉之部落，尚有使用奴仆者。凡奴仆之例，重罪始经官治，小过家主自治；不得私置产业；学习文字，往庙拜神，必须白人带引。若因底阿之待仆人，则又不然。遇礼拜日，每奴散谷十八棒至二十四棒，薯六十四棒，并酌给鱼肉；冬夏布衣，下及奴之子女；又每二年人给洋毡，幼小者二人共得一毡；疾病设有医药。过其境，见其仆皆工作不辍，啸歌自得。如逢礼拜，概停力作。其工役三日一派，能并日完毕者，所余之日或得自作己业，游戏无禁。其恩恤奴仆，为诸部所未有。

风俗教门，各从所好，大抵波罗特士顿居多。设有济贫馆、育孤馆、医馆、疯颠馆等类。又各设义学馆，以教文学、地理、算法。除普鲁社一国外，恐无似其文教者。有官地亩以供经费，复有国人捐赀津贴。千八百三十四年道光十四年，在纽育所属各小部义馆读书者，共五十四万有千余人，岁支脩脯七十三万二千圆。如纽惹西、宾西尔洼尼阿、阿希阿、马里兰、洼治尼阿、南戈罗里、鼎尼西、根特机等处部落，亦皆捐设学馆，造就人材。又设授医馆二十三所，法律馆九所，经典馆三十七所，教人行医，通晓律法，博览经典，通各国音语。近计非腊特尔非阿藏书四万二千卷，甘墨力治藏书四万卷，摩士顿藏书三万卷，纽育藏书二万二千卷，衮额里士署内藏书二万卷。迩来又增学习智识、考察地理之馆，重刊欧罗巴书籍。人材辈出，往往奇异。

技艺工作，最精造火轮船。即纺织棉布，制造呢羽、器具，均用火烟激机运动，不资人力。他国虽有，皆不能及。写绘丹青，亦多精巧。如急里、委士、士都艺、纽顿、阿尔士顿、里士里诸人，皆以妙手名。

地膏腴，丰物产。千八百三十四年道光十四年，海产之干鱼、醃鱼、鱼油、鳅鱼骨等物，约值银二百有七万零千四百九十三圆。山产毛皮、洋参、木板、船桅木、树皮、木料、松香等物，约值银四百四十五万七千九百七十七圆。田地家宅所出之牛、羊、马、猪、麦面、干饼、薯、谷、米、粗麦、苹果、烟叶、棉花、豆、糖、洋靛等类，约值银六千七百三十八万零七百八十七圆。工作所造香碱、蜡烛、皮鞋、洋蜡、酒、鼻烟、卷叶烟、铅锡器、绳索、桅榄［缆］、铁器、火药、糖、铜器、药材、布匹、棉纱、夏布、枏、雨伞、牛皮、麖皮、马车、马鞍、水车、乐器、书籍、图画、油漆、纸札、笔墨、缸瓦、玻璃、洋铁、石板、金器、银器、金叶、金钱、银钱、木箱、砖［石］灰、盐等类，约值银六百六十四万八千三百九十三圆。

国中进口货物：茶叶、架非豆、红糖、椰子、杏仁、干菩提子、无花果、胡椒、香料、桂皮、豆蔻、米酒、冰糖、灯油、丝发、匹头、金线等类。其各国所出棉布、夏布、皮毛、染料、颜色、铜铁、金银器皿、纸札、书籍，贩运进口者，交易之大，以英吉利为最，次佛兰西，再次即弥利坚及海南之姑麻岛，弥利坚西南之墨西果国。若中国，又其次也。此外通商之国，如俄罗斯、普鲁社、绥林、领墨、弥尔尼壬、荷兰、大吕宋、依达里、耶麻尼、散迭里、纽方兰、在弥利坚东北，属英国所辖之一大海岛。黑底、在弥利坚之南，属佛兰西所辖之大海岛。小吕宋、葡萄亚、阿非里加洲各海岛、都鲁机、果揽弥阿、墨腊西尔、芝利、庇鲁等处。其余小国来贸易者不计其数。以千八百三十四年道光十四年计之，英吉利进弥利坚口岸货物，约值四千五百五十六万六千有奇，出口货物约值四千一百六十四万八千四百二十圆。中国茶叶进口者，约计六百二十一万三千百三十五圆，在国内销流者居六分之一；此外尚有丝发等项百六十七万八千四百九十二圆，共计值银七百八十九万二千三百二十七圆。由本国出口运赴中国货物，计值银不过百万零四百八十三圆。其余各国进口货物，多寡不一。统计货值万四千九百八十九万五千七百四十二圆。千八百三十五年道光十五年，各国进口货物共计银万二千六百五十二万一千三百三十二圆，出口运往各国货物共计银万有四百三十三万九千九百七十三圆。千八百三十五年道光十五年，通国银铺五百有三家，赀本大小不等，其最巨者三千有五十万九千四百五十圆，小者亦有十余万圆。统计银铺赀本共万有八千一百八十二万九千二百八十九圆。

国中运河长三千五百里，疏浚二十年始竣。其不通河道者，即用火烟车陆运货物，一点钟可行二三十里。其车路皆穿凿山岭，砌成坦途，迄今尚未完竣。如值天寒河冻，亦用火烟车驶行冰面，虽不及舟楫，而究省人力。

因底阿土人种类蕃多，屡因争战，被戮大半，惟弥斯西比之东西［有］因底阿土人八万，西有因底阿土人十八万，余俱散处各部中间，自成村落。下窟上巢，有同鸟兽。疾则何［倩］师巫歌跳，刺血诵咒，间用草木作药饵。信鬼好斗，行阵则佩符咒。犷者食人，尤嗜犬肉。其头目服牛皮，饰以羽毛，颈悬熊爪，履白皮，握羽扇。受伤则头插红漆木签九技［枝］，以彰劳绩。散处各部，不受约束。近渐导以教化，招徕其党，给以房屋、耕织器具，并设闪色尔官治之，各立界限，不得逾越。创书馆、庙宇，岁提库银万圆，公捐银四万圆，延师教课。千八百三十五年道光十五年，在馆肄业之童蒙已千五百矣。弥斯西比、弥梭里平地中多有高陇，形似围墙，高自数忽以至三四十忽不等，每忽八寸。宽二三十埃加，埃加，亩也。内多土堆，参差不一，粗沙乱石，或方或圆，或作数角，诸史并无纪载。有谓因底阿人所造之坟茔。第土蛮何解造作？或谓洪水泛滥、波浪激成者，近是。

（录自魏源《海国图志》五十卷本）

澳门月报
（1840 年）

论中国　　道光十九年及二十年新闻纸①

　　中国人民居天下三分之一，地广产丰，皆土著，少习驾舟之事，才艺工作甚多，我皆不奇，所最奇者，惟中国之法度，自数千年来皆遵行之。在天下诸国中，或大或小，无有一国能有如此长久之法度也。额力西国之梳伦与孔夫子同时，各立法度，然额力西国已经数易其主，法度亦多更变。罗问国亦在孔子之时，当日强盛，平服天下一半地方，然今所剩之地甚微少。阿细亚西边诸国前曾强盛过，迄今衰败，变为旷野，而今中国仍遵行其法度。现今西方诸国，皆立国不久，只欲以兵戈相胜，一国欺夺一国，皆因其法度规矩不定，不遵约束也。中国非无变乱，不过暂时受害，乃有一主即复统一如前，即平服中国之金朝、元朝，必用中国之风俗律例，此可谓胜中国以力，而中国反胜之以文也。中国法律与由斯教之法律相同，中国人与外国隔别，又不习以兵火剿灭邻国，以为自己系上等之人，由斯教亦自负上等人，而遵守摩西士之法律，严拒外国人，正与中国同，皆是保守自己，免杂风俗；正似罗问国加特力内之教师终身不娶，不作差事，努力扶持教法，至耶稣一千年时，遂令通欧罗巴俱行遵敬此教。罗问教内之规矩亦极严肃，其治罪之律例正与中国律例相等。故中国惟自谓王化之国，而视外国皆同赤身蛮夷。

　　若论人民之多，即无一国可与中国比较。即如俄罗斯，有一百四十一万四千四百四十六方里，城池亦宽大，人烟亦稠密，然户口不过一百

---

①　魏源《海国图志》在此题下注："两广总督林则徐译出，中有四条曾附奏进呈。"

九十二万五千名①；而中国只湖广地方，宽不过十四万四百七十七方里，即已有户口四千五百零二万名。佛兰西地方，宽有二十一万三千八百三十八万方里，户口三千二百零五万二千四百六十五名；而江南地方宽九万二千九百六十一方里，户口即有七千二百万名。欧色特厘国宽二十五万八千六百零三方里，户口三千二百一十名；中国河南、山西两省，宽十二万方里，户口即三千七百零六万名。英吉利国宽十二万七千七百八十八方里，户口一千二百二十九万七千六百名；广东一省，宽不过七万六千四百五十五方里，户口即有一千九百十四万七千名，是中国一省即可抵西洋三大国之人民。俄罗斯设立陆路兵丁六十万名，佛兰西陆路兵丁二十八万一千名，欧色特厘陆路兵丁二十七万一千名，英吉利国陆路兵丁九万名，在中国设立陆路兵丁七十六万四千名，在数国之中为最多，惟论及中国海上水师之船，较之西洋各国之兵船则不但不能比较，乃令人一见，即起增恨之心。

中国不肯与外国人在海面打仗，惟有关闭自己兵丁在炮台内，又断绝敌人之伙食，此或者是最好之法，亦系将来必行之法。然此法实难行，盖因各处人烟布满，居民只欲卖伙食，所以在尖沙嘴、铜鼓洋各处，伙食亦甚易得。但要好地待土人方好，或者中国必用旧时待郑成功法子，将其沿海各岸人民驱入三十里内地，不遵命者杀。我思此法今亦难行，因遍处海岸皆系富厚城池，当日所以能行者，以开国得胜之兵威也。

中国之火枪系铸成之枪管，常有炸裂之虞，是以兵丁多畏施放。中国又铸有人炮，每一门可以抵我等大炮四十八门，尚有许多大小不等炮火。惟中国只知铸成炮身，不知作炮膛，且炮身又多蜂眼，所以时常炸裂，又引门宽大，全无算学分寸，施放那能有准？又用石头、铁片各物为炮弹，并用群子、封门子，皆粗笨无力。兵丁或以五人十人为一排，百人为一队，不同我国分派之法。又中国兵丁行路，亦不同我等队伍密密而行，皆任意行走，遇紧急时，谁人向前趋走极快者，即是极勇之人。中国兵丁，多用兵丁之子充之，以当兵为污辱，凡体面人不肯当兵。其钱粮甚少，遇征调，便乘机勒索虏掠，居民见兵过，无不惊惧。由行伍升至武官，只要善跳善射，并无学问，尤要有银钱，就可买差使，买缺推升，各省皆然。现在中国人买甘米力治船，又要扣留黄旗两

---

① 中国近代史资料丛刊《鸦片战争》记：四千一百九十二万五千名。

船人官，此事不久可见一番新世界。今暹罗、安南，亦学别国制造兵船，中国亦用此法，然有两种阻碍：一系中国水手愚蠢，难得明白精熟之人，必寻别国之人，方会驾驶；一系工价太贱，若雇外国人，不敷养赡，不肯为中国用。安南国船，亦仍照旧制，只比中国师船稍好看，然亦不甚利便。暹罗国尚有西洋式样船数只，不过用以贸易，况其船舱制造不好。现在都鲁机人，曾有西洋人指点装造好船样，然总不及欧罗巴。若中国人欲学外国之式制造师船，必寻外国人指点如何驾驶，凡有外国人肯为中国人所用者，初时必定应许多少工价、各样恩典，迨后定必被骄傲官府骗其工价，并且凌辱，如荷兰人在日本国，务与西洋人相反，事事遵从日本法律，并助日本国捕陷西洋之人，毕竟得何好处？现在荷兰在日本之贸易，已减至两只船而已。

西洋人留心中国文字者，英吉利而外，耶马尼国为最，普鲁社次之。顺治十七年，则有普鲁社之麻领部一士人，著书谈中国，现贮在国库内。又有普鲁社之摩希弥阿部落教师，亦曾译出中国四书一部。又有普鲁社之般果罗尼部落，一名士曰阿旦士渣，著书论中国风土人情，但用其本国文字。嘉庆五年间，有人曰格那字罗，熟谙中国文字，但恃才傲物。又有耶马尼国之纽曼，曾到广东，回国著一书论佛教，一书论中国风土，将带回许多书籍，与耶马尼诸国人考究，又翻出《诗经》一部。又有力达者，著中国地理志一本，说中国如极乐之国，令耶马尼人人惊异。又有耶马尼之包底阿，现在佛兰西国雕中国活字板，普鲁社人亦出财助成其事。又有欧色特厘阿一人曰庵里查，亦著一书论中国钱粮。

又曰：中国官府全不知外国之政事，又不询问考求，故至今中国仍不知西洋，犹如我等至今未知利未亚洲内地之事。东方各国，如日本、安南、缅甸、暹罗则不然，日本国每年有一抄报，考求天下各国诸事，皆甚留神。安南亦有记载，凡海上游过之峡路皆载之。暹罗国中亦有人奋力讲求，由何路可到天下各处地方，于政事大得利益。缅甸有头目曰弥加那者，造天地球、地里图，遇外国人即加询访，故今缅甸国王亦甚知外国情事。中国人果要求切实见闻亦甚易，凡老洋商之历练者及通事、引水人，皆可探问，无如骄傲自足，轻慢各种蛮夷，不加考究。惟林总督行事，全与相反，署中养有善译之人，又指点洋商、通事、引水二三十位，官府四处探听，按日呈递。亦有他国夷人，甘心讨好，将英吉利书籍卖于中国。林系聪明好人，不辞辛苦，观其知会英吉利国王第二封信，即其学识长进之效验。

道光十七八年，澳门有依湿杂说，乃西洋人士罗所印，由英吉利字译出中国字，以中国木板，会合英吉利活字板，同印在一篇。序云：数百年前，英吉利有一掌教僧，将本国言语，同纳体那言语同印，今仿其法，所言皆用中国人之文字。此事［书］初出时，中国人争购之。因其中多有讥刺官府之陋规，遂为官府禁止。中国居天下人中三分之一，其国又居阿细阿洲地方之半，周围东方各国皆用其文字，其古时法律、经典皆可长久，其勇敢亦可与高加萨人相等，性情和顺灵巧，孝亲敬老，皆与欧罗巴有王化国分相等。惟与我等隔一深渊，即是语言文字不通，马礼逊自言只略识中国之字，若深识其文学，即为甚远。在天下万国中，惟英吉利留心中国史记言语，然通国亦不满十二人，而此等人在礼拜庙中尚无坐位，故凡撰字典、撰杂说之人，无益名利，只可开文学之路，除两地之坑堑而已。

论茶叶

贸易中货物之利于人并利于税饷，舍茶叶外，断无胜于此者。中国每石茶叶收税饷二两五钱，又洋行会馆各费，每石抽银六圆至九圆不等。先日公司与洋商交易时，每石茶叶纳饷并费皆系六两七钱，比今减少。除中国省城税饷外，海中沿途尚有关口七八处，亦须俱纳税饷。俟到英吉利国，每棒税银又纳银三钱七分五厘。统计茶叶税饷，较之原值，已加一倍，再加水脚各费，运至英国，卖价与武夷山买价岂止加数倍耶？惟米利坚国税饷减少，故各埠茶价较贱。

茶叶销用极广，故我等于各地尽心栽种，欲敌中国独行之买卖。印度之阿山地方，出茶仅敷本地用度，后人于阿山上面寻出地方栽种茶树，近已装茶出口。道光十九年，兰顿已存阿山茶叶，均以为奇。其茶小种有三种，白毫有五种。后经茶师考察，此茶有伤原性，致有烟气苦味，皆由工人制造不善，须得尽用中国工人栽种，即与武夷无异。近年荷兰亦于所属葛留巴用力栽种，道光十八年已有两种茶叶，因此岛福建人居半，故所种茶树茂美。此外如新埠等岛及西洋之没拉济尔，亦用心栽种，徒费工钱，而地土不宜，今皆废弃。

英吉利之外，米利坚人销用绿茶最多。一千八百三十三、四两年道光十三、四年，米利坚船由中国装出茶叶不下一千八百六十八万八千五百三十三棒，从前并无此数也。欧罗巴内地销用茶叶，以荷兰、俄罗斯两国为最。荷兰每年要销二百八十万棒，耶麻尼每年销用一百八十万棒或二百万棒，佛兰西在广东出口时，茶叶虽多，然沿途分售，及到本国进口时，数已减少，只销二十五万棒，然只用之以作医胆经之药材，因佛兰西酒多便宜，故不甚销中国之茶也。俄罗斯在北边蒙古地方买去，在一千八百三十年道光十年，买去五十六万三千四百四十棒，在一千八百三十二年道光十二年，买去六百四十六万一千棒，皆系黑茶，由喀克图旱路运至担色，再由水旱二路分运娜阿额罗。其黄旗船、绥领船、普鲁社船所运茶叶皆不甚多。其印度各埠销用之茶每年有英国六七船前去售卖。其阿支比拉俄各岛中茶叶系中国福建商人装出贩卖。中国人海船放到苏禄、文莱、路哥尼阿、新奇坡附近各处，系顺西北风驶去。英吉利人亦有在新奇坡买中国茶回国者，其茶均是上等。现在各岛每年销茶之数年增一年，总而计之，中国每年出口之茶叶有七千余万棒，与鸦片贸易可以抵对。

现在中国人阻止贸易，致我国人皆尽心在东印度之阿山地方栽种茶叶。前此虽亦知其地宜茶，尚未甚尽心，今已奏闻兰顿本国，请免赋税，奉到示谕，设法鼓励。今已做出茶叶百九十箱，若更多加本钱，可以多种百倍也。近日英吉利攻服模定地方，其土亦宜茶，再请中国工人制造，即可得利。闻阿山茶树，第一年每株可值先士六七个，自此递年加增，及至六年后，即递年减少，约计五万二千六百忽地方，每年产茶可值劳碑银二百二十个。

我国王以小吕宋耕种不甚起色，下令凡有农器进口免税，凡有人肯栽洋靛等贵物，议公项如何奖赏。又肯垦荒栽种各物之人，如何赏给，令各官商议定夺。若有两家合栽架非树，数至六万株者，给头等赏银八千圆，四万五千株者，给次等赏银六千圆，三万株者，给三等赏银四千圆，并于架非出口时免税。凡栽种桂皮、茶叶、桑树者同之。凡栽种椰子树者，较架非树三等，每等加赏二千圆，其栽玉桂、丁香者，赏格较架非树加倍。凡栽种洋靛及糖蔗及以上各树之人，准其自开斗鸡场，永不纳税。现在中国人及印度人本地人，会合不过二十家，其耕种产业，上好糖不过二万棒，或产洋靛不过一万棒者，方其栽种时，即不收地税，若有人代官府尽心耕种各树，五年之后，不但免其地税，并将五年内所纳税饷，加三倍给回。

论禁烟

鸦片制造，一在八达拿，一在默拿，皆孟阿拉地方。而孟阿拉各官设法加工，总要引中国人嗜好此物。在加尔吉达孟阿拉首部落。税簿上，即可查出每年鸦片到中国多少，到别处多少，无不列明。近来六年间，孟阿拉出产七万九千四百四十六箱内有六万七千零三十三箱到中国，故鸦片乃是中国最销流之物。今将其数目开列于下：一千八百三十三年道光十三年，中国七千五百九十八箱，各处一千八百一十箱。三十四年道光十四年，中国一万二百零六箱，各处一千七百九十箱。三十五年道光十五年，中国九千四百八十五箱，各处一千五百一十箱。三十六年道光十六年，中国一万三千零九十四箱，各处一千七百五十七箱。三十七年道光十七年，中国一万零三百九十三箱，各处二千二百十三箱。三十八年道光十八年，中国一万六千二百九十七箱，各处三千三百零三箱。此但系孟阿腊一处鸦片数目，除孟迈等处所发卖在外，每年印度所收鸦片税饷，自五百万至一千万圆不等，故巴厘满遂以印度为属国中之第一。以近来论之，鸦片运到中国者，从古以来，实无多过于今日，总因孟阿腊官府贪心所致。故孟阿腊港口贸易，较之孟迈尤大，计所纳税饷多于地租，每年解至英国之银，约六十三万九千棒，合三百一十五万圆。连存留在印度以及各官所用之银，大约有二百万棒，合一千万圆。故英国受鸦片之利益不少，亦以此招中国人之忌。

在印度鸦片之税，英国多年得孟阿拉地税银四百二十二万九千七百十二圆，地税外又征收饷银。现在常例外，再加四款税饷，第一款，种波毕之时，即须上税；第二款，波毕成熟之时，以估价之多少上税；第三款，于取波毕汁之时，亦须上税；第四款，于出口之时，又要上税；合计收饷银连地税，共收银九百六十八万四千余圆，除公司贸易外，余地皆禁止，不准栽种，以免走私漏税之弊。但除英国所辖地方外，他国亦有出产鸦片者，如麻尔洼地方亦种波毕，且制作好，价值昂。先年麻尔洼鸦片，有公司包揽时，三分中只有一分由孟迈出口，二分由布路亚国所辖之拿孟出口，及近二年，去此包揽贸易之后，今却有十分之九由孟迈出口，只一分由拿孟出口，因此英国逐年得孟迈鸦片税银百万圆，此法度之好无穷，故今鸦片之税饷，在英国实在难去。

一千八百年间，中国准鸦片进口，以药材上税，及后奉旨禁止，而广东官府仍准鸦片趸船长湾在黄埔，距省有十二里。至一千八百二十年道光二年，鸦片进口太多，故今趸船出口不准湾泊黄埔，由是湾零丁洋及澳门急水门等处。又议定规银每箱若干，自总督衙门以及水路文武官员皆有之，惟关口所得最多，或在船上来取，或在省城交收，皆逐月交清，亦有将鸦片准折，每次自一箱以至百五十箱为止，却无定数，此走私之光景，着实可痛。正犹西洋人好饮辣酒，都鲁机及印度无来由人好食生鸦片，皆害人性命之物，而争食不已，以致印度及麻尔洼亦印度自主之国，未属英吉利者。各相争种。若想印度人不栽波毕，除非中国人不食鸦片；若想中国人不买鸦片，除非印度不栽波毕，二者皆所不能。

鸦片乃印度各官养成，后又得巴厘满、甘文好司示谕允准，而印度之官利其税饷，于二十年间，每年有七百五十万圆税饷，近来数年已至一千余万，在英吉利属国中最为资财之数。自广东公司散后，其公司之人即作鸦片买卖，又将卖鸦片之银买茶叶回国，而英国之茶叶饷亦甚大，故国中所受鸦片利益不少。今义律缴销二万余箱，如此，英国岂不破费一千二百五十万圆？此刻我等可为贩卖鸦片之人贺喜，缘鸦片买卖原是一件就要崩倒、极危险之事，久在其头上，西边之善人、老实人，久已为之痛哭，兹竟如此平安收场，实意想不到，故我等为其喜不可言。

前在一千七百三十七年乾隆三年戊午①，带来鸦片不过四千余箱，前时鸦片准纳税进口，至一千七百九十六年嘉庆元年丙辰才禁止。一千八百三十六年道光十六年丙申又欲如前纳饷进口，奏而未允，其时已多至三万余箱，因恐外国以鸦片易换纹银，又必多开银矿，致竭中国之财源，中国乃天下生齿繁盛、出产最丰之国，若以鸦片易纹银，犹如拔取其国中之精华。如中国之绉纱、佛兰西之小带及烟叶皆英国所禁。又如英国之疋头为陷麦所禁。陷麦乃耶马尼国部落。中国禁鸦片，犹如佛兰西之波利稔王禁英人不准至本地贸易相同。虽是严禁，皆不能行。缘鸦片趸船泊在外洋，外国人未尝自带进口，系中国走私船，执其所买之鸦片单，驶至趸船，凭单交土，而中国人带进内地者，用重银贿赂官府，求其佯为不知，所以有鸦片贸易罪过论，系地尔洼于一千八百三十九年道光十九年在兰顿所作，以为不独坏中国人之风俗，且使中国人猜忌英吉利人，令两国通商事情有碍，且有走私之恶名。

① 乾隆三年戊午为一千七百三十八年。

特尔达说：零丁洋系中国荒地，并无兵房营汛保护，可以任外国人停泊。然忆在一千八百二十八年，娜威额达船上水手为人所杀，中国亦将凶手捉获施刑；又一千八百三十五年，英吉利多罗顿船被劫之事，亦系一件证见；是中国人在相近自己海岸上，施行其政治，以保护他国之旗号，故亦可在彼处地方行其所立之章程，不得谓在零丁洋面贩卖鸦片系合法之事，只好说贩卖鸦片之船只，比中国水师船布置更好，格外坚固而已。

鸦片贸易，英国人带至中国，每年约有一千二百余万棒，银计六千余万圆。鸦片系印度之波毕所作，即如我国比酒、仁酒系薏仁所作，墨兰地酒系额立所作，皆恶酒也。有智之人，恐受其害，多不敢饮，而饮葡萄酒、白酒，然饮仁酒、比酒之人亦不能禁绝。如英国人要弥利坚人除去黑奴及要俄罗斯人除去其耕田之奴仆，并要中国人除去妇人裹足之事，改换其法律，准人遵从各样教门，惩治溺死儿女，待外国人如本国人等事，中国其肯从之乎？又如英国禁止浓酒之事，其始斯葛兰、爱伦、兰墩销售浓酒，其酒税为国中税饷之最。其后因浓酒害人，加重其税饷，俾其昂价，则穷人饮之者少，乃走私日多，饮者亦日多，徒漏税饷，而无益于禁酒。当英吉利国王渣治第一管国时，定例每棒浓酒收税饷时令两个半，只准领牌零卖，不准开设馆。又出赏格，凡有一小杯酒未纳足税，罚银一百棒，给与报信之人。读此例者，皆满身汗流，凡有身家之人，皆知禁止，而浓酒贸易遂落于下等不堪之人。此等人无产业可罚，放胆走私，且将报信之人满街驱逐，两年间积案万有二千人，每年国中销流浓酒尚不下五千六百万棒。一千七百四十二年始仍准人领牌开浓酒馆，减少税饷，与中国禁鸦片事无异。

中国人若以鸦片贸易同英国讲论，英吉利国王定肯禁止贩运鸦片到中国，即印度栽种波毕之事，亦定可停止而栽种别物，国家之税饷及众人之利益仍可再得。况现在鸦片贸易不十分大行，以致各处贸易利息亦皆减少，看此时势，惟有等候中国之事情定夺而已。今将缴与中国及存下鸦片之数目，开列在下文：义律缴与中国鸦片共计二万零二百八十三箱，值鲁碑二千五百万个。麻尔洼存旧鸦片一万二千箱，值鲁碑七百二十万个，存新鸦片二万三千箱，值鲁碑一千一百五十万个。孟阿拉存旧鸦片八千箱，值鲁碑三百二十万个。孟阿拉新鸦片二万二千箱，值鲁碑八百八十万个。总共值鲁碑五千五百七十万个，该五百五十万棒有奇。

方缴鸦片时，义律立意赔补之，给与各船收单，并问各人要在印度收回鸦片，抑或要会单，在国库内收银时，鸦片客商皆愿得会单回国收银。义律遂写会单十七张，寄与国中管库官支银并付回国中文书，限十二个月，由本国库给所还缴鸦片之价。今年广东围公司馆勒缴鸦片之事，正如我英国监禁佛兰西使者监禁在炮台上，因我等关口官府，闻佛兰西使者在近哆洼地方，携佛兰西小带上岸，故将佛兰西使者监禁，待他缴上违禁货物后方才释放，与今广东事一样。

闻义律望国王之命四个月即可回来，必待接到回信方准船只进黄埔。近日所到之依里沙士地挖船，系八月初二日中国七月十三日自兰顿开船。云广东缴烟之事，兰顿于七月十三日中国六月二十日①即已知道，国中之人皆播动，自律衙门及甘文好司之官府俱各相问，尚未接到义律之信。盖义律之信系交阿厘尔船带往兰顿，大约总要十月间即中国九月才能到。又有兰顿所接孟迈及中国商船家信说及缴烟之事，英国各皆警动，即买卖亦不甚好，银铺利钱长至六分。又向佛兰西银铺借银四百万棒，又向花旗银铺借银八十万棒，交与银店支发，真是从未闻过如此之紧。茶叶价长至加二分，而各庄茶叶尚不肯卖，所有东边货物逐一长价。

十二月到兰顿之茶七万包，当卖去五万八千包，存下一万二千包未卖。所存下之茶，内有一半系带茶叶进口之人贮起，奈价甚高，卖出之茶叶，比十月间价更贵，后因买者日少，价钱渐已减落。前月十六日，接得印度信来说，自七月间广东已将英国贸易停止，遂至茶叶价值又复长价。至前月下旬，传说国家要与中国打仗，茶叶价更增长。自后，市上卖茶之人皆囤积不卖，买茶之人到外购买，毫不能得，以致下等之黑茶、绿茶，亦如常时好茶并工夫茶一样价值。

中国围守夷人缴烟之信，七月三十一日即六月二十一日已到兰顿之因底阿好司，都内各衙门及贸易店、银店俱有扰乱。是日在兰顿，天色昏惨，米价亦昂贵，国中甚苦缺银，银价即已增长，湖丝前时价值不好，现今已大改变，所有茶叶尽皆起价，兰顿各物件，无不昂贵。在此季内，孟迈地方，要到中国鸦片、棉花存下未去者，共计亏银六百万棒，真是大有害于利益，若再迟延不理，必倒塌许多贸易，地方穷困。

中国与英国贸易，而英国库中每年所得之税饷，不下四百五十万棒约一千五百万圆。若一经停止，数月之间，国中定必困乏。前时有公司时，各大班亦常虑及停止贸易之事，常要蓄积茶叶，以备两年之需，因

---

① 应为六月初三日。

散公司后，即无茶叶存蓄。缘散商贸易，茶叶到国立图即销，何能存积？现在英吉利并米利坚二国亦已鼓动禁鸦片，并即出告示，定贩鸦片及食鸦片之罪，又出赏格，求人做极好之告示，以禁止鸦片。又有鸦片贸易罪过论，系地尔洼于一千八百三十九年道光十九年在兰顿所作，以为鸦片不但坏中国人之风俗，并令中国人猜忌英吉利人，令两国通商有嫌恨。现在有许多仁爱之人，立为一会，欲禁止此贸易。其哲付里士系此会著名之人，在孟阿拉建立医馆，同律山顿及沙渣治士当顿共立此会，欲先讲明与众人感动其良心，然后递禀回国，求律好司、甘文好司及巴厘满衙门各官府助理此会，立定章程，必要巴厘满开口分付东印度公司，禁止不准栽种鸦片，方可禁止，变作他项正经贸易。

兰顿新闻纸内载云：律士丹合递一禀，讲论中国停止贸易，皆由鸦片犯禁起见，请国王将鸦片贸易停止。中国人禁止鸦片，系为风俗、政事、税饷，外国人即应遵其法律而行。现在众人皆说中国官府受规不管，禁止有名无实，又说中国拘禁我等使者。殊不思受规乃官府之事，而朝廷一知，立即究办，安得说禁止有名无实？况义律并非使者，不过系代理人而已。若按英国律例，即应按各客商所有之鸦片，更加三倍罚银，今中国不过只将其鸦片收缴而已，然因致累我国正经贸易，亦受亏缺，所以不能任人再卖。

我等自知以鸦片贻害中国之故，为中国人所憎恶，常欲自解于中国，因思惟医道有益于人，于嘉庆十年有医生俾臣者至粤教种牛痘，一年收所种小儿数千。道光七年，有医加厘赤者在澳施设眼科，五年中医愈华人四千余，费去施药银千有八百余棒，皆众人捐助。道光十五年，复布弥利坚国名医伯驾者亦开外科，数年间医愈七千余人，一切下证，皆来就医，其余轻证，难以数计，所费银亦三千两，亦众人捐助，此皆伯驾不贪利，不厌烦，一片诚心所致。

论用兵

现在兰顿国都中有助官兵要打仗者，有助民人不欲打仗者，争论三昼夜，决以纸阄，各大官得九分战阄，方免争论。现在东印度英国属地及国中各部落，已出令各船装定军器，往东印度会合。又甘文好司分付不准扰害中国地方。又云：打仗之事，宜长久不宜短速。试问我等应将鸦片抛弃乎？抑与中国长久打仗以保鸦片乎？看来中国究没有行过一事足为我国攻打之故。

中国海岛约分三段：一、广东海岛，其最大者在省之西南，其省之极东即有南澳，若论泊船适中之地，莫好过尖沙嘴。二、福建海岛，大者曰台湾，甚是富厚，有淡水、鸡笼二港口。其对面彭湖，地甚瘠瘦，然为台湾必要之区。次即海坛，不及二岛之大，然人民居彼甚多。三、浙江之海岛，舟山甚小，然形势甚好，以之作贸易，必更兴旺于别处，因系中国中央地方如宁波、杭州、上海、苏州等处往来必由之路，故亦紧要。我等若得如此一处地方，在彼立定，再得一处如新奇坡海岸，可招集邻近地方到来贸易，又必其地所产足敷居民之用，且为贸易来往必经之港口，则所获利益不少。

广东谣传中国官府欲将省城外房屋拆毁，以为城池之保障，此不足信。广东省城高有十忽，周围亦有炮眼，并无城濠，如欧罗巴各国无城墙之郭落一样，凡工作手艺栈房贸易多在城外，较城中更为蕃庶，岂能尽行拆毁？若行此法，则受害之人更多。

道光己亥十一月〈五日〉即中国九月三十日新闻纸曰：得忌喇士船主遵义律之命，去攻打九龙山炮台，正在出力时，已经衰败，被中国打退。又另有三板几只赶前帮助，亦皆退回，陆续归尖沙嘴。次日又预备有军器之杉板船再去攻打，众船至亦皆觉得昨日之败，若不报复，英吉利旗号必定受辱，于天未明时鼓勇而去。岂知所预备之事皆属枉然，是日又收回尖沙嘴。义律此事办理大错，无一件错事可以比之。诸事软弱，可悲可怜。此举原系保护我国旗号之体面及我等自己之声名，理应极力攻打，烧毁师船，拆毁炮台，以除所受之凌辱。今却如此收煞，我笑义律意见错，又能忍受也。

道光己亥九月十二日即八月初五日，有大吕宋墨尔咩那两枝桅船湾泊在潭仔，清早五点钟时，被中国数船拢近，似是兵船，吕宋水手即扯起旗号。不久即见有两火船驶来，水手即放碇链以避火势。后又有大艇两只，一在船头，一在船尾，纵火大烧，时又有许多小兵船拢来，满船俱是手执军器之人，冞船上人惊慌齐下水，又被中国人捞起，众人遂搜取船上物件，连水手衣服、伙长路程图取去，割下旗号，复放火烧船，约共值银二万余圆。将伙长水手及捞起多人，俱带回去。此冞船被逐未回国者。

道光己亥十月二十八日即九月二十二日，英国两只兵船自澳门洋面起碇至虎门，因风被阻，延至十一月初二日早才到。共走五日方至虎门。兵头士密一到穿鼻洋，即禀求不要烧毁尖沙嘴湾泊之船，容在彼等候国主回信，或另设法卸货，递禀后退出三里听候批示。及至次早，提督发回，并未启视，谕速交出凶犯。旋见提督师船出洋，将近英国兵船，士密先放大炮攻打，即有师船四只一同放炮回击，打了两点钟之久，因提督显其大勇，扶持船只，致未大伤。我们华轮船上，被提督炮伤船头并绳索等件，人亦受伤，速即退出，回到澳门洋面。义律、士密、马礼臣随即上船赴尖沙嘴，赶回保护矣。

前时船主士密在尖沙嘴退出外洋，中国即以为是害怕他。缘中国是顺风顺水，直来奔击英船，仿佛就要全烧毁我等船只，士密等因在炮台下打仗，恐有危险，我等不能退步，所以及早退出。近闻九龙炮台新修更坚固，又闻多出师船并装满引火之物，明是要围两只兵船，待湾泊着即向船放火。现在我等船湾泊铜鼓洋，潮水甚急，难于湾泊，却利于中国人顺流火攻，甚于尖沙嘴，不知士密何故在此湾泊？

道光庚子七月初二日即六月初四日，香山县会同澳门同知出一告示，言奉总督之命，英国兵船近来离出海岸，足见不敢攻敌中国兵威，不过保护鸦片走私贸易，谕令师船封禁大小河口，以免英国兵船进来。除师船装载火炮器械，出外洋毁灭夷船外，并令渔船置家出洋攻打，其家属官为资给养赡，所赏之银亦比前时赏格上所说最多，不知可能准给否？然中国人预备攻打封港兵船之事，甚是勇壮。又闻有船百只由虎门出来。

道光庚子新闻纸曰：二月二十八日即正月二十六日，有广东师船二只及许多小火船烧燃向金星门之船吹来，幸被风水淌近岸边，烧了中国许多小艇，及外国底威尔大杉板船头桅被烧，不久救息。又有哥洼支麻里船避火搁在浅滩，久方驶脱，其窝拉尼兵船上当遣杉板将火船拨至岸上，离去各船，以免于险。闻各船上装有喷筒，不见开炮。是晚又有火船到来，皆不得顺遂。所喜是晚潮小风软，中国人若放得各火船得法，我等船必大受其害，此算是第一次。后来恐中国人若一练熟驶火船有准，即更有危险之事，切当小心提防之。

道光庚子六月十三日即五月十四日，新闻纸云：早上有十只火船乘着猛流向金星门来，我等湾泊许多船皆起碇以避其害，并放下在兵船上之杉板，将火船驱至岸上，惟闻炸裂之声，不能为害。当火船冲来时，有许多中国官艇拢来，欲望有着火之船即行攻打。后见火船不能成功，遂即驶回，只跳过两桅之特威尔船上，杀死水手几名即跳下水去。火船样子皆甚好，满载引火之物，一对一对用链链起。①

道光庚子五月二十二日即四月二十二日②，有希尔拉士船主穰西，在福建南澳岛之西北遇见八只中国商船、三只大舵船，外看全似买卖船，毫无分别，渐驶渐近，船主才起疑心，分付预备，尚未停妥，那船已贴着我船右后梢施放鸟枪。此时风静，又在打鱼洞中，我船不能离开发炮，亦只得放枪回拒，乃我之枪火放去全不中用，因中国船用皮席遮蔽甚好，彼水手在席后地放枪火，甚稳定有准，又用火料数次烧着，皆救灭了，不致延烧船上绳索。良久风才起，我船方能转动开炮，海贼始行逃去，我船上水手五十名，被伤十五名，而船主穰西受伤甚重，下腮及眼、周身及腿皆受重伤，心中甚可忧愁。③

又九月十九日即八月二十四日，新闻纸曰：福建泉州来信云，布林麻兵船帮同阿厘牙达兵船在厦门与中国打仗，我之弹子穿过中国师船，直打至岸上，共打沉师船数只。中国人遂连夜将各师船驶回港口内。次日，中国又择选师船装上大炮二百零四门，其中有极重大之炮，再与我等打仗。我兵因不能上岸，遂将兵船驶开至炮弹不及之处。然中国打至兵船之弹子亦不少，其炮弹有重至十八棒者十二两为一棒。兵船大桅之帆、竿已被打折，中国又在港口及对面海岛建炮台数座，以为防守。前时派设兵船数只封厦门港口，惟现在兵船遇了勇敌之后，大抵必去再请兵帮助矣。④

兰顿付来新闻纸云：现在甘文好司派设甘密底去查察仓库，并立定仓库之法，将去年所得之税饷，并去年国中之费用、民间所拖欠之税饷一并列明。在一千八百四十年道光二十年按大概情形看来，所收之税饷钱粮约有四千七百六十八万五千棒。另在印度公司所收之税饷钱粮已有十五万七千棒，合共算来已有四千七百八十四万二千棒。计开本年还账之银二千九百四十三万九千棒，此外别样大庄使费银二百四十一万棒，其余各官俸银之类，约有一千七百四十五万一千棒，总共算来约费用银四千九百三十万棒。若将所收钱粮税饷之数与费用之数比较起来，即见得所入不敷所出。查前任管库官为国中费用不足，故由库中出单，揭下银一百万棒，以为文学馆之费，此项已归于杂项大庄费用之数内。

---

① 《海国图志》注："以上皆林制军督广东事。"
② 应为四月二十一日。
③ 《海国图志》注："此福建邓制军所募水勇攻剿之事，夷不知，以为海贼也。"
④ 《海国图志》注："此亦福建邓制军时事，以后新闻纸无考。"

再，去年库中曾出单揭下银二十六万棒，以为在爱伦地方各和尚之费用，此项亦系前任管库官拖欠下来之账，俱已归于杂项费用数内。除此两项之外，尚差一十九万八千棒，此数系归在本年费用之数内，现在尚未查清，所以不能得知是亏空不是。去年所收得之钱粮税饷约有四千八百一十二万八千棒，去年费用银四千九百九十八万八千棒，除去所揭下为文学馆用之项，短少银八十六万棒，后又提出为军需费用银七万五千棒，合共算来短少费用银九十三万五千棒。在去年共计亏空银一百四十五万七千棒。然除却在上文所载为爱伦地方各和尚费用银二十六万棒之外，亏空银一百一十九万七千棒，又除却为付寄书信费用银二十五万棒之外，亏空银九十四万七千棒。又除去为军需等项费用，短少银九十三万五千棒之外，实亏空银一万二千棒，并无着落。此系去年所收税饷并费用之数也。在本年所算清之数论及各款费用，即有赔还账目和息银三千四百八十七万七千棒，奉两好司衙门之命，给出兵费银为水师用六百万棒，为军器库用五百六十五万九千棒，为武备杂项费用银一百八十八万五千棒，其中多已出了银单，只存二百七十三万六千棒，未曾出单为各官俸银一千六百八十八万棒，总共费用银四千八百七十五万七千棒。此外尚有数款费用银：一系水师费用并各兵之工食，定必要丰，致可令兵力强勇，为此项已经提出一十万棒，后又为派设官府费去银七万五千棒；第二系加拿达系在北阿米利坚洲英属地方之费用，因本年查仓库之时候比往年更早，所以尚未得知前年加拿达之费用银系五十万棒，去年加拿达费用银一百万棒，本年加拿达之费用银虽未得知，然就最少之数且算三十五万棒；第三系与中国行兵之使费，皆系印度国家先支，然后国中给回，前时与爪注系噶啦吧地方打仗时，尚可以预料所用之银，故能先出银单，但与中国行兵之事未知何时方能歇止，所以不能定其数目，况印度兵丁之费用甚大，所以更不敢预先料定。现在按东印度公司付来之数，自起兵后至五月初一即三月三十日，已经费去银五万四千棒，若再行兵六个月之久，其费用必致有一十六万二千棒，连以上所用五万四千棒，算来即有二十一万六千棒。然其中有运载船之费，若打仗得久，即不必用运载船，如此看来，大抵一十五万棒即可以足。余为打仗之费。除却自起兵后至五月初一即三月三十日所用之银外，即可留下一十万棒，以为再打仗六个月之费。此项兵费乃系东印度公司先行支给，待至再查库时给回，此去年并本年查库各款之数也。再推算下年国中费用之大概数目，计还账目利息银约要三千一百八十七万七千棒，为水师并军器库各项零碎银约要一千六百八十八万榜，合共费用银四千八百七十四万七千榜，再加上水师费用银一十万榜，武备及水上派设官员费用银七万五千榜，为加拿达费用银三十五万榜，为与中国行兵事费用银一十五万榜，大概下年查库时，其费用必致有四千九百四十三万二千榜之多，此系一定必须之数，其余尚有许多未曾列出。

论各国夷情

俄罗斯系与中国素和好之国。俄罗斯近来屡欲攻击东印度，今此中国停止英国贸易之事，大抵亦系俄罗斯之阴谋在京都内怂恿所致。然中国亦可发二万兵由缅甸入孟阿拉，驱我等出海。

我等闻俄罗斯之权柄阴谋，大有害于我等东边之印度、西边之巴社等国。俄罗斯有书馆在北京，中国情事俄罗斯可以知悉，而我等并无人与北京来往。中国已知英吉利印度之税饷皆由鸦片及茶叶、棉花，故俄罗斯亦欲夺我等印度之税饷，令公司所属之地不能安静，亦已足矣，又何必再用别法来相害耶！一千八百三十七、八年道光十七、八年，我兵攻取印度西北，直到千拿哈，又至加布尔，已近西藏之西界，距叶尔羌、戈什哈地方不远，边疆上驻有大兵。在此几座城与达机士顿并附近各国贸易极大，中国见我等先在印度不过贸易，后却全得了地方，又得新奇坡，又似有谋澳门、小吕宋之意，又似有犯中国之意，故中国将各埠头门［闭］塞，只准在广东贸易。又兼有俄罗斯人挑动，故用此胆大之法。中国向来不肯待我与大西洋、俄罗斯各国一样，我今要中国待我等与大西洋、俄罗斯各国相同。其俄罗斯争印度一篇，已录印度卷内，此不重出。

印度付来之信：闻得俄罗斯已带兵攻打机洼系自主之鞑靼里国，数仗皆胜。又闻俄罗斯使者二三日内已离比特革俄罗斯东都往北京，不知此使者系学习中国文字十年照例替换之人，抑系讲论英国之事。纵系讲论英国之事，亦必数月方可到得，大抵俄罗斯使者未到中国以前，我与中国事已闹开矣。凡中国人之思疑俄罗斯，比思疑别国更甚，断不肯听从俄罗斯人之言语，然我等亦必提防俄罗斯人之阴谋诡计。

新奇坡新闻纸云：暹罗国王闻我等攻敌中国之事，甚非笑轻忽我等以一撮之多，而攻打天朝无数之兵丁。现在暹罗国王将所有赴中国贸易之船尽收回船厂。而在曼果暹罗国都贸易之中国人，与新奇坡贸易之中国人亦皆戏笑我等，可见中国人如何恃其人民之众。又曰：国中新得作飞炮之法，可与佛兰西人斗胜。盖佛兰西人初用飞炮之时，英吉利人即十分留心学之，而佛兰西人于打仗时用兵船少而能胜英人者，皆因其火药胜于英吉利之火药。现在喥付厘亦说英吉利飞炮与佛兰西飞炮一样，在英国试飞炮之法，乃建一只大坚固之船，无论船只相距远近，俱可施及，直飞至大船上，炮即裂开，将此船打成碎片，仅剩船底未坏，而片刻即沉海矣。用火药不过十一二棒，弹子内又包藏火药两棒半，亦少有烟，落下时亦无声，而远方闻之，如放八十棒火药之大炮。此亦国家之新鲜强勇，故国家封密，不令人知，惟佛兰西有此。

米利坚驳英吉利新闻纸曰：尔屡次争论，不过结上有云"若查出船上有一两鸦片，甘愿将犯人交中国官府正法、船货入官"等语。尔岂不思英国屡次示知义律云：凡到中国贸易之人皆应遵守中国法律乎？我等若不夹带鸦片，中国人亦不能加以刑法，倘我等船只人民到英国，若有违犯英国法律，岂能不按英国法律治罪，何以到中国遵中国律例即以为有辱本国之尊贵？前英国噶船、色循船均具结进口，皆系公众道理。

又曰：米利坚旗号已被英国鸦片贸易所污。因数月前有走私鸦片之船，扯米利坚旗号，在中国海岸来往，且有英吉利人口说，必要尽心尽力以陷害米利坚人等语，幸中国官府识破其奸，米利坚人方免受害。我今请问尔英吉利船扯米利坚、佛兰西、黄旗各国之号，为公正道理乎？抑为不顾私利乎？又如缴烟时，鸦片价值每箱不过洋银二百五十圆，何各英国人将烟卖与义律呈缴之时，又索价每箱五百圆之多，欲望英国库中偿补之？我并非欲揭出英国人之短处，但果系如此，必更有许多不堪说之事，故不得不略陈之。

澳门西洋兵头复英吉利兵头士密信曰：英吉利人不要想我留英人在此居住，我亦必守中国人所定章程，不肯违背之，只是中国与英国两边之事，我皆不理。尔但说英吉利人不在澳门居住之难，不思及西洋五千人为英人亦受重累，所有贸易皆要停止。尔若不念朋友之情，我即将近来几个月内所有之事，宣布与通天下人知道，求各国公议判断，尔所行之事，不独犯我国法律，乃亦有犯于英吉利国家之法律。

设欲停止正经贸易，不许外国通商，如日本近来二百年不与外国往来之事，此必不能。彼时日本人之机智与欧罗巴各国相等，即国中之强勇亦与欧罗巴各国相同，况彼时欧罗巴人已得中国之利益，故视日本之贸易不甚要紧。今二百年来西洋各国行船之法、勇敢之心及国中财帛俱已大增于前。在日本贸易之日浅，在中国贸易之日久，所以中国贸易即难停止。

育乃士跌国即米利坚国名定必无打仗之意，其信内云：无论米利坚人在中国如何吃亏，育乃士跌国家定必尽心调停平安而已。前因欧罗巴各国时常打仗，大吕宋各部落亦屡扰乱，所以米利坚凡事俱能忍耐，不肯同别国打仗。

英国人离省城后，因行为有不是之事，故中国人以此罪英国人。米利坚人系恭顺中国得以照常贸易，前月间我等已议定暂在港外贸易之章程，独花旗不与和心，此系外国不能齐心会合之大害也。

米利坚人从前只欲作两边俱不管之人等语，观去年米利坚人缴鸦片时，只当系英吉利人之物，难道英吉利国家便不赔补米利坚人所代缴之鸦片价值乎？但米利坚人如果欲作两边不理之人，即应停留在虎门外洋，方得平安，不应具结进口。米利坚人若果能长长两边不理，即可免却我等许多忧愁之事。

英吉利、欧斯特里、俄罗斯、普鲁社四大国已经同都鲁机国立定章程，又将此章程写寄与伊揖国之巴渣官，但未曾会合佛兰西国，恐此事将来令佛兰西与英吉利两国不相睦。巴厘满衙门已命水师军添二千水手，又命即速整顿船只，佛兰西亦增添其兵丁，此事系两边错会了意，我等望其相友爱而定夺之。

（录自魏源《海国图志》百卷本的卷八十一、八十二，
光绪二年平庆泾固道署重刊本）

答奕将军防御粤省六条
（1841 年 3 月）

一、水道要口宜堵塞严防也。此时夷船既破虎门，深入堂奥。查省河迤东二十余里，有要隘曰猎德，其附近二沙尾，两处皆有炮台。其河面宽约二百丈，水深二丈有零。又，省河西南十五里，有要隘曰大黄滘，亦有炮台。其河面宽一百七丈，水深三丈余。若前此果于该两处认真堵塞，驻以重兵，则逆夷兵船万难闯进，省垣高枕，何须戒严。乃既延误于前，追悔无及。今夷船正于此两处要隘横亘堵截，使我转不能自扼其要，几如骨鲠之在咽喉矣。惟有密饬近日往来说事之员，督同洋商，先用好言诱令夷船退离此两处。而在我则密速备运巨石，雇齐人夫，一见其船稍退，即须乘机多集夫兵累千，连夜填塞河道，一面就其两岸厚堆沙袋，每岸各驻精兵千余，先使省河得有外障，然后再图进剿。此事不可缓图，尤不可偏废。若仅驻重兵而不塞水道，则夷船直可闯过，虽有兵如无兵也。仅塞水道而不驻重兵，则逆夷仍可拔开，虽已塞犹不塞也。塞之驻之，而不堆沙袋，则以兵挡炮，立脚不住，相率而逃，仍犹之乎不塞不驻也。此两处办成后，应致力于内洋之长洲冈及蚝墩，最后则筹及虎门。彼处有南沙山巨石可采，如何堵塞，容再酌议。

一、洋面大小船只应查明备用也。查虎门所泊师船，除沙角失事时被焚十只外，闻尚有提中营二号、三号大米艇二只，五号小米艇一只；提右营二号大米艇一只，五号小米艇一只，现停镇口，自应由水师提督配齐弁兵炮械，以备调用。其虎门以外附近之水师营分：东则提左营大鹏协、平海营、碣石镇；西则香山协广海寨。现在各有师船若干，配驾弁兵炮械若干，亦应分饬配足报明候调。至省河有府厂、运厂两处，均系成造师船之所，现在各有造竣师船几只，另购堪以出洋大船几只，应饬据实开报，并将篷索杠椇即日备齐，听候查验。再，上年府厂改造巡船，及新造安南三板，现在尚存几只，装配炮械若干，亦即开明听用。其招到快蟹船十九只，现泊何处，此内壮勇若干，炮械若干，亦即禀候核夺。

一、大小炮位，应演验拨用也。查此次虎门内外各炮台既被占夺，所失铜铁炮位，合各师船计之，不下五百余尊。其中近年所买夷炮约居三分之一，尽以借寇资盗，深堪愤恨！今若接仗，非先筹炮不可，而炮之得用与否，非先演放不可。查佛山新铸八千斤火炮十四尊，佥谓无处试放。殊不知演炮并不必极宽之地，只须水上备一坚固之船，安炮对山打去，其山上两头设栅栏截，必不至于伤人。并须堆贮大沙袋，每袋约长四五丈，宽二尺余，堆成横竖各一丈，高七八丈，以为炮靶。对靶演放，既有准头，而炮子之入沙囊深至多少尺寸，果否沙可挡炮，亦即见有确凭矣。此十四尊试过如皆可用，即日运省备防，其余即于佛山如式再铸。倘试后有须酌改铸法之处，亦即就近谕匠遵办，以臻周妥。又番禺县大堂现有五千斤夷炮四位，似可拨至离省十五里之雁塘圩向来演炮处所，亦照前式堆排沙袋演试。又广协箭道有夷炮六位，斤重较小，似可拨在北较场如式堆演。所有来粤客兵，即令该管官带领轮班演炮。如此，则炮力之远近，炮挡之坚松，与兵技之高下，无不毕见，一举而三善备焉。再，前据广州协赵副将开报，该协箭道并贤良祠，现存该用各炮约五百位，又红单船、拖风船卸下各炮，亦约有一百位，虽俱不大，然未尝不可备防，似应分别查验演放，以便分配各船及岸上营盘应用。至装配船兵，宜将船只驾到将近佛山之五叉口、茉莉沙、瓜埠口等处，分起装就听调，庶免疏虞。

一、火船水勇，宜整理挑用也。查夷船在内河，最宜火攻。前月，经杨参赞饬备柴草、油料、松香，装就火船约百余只，闻系署督标中军副将祺寿、候补知县钱燕诒等经理其事。兹隔多日，恐柴草等物霉湿短少，应饬查明重加整理。其装载之船，原只以备焚烧，固不必坚固新料，但亦不宜过于敝旧。且必须有篷，方能驶风，若专借一二人之力，犹恐推送迟缓，不能成功。其船约以数只为一排，驶近夷船，则环而攻之。能于各船头尾，系大铁钉，钉住夷船燃火，使之推不开、拔不去，当更得力。其未用之先，此船宜移上游，近佛山一带装载完妥，寅夜乘风，与有炮各船一同放下，随攻随毁，谅必有效。又，内河东路之菱塘司一带，另有捐办火船百余只，即某所捐办也，分段停泊，如需应用，亦可随时调集，以收夹击之效。至水勇一项，人人以为必须雇用，惟患其有名无实，前此虚糜雇赏，已非一次，除淇澳之二百八十人系鲍鹏为前琦部堂雇用，闻已散去，可毋庸议外，若臬运两司访雇之水勇一百二十名，闻有董事管带，应可得用。第未知其船现泊何处，似应查点试验。又番禺县张令，原由揭阳带来壮勇三百名，皆系以鸟枪擅长，每人各有自带之枪，施放颇准。此一起虽系雇为陆路之用，而上年曾经谕明肯下船者多加雇赏，彼即欣然下船。似宜将此壮勇三百名作为水战之用。此外再雇，务须考其技艺，查其底里，必使层层保结，不任滥竽。并谕明临阵争先者即予拔官；如敢潜逃，立斩示众。信赏必罚，自足以励士气而壮戎行矣。

一、外海战船，宜分别筹办也。查洋面水战，系英夷长技。如夷船逃出虎门外，自非单薄之船所能追剿。应另制坚厚战船，以资制胜。上年曾经商定式样，旋因局面更改，未及制办。其船样尚存虎门寨，如即取来斟酌，赶紧制造，分路购料，多集匠人，大约四个月之内可成二十船。以后仍陆续造成，总须有船一百只始可敷用。此系海疆长久之计，似宜及早筹办。若此船未成之前，即须在洋接仗，计惟雇觅本省潮州及福建漳、泉之草乌船，亦以百只为率，将其人、船、器械一齐雇到，给予厚赏，听其在洋自与夷船追击，不用营员带领，以免牵掣。仍派员在高远山头瞭望探报，果得胜仗，分别优赏。其最得力者赏拔弁职，充入营伍。缘漳、泉、潮三郡，人性强悍，能出死力。既可兼得名利，自必踊跃争先。较之本地弁兵顾惜身家者，相去远甚。至于能在水里潜伏之人，查本省陆丰县之高良乡，饶平县之井洲及福建渗湖之八罩乡，其人多能久伏水中，似亦可以募用。其火攻器具，如火箭、喷筒、火球、火罐之类，亦宜多为制备，以便临阵抛用。

一、夷情叵测，宜周密探报也。查逆夷兵船进虎门内者，在三月中旬探报有三桅船十四只、两桅船三只、火轮船一只、两桅大三板四只、单桅大三板一只。其各国货船在黄埔者现有四十只。自虎门以外，则香港地方现泊有夷兵船十七只、伙食船三只。此等情形，朝夕变迁，并非一致，似宜分遣妥干弁兵，轮流改装，分路确探，密封飞报，不得捕风捉影，徒乱人意。其澳门地方，华夷杂处，各国夷人所聚，闻见最多。尤须密派精干稳实之人，暗中坐探，则夷情虚实自可先得。又有夷人刊印之新闻纸，每七日一礼拜后即行刷出，系将广东事传至该国，并将该国事传至广东，彼此互相知照，即内地之塘报也。彼本不与华人阅看，而华人不识夷字，亦即不看。近年雇有翻译之人，因而辗转购得新闻纸密为译出，其中所得夷情，实为不少，制驭准备之方多由此出。虽近时间有伪托，然虚实可以印证，不妨兼听并观也。至汉奸随拿随招，自是剪其羽翼之良法。但汉奸中竟有数十等，其能为之画策招人、掉弄文墨、制办船械者，是为大奸。须将大者先除，则小者不过接济食物，即访拿亦易为力矣。

（录自《夷氛闻记》卷三）

致戴絅孙书 *
(1841 年)

　　云帆贤弟足下：年来多疏音候，延愫之怀，积时綦切。兹在中州工次，由西安递回六月间所贻手书，以仆有荷戈之行，远烦麈注，并录示近作二十四首。切愤悲吟，声情激越，讽诵数四，欲拍铜斗而碎唾壶，不知涕之何从也。惟时事孔艰，物情叵测，大声不入于里耳，仍望善为韬藏，即浣花翁将诗莫浪传之意也。所惠数纸，装池爱抚，什袭珍之，非其人则未敢轻示耳。

　　仆力小任重，自戊冬奉使度岭，早知身蹈危机，然已矢在弦上矣。逆夷果不愿缴烟，当时奉谕之后，尽可扬帆径去，何必递禀求收？且仆亲驻虎门船上收烟，水宿风餐不下两月，无日不与夷舶相对。果其深憾于仆，不难以此时所施于镇将者，先使鄙人饱其毒手，岂不直捷了当？乃彼时众夷来看烧烟，回去特作夷书一卷，转为吾张其事。昔之犬羊，今则虎狼，诚非愚鄙所能解也。此时南中夷焰势若燎原，莫敢向迩。彼目中直视中华为无人之境，来春东南风发，大抵必犯津沽。未知所设之备，果可恃否？

　　逆船倏南倏北，来去自如，我则枝枝节节而防之，濒海大小口门不啻累万，防之可胜防乎？果能亟筹船炮，速募水军，得敢死之士而用之，彼北亦北，彼南亦南，其费虽若甚繁，实比陆路分屯、远途征调所省为多。若誓不与之水上交锋，是彼进可战，而退并不必守，诚有得无失者矣。譬如两人对弈，让人行两步，而我只行一步，其胜负尚待问

----

　　* 戴絅孙，字龚孟，号云帆，云南昆明人。林则徐嘉庆二十四年（1819）典试云南时所考取的举人。道光九年（1829）进士，官至给事中。

乎？言之可慨！知荩念孔殷，故放笔及之，勿为异人道也。

补缺有期否？念甚，念甚！即候不具。

则徐手顿首

（录自《文物》1979 年第 2 期，手迹原件藏重庆博物馆）

致友人书
（1842 年 3 月下旬）

　　孟陬接披还翰，知前裁寸简已澈青眸。叨注念之殷拳，增中衷之纫佩。借审年兄履绚缓辑，升祉骈凝。近依日月之光，眷隆讲幄；仁拜丝纶之宠，秩晋宫端。延企吉音，定符遥祝。

　　仆河壖从事，劳拙徒形，岁前工务本已垂成，只缘飓母狂飞，复使天吴挟浪，因而水衡增给，坻石重加。幸畚锸之如云，更经营于不日，已于仲春八日合龙。埽坝既属稳坚，黄流永遵顺轨。

　　所寄贵门生名单及同门卷均已接收，桃李成蹊，足增欣羡。专此，复颂史祺，诸惟雅照，不一。

通家生林则徐顿首

（录自中国革命历史博物馆藏手迹原件）

复吴子序编修书*
（1842 年 3 月下旬）

　　子序先生馆丈史席：曩闻潘四农、张亨甫二君咸称执事品学之茂，心仪久之。泊舟儿乡、会科两附谱末，喜其得以濡染丹青，薰炙醇粹，益幸有香火缘。而謦咳鲜亲，慰问间阔，则以职分中外，判若霄尘，不能无玉堂天上之感矣。

　　去冬辱惠手教，存注勤拳，重以奖借过情，读之但有汗下。河干鹿鹿，二竖频侵，裁报有稽，尤滋惭歉，亮之为幸。来书所论粤事，稍摘病根，诚洞彻隐微之论。又从令叔补之先生见所上扬威将军书八事，筹机运智，胸有阴符。以簪毫侍从之臣，而有揽辔澄清之志，且具此料敌攻瑕之识，量沙聚米之才，彼行间将领闻之，能无颜汗耶？

　　八事中奇正分用一条，尤得兵家规转环先、变化从心之妙。迩来用兵者多未明此法，徒将各队聚集一处，无所谓明诱暗袭诸法，犹之拙手作文，绝无开合顿挫，则一览而尽耳。兵气既挫之后，若不求出奇制胜之方，恐难得手。尊议此条，军中果善用之，其庶几乎！

　　至如封海一条，前人虽有行之者，而时势互异，鄙意尚不能无疑。如所谓塞旁海小口，只许渔户出入大口，早去晚归，果皆遵行，岂不甚善。奈沿海小口以累万计，塞之云者，将皆下桩沉石乎？抑仅空言禁止乎？空言则虽令不从，沉石则所费无算。且即处处堵塞，并派员弁看守，不许过船，彼奸民独不能以内外两船盘运乎？又能保看守者之不通同卖放乎？至渔船朝出暮归，亦只恒言如是，实则安能画一？其不与夷通者，不责自归，其与夷通者，累月不归，亦孰能押之使返？若俟其归而罪之，彼且以遭风漂淌为解，其能问诸水滨耶？

* 吴嘉宾，字子序，江西南丰人。道光十八年（1838）进士，时任翰林院编修。

闽、粤濒海小民，向有耕三渔七之说。仆在粤曾欲编查渔疍各船保甲，而势格不行。不得已，只令于帆面船旁大书籍贯姓名，期于一望而知，或贩烟，或济夷，或盗劫，指拿较便，使此辈生忌惮心耳。设口稽查云云，在无事时，大商或不敢玩法，此外商渔偷渡，终日间不知凡几，海中无铁门限，而浪大如山，又安能如内河诸关之拦船截验哉？往在戊戌年，以天津查出粤船卖烟，奉旨切责，粤东大吏遂奏定出海商船逐汛查验章程，竟无一船遵照者，甚至将赴船查问之弁由粤洋带至上海，以为风利不得泊也。禁货出洋，无异因噎废食，凡业此者安肯坐待？况夷氛方炽，若为此禁，则转成鱼爵之殴。鄙意似宜将此一条再为斟酌，则尽善矣。

至逆船在海上来去自如，倏南倏北，朝夕屡变。若在在而为之防，不惟劳费无所底止，且兵勇炮械安能调募如此之多、应援如许之速？徒守于陆，不与水战，此常不给之势。在前岁粤东藩维未破，原只须于要口严断接济，彼即有坐困之形，冀其就我范围斯止耳。今所向无不披靡，彼已目无中华，若海面更无船炮水军，是逆夷到一城邑，可取则取，即不可取，亦不过扬帆舍去，又顾之他。在彼无有得失，何所忌惮？而我则千疮百孔，何处可以解严？比见征调频仍，鄙意以为非徒无益，盖远调则筋力已疲，久戍则情志愈惰，加以传闻恐吓，均已魂不附身，不过因在营食粮，难辞调遣，以出师为搪塞差事，安有斗心？恐人人皆已熟读《孟子》"填然鼓之"一章，彼此各不相笑，是即再调数万之客兵，亦不过仅供临敌之一哄。而朝廷例费之多，各营津贴之苦，沿途供应之疲，里下车马之累，言之可胜太息乎？仆任两粤时，曾筹计船炮水军事宜，恐造船不及，则先雇船，恐铸炮不及且不如法，则先购买夷炮。最可痛者，虎门一破，多少好炮尽为逆夷所有矣。忆前年获咎之后，犹以船、炮二事冒昧上陈。倘彼时得以制办，去秋浙中尚可资以为用。今燎原之势，向迩愈难。要之船、炮、水军断非可已之事，即使逆夷逃归海外，此事亦不可不亟为筹画，以为海疆久远之谋，况目前驱鳄屏鲸，舍此曷济？

深知阁下耿耿丹忱，同仇敌忾，本拟于合龙后稍可抽暇，将兹事逐一胪陈，以供酌采。顷者仍踵荷戈之役，亟须束装，不及条陈，谨率摅胸臆如右。附录去冬复牛雪樵制军书及前岁训练水勇数条，乞斧削及之。惟仆此时宜亟守如瓶之戒，而于志趣相合者忽又倾吐于不自禁，极自悔其愚妄。然转思爱注之深，究不可以自匿，惟祈密之，切勿为外人道也。近日切中条议，仆所得见者，惟苏君鳌石所论洞中症结，第详船而尚略于炮耳。次则汪少海仲洋所论，亦于情事颇切，余未得尽见也。兹乘补之先生公旋之便，手泐奉复，希恕拉杂不庄。

（录自《历代名人书札》卷二）

致李星沅书*
（1842 年 3 月）

　　石梧先生大兄大人阁下：年来迹若飘萍，致疏修候。去冬在祥符工次，奉到陕州寄惠手书，语长心重，披读数四，令人欲出肝肠。维时赤苔入朝，拟俟荣莅吴门，再行寄答。嗣闻开藩章贡，继复移曜苏淞，伏计载道襜帷，未遑黔突，而弟亦以河干捧土，不及抽冗濡毫，至今为歉。比闻来苏，舞队已遍金阊。当此百端交集之时，若非冰心照人，银手断事，易克有济？故一闻廉来之信，不独三吴士庶喁望欣欣，即弟谪宦闲身，亦为之踊跃三百也。惟钱漕军饷相迫而来，夙夜殚心，正不知若何劳勋。阁下精神识虑，固可兼人，亦望节慎随时，更为大用地耳。

　　浙事溃败，一至于此，九州铸铁，谁实为之？闻此时惩羹吹齑，不令更有雇募之事。数千里外征调而来之兵，恐已魂不附体，而况不习水土，不识道途，直使逆夷反客为主，其沿途骚扰之状，更不忍闻。大抵民无不畏兵，而兵无不畏贼，事势如此，徒为野老吞声耳。弟于河上葳工，仍行西戍，忆上年即应就道，缓至今日，又复累辞？雪海冰山，实非所惮。路途音渺，将时事付诸不见不闻，较之有见闻而莫可如何者，不犹愈乎！此后鱼雁难通，不敢远烦致问，惟逖听隆声盛业，以慰翘怀。但祝寰宇清平，即坡公所云"谪所过一生也得"耳。海上之事，在鄙见以为船炮水军万不可少。闻当局多有诋此议者。然则枝枝节节，防之不可胜防，不知何以了事。负疚之人，曷敢多所饶舌。知阁下志在澄清，姑妄及之。手此泐复，乞恕稽迟。伏唯为国为斯文珍重，不具。

馆愚弟则徐顿首

　　尊谦心璧。

（录自故宫博物院藏手迹光盘）

---

　　* 李星沅，字石梧，湖南湘阴人。道光十二年（1832）进士，时任江苏布政使。

致苏廷玉书
（1842 年 4 月）

　　退叟四兄大人阁下：去秋别后，在邗上接手书，冬间叶芥舟到豫，复奉手翰，爱注之切，溢于毫间。弟极欲即泐手笺，以慰眷注。无如工次既不能须臾离，即或勉强作答，亦断不能详，因是日延一日，拟于蒇事时畅述胸臆。适于二月复叨惠札，滋切感惭。藉谂福履绥宜，潭寓均吉为慰。回闽原毋容亟亟，吴门寓公不少，甘棠之爱，人有同情，固不妨且住为佳也。

　　中州河事，旧腊本可合龙，所以迟回反复者，只由于在工文武心力难齐。譬如外科之沾痃疽，未必肯令一药而愈，迨局势屡变，几成大险之症，而向之明知易愈而不愿其遽愈者，至此亦坐视而莫知所措，言之可为寒心。幸而天悯民穷，不使久为鱼鳖，此次之得以堵合，大抵神力为之耳。弟朝夕在工，不过追随星使朝夕驻坝而已，曷尝有所建白？而苛刻催促之名，已纷然传，谅阁下亦自有所闻。今事竣仍作倚戈之待，却是心安理得。昨奉文后，即由工次成行。路过洛阳，承叶小庚太守肫切相留，在其署中作数日住，早晚亦即前往矣。目前时事不堪设想，穷荒绝域，付诸不见不闻，较之恶言入耳、悲愤填胸不犹愈乎？

　　去冬与雪樵制军书，曾力陈船、炮、水军之不可已。嗣接其复书，谓阁下即主此说。彼时犹未得其详，昨有人持《平夷说》见示，虽不著撰人名氏，我知必非异人所能也。当局果能师其意，同心协力而为之，虽一时造船缓不济事，而泉、漳、潮三处，尚未尝无可雇之船，其枪炮手亦皆不乏。果以厚资雇募，确查其底里，维絷其家属，结以恩义，勤其练习，作其志气，无不一可当百者。惟大炮须由官造，必一一如法乃可得用。弟有抄本炮书，上年带至江、浙，经陈登之通守刻于扬州，未知曾入览否？惟闻所刊多鲁鱼，亟宜校正，今弟远去，亦不及问之矣。有船有炮，水军主之，往来海中，追奔逐北，彼所能往者，我亦能往，岸上军尽可十撤其九。以视此时之枝枝节节，防不胜防，远省征兵，徒累无益者，其所得失固已较然，即军储亦彼费而此省。果有大船百只，中小船半之，大小炮千位，水军五千，舵工水手一千，南北洋无不可以径驶者。逆夷以舟为巢穴，有大帮水军追逐于巨浸之中，彼敢舍舟而扰陆路，占据城垣，吾不信也。水军总统甚难其人，李壮烈、杨忠武不可复作，陈提军化成忠勇绝伦，与士卒同甘苦，似可以当一半之任，尚须有善于将将筹策周详者为之指挥调度。然不独武员中无其人，即中外文职大僚，亦未知肝胆向谁是也。

南风盛发时，津、沽不知何似？弈者举棋不定，不胜其偶，念此可三太息耳。

弟西出玉门，惟途中行程不无况瘁，若能得到伊江，即无异中土也。舟儿由金陵赶来，随侍出关，可免岑寂。惟病妻与少子侨寓金陵，殊非久计，此时回里，亦极费事。昨小庚太守意欲令其移居东洛，以便照应，甚为可感，然程途未免遥遥，故未定议也。

工次起身，不敢受一人之赠，缘处危疑之境，不能无戒心耳。回忆去年握别吴门，高义云天，能不令人增感！此后关山万里，鱼雁沉沉，幸勿远劳惠问，惟望为道爱身，以图他日相见耳。言不尽意，鉴之为幸。

（录自原札抄件，并据福建省图书馆藏
沈祖牟辑《云左山房文钞》校改）

同游龙门香山寺记
（1842 年 4 月）

　　小庚郡伯守雒中七年于兹，曩与余书，盛称其地有龙门香山之胜，而惜未能导余一游也。道光辛丑夏，河决开封，是秋余奉命从负薪之役。郡伯因公至河干，复为余述前言，第虑余竣役南归，仍无缘共登眺耳。余曰："是有数存焉。仆今年几出玉门矣，冰天雪海亦一壮游，比虽不果于行，究未知数之可终免否也？"郡伯颔之。无何开封河复，而余乃西戍。壬寅春三月，道出雒中，郡伯抚余手曰："有是哉，数之与时相需也。昔期于行而不果行，今不期于游而转假此行以践其游，是时与数适相值耳，斯游乌可已哉！"乃与郡佐罗君钧亨、邑令马君恕命驾邀余。出南门三十里，见两山对峙，峨峨然若双关者，询之即龙门也。伊水历其间，故号伊阙，亦曰阙塞，世传神禹凿此山行水，今以形势观之，诚天工非人力也。且禹凿龙门在今韩城，此虽名同而实无与焉。

　　是日也，晴峦绚空，林野映碧，循西崖而行，憩虚亭，面方池，山泉泠泠，石笋矗立。拾级而上，则岩洞窈窕，石壁间凿为古佛相者，指不胜偻。前轩数楹，开窗面水，凭栏眺望，心眸为之豁然。斯时春水方生，清漪浅流，未及没马。复与诸君策骥涉伊，至东崖，步入香山寺，其胜概亦与西崖埒。寺之南乃石楼故址，今为平屋，因列坐读屏间所刊白太傅文。窃想其暮年居雒，以七十万缗修刹，有终焉之志，诚达哉乐天矣，要亦遇可退之时，悟修真之数，故得自署为幸民耳。仆虽不敢远希古贤，而止足之念，久已积诸怀抱，顾时事之艰，运数之奇，有不独关乎一身之休咎者。今虽万里西行，而南望侧身，叹喟欲绝，尚敢希林泉之娱哉！虽然，数与时相需，亦因时而转，即此征途中得与佳山水遇，或亦数不终奇，时不终艰，如东坡所云人阨非天穷者耶？且夕间瀛堧荡平，寰宇清晏，使仆东还有期，犹将随诸君子踵兹胜游，即以遂吾终焉之志，未尝不可以斯言为息壤也。同人曰善，余遂援笔记之。

　　　　　　　　　　（录自浙江省图书馆藏《云左山房文钞原稿》卷五）

致姚椿王柏心书（附手迹底稿）*
（1842 年 9 月中旬）

春木、冬寿两先生师席：别已四载，思何可言。去年仲冬及岁暮在祥符河干先后奉到春翁三书、冬兄二札，并各赠谪戍一诗及附录数首，所以爱惜而诲注之者，皆从胸膈中推诚而出，岂寻常慰藉语所能仿佛一二哉！三复细绎，背汗心铭，恨不能作累日面谭，以倾衷臆。又值河事孔艰之际，听夕在畚锸间，未遑裁答。追河上葳工，则仍有荷戈之役矣。行至西安，疷作而伏，几濒于殆，因是迟迟无以奉报，万罪万罪。夏杪疟始渐止，秋初由长安西行。比于兰州晤唐观察，询知两先生仍馆荆州，吟著如旧。虽皆不免依人，而韩、孟云龙合并之缘为可羡也。

近者时事至此，令人焦愤填胸，贱子一身休咎，又奚足道？第爱我者既以累纸长言反复慰谕，亦姑陈其崖略，不敢贻贤者以失听也。

徐自亥年赴粤，早知身蹈危机。所以不敢稍避者，当造膝时，训诲之切，委任之重，皆臣下所垂泣而承者，岂复有所观望？及至羊城，以一纸谕夷，宣布德威，不数日即得其缴烟之禀。禀中既缮汉文，复加夷字，画夷押，盖夷印，慎重如彼，似可谓诚心恭顺矣。原禀进呈，现存枢省。遂于虎门海口收烟，徐与夷舶连樯相对者再阅月。其时犬羊之性，一有不愿，第以半段枪加我足矣，何以后来猖獗诸状独不施诸当日？且毁烟之时，遵旨出示，令诸夷观看，彼来观者，归而勒成一书，备记其事，是明知此物之当毁，亦彰彰矣。收缴以后，并未罪其一人，惟谕以宽既往、儆将来，取其切结，以为久远通市之法度。它国皆已遵具，即嘆国人亦已取具数结。惟义律与积惯卖烟者十余人屡形反复，致与舟师接仗，我师迭挫其衄，彼即禀恩转圜。是冬明奉上谕，禁其贸易，且迭荷密旨："区区税银，不足计较。"徐曾奏请彼国已具结者仍准通商，奉谕："究系该国之人，不应允准。"钦此。此办理禁烟之原委也。

---

* 姚椿，字春木，江苏娄县人。王柏心，字子寿，湖北监利人，道光二十四年（1844）进士。两人曾在湖北荆州书院讲学。林则徐任湖广总督时与之结交。

嗟夷兵船之来，本在意中。徐在都时所面陈者，姑置勿论，即到粤后，奏请敕下沿海严防者，亦已五次。各省奉到廷寄，率皆轻奏，若浙中前抚军，则并胪列六条入告矣。定海之攻，天津之诉，皆徐所先期奏闻者。庚子春夏间，逆夷添集兵船来粤，徐已移督两广，只有添船雇勇，日在虎门操练，以资剿堵。而逆艘之赴浙，有由粤折去者，亦有未至粤而径赴浙者。是秋知有变局，徐犹自陈赴浙收复定海，而未得行。于是在羊城杜门省愆，不敢过问。迨和议不成，沙角、虎门先后失守，不得已仍自雇水勇千人，拟别为一队。未几奉有赴浙之命，遂以离粤，彼四月间事，固徐所未与闻也。到浙兼旬，奉文遣戍，行至淮扬，蒙恩改发河工效力。自八月至今年三月，乃复西行。此三年来踪迹之大略也。

自念祸福死生，早已度外置之，惟逆焰已若燎原，身虽放逐，安能诿诸不闻不见？润州失后，未得续耗，不知近日又复何似？愈行愈远，徒觉忧心如焚耳。窃谓剿夷而不谋船、炮、水军，是自取败也。沿海口岸防之已不胜防，况又入长江与内河乎？逆夷以舟为窟宅，本不能离水，所以狼奔豕突、频陷郡邑城垣者，以水中无剿御之人、战胜之具，故无所用其却顾耳。侧闻议军务者，皆曰不可攻其所长，故不与水战，而专于陆守。此说在前一二年犹可，今则岸兵之溃更甚于水，又安所得其短而攻之？况岸上之城郭廛庐、弁兵营垒皆有定位者也，水中之船无定位者也。彼以无定攻有定，便无一炮虚发。我以有定攻无定，舟一躲闪，则炮子落水矣。彼之大炮远及十里内外，若我炮不能及彼，彼炮先已及我，是器不良也。彼之放炮，如内地之放排枪，连声不断，我放一炮后，须辗转移时，再放一炮，是技不熟也。求其良且熟焉，亦无它深巧耳。不此之务，即远调百万貔貅，恐只供临敌之一哄。况逆船朝南暮北，惟水军始能尾追，岸兵能顷刻移动否？盖内地将弁兵丁，虽不乏久历戎行之人，而皆觌面接仗，似此之相距十里八里，彼此不见面而接仗者，未之前闻，故所谋往往相左。

徐尝谓剿夷有八字要言，器良、技熟、胆壮、心齐是已。第一要大炮得用，今此一物置之不讲，真令岳、韩束手，奈何，奈何！前曾觅一炮书，铸法练法，皆与外洋相同，精之则不患无以制敌，扬州有刊本，惜鱼豕尚多，未知两君曾见之否？徐前年获谴之后，尚力陈船、炮事，若彼时专务此具，今日亦不至如是棘手。为今之计，战舡制造不及，惟漳、泉、潮三郡民商之舡，尚可雇用。其水军亦须于彼募敢死之士，缘其平日顶凶舍命，有死无生，今以重资募其赴敌，尚有生死两途，必能效命。次则老虎颈之盐船与人，亦尚可以酌用，但须善于驾驭耳。逆艘深入险地，是谓我中原无人也。若得计得法，正可殄灭无遗，不然咽喉被梗，岂堪设想耶？两先生非亲军旅者，徐之觍缕此事，亦正为局外人，乃不妨言之，幸勿以示他人，祷切，祷切。

大作未及尽知，惟谪戍五律专为徐而作，谨次韵各一章，附请削正。孝长先生作亦所深佩。张蔗泉孝廉向所未识，承摘示名句，实堪心写。龚木民已调上元令，不知履任否？渠上年在丹徒相晤，尚有到兴化后再约春翁之语，今非其时，只可事定再说。建木兄事因上年祥符工员皆不出东、南河之人，故无可图，曾与诗舲兄商明，由渠奉复，谅早鉴及矣。子寿仁兄抱道藏器，不患不传，寻常科名，奚足为君重，亦为其可传者而已。三、四两儿年已渐长，而连岁奔波，学俱不进。三儿于己亥岁乘便在里中小试，谬掇一衿。现在却携此两儿出关，缘大儿汝舟不能擅自随去，须奏明请旨，而大府均惮于代奏，是以随至关中，仍不能赴关外耳。诸叨注问，故以附陈。

此时江左军情，果能大得捷音，则如天之福。倘被久踞，则恢复之策，扼要首在荆、襄，须连结秦、蜀以为之。不识局中筹及否？龙沙万里，鳞羽难通，但有相思，勿劳惠答也。子方观察诚意恳挚，心甚感之，此函托其代寄，谅不浮沉。余惟为道自重，不宣。

愚弟林则徐手顿首
壬寅仲秋上浣兰州旅次

谦称心璧。顷闻荆州又被大水，万城堤有漫口，不知视前年何如？念甚，念甚。

（录自《道咸同光名人手札》第二集卷一手迹影印件，
北京商务印书馆 1924 年版）

手迹底稿

春木、冬寿两先生阁下：去年仲冬及岁杪，在祥符河干先后奉到春翁三书、冬兄二札，并各赠遣戍一诗及附录数首。所以爱惜而诲注之者，皆从胸膈中推诚而出，岂寻常慰藉语所能仿佛一二哉！省循感佩，弥用依驰。恨不能作数日面谭，以倾衷臆，而又值河事孔艰之际，昕夕□□锸中，未遑裁答。迨河上蒇工，则仍有荷戈之役矣。行至西安，痁作而伏，几濒于殆，因是迟迟无以奉报，歉不可言。夏杪疟疾渐止，秋初甫由长安西行。比于兰州晤唐观察，询知两先生仍在荆州，因泐此函，托其邮寄，谅不至浮沉也。

弟自亥年赴粤，已知身蹈危机。然以圣主委任之重，造膝时所面谕者，皆微臣所垂泣而承，则又安敢避险？抵粤后，以一纸谕夷，不数日即得其缴烟之禀。其禀既缮夷字，又译汉文，且用夷印，画夷押。如彼恭顺，如彼慎重，可谓出于真诚矣。原禀业已进呈，可复按也。收烟在虎门舟次，弟与夷舶相对者两月，始经竣事。如其不愿，则以半段枪加我足矣，何以后来猖獗之举不施之于其时？且毁烟之时，遵旨示知诸夷，使之来视。彼视而归者，犹作一书纪之，则其明知物之当毁，亦彰彰矣。统计收烟、毁烟并未罪其一人，惟谕以圣意在宽既往、儆将来，故必取其切结，以为久远通市之法度。它国皆已遵照，即嘆国中具结者亦已数人，惟义律与积惯卖烟之十余人屡形反复。旋奉谕旨，禁其贸易，且迭蒙密谕："区区税银，朕不计较。"又因弟奏请彼国已具结者准其通商，奉谕："究系该国之人，不应允准。钦此。"此办理禁烟之原委也。

嘆夷兵船之来，本在意中。弟在都所面陈者，姑不具论，只以到粤后奏请敕下沿海严防者，已阅五次。有旨谕知各省，并皆复奏，前浙中乌抚军且胪列六条入告矣。定海之攻，天津之诉，皆弟所先期奏闻者。庚秋变局之后，弟惟杜门省愆，焉敢过问？迨和议不成，沙角失事，大势已属极难。去春之初，有旨俾与其事，当又募带闽粤水勇千人，以自成一队。嗣奉赴浙之命，始离羊城，彼四月间事，弟所未与闻也。到浙兼旬，遂奉西戍之旨。行至淮扬，蒙恩改发河工效力，自八月至今年三月，乃复离工。年来踪迹，大略如此。

今则龙沙远去，前望更茫然矣！自念一身休咎死生，皆可置之度外，惟中原顿遭蹂躏，如火燎原。润州失后，未得续信，不知近状何若？侧身回望，寝馈皆不能安。窃谓剿夷而无船、炮，是自取败也。沿海口岸防之已不胜防，况又入长江与内河乎？逆夷以舟为窟宅，本不能离水。所以狼奔豕突、辄陷郡邑城垣者，以水中并无剿御之人、制胜之具，故无所用其却顾耳。迩年议军务者，皆曰不可攻其所长，故不与水战而专于陆守。此在从前尚或可行，独不见近日岸兵之溃尤甚于水军乎？岸上之城垣廨舍、弁兵营垒皆有定处，水中之舡无定者也。彼以无定攻有定，我以有定敌无定，试问孰为有准者乎？况逆舡可以朝南暮北，岸兵能尾追之否？且彼之大炮，远至十里内外，其接仗相隔远甚，并非觌面，况其放炮之法，与内地排枪同一，接连不断。我仅小炮，既不能及彼，且放一炮后须费多少辗转，然后再放。若不于此求所以制敌之方，即远调万军，亦只供临阵之一哄。前事可悲，后患尤大，每一思之，心肝欲裂。天佑我国家，或当有伟人出而殄灭此虏，而不知其谁也。奈何！奈何！（下缺）

建木一事。读《易》。刘孝长。长沙张蔗泉孝廉未识。木民馆事。三、四寄单。

（录自林维和藏原信稿复印件）

致江鸿升书 *
（1842 年 10 月 17 日）

　　中秋间由兰州西去，曾泐一函，托子方四兄转交折差带上。此信内备述接到高丽笺，及李弁带回六月一书，富海帆制军处交来五月一书，均无失落，借以奉慰远怀。未审前件究于何时得入青览，殊为念念。昨行至肃州，又从海帆制军处寄到七月二十九日所惠手翰。荷承三兄大人于直务百忙之际，犹时时念注远人，肫拳慰问。而且详示累纸，俱出亲书，俾沙漠尘踪，不致竟成聋聩，其为铭刻，岂复可以言宣。前与子方谈及春明友人，大都应酬门面，而阁下谊敦古处，独能推置腹心，不渝终始，诚所谓久要不忘者，今时实所罕觏，子方深以为然。此番子方入都，一经召对，柏薇定可操券。此才要使早肩大任，于事必有所济也。吾乡此时外任，仅有两道，可谓寂寥之至。专盼执事速膺察典，即界外台。谅近日副郎当有虚席，晋阶之喜，旦夕蕲之。

　　南中事竟尔如许，人心咸知愤懑，而金谓莫可如何，恬嬉久矣，可胜浩叹！来书薪胆之言，不识在廷皆能存此心、行此事否？船、炮、水军之不可缺一，弟论之屡矣。犹忆庚秋获咎之后，犹复附片力陈，若其时尽力办此，今日似亦不至如是束手。今闻有五省造船之议，此又可决其必无实济。果得一二实心人便宜行事，只须漳、泉、潮三处濒海地方，慎密经理，得有百船千炮，五千水军，一千舵水，实在器良技熟，胆壮

---

　　* 江鸿升，字翙云，福建闽县人。道光九年（1829）进士，时在京任职。

心齐，原不难制犬羊之命。今之事势全然翻倒，诚不解天意如何，切愤殷忧，安能一日释耶！悦亭制军极有忠肝义胆，从善如流。弟久欲为悦亭畅言，而自顾放逐之臣，不应饶舌，非于悦翁尚有客气，恐辗转间复惹是非耳。至福、厦通商之议既行，弟窃揣悦翁必有去志，故亦不必作此言也。鳌翁海外之说，本中肯要，然于铸炮练炮一节独略，弟曾作书致之。今所管只是粮台，从何展布？不审复有后命否？盼念，盼念。

弟于重阳前出关，现已抵安西州，距哈密尚有十一站，沿途虽甚劳顿，然勉自摄慎，尚未成病，请勿挂怀。大抵按站而行，子月望前总可到戌。舟儿专责其料理家务，仍寄寓西安。途中所携两儿，亦尚无恙，不过废学而已。海帆制军于弟亦甚殷挚，此次过兰，备承其情。昨寄书来，复将近日详悉见示，并云此后可以常寄。是以弟此次之函，仍托其交差带上。倘于便中赐示一二，仍交海帆处，必不误也。手此复谢，即颂台禧。纸短心长，言何能罄。

九月十四夜嘉峪关外安西州行馆

云左手顿首

（录自故宫博物院藏手迹光盘）

致林汝舟书
（1845 年七八月之交）

舟儿阅之：昨接汝五月初七之信，所言回疆地亩勘毕后，应有一番议论，作为总结。此语想系京中有人持论若此，然而似是而非也。

夫田地欲招民户者，为边防计耳。殊不知回疆之所谓边防者，防卡外之浩罕、布鲁特、安集延而已，若八城回民，何防之有？回子至愚极懦，且极可怜。自汉官以至兵丁，使唤之甚于犬马，其贸易放债之汉民欺骗之盘剥之，视若豕羊而已。以公道言之，回子无日不应造反。其所以不反者，从前受准噶尔之害更甚于此，归本朝来，即算见了天日。故虽行路之人，见有汉官经过，即行下马磕头，其敬畏如此。军台弁兵偶一生气，伊即丧胆，鞭打脚踢，不惟不还手，且不敢逃开。是天生一种蠢人，为高庙当时看透，故决计开辟，所向披靡，大功立成。前此张格尔之叛，乃浩罕为之，非张逆有尺寸之能也。浩罕知回子最敬其和卓即圣人之后，以张格尔是和卓嫡派，养在彼国，居为奇货，道光六年挟以作乱，扬言和卓得复回疆，所有田地分厘不要完粮，各城回子信以为真，是以该年西四城望风响应，一时俱陷。迨后所言不验，且将回子家产人口掠抢往浩罕去者不计其数，此等愚回始悔从逆之误。十年间再行煽惑，遂骗不动矣。璧星泉《守边辑要》内言之甚详且确。

此次历尽八城，亲见其居处饮食之苦，男女老幼之愚，实在可怜。一人两个冷饼便度一日，桑葚枣杏瓜果一到熟时即便度饥，并两个冷饼亦舍不得吃。如此好百姓，汉民中安得有之？若恐其富强而生反侧，此隔壁账而又隔壁账者也。前次汪衡甫致巘翁信云"田地给回，恐致内占"，巘谓此说大不可解。如以田与浩罕，始有内占之患，以本城回子耕本城地亩，何云内占？衡甫在枢曹中尚是最明亮人，所疑如此，余子更不必言矣。如果南路欲严备边之法，只有将巴尔楚克旷地大为开垦，设为重镇，厚集兵力，不难成一都会，则卡外各夷如浩罕辈，永远不敢窥边。然必须有一百万经费，始能办成。而此一百万之费，不过二三十年内仍可收回，断不落空，何必欲于各城安插民户？无论此时无民可招，即使花钱搬送，亦是无益反害。非虑回子之不依汉民，乃虑汉民之糟蹋回子至于十分已甚，反致激变耳。

我本欲将此意作一总论，无如想及在朝之人，即松湘圃、那绎堂今皆绝迹，更复何可与言？且因有议论，而竟留于回疆筹办，则更为不值，故不如括囊之为愈也。今库车一处，廷议虽准给回，而钱粮要令平分。以此作难，实太不近情理。谦帅胆小，一见廷议挑剔，忽欲将已经奏定给回之八城一并自行改议，复请招民，并谓民无可招，归于拉倒而已。殊不知廷议只是磨牙，并非不准，安用出尔反尔，自家首鼠两端耶？所有各城查勘定议之奏，前已抄有四城，由巘翁处看后寄回。今再抄叶尔羌、喀什噶尔二城，并库车廷议及前后呈复之件，及此次谦帅来信，我之复信一并寄回，阅之自悉其详也。

（录自《林则徐书札手稿》，上海古籍出版社1985 年版。手迹原件林维和藏）

查勘哈密地亩严禁私垦勒租索费告示*
(1845 年 12 月上旬)

为通行查禁事。

照得本内阁部堂、本候补京堂奉命前来哈密查勘地亩，十月二十九日自塔尔纳沁回至本城，有绅商军民多人拦舆递呈，以清厘哈密地土、明定疆界等情合词恳办。查阅词内控称："哈密地土虽宽，民田竟无半亩。即各庄回子所种之地，报部册内亦仅京石籽种三千四百余石。此外所有新田皆系现任札萨克承袭郡王伯锡尔私垦专利，喝阻民人不得耕种，即瓜菜之地亦纳回王租赋，其关乡市镇大小铺屋并煤厂、石山、木山，皆勒地租。又将近城一带坟地筑墙围占，兵民如往殡葬，即有回人出阻，给价数两始埋一棺。即营中修理军库药局、兵房马棚，取土一车亦索钱数十文。近闻钦奉上谕，各城扩〔旷〕地一律招民垦种。经本城大人奏明，附近哈密城有当年官荒地亩，且见城外东新庄一带有回王现种之地。经本城大人饬委哲章京查勘，钉木立桩。伏祈趁此开垦之时，清厘地土，不惟民生有裨，且固国家边防。"等语，接阅之下，殊勘诧异。

查新疆自入版图以来，无论南北各路，寸土皆属天朝。况哈密内附最先，康熙年间即已编设旗队，是阖境之地皆官地也。自额贝都拉承受札萨克敕印以来，现已六次承袭，深荷大皇帝厚恩，世为国家臣仆，于普天率土之义岂有不知？惟访问一二循私之辈，将《回部王公表传》影射附会，以为哈密地土曾奉恩旨免粮，即混指为该回王私地。似此悖谬之论，惶惑人心，深为可恨！不得不明白辨析以破其谎。

---

* 此件由内阁学士兼礼部侍郎全庆领衔。

即如《表传》所载："康熙五十四年谕曰：'哈密编设佐领，无异内地。'"是该处地土早经由官经理，故当时分开屯田至十余处之多，不特防兵数千资为口食，并将吐鲁番回民移来养赡，明非札萨克所得自私，其证一也。

《表传》又载："雍正十二年所部献可耕地之错军营屯田者，上以哈密皆国土，且为缠头回族世耕地，不忍别置民人，而其地错官田，不便兵民互耕，诏别给地亩及牛具谷种偿之。"等语。夫"国土"者，国家之土，不得谓之回土也。"不忍别置民人"者，以其时哈密尚无内地人来，只有回族世为耕种，不忍从别处招民安置，致多迁徙之烦。设使当时哈密民人亦如今日之多，即何难就近安置，非谓回子耕过之地不可以置民人也。"不便兵民互耕"者，谓其地既与官田相错，只宜收作官屯，全交兵种，不便使民与兵互耕一处，非谓民与回不可互耕也。圣谕至明，岂容借端影射。且当时所献之地，必已收作官屯，故有别给地亩偿之之谕。而所别给之处，仍是哈密境内荒地。可见该处地土随在由官拨给，非札萨克所得自私，其证二也。

《表传》又载：乾隆元年额敏奏："兴师以来，哈密岁纳屯粮二万七千五百石。"是当时交官粮石比现在多至三四倍，官地之广可知。又载："乾隆十八年谕曰：'哈密所属赛巴什、达哩雅等处屯田，前给回人耕种，所交谷石以四分交官，六分给与回人。今闻伊等生计稍艰，著加恩将每年所获谷石全行赏给，不必交官。'钦此。"查赛巴什即今之蔡巴什，原给回人承种纳粮，至乾隆十八年乃免交官。而二十三年改防兵为眷兵，则又将蔡巴什之屯田给兵承种，至今无异。是该地给回给兵，皆可因时制宜，更非札萨克之所得私，其证三也。

《表传》又载："乾隆二十一年谕曰：'准噶尔全部底定，哈密属邑德都摩垓、图古哩克地，不必复设汛哨，仍给回民为世业。'钦此。"查德都摩垓，即今之上莫艾；图古哩克，即今之土古鲁，专指此二处给为世业，则此外之非世业可知。况查哈密厅现存卷内，粘有乾隆二十一年印文。内开："侍郎雅奏称：'七月二十八日奉上谕：黄廷桂奏，据哈密贝子玉素富呈称，从前回子所种之上莫艾、土古鲁，仍祈令回子耕种，请旨等语。现今哈密回子生齿滋繁，又经平定准噶尔，一应卡伦等项俱无庸安设，著加恩照玉素富所请，将上莫艾、土古鲁等处赏与属下回子耕种。该衙门移行彼处，承办官员会同驻扎巴里坤侍郎雅尔哈善，将此等处详查，赏与回子耕种。钦此。奴才随遵将办理哈密回民主事萨满达带赴上莫艾可种之地，东自那木图鄂哩起，西至英布拉克止三十里，北自伊布拉克起，南至巴汗布拉克止六十丈。土古鲁可种之地，东自伯尔齐尔起，西至和济格尔布拉克止十二里，北自阿尔噶郎图起，〈南〉至阿格尔止一百丈。请照奴才等详查四至以内，令其耕种。'奉朱批：'知道了。'钦此。"是该地四至极为分明，四至以外仍归官地，非札萨克之所得私，其证四也。

以上各层，证据显然明白，除曾经奉旨赏给之地应为回子世业及历届报部册内指明回庄地方，每年所下籽种石数之地，应听回子照旧耕种外，其余概系官地。如该回王伯锡尔所开之东新庄一带地亩，即是私垦。至于勒取地租，围占坟地，掩埋索价，取土要钱，此等行为，如果属实，殊出情理之外。

本部堂、本京堂接呈之后，遂于十一月初一日同至哈密大人公署，适该回王伯锡尔禀上衙门，当经会同哈密大人，将原控各情面加询问。据伯锡尔回称："东新庄一带之地逐渐垦成，今知应属官地，情愿献出作为公田，另呈请奏。至一切勒租索费，该回王俱不知情。"等语。除献出东新庄之地，现将已垦未垦处所统行丈明，俟奏奉谕旨，钦遵办理外，所有勒租索费等事，该回王既不知情，自系其属下人等借端勒诈，致招军民公愤，亟应严行查禁，俾民回永远相安。

本部堂、本京堂现驻哈密，专待完结此案。合亟咨请贵大臣饬属照会伯锡尔，先将近城坟地一带前筑围墙即行拆毁，听军民葬埋，不得阻索。其关乡市镇铺屋门面暨煤厂、石山、木山各官地，俱不得勒取地租。闲旷地面，听军民取土资用，不得索揸。倘该回王属下尚有借端勒诈之人，即须重治其罪，不稍宽贷。

总之，新疆与内地均在皇舆一统之内，无寸土可以自私；而民人与回子均在圣恩并育之中，无一处可以异视。必须互相和睦，畛域无分，始足以荷覆载之生成，享闾阎之乐利。仝候办结之日，即将禁止缘由饬行厅营，督令军民泐石刊碑，立于城关大道之旁，俾众目共瞻，永昭遵守。除咨哈密大人外，合并通行严禁。为此，行厅、协知照，即便公同禁止毋违。

右行哈密厅、协。

（录自《新疆屯田奏稿》钞本复印件）

《壶舟诗存》序
（1845 年冬）

昔齐次风宗伯之序《绿天亭集》也，曰："澄泉一涨，屈曲从山中泻出峭壁，悬为瀑布百丈，汇为巨潭。夹以玲珑岩石，随势转折，望之窈然而深，泐然而清，浩然而注诸沧溟，此鹤巢林先生之松古文之得意者也。"盖宗伯与鹤巢先生，生同时，居同郡，其倾倒必深，故其言如是。然只谓其清矫拔俗，得诗家之一格而已。

不百年而有黄壶舟先生者出，与鹤巢先生同里闬。鹤巢居横溪，壶舟居凤山，则相违不三十里也。鹤巢累举不第，穷愁著书，以老明经终；壶舟虽成进士，官知县，以微谴挂吏议，谪戍乌垣，归隐故里，则出处之艰辛，与鹤巢亦略相似也。而其为诗若文，能浑函万有，不主故常，汪洋恣睢，惟变所适。窥其意境，若长江之放乎渤澥，竹木编舻，不遗巨细，而无乎不达。盖鹤巢之气清，壶舟之气雄；鹤巢之笔幽，壶舟之笔健也。

方壶舟迁谪乌垣时，余亦屏逐伊江，往往相逢戍所，辄剪烛论文，连宵不息，各出其丛残相评骘，商略去留，不存形迹。及乎分手离居，时以邮筒相倡和。今且先后赐环，约与同行。盖一居浙，一居闽，虽终歧路分驰，尚可联镳同鹢至章门也。

乃余忽受命勘地阿克苏城，壶舟少住西安，以待余返辔。甫将入关，而又有署理陕甘制军之命，恐壶舟以待久不至，将买骑而南，不获复与相见。亟为表章其制作之宏，且追溯相与往还之迹，合为斯篇邮寄，而附诸简端，以为他日万一相逢券。余诚未知次风宗伯之与鹤巢先生其始终交谊为何如，而余两人者亦可谓相知心矣，奚必同居里，相征逐，而后谓之知交乎哉！

　　道光乙巳秋日①，愚弟林则徐拜撰，时在肃州城东行馆。

（录自黄浚《壶舟诗存》卷首）

---

　　① 林则徐到肃州，为道光二十五年十一月二十四日（1845 年 12 月 22 日），称"道光乙巳秋日"，疑为笔误。

商议新疆南路八城回民生计片
(1846 年 3 月 7 日)

再，臣承准军机大臣密寄："道光二十六年正月十三日奉上谕：'昨据布彦泰奏，查明哈密另有可垦地亩一折，已批交军机大臣会同该部议奏矣。其另片所称，回子近日穷苦，由于该伯克等科派所致，自系实在情形。各城回子生计本少，加以科敛，愈不聊生，全在各城大臣力矢清操，方能约束该伯克等顾念同类，不至借端鱼肉。此后该将军应如何密加查察，使各大臣等破除积习，不令该伯克有所借口，著布彦泰、林则徐悉心妥议，据实具奏。至该扎萨克郡王伯锡尔将私垦地亩呈献充公，拟安置民户等语。此项地亩既据呈出，一经垦种，渐可扩充，是否足以安置民户，借资控制，并著布彦泰等详议奏闻。原片著钞给林则徐阅看。将此各谕令知之。'钦此。"臣跪诵之下，仰见皇上廑念新疆，务期长治久安之至意。并将发下布彦泰原片详加阅看，其所称南路回子穷不聊生，及哈密地属咽喉，尤资控制等语，均系实在情形。缘布彦泰统辖新疆，平日既常加体察，迨臣与全庆奉命周历各城，查勘地亩，复经布彦泰随时函嘱密查各处回情，臣与全庆有所见闻，即俱不敢缄默。

查南路八城回子生计多属艰难，沿途未见炊烟，仅以冷饼两三枚便度一日，遇有桑葚瓜果成熟，即取以充饥。其衣服蓝缕者多，无论寒暑，率皆赤足奔走。访闻此等穷回，尚被该管伯克追比应差各项普尔钱文。诚如圣谕："全在各城大臣力矢清操，方能约束伯克等不至借端鱼肉。"布彦泰在伊犁将军任内，本已严密稽查，兹蒙谕令悉心妥议，容臣即与布彦泰详细函商，期于慎密周详，以除积习而免借口。

至哈密距嘉峪关较近，凡内地民人出口，首在该处营生，且原派驻防眷兵年久，滋生尤众。臣上年与全庆在该处勘地，即有军民数万人环跪具呈，求为清厘地土。旋据该扎萨克郡王伯锡尔以清字印文将伊私垦地亩呈献充公，声请招民垦种，由哈密办事大臣转送核办，是以臣与全庆赴地丈明，并预拟民户完粮科则，呈请布彦泰核奏在案。兹奉谕旨，以此项地亩是否足以安置民户，藉资控制，著布彦泰等详议奏闻等因。计布彦泰由伊犁赴陕甘总督之任，此时正应行至哈密，自必将该处地利民情，亲加察看。臣亦即驰函与布彦泰详细商议，总期控制有资，以仰副圣主慎重边防训诲谆谆之至意。

除俟布彦泰筹度定议之后，臣谨会同奏请圣裁外，所有奉到谕旨钦遵商议缘由，谨先附片复奏，伏乞圣鉴。谨奏。

道光二十六年三月初三日朱批："知道了。"钦此。

（录自《林则徐集·奏稿》下册，中华书局 1965 年版）

请缓征被旱富平等县银粮折
（1846 年 12 月 3 日）

陕西巡抚臣林则徐跪奏，为查明被旱歉收，各属应纳银粮仓谷，民力难以并征，恳恩分别展缓，仰祈圣鉴事：

窃照陕省西安、同州、凤翔、乾州等府州属地处平原，本年夏秋以来未得透雨，秋禾被旱歉薄，冬麦并未种齐，业经臣于恭报七、八等月雨水粮价折内声明具奏。一面行司转饬确查应否调剂妥议详办去后。

兹据该管道府州等督率所属，分投逐细勘明，陆续具复，除被旱较轻及二麦已种之处均毋庸调剂外，其咸宁、长安、咸阳、兴平、临潼、高陵、泾阳、三原、渭南、富平、醴泉、潼关、大荔、华州、朝邑、郃阳、韩城、蒲城、白水、凤翔、宝鸡、扶风、郿县、麟游、乾州、武功二十六厅州县被旱，虽不成灾，惟收成甚歉，二麦多未播种，而富平、泾阳尤重。现在粮价昂贵，民情竭蹶，请将富平县本年下忙未完地丁正银九千三百六十一两六钱五分三厘、出易常粮三千一十八石五斗零，泾阳县本年下忙未完地丁正银一万五百四两四钱一分二厘、道仓秋粮四百二十九石二斗零、常粮四千一百石，咸宁县道仓秋粮三千六百三十七石一斗零，长安县道仓秋粮七千六百四十七石五斗零，咸阳县道仓秋粮四千六十七石二斗零，兴平县道仓秋粮二千八百三十八石一斗零，孤贫存留米一百五十九石七斗零、常粮二百八十石七斗零，临潼县道仓秋粮五千八百三十石九斗零，高陵县道仓秋粮三千五百一石二斗零、常粮二千六百二十八石九斗，三原县道仓秋粮一千五百九十一石零、常粮三千三百七十八石，渭南县道仓秋粮二千七百二十一石一斗零，醴泉县道仓秋粮五千二百八十八石八斗零、常粮三千四百石，潼关厅应征厅仓粟米八百二十六石，大荔县道仓秋粮四百三十三石七斗零、又节年民欠社仓麦谷一千九百三十二石零，华州道仓秋粮三百二十一石九斗零，朝邑县常粮麦二千一百一十七石一斗零，郃阳县常粮麦二千五百石京斗谷三十石，韩城县滩地折租银一千七百十九两一钱四分零、常粮一千五百十一石三斗零，蒲城县道仓秋粮一千三百七十八石一斗零、常粮麦三千九百三十八石七斗零，白水县常粮麦七百五十二石五斗，凤翔县本年并节年借易常粮麦二千四百一十四石零、社粮麦谷三千四百一石六斗零，宝鸡县二十五年动借社仓麦二千八百二十一石零，扶风县本年并节年借易社仓京斗麦二千四百一十石零，郿县常粮麦一千六百三十九石五斗，麟游县本年出易常粮粟谷五百石，乾州道仓秋粮三千四百九十二石三斗零、常平麦三千一十三石三斗零，武功县道仓秋粮六千一百六十八石零、常粮麦一千七百五十六石，分别展缓，其余一切钱粮照常征收解运等情，由藩司裕康、督粮道张集馨会详请奏前来。

臣查该厅州县等因夏秋被旱，收成既皆歉薄，二麦又未种齐，间阎生计拮据，市粮日增昂贵，若将各项粮赋同时并征，实属力有未逮，自当量加调剂，合无仰恳天恩，俯准将富平县未完本年地丁银九千三百六十一两零，泾阳县未完本年地丁银一万五百四两零，同潼关厅应征厅仓粟米八百二十六石一并缓至道光二十七年麦后征收，韩城县未完滩地折租银一千七百一十九两零，并咸宁、长安、咸阳、兴平、临潼、高陵、泾阳、三原、渭南、醴泉、大荔、蒲城、华州、乾州、武功十五州县应征道仓秋粮共京斗四万九千三百四十六石零，同兴平县应征孤贫存留县仓米一百五十九石零，暨兴平、高陵、泾阳、三原、富平、醴泉、朝邑、郃阳、韩城、白水、蒲城、凤翔、郿县、麟游、乾州、武功十六州县出易常平仓粮三万六千九百七十八石零，大荔、凤翔、扶风、宝鸡四县出借社仓粮一万五百六十四石零，均请缓至二十七年秋后起征，以纾民力。此外应征各项银粮，仍令照常输纳。一俟奉到恩旨，谨即刊刷誊黄，通行晓谕，俾间阎共沐皇仁，感戴倍无既极。

除饬司道造具细数清册咨部外，所有查明各属被旱，分别轻重，筹议缓征缘由，理合恭折具奏，伏乞皇上圣鉴训示。谨奏。

十月十五日

道光二十六年十月二十八日奉朱批：　钦此。

（录自军机处录副）

神木府谷两县秋旱请缓征抚恤折
（1846 年 12 月 3 日）

陕西巡抚臣林则徐跪奏，为勘明神木、府谷二县秋禾被旱较重，民情实在拮据，恭恳天恩，照例缓征抚恤，仰祈圣鉴事：

窃照陕省榆林府属地处北山，土瘠民贫，盖藏最少，且向不宜麦，民食专赖秋收。本年夏秋以来，该属雨泽愆期，叠据先后禀报，而神木、府谷二县所禀，秋禾受旱，多已干枯，较他县情况特重。是以臣饬司委员会同确切查勘，并于奏报七八两月雨水情形折内节次陈明在案。旋据榆林县知县福淳会同神木县杨煦、府谷县傅德谦禀复，神木一县收成不及四分，计成灾六分有余；府谷一县收成仅止二分零，计成灾七分有余。除将被灾地亩钱粮照例于勘报后停征外，并各禀请按照灾分给予赈恤等情。

臣以北山距省甚遥，印委各员所勘灾分，恐难免任信里保书差借端浮报，希图领赈。案查道光十九年，该二县散给赈恤，前后动用银将及八万两，此次难保非欲借案仿行。国家轸念灾黎，帑项固不靳惜，然必须勘灾十分真确，施惠涓滴无虚，方足扫除积弊。且访闻府谷县傅德谦办事颟顸，前在韩城县任内因治理不宜，调补府谷县，业经臣于甄别案内奏请勒休。该参员所定灾分尤难遽信。当据藩臬两司详委葭州知州凌树棠前往府谷署篆，即令妥办灾务。一面密饬延榆绥道万保、榆林府徐松，分路分期亲历该二县地方，各勘各禀去后。兹据万保、徐松及凌树棠先后禀复，查得神木县除有河滩井浇及偏得雷雨之处收成较好，然统计不及百分之一二。此外，东乡王家墩等一百三十八村庄，南乡丰家塔等一百九十九村庄，各成灾六分；西乡赵家沟等二百三十一村庄，北乡田家山等一百二十四村庄，各成灾六七分不等。摶计四乡实系成灾六分。又府谷县除附近河滩井浇地亩尚有薄收，核计亦不及百分之一。其东乡高家窖子等五十五村庄，南乡刘家峁等一百六十五村庄，各成灾七八分不等，西乡紫家塔等二百二十一村庄成灾七分，北乡窖峁村等一百四十四村庄，成灾六七分不等。撙计四乡实系成灾七分。察看饥饿之民，村村皆是，至有不能起立者。该二县仓粮先已动缺，存贮无多，应请将被旱乏食贫民先行抚恤一月折色口粮银两，其应征本年下忙民屯糜地丁正耗银粮草束，以及神木出易谷石，府谷带征各年正杂钱粮，并缓征收等情，由藩司核明具详请奏前来。

臣查该二县地本苦寒，每岁仅赖秋收以资生计。今秋禾受旱成灾，闾阎拮据，委属实在情形，自宜量和调剂，合无仰恳天恩，俯准将被旱之神木、府谷二县乏食贫民，先行抚恤一月折色口粮银两，并将应征本年下忙民屯糜地丁正耗银粮草束，同神木出易谷石、府谷带征节年正杂钱粮，一概缓至道光二十七年秋后起征，以纾民力，感戴鸿慈，倍无既极。查该二县距省窵远，往返领银有需时日。现在饬司酌动银三万两委解前往，以为目前抚恤，并作将来例赈加赈之用。又据延榆绥道援案移司，请借银四千两，买运粮石，预备买粮平粜，俟粜竣仍将原价解司归款，亦应准其办理。一俟钦奉恩旨，臣即恭刻誊黄，遍行张贴晓谕，并与藩司督饬道府认真妥办，痛革弊端。凡应给赈恤之处，首以确查户口为要，总使实之又实，不得假手吏胥，以期仰副圣主惠爱黎之［民］，泽必下究之至意。

除将被灾格次贫民户口应蠲应缓各细数饬令确查另疏题报外，所有北山被旱地方筹议调剂缓征缘由，理合恭折具奏，伏乞皇上圣鉴训示。

再，据葭州具禀，该州属之德胖庙、牛家庄则等四十三村庄，所种秋禾于八月二十四日被雹打伤，亦经批饬委勘，应否调剂，容俟查复至日，另行酌办，合并陈明。谨奏。

十月十五日

道光二十六年十月二十八日奉朱批：　钦此。

（录自军机处录副）

筹议银钱出纳陕省碍难改易折 *
（1847 年 1 月 1 日）

陕西巡抚臣林则徐跪奏，为遵旨筹议银钱出纳事宜，体察陕省情形，据实具奏，仰祈圣鉴事：

窃照前准部咨："奉上谕：'穆彰阿等奏，遵旨会议御史刘良驹条奏银钱画一章程一折。银钱并重，本系制用常经，果能随时酌核，不使轻重相悬，裕国便民，两有裨益，未可辄称窒碍，不思设法变通。著该督抚等各就地方情形，详细体察，悉心妥议具奏。务使法立可以推行，不致滋弊，毋得任听属员巧为推诿，稍存畏难苟安之见，仅以一奏塞责。'钦此。"又军机大臣会同户部议复内阁侍读学士朱嶟条奏贵钱济银一折，奉旨："依议。"钦此。并钞录各原奏，咨行到陕。当经前抚臣转饬司道暨各府州酌核筹议。臣到任后，复经谆饬细加体察，设法变通，不许畏难推诿去后。兹据司道汇核属禀会议具详前来。

臣思银钱相辅而行，利散于民而权操自上，果能广用钱之路，自足持银价之平。惟变通本以济时，而制宜首须因地。查部议章程四条，本以陕西列入陆路六省之内，固已知其非比东南各省一苇可航，而仍议令查明有无内河水路，原冀一处能通舟楫，即于一处先令试行。无如陕省七府五直隶州，所属九十一厅州县之内，错处于南北两山者计已五十九处，重峦叠嶂，车辙尚不能通，此外三十二处，虽属平原之地，亦无内河水路可达省垣。是以行旅往来，非车即驮，并有驮载亦不能通之处，则须雇夫背负，脚费愈繁。此费若出诸官，则恐滋亏空之端，若取诸民，又恐增派累之弊。是陆路之难以运钱，实系限于地势，似不能勉强而行也。且陕省银钱市价涨落无常，有时竟与别省迥异。如本年七月内

---

* 标题据《林文忠公政书》陕甘奏稿拟。

臣甫到西安省城，每纹银一两可换制钱一千八百余文，追至九十月间，每两仅换钱一千二三百文不等，较前两月顿减钱五百余文之多，众人皆以为诧异。访询其故，则佥称岁歉粮贵之时，银价必然跌落，其理亦不可解。如果此后银皆落价，似亦相宜，然又忽低忽昂，不能预料。且当陕省银贱之际，邻省银价仍昂，而未闻有市侩贩钱来陕买银以图获利者。可见陆路运费太大，不能取赢。若以市侩所不能为者责令有司为之，其势自更不易。

查内阁侍读学士朱嶰原奏，请将各属银钱视省垣时价为准。今以陕省观之，即有难以作准者。如省城现在银贱而各属之银偏贵，则领钱而回者不能与该处银价相敌，州县不甘赔累，即难强以遵行。且缺分冲僻不同，钱粮多寡亦异，有此属之所解而为彼属之所领者，领钱之人非即解钱之人，稍有参差，遂滋争执，似亦非上司所能强制。若论常年税课，原可银钱并收，但查陕省额征商筏税，以及地、畜、牙、当、盐、茶、磨、铁各课，每年共银六万八千五百余两，内除盐课项下支给西安将军养廉银一千六百两外，其余皆应报部候拨。此正部议所云，拨解之款应照旧征银，不能改议者也。

以工程言之，近年应修各工，概因经费短绌，奉文停止。即间有刻不可缓，奏准办理之工，亦系为数不多，通年无几，或因本有息款，始准支销。与其改用钱文，仍不如加意撙节之为有益也。

惟陕省留支项下，有可以变通用钱之处。如文武各官养廉公费，并各属额支夫马工料，及各关局额支收税书役口食等款，俱可搭放钱文。查道光二十三年复奏陕局减卯开铸案内，即已议准，凡养廉等项，每领银一两，内搭钱一百文，抵作银一钱，每年共搭钱三万六百四十三串三百六文，共扣回库银三万六百四十二两三钱六厘，按季报部，现仍遵行无异。是变通州钱之议，陕省所办已在他省之先。其未经搭钱者，现扣六分平头，计每年扣银亦在两万两以上，若再加搭钱文，则减平一项转觉扣不如数。且即使此等款内，再令减银添钱，亦不过杯水车薪，于大局似仍无济。

至兵饷项下未便再搭钱文，则前抚臣李星沅先已奏荷恩俞，自毋庸议。

当此权衡制用，上厪宵旰畴咨，臣但有一得之愚，断不敢存苟安之见。惟就陕局情形细加体察，实有难以改易者，亦有业已变通者，应请仍循旧章，庶免转生窒碍。

所有遵旨筹议缘由，谨据实恭折复奏。是否有当，伏乞皇上圣鉴训示。谨奏。

十一月十五日

道光二十六年十一月二十八日奉朱批："户部知道。片并发。"钦此。

（录自军机处录副）

酌筹平粜量抚极贫片 *
（1847 年 1 月 23 日）

再，西安、同州、凤翔、乾州等府州属，本年夏秋被旱，收成歉薄，业经臣将咸宁等厅州县应纳银粮仓谷酌请分别缓征，奏蒙恩允在案。惟此次受旱之区，二麦多未播种，即其已种出土者，亦因久不得雪，未能稳固盘根，来年生计所关，难免人心惶恐，是以臣前经奏明，先拟酌办平粜。

查西安等四府州属现存常平仓粮共有一百一十余万石，向因久贮在仓恐致霉烂，故有推陈易新、存七出三之例，每年冬春酌量出借，秋后收纳还仓。今遭此歉年，据各属禀请推广章程，勿限存七出三之数，多为借给，以期民食有资，但臣细核情形，窃以为出借之例止宜行于常年，若歉岁则须改出借为平粜，于贫民乃有实济。缘陕省常年出借，惟择素有恒产之户秋后有粮收入者，令其春借秋还，若随时买食之贫民，则恐其力不能还，不肯轻为借给。此历办之情形也。兹值岁歉价昂，此等买食贫民正虞食贵，亟须为之调剂，不应转将仓贮粮食借与素有恒产之人。然竟借给贫民，又恐有借无还，徒致积为民欠。故与其照案出借，不如照例平粜之为宜也。

第平粜有应严防之弊窦，亦有应变通之章程。如例载奸商牙蠹捏名零买，囤积射利，本应按律治罪，然治之于捏买之后，何如杜之于未买之先。臣与司道熟商，正值编查保甲之时，即责令地方官，统将户口确切查明，分晰注册。凡应准平粜之贫户，核其大小几口，填给印单一纸，令其凭单买粮。每一次准将五日之粮一并粜回，随于单内盖戳，仍交该户收执，为下次买粮之据。仍分别各乡排日匀粜，周而复始。如此

---

* 标题据《林文忠公政书》陕甘奏稿拟。据朱批日期推定为十二月七日附奏。

办理，可免拥挤之虞，而囤积射利之徒亦不能希图冒混矣。

其章程有应变通者，如出粟有额，减价有数，固应示以限制。又粜价钱文应由州县易银，先解司道存库，随后发还买补，亦属层层稽核之道。但办理若过于拘执，恐吏胥转得因缘为奸。查地方官惟在得人，知该州县本不可信，即不可令其办荒。果其可信，则既委其经手平粜，应即责其一手买还，无论粮之多寡，价之增减，总以能发能收，使原额仓粮颗粒无亏为止。似不必节节请示，以及一解一还，徒劳往返，转为滋弊之端。且该州县果能经理有方，则此处粜得价钱，尚可赍向别处粮贱之区再行购买，辘轳转运，所济更多。是仓粮只能供一次平粜之需，而转运更可收数次平粜之益。其要归于择人妥办而已。

至此外极穷之民，以及老幼废疾，即使减价平粜，彼亦无力买食，其为颠连困苦，尤可矜怜。国家经费有常，何敢遽行议赈，惟有官为收养，俾免饿殍在途。现在西安省城收养者已有三四千人，市廛悉皆清静，各属亦令一体酌办。并劝有力之户量出钱米，各济各村，使其受者知情，予者见德，则恤贫即所以保富，而地方亦藉获安恬，以期仰副圣主轸恤穷黎之至意。

所有酌筹平粜及量抚极贫缘由，理合附片陈明，伏乞圣鉴。谨奏。

道光二十六年十二月二十一日奉朱批："所办好。"钦此。

（录自军机处录副）

析产阄书
（1847 年 2 月）

父谕吾儿汝舟、聪彝、拱枢知悉：

余服官中外已三十余年，并无经营田宅之暇。惟祖父母在时，每岁于俸廉中酌留甘旨之奉，祖父母不肯享用，略置家乡产业，除分给汝四叔外，有留归余名下者，载在道光丙戌年分书，汝等亦已共见。嗣于庚寅年起复再出，至今未得回闽，惟汝母中间回家一次，添买零产几处。合计前后之产，或断或典，田地不过十契，行店房屋亦仅二十三所，原不值再为分析；而吾儿三人，长已成名，少亦举业，尔等各图远大，当不借此区区。但余年已六十有三，汝母亦届六旬，且有废疾，安能更为尔等劳神照管？汝辈既已长成，自应酌量分给，俾其各管各业。除文藻山住屋一所及相连西边一所，仍须留为归田栖息之区，毋庸分析外，其余田屋产业，各按原置价值匀作三股，各值银一万两有零，即每股或有多寡，伸缩亦不过一二百两之间，相去不远。合将应分契券检付尔等分别收执，其应行收租者各自收取，如因中外服官不能自行经管，亦各交付妥人代理。将来去留，咸听尔等自便，我亦毋庸过问。惟念产微息薄，非俭难敷，各须慎守儒风，省啬用度，并须知此等薄业购置甚难，凡我子孙，当念韩文公"辛勤有此，无迷厥初"之语，倘因破荡败业，即非我之子孙矣。再目下无现银可分，将来如有分时，亦照三股均匀，书籍、衣服并皆准此可也。兹将所分三股产业开载于左。此谕。共录三纸，尔等各执一纸为照。

道光二十七年丁未孟陬吉日，俟村老人亲笔书于西安节署之小方壶。

（录自林子东藏民国石印刊本）

复奏汉回情形片 *
（1847 年 8 月）

再，臣在四川途次，承准军机大臣字寄："道光二十七年五月初二日奉上谕：'李星沅密奏，办理回务，体察情形等语。据称此次剿办云州回匪，揆度机要，内回富而外回贫，外回强而内回弱。与其滥杀而徒滋借口，不如密计而先务攻心。且边郡不知有法，由来已久，莫如持平执法，俾汉回同体，犯则重惩。行保甲以清内匪，团练以御外匪各等语。著林则徐于到任后详加体察，酌量情形，悉心筹办。原片钞给阅看。另折奏，回犯张富于投诚后，随往缅宁劝谕汉回，旋被该回匪逼令入伙。嗣讯据犯供，张富在云州观音阁被矛戳伤身死。旋据回寨缴到犯尸，检验被伤处所，与访获该犯之母妻等所供相符。现仍解省验讯办理等语。亦著林则徐详细访察，张富果否被矛致毙，及尸伤犯供等是否确凿？万不可轻信人言，遽以为实，总当设法研求，务得实据，详悉复奏。将此谕令知之。'钦此。"臣跪诵再三，并将发下李星沅原片详加阅看。其所云汉回同体，执法持平，与其滥杀而徒滋借口，不如密计而先务攻心等语。洵系熟察情形，务求公允之论。

伏思汉回构衅，不过民与民仇，迨至纠众抗官，则兵不得不用，然已叠经剿办，尤须永冀安恬。前此永昌之后，缅宁又起，缅宁之后，云州又起。惩创非不痛切，而仍反复无常，总由人人以报复为心，即处处之猜疑易起。加以游匪造言挑衅，汉回多为所愚，意欲借以复仇，而不知适以自害。彼则利其焚夺，人已陷于败亡，此种匪徒最为可恶。前督臣李星沅及兼署督臣程矞采节次惩办者，业已不少，犹恐潜踪匿迹，煽惑为奸。故外匪一日不除，即祸根一日不断。如何始能净绝，现臣与抚

---

* 所标月份据《林则徐集·奏稿》。

臣均在加意讲求。此时以军务而言，似善后特为余事，而以清源而论，则杜患正费深筹。窃思汉回虽气类各分，而自朝廷视之，皆为赤子，但当别其为良为匪，不必歧以为汉为回。果能各择其良，以汉保回，以回保汉，协力同心，共驱外来游匪，则所谓同体者非复虚言，而所谓攻心者毋烦劲旅，与李星沅前所密陈，似相吻合。惟臣甫经抵任，一切未及周知，容当体以虚心，持以实力，不敢以目前息事，稍任各属文武相率因循。

至张富一犯之死，虽人言皆以为实，臣到滇所访，并无异辞，而仰蒙谕令设法研求，断不敢遽行轻信。窃思犯属欲其生不欲其死，或不免指伪为真，而仇家欲其死不欲其生，必不肯随声附和。张富为回中稔恶，汉民与之深仇积恨者实繁有徒。臣现以审究汉奸为由，酌提人证，暗查与张富仇恨最深者数名，俟提到向其穷诘，庶几水落石出，真赝不致混淆。

除再详细研求，务得实据，另行复奏外，谨先附片陈明，伏祈圣鉴。谨奏。

（录自《林文忠公政书》云贵奏稿卷一）

致林汝舟书
（1847 年 9 月）

　　克兴想于中秋节后告假，伊有秩俸可领，前由至堂兑去之项，想必办到，自可敷衍京中用度，并作归去盘缠矣。本欲寄旧貂褂一件与之，但计算贤方到时，克兴早已出京，亦不必寄了。京中旧貂褂颇便宜，不知伊已有函否？玉堂所兑三百银之项，汝在京业已全付，并将其同乡收条寄来，我即转寄至堂看去。而近日接至堂信，尚未提及此项，或者一时偶遗耳。不知至堂寄汝之信，可曾说及收到此项否？

　　汉、回现尚不斗，然不可恃，恐九月收成之际必大有事。从前人手时，原不必专指回民为匪，今中外并为一谈，滇中有折，注语上无不曰回匪，曰回务，若有回而无汉也者，若汉人中无匪也者。及奉上谕，无不照折声叙，无怪回人不服。今于折片内略寓微意，然皆未必看出，亦尽我心而已。现在程年伯饬属清查永昌回产，业已奏出，欲变价给与难回，安插别处，此必不讨好之事，亦办不成。我只好缓与商量。闻石梧亦主安插之说，然安插何处，即何处必有是非，定不如招回原处，而派文武贤员弹压之为便也。

（录自福建省博物馆藏手迹原件）

复邵蕙西懿辰中翰
（1848 年 7 月）

蕙西大兄大人执事：中元后三日得诵手教，辘辘数千言，于时事之得失利病，当代士夫之品谊文章，犁然抒发胸臆，不随俗为俯仰，非具范孟博澄清天下之志，许子将月旦士林之识者，曷足语此！惟于不佞奖借逾量，殊令人面赪舌拗，不敢自信。岂退之所谓"诱之使进于道"者耶？至殷殷然属勿以年衰引身而退，则爱之愈挚，而望之愈深。虽然不佞之于执事，非有握手觌面之交也，间以一书相酬答，亦未及倾吐心曲也，而执事之肫切如是者，岂有私于庸鄙哉！在执事固或误采虚声而奖借，不佞之衰钝无以，深负厚望，且感且愧。

夫为国者首以人才为重，此扼要之谈也。然人之才地各异，亦因用之者为转移。有才而不用，与无才同，用之而不使之尽其才，与不用同。且当其未用之先，犹有所冀也，及用之而不能尽其才，或且以文法绳之，猜忌谴之，则其人之志困而不能自伸，而天下之有才者，闻之亦多自阻。自古劳臣志士之不能竟其用者此也。以王伯安之才，国家所祷祀以求者也，然非本兵有人，则宸濠之役亦必为宵人所挠，而不足以有成。然则培养之、扶植之，使天下之才皆足以为我用，是所望于执事所谓虚公而好善之人矣。今日之人才诚不知其何如，而诚得虚公好善之人求之，则以汇聚、以汇征，因其所长而分任之，虽艰巨纷投未有不立办者，否则内忧外患交集于一时，安能以有数之人才分给之耶？况天下事，势合则易为功，势分则难为力，姚、宋、韩、范皆同心合意以措天下于泰山之安，故功成而不甚劳。若武乡侯则三代下一人耳，而独任之，而无为助，故终其身无一日暇，而成败不敢逆睹，非才分之有优绌，乃时之难易，势之分合为之也。

今之时势，观其外犹一浑全之器也，而内之空虚无一足以自固。即得大有为者以振作之，尚恐其难以程效，况相率而入于因循粉饰之途，其何以济耶？狂澜东下，诚有心者所歔欷而不能已耳！执事所深嫉者，在于剜肉疗饥，吮血止渴，此诚确论。然上下皆明知之而故蹈之，亦曰计无所出云耳。夫以担囊揭箧负匮之盗，而无如之何，且相率而讳匿之，将顺之，竭江海而取偿于沟渎，其涸有不立待者耶！大疾不治，而药其轻者、小者，即效亦奚以为？况药施于此，而疾且发于彼。即如大教所论圜法，停铸减铸非不可行，然停减者已七八省矣，即以闽省言之，停炉已三十年，不独银钱皆有票，即洋钱亦用票，而银之贵且日甚一日。执事见京局铸出之钱，而讶为过重，要知其重者砂也，非铜也，故掷地易碎，果其纯铜，则甫铸成而毁之者众矣，亦常不给之势也。外省所用之钱，轻而小者十之七八，其用重钱者仅一二耳。银之所贵者无他，岁去五千万有数可稽，其以洋银入者不及一也，譬如人之精血日耗于外，而惟于五官六腑自求运气之术，能敌其外出者乎？

至于滇南铜政，败坏极矣，往时鄙论亦主不运铜之议，谓一年可先省百万铜本也。及来滇而始知其不可，若铜本一岁不发，则滇必乱，乱弭而所费且浮于铜本矣，终亦不能不发也，是势之无如何者也。

执事又谓将未发之仓谷变价待拨，似有激而言之。然仓谷者缓急所资也，今亏空虽甚，要不致颗粒俱无。许其变价，则困鹿为之一空矣。设遇旱潦与兵革之事，虽白银可易米，而急切无及，将如之何！此则迂见之所不敢同，要亦不敢自以为是也。

不佞鲜学寡闻，自释褐至今三十余稔矣。驰驱中外，虽不敢妄自菲薄，而荷两朝知遇，无以仰答高深，又未尝不时萦惭恧。前者岛夷弗靖，自愧以壮往招尤。及生入玉关，惟以得归为幸，乃荷圣慈再造，重忝封圻之任，报称愈难。年来盗匪之恣纵，汉、回之纠纷，竭其蠢愚勉为措置，幸不至覆𬭸诒诮，然筋力则已颓然矣！筹边重任，非一官一邑之比，而衰惫之躯厕其间，使擘画未周，则贻患非细，将如国事何？将如民事何？所以反复筹计，而不敢苟禄者此耳！

新秋暑退，即审履候胜常，无任延愫。

（录自《云左山房文钞》卷四）

复署贵州安顺府胡林翼*
(1849年1月10日)

　　嘉平获展华笺，知前渤芜函已尘珠记，远劳存注，感戢奚如。即稔润芝太守世大兄燕寝凝禧，鹿轮布阁，以忻以慰。幕宾之选，滇、黔实难其人。精例案者，不识诗书；工词章者，未黯笺奏。承示贵友左孝廉①，既有过人才分，又善经世文章，如其噬肯来游，实所深愿，即望加函敦订，期于早得回音。其馆谷舟资应如何致送，亦希代为酌定。以执事之聆音识曲，当能相与有成，即使弟来年获遂初衣，亦可于此间妥为位置，第未知其是否急于计偕耳。

　　贵属巨窝黄老广、谢天民二犯均经缉获，具见督率严明，望即严办，以示惩警。开示黔中插花地章程，缕析条分，洵极精细，无任欣佩。但此事若但于贵属行之，得执事妥为经理，谅可举重若轻。若欲推之全省，则未免恐有窒碍。盖版章之定为日已久，今欲随处而清厘之，则必截长补短，移此就彼，而钱粮户口亦必当一一纷更。使委任尽能得人，或可行所无事。倘办理不善，则滋扰之患，保无因之而起。且人情狃于所习，一旦使之去故而就新，亦恐愚民转以为不便。况此事自当先行疏请，必交部议。以二百余年之旧制，而此时忽欲更之，恐持议者亦未必能遵从所请也。大抵为治之道，惟以得人为要。谓插花地易于藏奸，固也。然使数州县之官弁能同心协力以图之，则此数州县中之盗贼不获于此，必获于彼，彼亦安能越疆而遁耶？否则有盗贼窃发于城市而不知者矣，又安见非插花地之必能力绝盗贼也。际此积重难返之余，与其轻更旧制，似仍不若实讲捕务之为得耳。鄙见如此，尚希商之。如执事实有把握，谓其可以必行，亦望拟就查办章程，先与黔中上游商酌。

---

　　* 胡林翼时任贵州安顺府知府。此稿乃幕友代撰，经林则徐手改。
　　① 左孝廉，即左宗棠。左宗棠因"陶婿预订读书之约"等事羁累，未能应聘。

如其询谋佥同，弟固不惮于会奏也。滇中似此之处，亦复不一，果能悉为厘定，有益于吏治民生，又何妨量作变通之计耶！

弟趋公珞砾，衰病日侵，陈力就列之言，辰下固不敢宣诸口，而劳劳昕夕，颇费揸持，不知爱我者何以为之策也？晌届阳调凤籥，即詹祜集虎符。专泐复颂年禧，顺候时绥。附完芳版，不既。

馆世弟片
（录自林维和藏原信稿复印件）

查勘矿厂情形试行开采折 *
(1849 年 3 月 14 日)

  云贵总督臣林则徐、云南巡抚臣程矞采跪奏，为遵旨查勘滇省矿厂情形，请将旧厂核实清厘，新矿试行开采，以期弊去利兴，行之有效，恭折奏祈圣鉴事：

  窃准部咨："奉上谕：'前因户部奏筹备库款一折，当派宗人府、大学士、军机大臣会同妥议具奏。兹据另议章程五条，无非就自然之利斟酌损益，惟在该督抚等各就地方情形熟商妥议，立定章程具奏。'等因。钦此。"臣等跪诵再三，仰见圣主裕国足民、利用厚生之至意。

  伏查新定章程五条，内如河工、漕务，本为滇省所无，盐务则向有定章，并无悬引堕课，自应遵旨，无庸更易。至钱粮年清年款，各税尽收尽解，均无蒂欠。除将应造清册，饬属依限据实造报，听候稽查，以昭画一外，计滇省所应办者，首在开采一事，敢不详慎筹维。

  伏思有土有财，货原恶其弃于地，因利而利，富仍使之藏于民，果能经理得宜，自可推行无弊。考之《周礼》："丱人掌金玉锡石之地。"注云："丱之言矿也。"其曰"为之厉禁以守"者，为未经开采言之也。曰："以时取之，物其地图而授之，巡其禁令。"此即明言开采之法，为后世所仿而行焉者也。"以时"云者，注疏但释其大意，今以臣等在滇所访闻者证之，似指冬春水涸之时而言。盖金为水母，五金所产之硐，皆须戽水而后取矿。故办铜例有水泄之费，银矿亦然。夏秋礵硐多水，宣泄倍难，往往停歇。若水过多而无处可泄，则美矿被淹，亦成废硐。乃悟"以时"二字，古人固早见及此也。"物其地图"云者，亦如今之觅矿，先求山形丰厚，地脉坚结，草皮旺盛，引苗透露，乃可冀其成

---

  * 标题据《林文忠公政书》云贵奏稿卷九拟。

厂。滇中谚云："一山有矿，千山有引。"引之初见者曰子闩，渐而得有正闩，乃可进山获矿。矿形成片者谓之刷，礁砼宽广者谓之堂，由成刷而成堂，始为旺厂。若土石夹杂，则谓之松塝，旋开旋废，易亏工本，甚至下开上压，滇谚谓之"盖被"，则非徒无益矣。故踩勘必须详细。所谓"物其地图"者，正以此耳。"巡其禁令"云者，诚以开采人多，须有弹治之法。如今之厂内各设课长、客长、砼长、炉头、攮头、锅头，皆所以约束礁户、尖户及炉丁、砂丁之类，又须多派书差巡练，以杜偷匿漏课，并禁夺底争尖。此皆"巡其禁令"之遗意。是开矿之举，不独历代具有成法，而《周礼》早已明著为经。况滇省跬步皆山，本无封禁，而小民趋利若鹜，矿旺则不招自来，矿竭亦不驱自去，断无盘踞废砼，甘心亏本之理。其谓人众难散，非真知矿厂情形者也。

滇人生计维难，除耕种外，开采是其所习。近年因铜斤产薄，惟恐京运不敷，但有能觅子厂之人，厂员无不亟令试采。若辈行山望气，日以为常，于地力之衰旺盈虚，大都能知梗概，见有可图之利，或以红单而报苗引，或以金呈而请山牌，当其朋集鸠赀，人人有所希冀，要之人事居其半，天事亦居其半。据本地人所言，开而能成，成而能久者，向实不可多得。然第就目前而论，如其地可聚千人者，必有能活千人之利，聚至数百人者，亦必有能活数百人之利，无利之处，人乃裹足。故凡各属矿厂衰旺兴闭，地方官皆不能隐瞒，惟设法经理之人，能使已闭复兴，转衰为旺者，实难其选耳。

案查嘉庆十六年间，户部议复云南银厂十六处抽收税课，以二万六千五百五十两零为每年总额。准以此厂之有余，补彼厂之不足，不必分厂核算，务期总额无亏。如收不足数，著落分赔，遇有盈余，尽数报解。迨嘉庆十九年，白沙一厂衰竭封闭，奉旨开除。此后定有课额者，共止十五处，年应抽解课银二万四千一百一十四两零，载在户部则例。其奏准尽收尽解之厂，则例所载，只有角麟、太和、悉宜、白羊四处，嗣又据续报永北厅之东升厂、东川府之碌山厂、新平县之白达母厂。此内惟东升一厂历年出产较多，所抽课银尚可以补各厂之缺。若碌山、白达母两厂，则皆于铅矿内抽取，殊不济事。其已定课额之十五厂内，如南安州之石羊、土革，镇雄州之铜厂坡，会泽县之金牛，永平县之三道沟，实皆历年废歇，因课额早定，不敢短绌，或以未成之子厂先行划补，或由经管之有司自行赔解。检查历年奏销册内，均与开化府、鹤庆州、永北厅之金厂四处，一同按额解课，总数并无亏短。除课金赢余无多不计外，其报拨课银，节年赢余，自一二千两至六七千两不等。此臣等于未奉谕旨之先，因欲整饬厂务，即已分别查明之实在情形也。

兹蒙谕令于所属境内确切查勘，广为晓谕，酌量开采。自应先于旧厂之外，加意稽查。当饬藩司遴择晓事委员，分路访觅，谕以金银皆可采取，不必拘定一格。即或有人互争之地，前因滋事而未准开者，今不妨由官督办，抑或草皮单薄之矿，前恐未成而不敢禀者，今不妨据实报闻，且仰绎训谕谆谆，不准游移不办。如果开采之后，弊多利少，亦准奏明停止等因。圣明俯体下情，如此开诚布公，官民更何所用其疑虑乎？况查滇省课金，或以床计，或以票计，例定课额甚微，其课银章程，本系一五抽收，民间采得十万两之银，纳课者仅一万五千两，可谓敛从其薄，于民诚有大益。将此明白开导，似民间皆已踊跃倍常。

当据委员会同临安、普洱文武禀称，查得他郎通判所辖坤勇箐地方，距城九十里，有土山数重，山顶全系碎砂，不能栽种，故无民居。前因土内产有金砂，遂有外来游民私挖淘洗，致相争斗，禀经前督臣委员会同他郎、元江厅州前往查逐，该游民各即逃散，遂将该山封闭。但金砂仍不时涌现，挖淘较易，难免游民旋复潜来。如蒙奏明开采，虽丰啬难以遽定，究足以裨公课而杜私争。臣等随复批饬各员亲诣该山，勘明实在情形。旋据禀复："山顶宽平，周围约七八里，掘土尺余，即见细碎金砂，闪烁耀目。官员到山，游民先已躲避，勘有私硐四口。询访附近村人云，挖起金砂，取水屡淘，复以木板为床，竟日摇荡，一人之力，日可得金几厘，多亦不出一分。又离该山数里有名为三股墙及小凹子两处，勘有草皮银矿，微夹金砂，现亦有人偷挖，但木进山成硐。"等情。臣等当即批准，将此三处试行开采。但先前既因私挖致酿斗争，此次官为督办，亟应选择殷实良善者作为头人，责令招募砂丁，逐层约束。前此偷挖滋事驱逐复来者，亦当访拿究办，以示惩儆。且必须先派员弁，多带兵丁，始足以资弹压。容臣等斟酌调遣，一俟布置定局，再行缕析奏闻。

又据镇沅直隶同知，暨文山、广通两县先后禀称：前因奉文广觅铜厂，叠经示谕民人访寻子厂呈报。嗣有镇沅厅民罗梓鹏等，报有距城百余里之兴隆山麓，获银矿引苗。当令招丁试采，该厅时往履勘，其矿砂忽接忽跳，未能定准，如数月内堪以接采，拟即酌定课程。又文山县民万云陇等，以距城一百八十里之白得牛寨地方出有矿苗，该民等已各出备油米，呈县开采。经该县报府委勘，山势丰厚，惟四围包栏不甚紧密，所出草皮垅矿，成色较低，兼以时有时无，不免旋作旋缀，请加察看，可否抽收银课，尽收尽解。又广通县民李集之等，以象山地方，距城九十七里有矿可采，报经该县准令试办。嗣采得闪矿，所出无多，业经搭炉分汁，无如银微色低，惟将所出黑铅，借作底母之用，尚须再行试准，量请抽课。各据实具禀前来。

臣等查该三厂开采，虽尚未见成效，然总须该地方官激励厂民，奋勉从事，不可任其半途而废。现已札令速将矿砂煎样解验，应抽课银，先许尽收尽解，俟试办一年，察定情形，再将抽解数目，入额请拨。至此外更令广为觅采，有苗即力求获矿，有矿即务使成堂，如能采办数多，应先遵照朝议，商给优奖，官请议叙，以期率作兴事，感奋争先。

至旧额老厂，虽据逐细查访，实系衰歇者多。然习于厂事者，必能明其消长之机，以筹修复之法，或拉龙扯水，或旁路抄尖，或配石分汁，如锤手背夫及搭炉下罩之人，所见既多，谅亦能知补救，即或需费工本，但能先难后获，亦当设法为之。倘实系硐产全枯，徒劳无益，则名是实非之厂，似应据实开除，即于尽收尽解各厂中奏明抵补。总须比较原定旧额无绌有赢，方为核实整顿之道，不得因广采新山，而转置旧厂于不问。

至于官办、民办、商办，及如何统辖弹治、稽查之处，仰蒙恩谕，不为遥制，凡在官商士庶，无不感激倍深，自当按地方之情形，筹经久之善策。查办厂先须备齐油米柴炭，资本甚巨，原非一人之力所能独开。官办呼应虽灵，而在任久暂无常，恐交代葛藤滋甚。倘或因之亏空，参办则有所借口，筹补则益启效尤。况地方官经管事多，安能亲驻厂中，胼胝手足，势必假手于幕丁胥役，弊窦愈多。似仍招集商民，听其朋资伙办，成则加奖，歇亦不追，则官有督率之权而无著赔之累，似可常行无弊。

臣等与在省司道及日久在滇之正佐各员，下逮商旅民人，无不虚衷采访。窃以此次认真整顿，令在必行，所宜先定章程者，约有四事：

一曰宽铅禁。查银矿惟炸矿为上，为其块头净洁，出银多而成色高。然厂中似此之矿，百不得一。其习见者，名为大花银矿、细花银矿，其实皆铅矿也。铅矿百斤，煎铅得半，即为好矿。而好铅十斤，入炉架罩，其上者得银六七钱，次者仅二三钱。除抽课、工费之外，只敷半本。其裹出铅汁，名为铕团，铅浸灰内，名曰底母，皆可溜成黑铅，以此售卖，始获微利。滇省向因黑铅攸关军火，曾有比照私卖硝磺办罪之案，故炉户所余底铺皆为弃物，亏本愈多。臣等查黑铅一项，或锤造锡箔，或炒炼黄丹颜料，所用亦广，原非仅为制造铅弹之需，律例内并无黑铅不准通商之文。且贵州之柞子厂、四川之龙头山黑铅，均准售卖。滇省事同一律，如准将底铺出售，以补厂民成本之亏，庶不至于退歇。况售买底铺必有行店，其发运若干，令厂员验明编号，填给照票，俟运至彼处，即将照票赴该地方衙门缴销，既可杜其走私，于军火无所妨碍，借得沾有利益，于厂民实获补苴。

一曰减浮费。查云南各属，无论五金之厂，皆有厂规。其头人分为七长。每开一厂，则七长商议立规，名目愈多，剥削愈甚。查历办章程，迤东各厂硐户卖矿，按所得矿价，每百两官抽银十五两，谓之生课。迤西各厂，硐户卖矿不纳课，惟按煎成银数，每百两抽银十二三两不等，谓之熟课。皆批解造报之正款，必不可少。此外有所谓撒散者，则头人、书役、巡练之工食薪水出焉。有所谓火耗、马脚、硐主、硐分、水分，以及西岳庙功德、合厂公费等名目，皆头人所逐渐增添者，虽不能尽裁，亦必须大减。现在出示晓谕，务令痛删无益之规银，以办必需之油米，庶不至因累而散。

一曰严法令。查向来厂上之人，殷实良善者什之一，而犷悍诡谲者什之九。又厂中极兴烧香结盟之习，故滇谚有云："无香不成厂。"其分也争相雄长，其合也并力把持，恃众欺民，渐而抗官蔑法。是以有矿之地不独官惧考成，并绅士居民亦皆懔然防范。今兴利必先除害，非严不可。即如所用铁器，除锤凿、锅铲、菜刀准带外，一切鸟枪、刀械，全应搜净，方许入厂。其驻厂弹压之印委员弁，皆准设立枷杖等刑具，有犯先予枷责，或插耳箭游示，期于小惩大戒。若厂匪胆敢结党，仇杀多命，闹成巨案，或恃众强奸盗劫，扰害平民，责令该府州厅县会同营员立即兜拿务获，审明详定之后，请照现办迤西匪类章程，就地请令正法，俾得触目警心，庶可惩一儆百。

一曰杜诈伪。查矿厂向系朋开，其股份多寡不一，有领头兼股者，亦有搭股分尖者，自必见有好矿而后合伙。滇省有一种诈伪之徒，惯以哄骗油米为伎俩，于矿砂堆中择其极好净块，如俗名墨绿及朱砂、荞面之类，作为样矿示人，唉以重利，怂恿出赀，承揽既多，身先逃避。愚者以此受累，黠者以此诈财，良民不敢开采多以此故。又厂上卖矿买矿之时，复有一种积蠹，插身说合，往往私抽厘头，为之装盖底面，颠倒好丑，为贻害厂务之尤。兹先出示谕禁，嗣后访获此等匪徒，皆即加重惩办，庶可除弊混而示劝惩矣。

臣等在滇未久，于矿厂情形本不谙习，仰荷圣慈委任，且蒙训谕周详，谨就察访实情，先筹大概，虽成效尚未能预必，而任事断不敢畏难。此外续查利弊情形，总当据实直陈，以仰副宵旰畴咨于万一。

所有查勘筹办缘由，是否有当，臣等谨合词恭折具奏，伏乞皇上圣鉴训示。谨奏。

道光二十九年二月二十日

原议王、大臣会同该部议奏。

（录自宫中朱批奏折）

保山县城内回民移置官乃山相安情形折*
（1849 年 6 月 25 日）

云贵总督臣林则徐、云南巡抚臣程矞采跪奏，为保山县城内回民，自移置官乃山以来，已逾一载，察看情形妥协，可期久远相安，谨将原办缘由奏明立案，仰祈圣鉴事：

窃臣等于上年会奏永昌善后案内，议请添移营汛弁兵，声明保山县辖之官乃山，因安插回民二百余户，尚有陆续前来者，拟添兵五十名，连原驻之三十名，派一把总带领，以资弹压等情，已蒙敕部核议复准在案。彼时回民移居未久，尚须细察情形，未敢以试办之章程遽作常行之定准。节经谆饬永昌府知府张亮基，就近督县加意抚绥，认真弹压。计上年四月安置之后，至今已越一年。叠据禀报，该回民二百余户，在官乃山垦种为生，均极守分安业，堪以永远居住等情。

臣等查此案移置之由，因道光二十五年九月间，保山城内回民被该处七哨匪徒挟仇残杀□次，迨二十七年甫经招复，又于十二月初一日因哨匪打夺解省人证，复恃众入城搜杀一次。虽被杀由于报复，死者亦非概属无辜，而受害情形实堪悯恻。除业经尽绝之户无可挽回外，其有他出始归，以及藏匿逃亡遗存丁口，悉经由官访明，捐赏抚恤，以轸余生。至二十八年春间，臣林则徐亲往迤西督兵查办，于痛剿弥渡之后，直捣七哨地方，哨匪始慑军威，俯伏归命，当时拿获办罪至四百余名之多。七哨经此痛惩，不敢复逞凶顽之习。本拟招复逃亡回众，仍返故居，惟查房屋被焚，早成灰烬，若令自行建盖，已属力所未能，且与汉民界址毗连，清厘匪易，一时既虞其寻衅，日久更难以相安，故于军务将竣之时，即另筹安置保回之地。

---

* 标题据《林文忠公政书》云贵奏稿卷十拟。

嗣据地方文武暨各委员觅得保山所辖距城二百余里之官乃山一座，周围约十余里，外狭中宽，前隔潞江，后依雪山。雪山之巅，石崖陡险，虽有傈傈夷人窝居其上，向不与民人相通。其自半山中腰，下至临江，间有平旷地土，堪以垦种，因而外来无业客民，单身赴彼，或种包谷杂粮，或植大小果树，先搭棚寮栖止，渐盖土屋草房。究因中隔潞江，往来未能甚便，该客民等仍不乐于久居。随访得有杨育春、白奉礼等，均愿将自垦成熟之地暨果树寮房，悉行折价迁让，或以城乡产业与之掉换，亦所乐从。当查该处山场，既有田亩树株，按年可收花息，并已种将熟之杂粮果实，均愿折价卖给，回民到彼，即无枵腹之虞，若渐垦渐多，更可长资养赡。因询保回头人童俊、刘耀宗等，以保山之清真寺旧有零星公产，其各乡亦有故绝回户遗产，如愿公同估价，与官乃山产业房产互相掉换，便可官为经理，伊等当即允从。其价值除互抵外，尚有不敷，由官凑捐给付，遂将官乃山一座全作保回聚居之所。除有他处亲戚可依、不愿前往者，听其自便外，凡愿移之回户，皆按大小人口，官给盘费。经署保山县知县韩捧日、署永昌协副将桂林等，将该回民二百余户，分起押送前往，到后仍酌给三个月口粮，俾得从容治产。此上年安置保山回户之情形也。

嗣又添拨把总一员，先后带兵八十名，归于原设之旧乃汛驻扎，就近巡防。该回民等益知官为保护，得以久安生业，陆续去者复有数起，自系知为乐土，彼此相招。查该处去秋包谷杂粮，均称丰熟，果树亦皆获利。今年垦种之地比较去年更多，将来户口繁滋，该山亦足资其力食，与山巅之傈傈夷人，及江外之土著汉民，均无辖轕，而保山城哨相距甚遥，更无虞其生衅。是回民安置在此，似可决为久远之图。虽不愿者，本不强其前来，而已来者，定可安于无事矣。惟其祖先坟墓向来本在保山，当二十五年互斗之时，回匪之烧汉屋者极多，而汉匪之掘回坟者尤甚，尸骸堆积，令人不忍睹闻。臣等面嘱该府张亮基，督属妥为修掩。张亮基到任后，即与署保山县陆德捐发廉银，选择公正绅耆，分赴各山，将被挖回坟逐一修砌，悉还其旧，不独尸骨全无遗弃，并棺柩每与更新。统计自夏至冬，共修回坟九千余冢。该处事定之后，有回民赴保山祭扫者，府县派差照料，即以暗杜衅端。该回民见其坟冢新修，比前加胜，亦皆同声感激，并可消释前嫌矣。

又据张亮基禀称：保山回户中，未经故绝之人遗有田产，上年军务竣后，曾经委员分路清查，核与该回头人查报大数相符。当即由官派佃代种，收取租银，寻觅外出各回民，寄交该处地方官给领。惟思回户业经他徙，若将零星田产留在保山，内有狡黠之徒未忘旧衅，即难保不借此为由，以清租为寻衅之地。不如查起原契，官为觅售，其无原契者，亦由官估价值，分别变卖。节经头人传谕，业已允从者多。惟闻有力之回，本在他处经营贸易，有不必急于变产而尚观望迁延者，若不催令一体办理，转恐退有后言，是以现仍传觅本户回民，谆切晓谕，令其出售零产，以断葛藤。总期保邑汉回各遂其生，永无可开之衅，以仰副圣主绥安边圉、一视同仁至意。

所有续办善后缘由，臣等谨合词恭折缕陈，并咨部核明立案。伏乞皇上圣鉴。谨奏。

道光二十九年五月初六日

该部知道。片留中。

（录自宫中朱批奏折）

密保永昌府张亮基片
（1849 年 6 月 25 日）

再，永昌连年滋事，民几不知有官，实由吏治因循，以致犷悍成风，积重难返。上年甫经惩创，亟须为地择人。仰荷圣恩，准以临安府张亮基调补永昌府缺。

该府自到任后，办理不遗余力，于地方之利弊，无不访察周知；于风俗之浇漓，无不革除务尽。如昔时牛丛香把、拜会结盟、敛费赛神、信妖惑众诸恶习，皆能令行禁止，杜绝根株，一有勾结潜滋，即被查拿惩办。又将各村寨枪炮火药全行搜缴入官，产硝各硐全封，军火无从私制。至该处向有教演拳棒、聚唱小说之所，今则改为义学。又有纠诈大户、引诱游女之风，今则厉其乡禁。徭役之累民者，设法裁革之；道途之险巇者，捐赀平治之。合诸臣等正折所陈，安置回户，修护回坟，劝售回产等事，无非任劳任怨，期以永杜衅端。访查彼处民情，于该府怀畏兼深，汉回如一。且不独永昌一郡如是，即附近之顺宁、蒙化等属，亦莫不然。是张亮基调任年余，竟能大挽积年难挽之习。

臣等职司察史，似此实在得力知府，不敢壅于上闻。惟地方正当起色之时，仍应责成经理，将来遇有兼辖迤西及统辖滇省之任，如蒙简畀鸿慈，似张亮基皆可力图报称，以收得人之效。

臣等为边疆需才起见，不揣冒昧，谨合词附片密陈。是否有当，伏祈圣鉴。谨奏。

（录自《林文忠公政书》云贵奏稿卷十）

《大定府志》序
（1849 年 8 月）

　　自明代武功、朝邑二志以简洁称，嗣是载笔之儒，竞尚体要，沿习日久，文省而事不增，其蔽也陋。抑知方域所以有志，非仅纲罗遗佚，殚洽见闻；实赖以损益古今，兴革利病，政事所由考镜，吏治于焉取资，所谓前事不忘，后事之师，顾可略欤？《周官》小吏掌邦国之志，外史复掌四方之志，职方又掌天下之图。凡土训、诵训所道，无非是物，何不惮繁赜若是？孔子欲征夏殷之礼，而慨于文献不足，志非所以存文献者乎？足则能征，不足反是，宜详与否，亦可识矣。然所谓详者，岂惟是捃摭比附，侈卷帙之富云尔哉！采访宜广而周，抉择宜精而确。惟广且周，乃足以备省览；惟确且精，乃足以资信守。江文通谓修史莫难于志，非以两者之不易兼乎？

　　悭斋太守由翰林改外，领郡县三十年，所至皆有循声惠绩。莅官之始，必访图志，宗朱子法也。初仕闽，见李元仲所纂《宁化县志》，以土地、人民、政事分门，喜其详赡，有裨于政，尝欲效之。时闽省方修通志，君宰首邑，旋晋福州郡丞，多所赞襄，而不暇自成一本。洎守黔之大定，以身率属，殚心教养。尝谓其地古蛮方，叛服靡常，我朝始设郡县，二百年来彬彬文化，而苗夷诸种今犹多于汉民，欲变化而整齐之，志乘尤不可略。因访得前守王君允浩未刊志稿八卷，取为权舆而厘订焉、裒益焉。书成示余，且嘱为序。余受而读之，为卷凡六十，视旧稿奚翅增以倍蓰。其体例门目，亦皆自抒胸臆，不相沿袭。乃每卷先标原撰名氏于前，而自署曰重辑。噫！此诚君子以虚受人，美不自炫，而实则重辑之功什百于原撰，谓之创造可也。夫王君八卷之稿，断手于乾隆十五年庚午，距今已百年，中事非旧稿所有也，且旧稿仅纪郡守亲辖之地，而各属皆未之及。君则于所属诸州县一一载记，巨细靡遗，荒服

瘠土，搜采綦难，而君竭数年精力，不使以阙漏，终一境地，必溯其
朔；一名物，必究其原；一措施，必缕陈其得失。凡可以昭法守、示劝
惩者，无不郑重揭之。且每事必详所出，不以己意为增损，其贯串赅
洽，即龙门、扶风之史裁也，其大书分注，即涑水、紫阳之体例也，如
郦道元、常璩、袁枢、郑樵诸述作，间亦资为钒揿，取以敷佐，使数千
年往迹，若指诸掌，非君平时视官如家，视民如子姓，其能若此之实事
求是乎？此书出而阖郡风俗、政治，犁然毕陈，即君莅官以来所以治是
郡之实政，亦灼然见其梗概。后之官斯土者，如导行之有津梁，制器之
有模范，果其循习则效，择善而从，又岂猾吏莠民所能障蔽其所睹哉！
且此书之用，非独一郡所资，即措之天下，传之奕祀，莫不如契。斯印
君之设施，讵有涯涘耶？昔余在闽里居，尝亲见君之惠政，比督滇黔，
又幸得君之匡益。今岁大定荒疫，振恤补救尤重赖君。兹疮痍既复，而
是书适成，诚斯土之幸而又不仅斯土之幸也。第余自愧老病，乞归养
疴，不获与君常相切劘。所冀蒸蒸日上，宣力四方，所以上孚下浃，更
有大且远者。吾身虽退，犹乐为延颈企踵以瞻治绩之隆也。

　　道光二十九年秋七月，总制滇黔使者侯官林则徐叙。

（录自清道光年间版《大定府志》卷首）

豫备罢官后应用之项（附记陕西陋规）（1849 年）

太太运枢回闽，连开吊、安葬二千两。

向苏大人让衣锦坊住屋五千两。

三位少爷各付一千两。戊申六月各已付讫。以上共一万。

大少爷起复进京盘费五百两。

三、四少爷如能中举，进京盘费各五百两。

四少爷入泮用度二百两。

五小姐出阁费用五百两，又五百两。在任已用，不止此数。

自备将来丧葬共二千两。

福州至亲帮项，酌备三千两。

□□红白应酬存公项一千两。

刊印诗文及奏疏、杂著约一千两。

应还人情约一千两。怡悦亭、惠芳、茅鹭渚、舒崖庵。

附记陕西陋规 俱不收

藩三节两寿每次一竿，上下忙盘库每次一竿。

粮每季一千三百两，节、寿水礼。

潼商道三节两寿，每次五百两。

西安府 年一竿，寿一竿，余水礼。

同州府 年名世，余水礼。

（录自林则徐《滇黔杂识》手稿，中国人民革命博物馆藏）

致姚椿书
（1850 年 3 月 18 日）

　　樗寮先生执事：别来倏逾一纪，驱驱况瘁，衰疾连绵，虽生入玉门，已颓然成废矣。丙冬在陕，丁秋在滇，两拜惠书及见赠之作，且感且愧。欲作和诗与复缄相寄，借以详述积怀，乃陕中得书之时，适弟因疾在告，难于搦管。嗣是疾未大愈，即有滇南之移，值彼处汉、回连岁滋事，席不暇暖，督师临边，如是者经年，而疾滋甚矣。来教久稽未报，自知罪甚，出入怀袖，耿耿于中。比在江西与钟泉观察言之，观察以去岁所得尊书及新春手翰先后见示，均承念及庸鄙，且以久不得书为疑，弟读之尤不禁汗之竟趾也。所窃喜者，见近日手札神气充周，新诗尤精采四溢，知书中所云近履胜前为不虚也。

　　执事经世之学虽未显用，而康济乃其本怀。比者三江两湖异灾迭出，早知拯饿援溺之策无时不廑仁人念中，兹读致钟泉及仲昀书，复坚之以《川米行》之巨篇，洵救时恤民一长策也。仲昀弟与共事，明练果敏。且侧闻去冬以漕事之绌，有中旨密询各疆吏挹注转移，蜀中连稔多年，自无可逯。犹忆道光三年，弟在吴门招徕川、湖米客，亦赖有枫桥、王露庵、浒关、望亭诸行户咸听指挥，迭雇捷足，赍信分赴川、湖各总口，告以米价正高，速来必获大利，迟恐价落，因是贾舶麇集，彼此争售，价不禁而自跌。今两湖势不自给；其近川者，赖有川贩，巴东守口员弁宜勿留难；若近陕之处，亦可由兴安水道，浮汉以达江、淮，此每岁丹阳、新丰贩售豕脯之熟路，可循而行者也。今岁六省南漕惟江西最多，合碾运捐输至八十六万石，非钟泉观察之苦心果力，万不能尔。其回空各艘渡河如许之艰，而孟陬月底悉已扫次从容受兑，洵由一诚所感。省垣粥厂日期一展再展，亦钟泉捐廉倡之，活人无算，知阁下所极乐闻也。东南民困久矣，但冀天心速转，旸雨无不时，河伯无不仁，疮痍犹可渐复。

以人事论，则漕政、河防皆不能无变易。读执事甲申所著《河漕议》曰："行海运而一时之漕治，行屯田而日后之漕益治，视河之所趋，不使与淮相合以入于江，而一时与后世之漕且俱治。"大哉言乎！体要具矣。弟亦常主此见，故于己亥年复奏漕议，有二条曰："补救外之补救"、"本原中之本原"，正与先生同意，而因是不免见尤于人，谅吾兄早闻之矣。又，弟向议河事，以谓神禹虽未必可学，而王仲通则无不可学。其治法，自荥阳东至千乘入海，天下无河患者六百年，无他，顺河之性也。今不亟使东注，而必导之南行，以激烈之性绕迂缓之程，势必不受，此皆惑于风水而不计为患之大耳。弟读钟泉《道齐正轨》，于循吏各传持论皆具特识。尝语钟泉云："君论王景治河，不外商度地势，可谓一言破的，若以君主河事，诚有成竹在胸矣。"大作者所云"河不与淮合以入江"，何其先获我心哉！今之洪泽湖迭受河淤，浚则不胜其浚，不浚而运道几断，若使河不夺淮，则洪湖正可复泗州、虹县之旧，以为帝籍，谷尤不可胜食，非独不患淤，且惟恐其不淤矣。至千乘即今之利津河，若由彼入海，须穿张秋运道，则漕艘以转搬为便。如大作所引刘晏之法，江船不入汴，汴船不入河，河船不入渭，非前事之可师者乎？因读执事说议，故纵笔及之，要难为寻行数墨者道也。

弟自上年九月由滇扶病言归，沿途缓程而行，觅医诊治，又值风逆水涸，于嘉平望后始措抵豫章。贱疾固甚委顿，而大小儿之病尤剧，不得已暂寓江省就医。不意一小住间，忽忽四十日，蒿目时事，愁怀益深，日内亦即由江返里矣。第敝乡卧榻之侧，有人鼾睡，能否常住尚未可知，舍间本甚洫溢，有瞻乌爰止之叹。

顷闻钟泉欲专人赍书诣尊处，故弟亦力疾作书，奉答稽延之咎，幸鉴原焉。附去二诗，奉和昔时惠赠原韵，而所言皆目前事，祈为教之。又见钟泉观察录诗奉寄，弟亦约录出关、入关及去官之作数首，略明其志，并乞削正，遇便交钟泉处，自可付还也。闻阁下所辑文录已成，艰于觅写，兹附上二十金，聊佐写资，要以无裨于事为愧。《学案》不识编就否？镜海奉常所刊，曾否入览，异同若何？便中愿闻其略也。余惟为道自重，不宣。

春仲五日　愚弟林则徐顿首
寓于江西百花洲
（录自《国朝名人书札》卷二）

联名致徐继畲书 *
（1850 年 7 月）

　　松龛中丞大人阁下，敬陈者：窃自五月下浣，蒙发台函，以夷人租城内神光寺讲经一节，从容设法，总可驱除，须略宽时日，予以转身之地，谆嘱则徐密致众绅等因。当将发下原函公同捧诵，既有略宽时日之谕，在治下者只得暂遵，专候搬移确信。不意延今半月，夷人愈进愈多，并无搬移之意。且每日辎重入城，络绎不绝，有八人共抬一长箱者，有十六人共抬一大箱者。市中人人目击，明指为炮位军械，民心倍切惊惶。窃思夷人箱物入城，凡在营汛卡防官兵役保均有稽查之责，而各衙门亦皆切近，似不至全无见闻，如因夷性桀骜，即概不敢查验，一任炮械抬入城内，其为闾阎之害诚有不忍言者。是否别有制御之方，得使居民有恃无恐，应求大宪明白宣示，以安人心。恭读钧函，有断不致城内再有一椽租与夷人之语，仰见禁令严明，曷胜钦祷。惟闻连口夷人又往各寺观常川踩看，随处议租。又闻闽县前一带民房，亦有几种人欲来占住，口称系为嘆咭唎等国办事，要将房屋作衙门等语，无非以神光寺等为效尤，以县印为借口，未知果堪禁止否？伏闻钦奉上谕："福州应择要密防，勿致有猝不及防之患，等因。钦此。"谅大宪自必妥筹良策，奏慰宸怀。属在部民，不敢仰窥韬略，但现居桑梓，利害切身，事关省会安危，亦不敢始终缄默。窃观夷人故智，总以恫喝为能，其日前复县之文，所谓飞报香港公使、专候札谕之语，虽云本非真情，而既欲硬占强租，势必往香港请数只兵船前来福州海口，以张强梁之凶焰而吓积怯之恒情。若不早赐良筹，预为准备，一旦猝然事至，又必相率惊逃，恐太不成事体。辰下

---

* 此乃林则徐领衔之福州绅士联名公致福建巡抚徐继畲之信。

如何择要，如何密防；省中大中小各炮位现有若干尊，斤重若干，分安何处，所配药子斤两各若干，曾于何时派令何官何兵演放，能打及若干丈尺；其官兵可以派往海口防堵熟悉点放大炮者约有若干，精习鸟枪者约有若干，是否能保临事不至脱逃，并此外有何可为省垣保障，俾比户均获安全之处，统祈明赐谕知。如须绅民守助相资，以成犄角之势，亦必恭候切谕，自当迅速遵行。缘前奉传示之后，多日未见确音，而外间人心惶惶，故敢合词公达。冒昧之处，幸乞鉴原。

再，昨有夷人揭帖分散数处，虽闻侯官县曾揭去一纸，而此外经见者尚多。阅其所言，大堪发指。兹并照录呈览，究应作何处置，统乞示遵。谨启。

（录自中国第一历史档案馆编《鸦片战争档案史料》第七册第 1006～1007 页，原题《福建绅士公致巡抚徐继畬信函》）

致刘齐衔书
（1850 年 9 月 15 日）

冰如贤婿如晤：七月初二日交督差陈连泰带去一函，谅此时已可入览矣。七月杪由梁孝廉带回杏仁、蘑菇各一匣收到，感感。

兹八月初六日抚署折差带到七月初五日手翰，聆悉种种，并知迩来公私益臻顺适，添女平安，亦是好事也。惟未知寓所究移何处，下次信中望即写明，以便寄书至京交折差径送耳。

愚因病未即进京，经徐抚军夹片代奏，奉朱批："知道了。"钦此。即无催促，藉得从容调理，感幸实深。惟里中住居刻无暇晷，会客与回拜两事即已朝夕忙碌，其写字之纸与托题、托序之件堆积如山，不能应付，甚为着急。此外俗事为难之处更不胜言矣。王雁翁所言极是好意，但出去仍然无济，则不如不出为宜。愚前月曾有一书寄之，谅可洞悉耳。七月十三日两家互定庚帖，系属上吉之日，欣惬良多。舟官肝疾比前虽觉略差，然仍时时见痛，进京之说亦只可以为缓图。葬事究非不利之年，亦尚未经筹定也。

犬羊在神光寺不肯去，而又添占西禅寺，其南台民屋被伊强典强租者，更不知凡几。乡间公同拦阻，官府惟助夷压民，不知是何世界！日来夷船之由北洋护送商船者，木客等皆以数千圆央其护送。皆进内港，连艅泊大桥边，言之于官，咸以为必不生事。试问每船或二三十炮，或十余炮，设或临时有变，措手不及，为之奈何？愚虽约数人暗中预备，然欲纾难而无家可毁，尤患势孤，如欲移居又无可移之处，所谓进退维谷者耳！枢儿县试第二、府试第三。闻学台按试汀州时，武童不肯先拉硬弓，因而滋闹，在彼停搁拿办，大抵九月末、十月初始能回省耳。

手此复候近佳，暨阖眷安吉。不戬。

八月初十日　少穆字

再，前承迭寄高丽参及朱拓挂屏、联对，《缙绅》俱已领到，谢不胜谢，但路远可勿多寄。至代垫何子贞楮仪十两，愚已告岵农于兑凯勤项内减去十两，由愚处拨抵可耳。

再，据三儿言及外孙学慰人品气宇俱佳，又甚聪悟，伊本甚为注爱，而尊意亦欲三儿之女二官结姻，亲上加亲，自是极好。若果此意已定，即烦寄信与五令弟，速由府间择日，彼此具帖为定，愚亦快喜无量矣。又致。

（录自郑重藏手迹原件）

致沈葆桢书*
（1850 年 9 月 15 日）

　　幼丹吾甥如晤：七月初一函谅已先到，兹八月初六日抚署折差带到七月初五来书，聆悉一一。述甥朝考虽屈，然此途得失无足介怀，仍以乡、会场直上为贵也。附来雁汀兄书，阅之甚感，但目前即使出去，亦断断无能为。前月有复雁汀一书，渠见之自知心迹耳，原信仍以寄还。此间近况已于冰如信中备细言之，想可互阅，兹值折差将行，匆促间亦不及复述矣。

　　府间一切平安。令伯将乐之缺可压到十一二月出来销假，则道署今年之馆可以终局。舟官肝病虽较前稍差，然无日不痛，进京之说今年可无庸议。来信有搬寓之意，当亦不必矣。手此附布，并问合寓均佳，不一。

八月初十　少穆字

（录自《林则徐书札手迹选》，北京紫禁城出版社 1985 年版）

---

*　沈葆桢时任翰林院编修。

致林昌彝书*
（1850 年 9 月）

　　芗溪八兄大人阁下：启者，前烦阁下代阅李兰屏比部遗诗，去留甚当。兹更有三卷呈览，并大著《诗集》及《诗话》五本，送上察收。大著气魄沉雄，风格逸秀，溯源浣花、太白、辋川、昌黎、东坡、渭南，不失三百之旨，近代则合顾亭林、吴梅村、朱竹垞、宗荔裳为一手。阁下湛深经术，精究三《礼》，而诗笔如此雄厚俊逸，诚当世之所稀也。《诗话》采择极博，论断极精，时出至言，阅者感悟，直如清夜钟声，使人梦觉，真足以主持风化，不胜佩服之至。近代诗话，阁下极推竹垞、四农二家，谓竹垞搜罗极博，足以考献征文；四农论断极精，足以存真别伪。鄙意谓阁下之诗话既博既精，可以合二家而一之。顾谆谆欲以鄙作厕其间，恐碔砆不足以杂球璞也。录便当即呈览。先题《饲鹤图》七言古，气格浑成，意在言外，可称高手。谢谢。前送上命题尊太孺人《一灯课读图》，未知有当大雅之意否？贤母贤子，令人起敬。阁下学成行修，可谓无负先志矣。《射鹰驱狼图》命意甚高，所谓古之伤心人别有怀抱也。拙作俟撰好呈上。大著《平夷十六策》及《破逆志》四卷，真救世之书，为有用之作。其间规画周详，可称尽善。此百战百胜之长策，与弟意极合。弟在粤时，五围夷鬼，三夺夷船，其两次夷船退出港外，不敢对阵，皆此法也。阁下以命世之才，终当大用于世，待时焉可耳。弟老矣，望阁下他日为范文正、王文成，则吾宗之光，亦吾闽之福也。昨晤鹿春如观察，已将书院指荐矣。谨肃寸楮，即颂箸安，不次。

庚戌仲秋 俟村退叟宗弟则徐顿首
（录自林昌彝《射鹰楼诗话》卷首）

---

　　* 林昌彝，字惠常，号芗溪，福建侯官人。

致沈葆桢书
（1850 年 10 月 10 日）

幼丹吾甥如晤：八月初十日交抚差林廷魁带去一信，并附冰如一信，是日因赶赴家庙祭祀，草草数行，未及多述，想已照入矣。兹九月初二接七月廿五日一书，初六又接八月初四日一书，暨前后所寄邸报，俱已收阅无误。其七月初寄去信内，未将端节来函提及，只是漏叙，并非原信遗延。盖彼时与当轴尚少猜嫌，不至被其匿信。迨六七月来，为夷务议论未合，难免虑此。此次初六所接之信，附入安报中来，最可免人猜忌。惟内有京报，恐封缄加厚，或另匀作第二封，别写酒资，俟府间代付之后，愚仍划还；抑或与冰如互商，两边自寄，均可酌量耳。都中累必不免，然用心必不可纷。明年考差自是首要，至度日如有可筹之处，愚再作信寄知也。此间家居情形一言难尽，而出去又有不能之势，焦心劳神，转较在滇为甚，不知如何可了。近事另缮数纸，封入冰如信中，自能转述，兹不复及。都中闻见，仍欲时时得之为妙。手此，顺问近佳，暨阖宅均吉。

九月初六夜灯下 俟村书

目疾忌煤火，食撇蓝似可解也。杰夫两次折皆佳，晤时幸为致意，锡侯亦然。

（录自故宫博物院藏手迹光盘）

诗

词

汤阴谒岳忠武祠
（1819 年 7 月 12 日）

不为君王忌两宫，权臣敢挠将臣功。黄龙未饮心徒赤，白马难遮血已红。尺土临安高枕计，大军河朔撼山空。灵旗故土归来后，祠庙犹严草木风。

（录自《云左山房诗钞》卷一）

裕州水发，村民舁舆以济，感而作歌
（1819 年 7 月 19 日）

皇天一雨三日强，积潦已没官道傍。众山奔泉趋野塘，平地顷刻成汪洋。高屋建瓴势莫当，龙门激箭飞有芒。巨灵奋臂山精狂，裂破岩壑如沸汤。灵夔老蛟目怒张，搅土掷作黄河黄。对岸咫尺徒相望，翻身难傅双翼翔。思鞭鼋鼍架虹梁，神斤鬼斧不得将。就其深矣舟与方，无船谁假一苇杭。仰睎云物纷莽苍，会见阴雨来其雱。舆人缩足童仆恇，我亦四顾心旁皇。村夫欻来灿成行，踊跃为我褰衣裳。舁我篮舆水中央，如凫雁泛相颉颃。水没肩背身尽藏，但见群首波间昂。我恐委弃难周防，幸以众擎成堵墙。我舆但如箕簸扬，已夺坎险登平康。嘻嘻斯民真天良，解钱沽酒不足偿。我心深感怀转伤，为语司牧慎勿忘：孜孜与民敷肺肠，毋施棰楚加桁杨，① 教以礼让勤耕桑。天下舆情皆此乡，世尧舜世无怀襄。

（录自《云左山房诗钞》卷一）

---

① 此句下似脱一句。

驿 马 行
（1819 年夏）

　　有马有马官所司，绊之欲动不忍骑。骨立皮干死灰色，那得控纵施鞭棰。生初岂乏飒爽姿，可怜邮传长奔驰。昨日甫从异县至，至今不得辞缰辔。曾被朝廷豢养恩，筋力虽惫奚敢言！所嗟饥肠辘轳转，只有血泪相和吞。侧闻驾曹重考牧，帑给刍钱廪供菽。可怜虚耗大官粮，尽饱闲人圉人腹。况复马草民所输，征草不已草价俱。厩间槽空食有几？徒以微畜勤县符。吁嗟乎！官道天寒啮霜雪，昔日兰筋今日裂。临风也拟一悲嘶，生命不齐向谁说？君不见太行神骥盐车驱，立仗无声三品刍！

（录自《云左山房诗钞》卷一）

病 马 行
（1819 年夏）

　　生驹不合烙官印，服皂乘黄气先尽。千金一骨死乃知，生前谁解怜神骏？不令鏖战临沙场，长年驿路疲风霜。早知局促颠连有一死，恨不突阵冲锋裹血创。夜寒厩空月色黑，强起哀鸣苦无力。昔饥求刍恐不得，今纵得刍那能食！圉人怒睨目犹侧，欲卖死皮偿酒直。马今垂死告圉人，尔之今日吾前身！

（录自《云左山房诗钞》卷一）

即　目
（1819 年 8 月下旬）

　　万笏尖中路渐成，远看如削近还平。不知身与诸天接，却讶云从下界生。飞瀑正施千嶂雨，斜阳先放一峰晴。眼前直觉群山小，罗列儿孙未识名。

（录自《己卯以后诗稿》）

舆人行
（1819 年 9 月 10 日）

　　舆夫习险百不惊，登山仍如平地行。凌危反试腾踔力，连步不闻喘息声。眼前群峰矗如削，径窄林深石头恶。拍肩竟作云中游，失足真防天外落。心欲止之不可留，曲于旋蚁轻于猴。但看偃仰若无事，已是崔巍最上头。前者歌呼后者应，歌声啁唽难为听。我恐须臾系死生，彼方谈笑轻身命。嗟尔生涯剧可怜，劳劳竟日偿百钱。答言不觉登顿苦，生来惯戏巉岩颠。卸舆与汝息腰脚，残杯冷炙付汝乐。谁知酣戏夜无眠，野店昏灯纵樗博。

（录自《云左山房诗钞》卷一）

河内吊玉溪生
（1819 年冬）

　　江湖天地两沦虚，党事钩连有谤书。偶被乘鸾秦赘误，讵因罗雀翟门疏。郎君东阁骄行马，后辈西崑学祭鱼。毕竟浣花真髓在，论诗休道八叉如。

（录自《云左山房诗钞》卷一）

答程春海同年_{恩泽}赠行
（1820 年秋）

　　游云多活态，流水无定姿。人生譬弦括，脱手咸分歧。之子木天冠，班扬得所师。珠玑落赋手，瑚玉檽英词。戢戢富束笋，觥觥出缫丝。名花韵姚冶，古锦文陆离。有美不自炫，盐媒当嫱施。誉我文艺上，兼以才识推。我惭益颜甲，子语增芳蕤。咋忝恩宠被，外台为监司。蓟门折扬柳，赠言心铭之。时平用深意，元赠句。恐负知交期。知交期我深，自待敢不厚。同调二三子，素心话杯酒。读书希致身，黾勉勤职守。首祈吏民安，余泽逮亲友。酌水矢冰檗，罗才喜薪槱。暇乘总宜船，一玩苏堤柳。明灯照离筵，昔语犹在口。讵谓当官来，前意失八九。笋舆织长衢，尘牍塞虚牖。才拙奈务丛，支左还诎右。谯诃恐不免，报称复何有。绝想禽鱼嬉，瘁形牛马走。云霄有故人，下视真埃垢。旧侣联骖騑，今途判箕斗。三叹作吏难，因风报琼玖。

（录自《云左山房诗钞》卷一）

答陈恭甫前辈寿祺
（1822 年 4 月中旬）

少年压金线，学殖苦不早。壮岁窃微禄，具官未闻道。夙尚惟亲仁，见善即倾倒。束发读公文，珍如靓鸿宝。顾维蹄涔水，奚由测汗浩。驱车向京华，仙人在蓬岛。劝我长安居，琅函足搜讨。吁嗟饥驱人，所谋亟粱稻。悠悠负公言，思之悫如捣。洎忝承明庐，公归掇隂草。南鸿传音来，令名勖善保。感拜书诸绅，盟衷矢皦皛。去年栖衡门，晨夕倾怀抱。游目窥墨林，敷袵榷前藻。迹如云龙随，谈亦糠粃埽。我公德性坚，长此涧槃考。蹁跹莱子衣，金萱为难老。下走仍风尘，苞栩嗟集鸮。虽云为贫仕，匪恋官爵好。其如白云遥，出门望苍昊。录别愧我公，行矣劳心愺。

昨枉双鲤鱼，发缄得赠言。奖借逮末学，誉扬及家尊。更慨吏道媮，期以古处敦。树立尚宏毅，一语诚探原。呜呼利禄徒，学氓何少恩。所习乃脂韦，所志在饱温。色厉实内荏，骄昼而乞昏。岂其鲜才智，适以资攀援。模棱计滋巧，刀笔文滋繁。峻或过申商，滑乃逾衍髡。牧羊既使虎，吓鼠徒惊鹓。有欲刚则无，此际伏病根。于传戒焚象，于诗励悬貆。要在持守固，庶几恻隐存。知人仰圣哲，弊吏扶元元。举错惬舆论，激浊澄其源。侧闻官方叙，驯致民物蕃。不才乏报称，循省惭素餐。但当保涓洁，弗逐流波奔。三复吉人词，清夜心自扪。

不朽推立言，吾道章于暗。修辞义系乾，习教象占坎。著述儒者事，岂曰名誉瞰。公欲屏文字，此论徇未敢。良贾深若虚，毋乃自视歉。抑岂鉴文锢，语激意有感。公秉天人资，琅嬛遍循览。四部肉贯弗，百家手延揽。笔力挥觥觥，书味酿醲醲。微言析经心，壮气破鬼胆。敷条发诗葩，初日照菡萏。中有真宰存，天地为舒惨。方赖式靡颓，坠障拯重窞。岂如悔少作，矫语示恬澹。公心重世教，行已谢黮黤。大树惟自坚，蚍蜉讵能撼。由来君子过，不学小人掩。言者况无罪，底用中心憯。公集非浪传，行当付镂錾。吾将佐校雠，公其首为颔。

（录自《云左山房诗钞》卷二）

题李海帆_{宗传}《海上钓鳌图》
（1822 年 10 月 8 日）

男儿志气犴龙虎，四海八荒若庭户。兴来游戏凌沧洲，蹴踏烟波作渔父。天风荡荡瀛东来，三山滉漾金银台。潜虬无声老蛟卧，巨鳌腾出何雄哉。怒涛拍山山疾走，群鳌戴山不见首。翻身吹沫海风腥，霹雳一声忽惊吼。此时英雄奋臂肘，神物会须落吾手。云为饵兮月为钩，冰练掣兮风丝柔。搏桑枝头一竿挂，珊瑚网底千纶收。须臾万壑互嘘吸，乾坤荡摩鬼神入。鳌身轩昂作人立，衔钩为君出窟宅。天吴海若留不得，爰为告曰：鳌兮，鳌兮，汝之生也如有神，自从女娲断足立四极，历三万载谁能驯？穆王驾鳌不汝役，武皇斩蛟不汝瞋；虽有昌黎驱鳄、太白骑鲸，惟汝不可以威伏而力争。噫！蓬山嵯峨兮，弱水澄清。吾将濯足兮，策汝以行。

（录自《己卯以后诗稿》）

题王竹屿通守_{凤生}《江声帆影阁图》
（1823 年春）

清川带长薄，回洲隐沙堰。幽人昔此居，一阁俯遥甸。小眠谢人事，读破千万卷。江声入枕喧，帆影当窗见。吹火识归鱼，操桐送飞雁。清夜海月生，流光著寒面。了了江上山，烟中青可辨。牵丝一朝出，乡梦几回变。犹余息壤盟，高枕谢公练。我昔与君遇，湖渚生秋风。西泠好山色，云水吹空濛。骥足幸稍展，鸿姿谁见同。自言旧庐在，坐恐苍苔封。君才岂丘壑，况复家声隆。良时重佐郡，黾勉苏瘝恫。昨出秣陵道，微闻京口钟。帆渡雨余树，鸟还霞际峰。何时迟君来，携手图画中。

（录自《己卯以后诗稿》）

题达诚斋_{达三}榷使诗集，即以赠行
（1823 年）

绣衣持节忆江关，桂树淮南着手攀。信有真仙居地上，遂传佳句落人间。通津波暖飞青雀，小阁花深放白鹇。验取饮冰清节在，始知恩泽重如山。蛮风蛋雨转炎疆，蓬阆光阴特地长。横海涛声平鼓角，排山云气下帆樯。通商早薄宏羊计，绥远先除害马方。政暇每闻耽啸咏，罗浮烟树郁苍苍。竭来邂逅阃闽城，甘雨随轮办此行。读史识穷天下事，论诗胸有古人情。听箫吴市悲陈迹，鼓枻滦河指去程。重与熙朝编雅颂，珠光剑气看纵横。

（录自《己卯以后诗稿》）

和陶云汀抚部《海运初发，赴吴淞口
致告海神，登炮台作》原韵
（1826 年 5 月）

手障东溟奠紫澜，万樯红粟启雄关。直从佘漖开洋驶，不似胶莱辟路难。前代海运，由胶莱河转搬三百里，或谋开浚，而地皆山脚，难以施工。今从崇明之十漖、佘山放洋，直达天津，毫无阻碍。辽海云帆诗意在，吴淞剪水画图看。旌悬五色天风送，破浪居然衽席安。

当年淤垫未完疏，何计能输御廪储。移节独临财赋地，飞刍难恃会通渠。道光乙酉，河漕皆病，特命公由皖江移抚三吴。万言恩信招商舶，公亲至上海，剀切宣谕，即时商船麇至。一粒脂膏轸比闾。精爽格天诚动物，谷王龙伯助吹嘘。

疏草连章快写宣，天书首捧墨花鲜。公奏海疆默邀神佑，请加封号及御书匾额，以答灵庥，均蒙嘉许。祷冰神贶符前事，公巡视南漕时有祷冰之应，曾为图纪之。运甓家风迈古贤。旗脚香收迷去鸟，沙头影落认归船。功成合有登临乐，海市诗哦玉局仙。

愧未瀛堧橐笔从，养痾曾荷主恩容。乙酉夏至南河督催堰工告竣，复奉大府檄令，往上洋筹办海运，适痁疾大作，未克成行，旋蒙恩允回籍调治。遥闻令肃防中饱，更悯民劳缓正供。公请将带征灾赈钱漕递缓一年，俱报可。食货成书垂国史，事成编纂《海运全案》十二卷。积储大计仗儒宗。八州作督浑闲事，重是循墙矢益恭。

（录自《己卯以后诗稿》）

题孙平叔宫保平台纪事册子 *
（1827 年春）

重瀛东去洋婆娑，卅六岛外毗舍那。郑成功朱一贵歼夷郡县置，七日神速挥天戈。跳梁林爽文蔡牵亦授首，鲸鲵血溅沧溟波。鲲身不响鹿耳帖，比户向义嘉诸罗。噶玛兰开后垅拓，岛夷阡陌皆升科。上腴沃野岁三稔，陆处真作安乐窝。胡为哄争起蛮触，始祸只坐游民多。泉漳粤庄区以类，如古郳灌仇戈过。一朝眦眦辄推刃，但计修怨忘其它。或乘风鹤播簧鼓，瓯臾莫止流言讹。潜结番黎出獾穴，被发舞蹈惊天魔。深林密箐掳人入，强弓毒矢藏山阿。赤嵌城头急烽火，金厦羽檄纷飞梭。棘门灞上儿戏耳，威约渐积徒婩婴。横海楼船属连帅，乃假神手持斧柯。谓彼蚩蚩各秦越，吾惟一视无偏颇。天心厌乱神助顺，愿速集事毋蹉跎。十更迢迢一针度，风樯不动安白螺。节使渡海，历供左旋定风白螺。曼胡短衣属橐鞬，刀头渐罢盾鼻磨。乘风破浪达彼岸，首问疾苦苏疲疴。大宣德威谕黔首，众皆感涕倾滂沱。扫除妖孽落黄斗，遂珍番割汉奸别名祛么么。渠魁就擒胁者抚，匪以雄阵矜鹳鹅。功成更画善后策，

要与休养除烦苛。朝廷策勋赍祥赉，鬈缨翠羽冠峨峨。秩跻疑丞媲周召，拜恩行复鸣朝珂。从今东郡息桴鼓，长祝乐岁民康和。台草无节番檴熟，恬瀛如镜驯蛟鼍。不须图编更续筹海议，但听武洛来献番夷歌。

（录自《己卯以后诗稿》）

题梁芷林方伯《藤花书屋图》
（1827 年 4 月中旬）

与君旧住屏山麓，对宇三橡打头屋。夹道坊南君徙居，寒藤夭矫学草书。用放翁句。压冠半坠紫缨络，点笔遥架青珊瑚。花时君正联吟社，篆额曾邀老司马。陈司马秋坪丈为君篆藤花吟馆额。绛跌堂与白华楼，谓陈恭甫前辈、萨檀河大令。斗韵传笺俱健者。我携眷属登蓬瀛，群公皆以诗宠行。壬申年事。飞觞我亦坐花醉，但少奇句酬溪藤。廿载抟沙轻撒手，梦里黄垆一杯酒。即看《庚午雅集图》，一十三人亡者九。君又有此图，昨亦出示，同深感喟。主人橐笔直承明，回首家山无限情。纵经夜壑移舟去，屋已属他人。诗卷仍题旧馆名。君不见海波街前地低湿，老屋苍藤重朱十。又不见山阴道上一草庐，才名竟说青藤徐。矧君遭际风云会，事业文章照中外。却为当年养晦深，始成此日经纶大。浮屠桑下那能忘，荔海榕城况故乡。画笔追摹鸿爪雪，鬈丝增感马蹄霜。借藤屋里书痕在，转忆吾庐吾亦爱。闻是君家小凤来，好写新图与相配。余京邸故居有邻藤过墙作花，命名"借藤书屋"，君曾为篆额。今此屋属哲嗣吉甫，若更图之，与此相俪，亦一段佳话也。

（录自《己卯以后诗稿》）

题潘功甫舍人曾沂《宣南诗社图卷》*
（1827 年 4 月 19 日）

　　宦游我忆长安乐，听雨铜街梦如昨。朝参初罢散鹓鸾，胜侣相携狎猿鹤。清时易得休沐暇，诗人例有琴尊约。金貂换取玉壶春，斗韵分曹劈云膜。招寻已喜菭岑同，怀抱岂辞豪素托。陌上东风报花事，万柳毵毵桃灼灼。鼠姑开尽殿春开，琳宇瑶台趁行脚。消夏冰调太液凉，延秋云卷西山削。炉围三九寒裘拥，酎买十千画又拓。四序流连付游屐，百端悲喜归吟橐。岂无叹息居不易，臣朔朝饥米难索。室如蜗角车鸡栖，衣似西华履东郭。秀句要教出寒饿，高歌那管填沟壑。千秋人海几升沉，如此朋簪良不恶。连璧潘郎最少年，毫端光焰腾干膜。前跻沈宋后钱郎，日下题襟履綦错。顾余缩瑟吟寒蛰，如万牛毛一萤爝。偶喜追陪饮文字，敢擅风骚附述作。况自分符辞帝京，萍梗随流无住著。两度朝天未久留，觚棱回首瞻金爵。五字长城枉君赠，曲高难和中心怍。癸未由吴中入觐，君见赠五古三章，奖借过情。未及奉和，至今愧之。

　　比年忧患更辍吟，俗网纷纭苦缠缚。揭来重踏东华尘，扁舟先向横塘泊。君正逍遥茂苑春，能补白华咏朱萼。矧闻乐善歌采菽，岂弟诗人美泂酌。国肥何必一家肥，百顷全捐田负郭。尚书惠心庇桑梓，舍人养志肯播获。时尊甫尚书公捐田二千五百亩，为吴中义产，此举古之创见，君实赞成之。采诗直媲太古风，徇路奚假遒人铎。乃知温柔敦厚教，贵取精华弃糟粕。徒将风月借嘲弄，或以珠玑佐酬酢。二南虽读仍面墙，古义何由式浮薄。如君真乃深于诗，训秉趋庭济施博。新词应上御屏风，讵止翻阶咏红药。鸣珂何日还春明，九天咳唾霏霏落。南皮高会西园集，重树风声振台阁。藤花吟榭古槐街，诗老余芳未寂寞。承平方待缉雅颂，印绶原非丛藂若。愿君翔凤鸣朝阳，毋为独鹤翔寥廓。

　　道光七年三月，徐由闽入都，舟过吴门，功甫仁兄出此图属题，为赋七古一章。纵笔所之，不成诗律，惟大雅匡正之。更望早赴春明，

续此诗坛韵事也。少穆弟林则徐识于望亭舟中，时谷雨前二日。

（录自林纪焘藏手迹原件）

区田歌为潘功甫舍人作
（1827 年 4 月下旬）

田父尔勿喧，听我区田歌：区田所种少为贵，收获乃倍常田多。问渠何能尔？只是下不尽地力，上不违天和，及时勤事无蹉跎。尔农贪种麦，麦割方莳禾。欲两得之几两失，东作候岂同南讹。我今语尔农，慎勿错放青春过。腊雪浸谷种，春雨披田蓑。翻泥欲深耙欲细，牛背一犁非漫拖。尔昔拔秧移之佗，禾命损矣将奈何！何如苗根直使深入土，不用尔手三摩挲。一区尺五寸，撒种但宜疏罗罗。及其渐挺出，茎叶畅茂皆分科。六度壅泥固其本，重重厚护如深窝。疾风不偃旱不槁，那有禾头生耳谷化螺。此术尔不信，但看丰豫庄中稻熟千牛驮。本书三十二说精不磨，我心匙之好匪阿。噫嘻！田父毋嫏嬛，莫负潘郎一片之心慈如婆！

（录自《己卯以后诗稿》）

武侯庙观琴
（1827 年夏）

不废微时梁父吟，千秋鱼水答知音。三分筹策成亏理，一片宫商淡泊心。挥手鸿飞斜谷渺，移情龙卧汉江深。魂消异代文山操，同感君恩泪满襟。文信国有琴，自题云："松风一榻雨萧萧，万里封疆不寂寥；独坐瑶琴遗世虑，君恩犹恐壮怀消。"

（录自《己卯以后诗稿》）

秋 怀
（1827 年秋）

一卷《离骚》对短檠，凉生昨夜旅魂惊。隔窗梧竹萧萧响，知是风声是雨声？

遥怜绝塞阵云寒，万户宵砧泪暗弹。秋到天山早飞雪，征人何处望长安。

天涯芳草旧萋萋，流水无声夕鸡啼。何事戍楼鸣画角，却教边马又悲嘶。

官如酒户力难任，身比秋林瘦不禁。漫拟沙场拼热血，忽窥明镜减雄心。

（录自《己卯以后诗稿》）

和冯云伯_{登府}《志局即事》原韵
（1829 年夏）

西清旧梦未蹉跎，南部新书共切磨。重与黄眉翻故事，相逢青眼起高歌。邺中七子论才敌，时在局者七人。海上三山得气多。愧我萧斋愁坐雨，巷南剥啄少经过。

风物蛮乡也足夸，枫亭丹荔幔亭茶。新潮拍岸添瓜蔓，端午前后积雨经旬，又值大潮，敝居门前河水漫溢。小艇穿桥宿藕花。近于西湖作大小二舟，小者可入城桥。愧比逋仙亭畔鹤，陆菜臧诗以逋仙比余，心甚愧之。枉谈庄叟井中蛙。琴尊待践湖西约，一棹临流刺浅沙。

（录自《己卯以后诗稿》）

题文信国手札后 *
（1829 年）

　　公身为国轻生死，绻绻故人尚如此。簿君君之幕僚耳，闻疾乃如疾在己。磨盾手挥书两纸，刀圭欲救膏肓起。行府篝灯遣医视，二卒六夫任所使。棉定奇温覆以被，芝楮五百实其瓯。是时景炎岁丙子，冬夜寒风彻肌髓。书驰篑笤八十里，簿君病在小篑笤铺。双溪阁下期来止。吁嗟乎，天水皇纲势终靡，一木难支大厦圮。风雨何从庇寒士，簿君簿君长已矣！三百圹砖公所累，崇庆寺前舜卿诔。宿草萧萧成战垒。数语俱本赵仪可《青山集》。此札人间独不毁，墨花吐艳云凝紫。公生时乘紫云而下。

　　再拜薰香庋棐几，欲废一部十七史。朱鸟招魂泪如沘，猎猎酸风满柴市。

（录自《云左山房诗钞》卷三）

贺新郎
题潘星斋画梅团扇，顾南雅学士所作也
（1830 年夏）

　　驿使曾来否？正江南、小桥晴雪，一枝春透。谁向故国新折取，寄作相思红豆。休错怨、丰姿清瘦。数点花疏饶冷韵，待宵阑、独鹤来相守。香雪海，漫回首。　　合欢扇在君怀袖。最多情、团团明月，邀来

---

　　* 《云左山房诗钞》卷三题下原有附注："附录文信国与赵青山两札。青山名文，字维恭。"诗前有文天祥两札。

梅友。不待巡檐频索笑，已共臞仙携手。且漫拟、逃禅杨叟。南雅学士诗中有此语，故及之。但按《醉花阴》一阕，君有《醉花阴》词，答人题画梅作。问几生、修到能消受？纸帐底，梦回后。君又画梅纸帐。

（录自《云左山房诗钞》附卷）

题王竹屿都转《黄河归棹图》
（1830 年夏）

事君宜致身，引疾似诡避。要其心迹殊，贤愚讵同致。或惮远役劳，或畏瘴土累。或遭上官怒，或虑吏议至。其名为勇退，其心实巧利。亦有止足怀，投老初衣遂。泉石只自高，那问经世事。此皆非君伦，君退盖以义。传家裕经术，夙志在用世。治绩越中彰，姓名御屏记。一擢二千石，再擢观风使。河朔黄流长，安澜岁历四。人言君砥柱，允付宣房寄。谁知荩臣心，幽独自难眛。呜呼习移人，其在河堤吏。纵谙三策施，孰诘百端伪。明察疑烦苛，独清亦众忌。和光同其尘，又岂志上志。闻君立河堧，暗洒忧时泪。以此劳心神，乃梦竖子二。周任训陈力，敢谓可卧治。亟谋摄卫宜，以作报称地。吏民徒苦留，归榜疾于骑。片帆收白门，但有琴书载。河心咽清流，嵩少送烟翠。老屋余劫灰，小山上丛桂。九重侧席殷，艰难待宏济。无田归亦得，奚用江水誓。讵许卧烟霞，正资振凋瘵。朝出夕拜官，除书破常例。艖纲重江淮，上关军国计。盘错要利器，前席咨嘉谟。积疲几沦胥，指陈切时弊。权知即真除，匪以汝为试。责效匪在速，谋远庶可继。

　　请训时所授如是。

　　单车昨南来，先声动怀畏。人皆为君荣，我闻窃心系。防河固良难，煮海讵云易。所赖本清直，兼能运才智。苟当改弦张，断制必刚毅。人情多婟嫋，愿勿徇浮议。上策探本原，补救特其次。要知君所为，定与末流异。我昔亦移疾，自分宜放弃。圣慈曲体之，感极但零涕。壬午入都，得旨仍发浙江候补。旋蒙特简江南淮海道。与君语进退，使我重歔欷。庶持激厉心，十驾勉追骥。

（录自《云左山房诗钞》卷三）

题黄树斋<small>爵滋</small>《思树芳兰图》
（1830 年夏）

君何思兮思潇湘，楚佩摇落天为霜。君何思兮思空谷，孤芳无人媚幽独。人间桃李春可怜，眼中萧艾徒纷然。美人肯使怨迟暮，为滋九畹开香田。开香田，蓺香祖，此品羞为众草伍。芳菲菲兮袭予，情脉脉兮系汝。清风忽来，紫茎盛开。猗猗东山，油油南陔。庭阶玉树相映发，当门之忌胡为哉？同心兮有言，仙之人兮手〈如云〉①。阳春不采不自献，心清乃许香先闻。君不见，秋江寂寞芙蓉老，雨露沾濡须及早。十步搴芳有几人，那知天意怜幽草。

（录自《己卯以后诗稿》）

题彭鲁青大令《冶山饯别图》
（1830 年夏）

乌乎！廉吏可为不可为，去年衔恤今甫归。莱芜甑尘恒苦饥，官逋责偿况累累。闽山万里青作围，男儿无翼难奋飞。一朝大府心怜之，授以文牒俾解维。办装无钱增戏欷，逡巡百计才临歧。君本玉堂仙人姿，

---

① 原稿脱"如云"二字，从黄爵滋《仙屏书屋初集年记》校补。

罡风吹坠瀛海湄。玉华洞天天下奇，飞凫一至膏雨滋。民谓使君父母慈，士谓使君真官师。无何于役双轮驰，王事靡盬四牡骓。母兮手线儿身衣，鞅掌并使晨昏违。劳薪乍息趋庭闱，背萱欻失三春晖。吁嗟使君数何奇，一隅留滞百事非。我生鲜民同此悲，人门吊君涕交颐。君今行矣勿复迟，部民持靴留去思。牂牁万里西南陲，素旃影逐蛮云移。表阡负土逾峨嵋，墓门泪洒青松枝。太夫人葬于蜀。登堂幸托乾荫垂，森森庄椿萦寿芝。愿君善补陔华诗，他年捧符仍来兹。吾民爱君口有碑，恨不早睹褰车帷。君身虽瘠民则肥，循良之誉民尽知。再来幸勿易所持，廉吏何尝不可为。乌乎！廉吏何尝不可为！

（录自《己卯以后诗稿》）

题梁茝林方伯《目送归鸿图》
（1832 年 6 月）

我方江南来，君别江南去。去来亦何常，君行毋乃遽。君言昨岁夏，早拟归田赋。哀此中泽鸿，襜帷暂远驻。恻悱救时心，卓荦经世务。不辞一身瘁，残黎活无数。岂无危言阻，勇者能不惧。善气所感孚，春风扇和煦。担簦返江北，室家竟完聚。我本江北官，拯灾愧无具。流亡少安辑，去者云何住。赖君畛域融，乐此将伯助。此邦岁亦俭，鸠资乃称裕。令行一何疾，曰惟得民故。鸿飞既安宅，君归徒戒御。似闻庐井间，牵衣有呼吁。疮痍未全复，拊循更宜豫。何以赠我言，披图感情愫。

（录自《云左山房诗钞》卷四）

买陂塘
题潘绂庭《午年午月午时生诗册》
（1833 年）

想前身，兼修仙佛，得来清福如许。宫衣叠罢香罗雪，恰是郎君初度。携角黍，趁蒲酒、酺余系看红丝缕。阶前玉树，正夏日阴浓，东风披拂，送入木天去。　　怡情处，彩服翩翩起舞。对床还共听雨。华年惨绿双连璧，秀绝紫芝眉宇。推定数。有奇格安排、命坐三重午。他时记取，亥岁三公①，酉年曲盖，且吃懒残芋。

（录自《云左山房诗钞》附卷）

壶中天
题伊小沂《江阁展书图》
（1833 年）

江天空阔，看江波万顷、明月千里。高阁凭栏闲展卷，洗眼几重云水。排闼青山，打头落叶，都入狂吟里。风床读罢，钩帘宿鹭惊起。

最忆文选楼前，平山堂下，少日趋庭地。大块文章频付与，交遍过江名士。手泽仍留，头衔旧换，仍恋青灯味。广陵官阁，更添多少吟思。

（录自《云左山房诗钞》附卷）

---

① 此名疑脱一字。

送赵菊言少司寇_{盛奎}还朝，次王竹屿都转韵（1834 年 3 月 29 日）

江淮米贵抵兼金，振廪行糜费酌斟。欲辑流亡无善策，苦求刍牧赖同心。嗷鸿集泽皆亲见，鸣凤朝阳愿矢音。暂醉莫辞京口酒，雨丝帆影绿杨阴。时于京江雨中话别。

（录自《云左山房诗钞》卷四）

酬吴瀹斋侍郎_{其浚}（1839 年 2 月中旬）

眼看时事息肩难，欲挽颓波酌猛宽。集议休教同筑室，领军何必竟登坛。余此行有讹传为出师者，故云。苍生果自防枭毒，丹笔奚劳触豸冠。凭仗儒宗主风教，请纡筹策逮粗官。

梅花缀玉雪堆盐，访旧章江别绪添。家世衡裁三度盛，先德少宰师为江西学使，丙子喆兄美存前辈典试，余忝为副。今君复视学十此。使君慧福　身兼。劳薪暂憩惭羸驭，明镜高悬看老蟾。闻道龙门千尺峻，可能倾盖免防嫌。

（录自《云左山房诗钞》卷五）

高阳台
和嶰筠前辈韵（1839 年 3 月）

玉粟收余，罂粟一名苍玉粟。金丝种后，吕宋烟草曰金丝醺。蕃航别有蛮烟。双管横陈，何人对拥无眠。不知呼吸成滋味，爱挑灯、夜永如年。最堪怜、是一丸泥，捐万缗钱。　　春雷欻破零丁穴，笑蜃楼气尽，无复灰然。沙角台高，乱帆收向天边。浮槎漫许陪霓节，看澄波、似镜长圆。更应传、绝岛重洋，取次回舷。

（录自《云左山房诗钞》附卷）

和邓嶰筠前辈_{廷桢}《虎门即事》原韵
（1839 年 4 月下旬）

五岭峰回东复东，烟深海国四字公舟中额也。百蛮通。灵旗一洗招摇焰，画舰双恬舶棹风。弭节总凭心似水，联樯都负气如虹。牙璋不动琛航肃，始信神谟协化工。拜衮人来斗指东，女牛招共客槎通。销残海气空尘瘴，听彻潮声自雨风。下濑楼船迟贯月，中流木柿亘长虹。时有排链之制。看公铭勒燕然后，磨盾还推觅句工。

（录自《云左山房诗钞》卷五）

次韵和嶰筠前辈
（1839 年 5 月 5 日）

蛮烟一扫众魔降，说法凭公树法幢。域外贪狼犹帖耳，肯教狂噬纵村尨。

近闻筹海盛封章，突兀班心字有芒。谁识然犀经慧照，那容李树代桃僵。

（录自《云左山房诗钞》卷五）

题关滋圃《延龄瑞菊图》
（1839 年 10 月 2 日）

滋圃二兄大人莅粤五年，筹海宣劳，不遑将母，值太夫人设帨称觞，写此图以寄望云之思。敬题一诗为寿，即奉教正。

一品斑衣捧寿卮，九旬慈母六旬儿。功高靖海长城倚，心切循陔老圃知。浥露英含堂北树，傲霜花艳岭南枝。起居八座君恩问，旌节江东指日移。

道光己亥仲秋下浣，愚弟林则徐拜稿。

（录自《延龄瑞菊图》）

月华清
和邓嶰筠尚书《沙角眺月》原韵
（1839 年 10 月 3 日）

穴底龙眠，沙头鸥静，镜奁开出云际。万里晴同，独喜素娥来此。认前身、金粟飘香；拼今夕、羽衣扶醉。无事。更凭栏想望，谁家秋思。　　忆逐承明队里。正烛撤玉堂，月明珠市。鞅掌星驰，争比软尘风细。问烟楼、撞破何时；怪灯影、照他无睡。宵霁。念高寒玉宇，在长安里。

（录自《云左山房诗钞》附卷）

中秋嶰筠尚书招余及关滋圃军门 天培
饮沙角炮台，眺月有作
（1839年10月4日）

坡公渡海夸罗浮，凉天佳月皆中秋。东坡诗序语。

铁桥石柱我未到，黄湾胥口先句留。今夕何夕正三五，晴光如此胡不游。南阳尚书清兴发，约我载酒同扁舟。日午潮回棹东指，是日退潮在午。顺流一苇如轻鸥。鼓枻健儿好身手，二十四桨可少休。快艇桨廿四不用。转眄已失大小虎，两山名。须臾沙角风帆收。是时战舰多貔貅，相随大树驱蚍蜉。炮声裂山杂鼓角，樯影蘸水扬旌斿。楼船将军肃钤律，云台主帅精运筹。大宣皇威震四裔，彼服其罪吾乃柔。军中欢宴岂儿戏，此际正复参机谋。行酒东台对落日，犹如火伞张郁攸。莫疑秋暑酷于夏，晚凉会有风飕飗。少焉云敛金波流，夜潮汹涌抛珠球。涵空一白十万顷，净洗素练悬沧州。三山倒影入海底，玉宇隐现开琼楼。乘槎我欲凌女牛，举杯邀月与月酬。霓裳曲记大罗咏，广寒斧是前身修。试陟峰巅看霄汉，银河泻露洗我头。森森寒芒动星斗，光射龙穴龙为愁。蛮烟一扫海如镜，清风长此留炎州。三人不假影为伴，袁宏庾亮皆吾俦。余与嶰筠、滋圃俱登峰巅。醉归踏月凉似水，仍屏傔从祛鸣驺。褰帷拂枕月随人，残宵旅梦皆清幽。今年此夕消百忧，明年此夕相对不？留诗准备别后忆，事定吾欲归田畴。

（录自《云左山房诗钞》卷五）

和韵三首
（1839年）

力挽颓波只手难，斋心海上礼仙坛。楼台蜃气还明灭，欲棹归楂恐未安。

敢辞辛苦为苍生，仗节瀛壖愧拥兵。转得虚声驰域外，百蛮传檄谬知名。

一苇安能纵所如，思乡惟望抵金书。欲知双鬓新添雪，恰切江船握别初。

（录自金式武藏手迹原件）

庚子岁暮杂感
（1841 年 1 月中旬）

病骨悲残岁，归心落暮潮。正闻烽火急，休道海门遥。蜃市连云幻，鲸涛挟雨骄。旧惭持汉节，才薄负中朝。

此涕谁为设，用东坡句。多惭父老情。长红花尽裹，大白酒先倾。早悟鸡虫失，毋劳燕蝠争。君看沧海使，频岁几回更。

幸饮修仁水，曾无陆贾装。通江知蒟酱，掷井忆沉香。虬结终无赖，羁縻或有方。茹荼心事苦，愧尔颂甘棠。

朝汉荒台古，登临百感生。能开三面垒，孰据万人城。杨仆空横海，终军漫请缨。南溟去天远，重镇要威名。

（录自《云左山房诗钞》卷五）

辛丑三月十七日室人生日有感
（1841 年 4 月 8 日）

敢将梁案举齐眉，家室苍茫感化离。度岭芒鞋浑入梦，去冬彝、枢两儿私祝："如得奉亲早归，当徒步过庚岭。"支床蓬鬓强临歧。剧怜草长莺飞日，正是鸾飘凤泊时。婪尾一杯春已暮，儿曹漫献北堂卮。

偕老刚符百十龄，相期白首影随形。无端骨肉分三地，余留滞羊城，夫人携两儿寓南雄，大儿由吴门返棹来粤，尚在途次。遥比河梁隔两星。莲子房深空见薏，桃花浪急易飘萍。遥知手握牟尼串，犹念金刚般若经。

（录自《云左山房诗钞》卷五）

赠汪少海
（1841 年 3 月）

廿年陈迹感抟沙，飞鸟重来鬓未华。莫叹鲇竿迟上竹，已添凤羽待生花。旋涡妙策沉番舶，庚子夏，逆夷扰浙，君用奇计，诱夷舶陷软沙，俘获甚众。烈焰神机转炮车。镇海大炮百余，分运各台，君领其事。《汉书》注：霹雳车，即今炮车。东望蛟门抒高咏，诗题崖岫合笼纱。

（录自《云左山房诗钞》卷五）

乙未在吴，张同庄明府珍枭
出《萝月听诗图》，冗中仅题额应之，
辛丑重晤武林，则余亦有荷戈之役矣，
率成志感
（1841 年 7 月）

谪宦东归已十秋，玉关怀旧感西州。从戎大漠追狐尾，惜别将军揖马头。诗梦俄惊梁月坠，边心遥逐塞云愁。谁知卷里濡毫客，垂老凭君问戍楼。

（录自《云左山房诗钞》卷六）

张仲甫舍人闻余改役东河，以诗志喜，因叠《寄谢武林诸君》韵答之
（1841年秋）

一舸浮江木叶秋，传闻飞鹊过扬州。

太白流夜郎，半途赦回，书怀诗云："万舸此中来，连帆过扬州。送此万里目，旷然散我愁。"又云："五色云间鹊，飞鸣天上来。传闻赦书至，却放夜郎回。"与余今日扬州得旨情事正合。

自羞东障难为役，漫笑西行不到头。供奉更吟中道放，杜陵犹想及关愁。故人喜意看先到，高唱君家八咏楼。尺书来讯汴堤秋，叹息滔滔注六州。

时豫省之开、归、陈，皖省之凤、颍、泗六州属被淹。

鸿雁哀声流野外，鱼龙骄舞到城头。谁输决塞宣房费，况值军储仰屋愁。江海澄清定何日，忧时频倚仲宣楼。

（录自《云左山房诗钞》卷六）

喜桂丹盟超万擢保定同知，寄贺以诗，并答来书所询近状，即次见示和杨雪茉原韵
（1841年冬）

枳棘频年厄凤鸾，直声今果报迁官。有人门上嗟生莠，从此河干重伐檀。君在直忭上官，几遭不测，今宦局忽更，乃擢河工要职。鹰隼出尘前路回，豺狼当道惜身难。头衔冰样清如许，露冕从容父老看。

秦台舞罢笑孤鸾，白发飘零廿载官。半道赦书惭比李，遣戍玉关，蒙恩放回，于役东河，略似太白流夜郎故事。长城威略敢论檀。石衔精卫填何及，浪鼓冯夷挽亦难。我与波斯同皱面，盈盈河渚带愁看。

（录自《云左山房诗钞》卷六）

壬寅二月祥符河复，仍由河干遣戍伊犁，蒲城相国涕泣为别，愧无以慰其意，呈诗二首
（1842 年 3 月下旬）

幸瞻巨手挽银河，休为羁臣怅荷戈。精卫原知填海误，蚊虻早愧负山多。西行有梦随丹漆，东望何人问斧柯。塞马未堪论得失，相公且莫涕滂沱。

元老忧时鬓已霜，吾衰亦感发苍苍。余生岂惜投豺虎，群策当思制犬羊。人事如棋浑不定，君恩每饭总难忘。公身幸保千钧重，宝剑还期赐尚方。

（录自《云左山房诗钞》卷六）

次韵潘功甫舍人见赠三首
（1842 年 3 月下旬）

昨岁秋风滞穗城，投荒已合办西行。经年却借江淮路，过客尤惭父老情。万里鸥波看浩荡，一天雁字任纵横。真人示我真灵偈，为洗前尘水月明。

往日虻蚊强负山，偶从合浦见珠还。谬期手挽波澜住，不管身缠坎壈间。四海无垠谁共障，九重有命为启关。椟中龟玉知臣罪，敢道升沉付等闲。

雪窖冰天亦壮游，舟山海市且消愁。来诗云："炼心莫逐舟山动，绝口无谈海市横。"千秋不坏谈何易，来诗又有"要作千秋不坏身"之句。八字真言谛可求。承教以"退思、养素、藏密、归真"八字。尽写黄庭授丹诀，应教赤肚礼蓬头。皆隐括来诗及注中宗旨。小浮山下劳延伫，欲发征桡又少留。

（录自《云左山房诗钞》卷六）

壬寅四月道出华阴，承海珊明府二兄招，同陈赓堂、刘闻石两司马偕游华山，赋此奉柬，即希是正（附跋）（1842 年 5 月）

神君管领金天岳，坐对三峰看未足。公余喜共客登临，愧我西来真不速。樱笋厨开浴佛时，暂辍放衙事休沐。灏灵宫殿访碑行，华阴西岳庙，古名灏灵宫，昨于庙中同观近年补刻华岳碑。清白园林对床宿。华山之麓有杨氏园林，题曰清白别墅，游山前一夕宿此。芒鞋竹杖结畴侣，酒榼茶铛付童仆。云台观里约乘云，玉泉院中听漱玉。嶂叠峰回若无路，谁料重关在山曲。微径蜿蜒螳旋磨，绝磴攀跻鲇上竹。箭镞依稀王猛台，丹砂隐现张超谷。莎萝坪与青柯坪，小憩犹寻道书读。过此巉岩更危绝，铁缏高垂手难触。五千仞峻徒窘步，十八盘过犹怵目。高掌真疑巨灵擘，绝顶恐学昌黎哭。游人到此怪山灵，奇险逼人何太酷。岂知山亦怪人顽，无端蹴踏穿其腹。山形峭拔本天成，但以骨挺不以肉。呼吸惟应帝座通，避趋每笑人间俗。如君超诣乃出尘，上感岳神锡民福。荡胸自觉层云生，秀语岂徒夺山绿。屡引游人作导师，扪藓攀藤往来熟。希夷石峡合重开，谓赓堂。海蟾仙庵亦堪筑。刘海蟾修炼于华山，今山顶有四仙庵，海蟾其一也，借谓闻石。独为塞外荷戈人，时予遣戍伊江。何日阴崖结茆堂。惟期归马此山阳，遥听封人上二祝。

少穆弟林则徐拜稿

跋
（1846 年 10 月 4 日）

五年逐客此登临，把臂贤侯共入林。认取霜鸿留指爪，碧纱红袖两无心。

只恐山灵笑我顽，白头持节又生还。烦君玉女峰前〈问〉，可有移文到北山？

丙午中秋与海珊二兄同在关中文闱，海珊出余壬寅过秦所书同游华山诗草，属为题后。此诗曾经改窜，然贤主人既以拙书初稿享帚藏之，则亦不必自匿其丑矣。率题两绝，志此一段旧缘，岁月忽忽，不胜离合往来之感云。俟村退叟林则徐识。

时监临文闱，例用紫色笔，并记。

（林则徐手书原件，上海图书馆藏）

赴戍登程，口占示家人
（1842 年 8 月 11 日）

出门一笑莫心哀，浩荡襟怀到处开。时事难从无过立，达官非自有生来。风涛回首空三岛，尘壤从头数九垓。休信儿童轻薄语，嗤他赵老送灯台。见《归田录》。

力微任重久神疲，再竭衰庸定不支。苟利国家生死以，岂因祸福避趋之。谪居正是君恩厚，养拙刚于戍卒宜。戏与山妻谈故事，试吟断送老头皮。宋真宗闻隐者杨朴能诗，召对，问：此来有人作诗送卿否？对曰：臣妻有一首云："更休落魄耽杯酒，且莫猖狂爱咏诗。今日捉将官里去，这回断送老头皮。"上大笑，放还山。东坡赴诏狱，妻子送出门，皆哭。坡顾谓曰：子独不能如杨处士妻作一首诗送我乎？妻子失笑，坡乃出。

（录自《云左山房诗钞》卷六）

程玉樵方伯德润饯余于兰州藩廨之
若己有园，次韵奉谢
（1842 年 9 月 8 日）

短辕西去笑羁臣，将出阳关有故人。坐我名园觞咏乐，倾来佳酿色香陈。开轩观稼知丰岁，激水浇花绚古春。小山后有石漱吐水灌入园圃。不问官私皆护惜，平泉一记义标新。君自撰园记，语多真谛。

我无长策靖蛮氛，愧说楼船练水军。闻道狼贪今渐戢，须防蚕食念犹纷。白头合对天山雪，赤手谁摩岭海云。多谢新诗赠珠玉，难禁伤别杜司勋。

（录自《云左山房诗钞》卷六）

留别海帆
（1842 年 9 月上旬）

宦踪离合廿年间，秦陇重逢鬓渐斑。前路欲凭询瀚海，公曾为乌鲁木齐都护。新纶先喜过潼关。夏间道出潼关，闻公擢总制。金天莞钥兼双节，玉塞烽烟靖百蛮。犹有松阴读书处，早将书舍媲时还。兰垣节署"时还书舍"，那文毅公所题。

节府高楼跨夹城，玉泉山色大河声。开筵东阁图书满，剪烛西堂鼓角清。慷慨论兵忠愤气，殷勤赠别解推情。近闻江海销金革，休养资公翊太平。

（录自《云左山房诗钞》卷六）

次韵答姚春木
（1842 年 9 月上旬）

时事艰如此，凭谁议海防。已成头皓白，遑问口雌黄。绝塞不辞远，中原吁可伤。感君教学易，忧患固其常。

（录自《云左山房诗钞》卷六）

次韵答王子寿柏心
（1842 年 9 月上旬）

太息恬嬉久，艰危兆履霜。岳韩空报宋，李郭或兴唐。果有元戎略，休为谪宦伤。手无一寸刃，谁拾路旁枪。

（录自《云左山房诗钞》卷六）

次韵答宗涤楼稷辰赠行
（1842 年 9 月上旬）

岂为一身惜，将如时事何。绸缪空牖户，涓滴已江河。军尽惊飞镝，人能议止戈。《华严》诵千偈，信否伏狂魔。

昨枉琼稻杂，驰情到雪山。投荒非我独，寻梦为君还。但祝中原靖，奚辞绝塞艰。只身万里外，休戚总相关。

（录自《云左山房诗钞》卷六）

子茂簿君自兰泉送余至凉州，且赋七律四章赠行，次韵奉答
（1842 年 9 月 19 日）

弃璞何须惜卞和，门庭转喜雀堪罗。频搔白发惭衰病，犹剩丹心耐折磨。忆昔逢君怜宦薄，而今依旧患才多。鸾凰枳棘无栖处，七载蹉跎奈尔何。子茂来甘肃应即补官，而七年未有虚席。

送我西凉浃日程，自驱薄笨短辕轻。高谭痛饮同西笑，切愤沉吟似北征。小丑跳梁谁殄灭，中原揽辔望澄清。关山万里残宵梦，犹听江东战鼓声。

银汉冰轮挂碧虚，清光共挹广寒居。是日中秋。玉门杨柳听羌笛，金碗葡萄漾曲车。临贺杨凭休累客，惠州昙秀漫传书。羁怀却比秋云澹，天外无心任卷舒。

也觉霜华鬓影侵，知君关陇历岖嵚。纵然鸡肋空余味，莫使龙泉减壮心。晚嫁不愁倾国老，卑栖聊当入山深。仇香岂是鹰鹯性，奋翼天衢有赏音。

栎社散人林则徐漫草
（录自华东师范大学图书馆藏《林文忠公诗札》手迹原件）

将出玉关，得嶰筠前辈自伊犁来书，赋此却寄
（1842 年 10 月 9 日）

与公踪迹靳从骖，绝塞仍期促膝谈。他日韩非惭共传，即今弥勒笑同龛。扬沙瀚海行犹滞，啮雪穹庐味早谙。知是旷怀能作达，只愁锋火照江南。

公比鲰生长十年，鬓须犹喜未皤然。细书想见眸双炯，公年垂七十，作小字不用叆叇，昨枉来教，细书愈为精妙。故纸难抛手一编。来书云然。僦屋先教烦次道，来示许为觅屋。携儿也许学斜川。昔坡公以三子叔党随至谪所，今公与余各携少子出关。中原果得销金革，两叟何妨老戍边。

（录自《云左山房诗钞》卷六）

出嘉峪关感赋
（1842 年 10 月 11 日）

严关百尺界天西，万里征人驻马蹄。飞阁遥连秦树直，缭垣斜压陇云低。天山巉削摩肩立，瀚海苍茫入望迷。谁道崤函千古险，回看只见一丸泥。

东西尉侯往来通，博望星槎笑凿空。塞下传筕歌敕勒，楼头倚剑接崆峒。长城饮马寒宵月，古戍盘雕大漠风。除是庐［卢］龙山海险，东南谁比此关雄。

敦煌旧塞委荒烟，今日阳关古酒泉。不比鸿沟分汉地，全收雁碛入尧天。威宣贰负陈尸后，疆拓匈奴断臂前。西域若非神武定，何时此地罢防边。

一骑才过即闭关，中原回首泪痕潸。弃襦人去谁能识，投笔功成老亦还。夺得胭脂颜色澹，唱残杨柳鬓毛斑。我来别有征途感，不为衰龄盼赐环。

（录自《云左山房诗钞》卷七）

载书出关
（1842 年 10 月）

荷戈绝徼路迢遥，故纸差堪伴寂寥。纵许三年生马角，也须千卷束牛腰。疗饥字学神仙煮，下酒胸同块垒浇。不改啸歌出金石，毡庐风雪夜萧萧。

（录自《云左山房诗钞》卷六）

途中大雪
（1842 年 11 月）

积素迷天路渺漫，蹒跚败履独禁寒。埋余马耳尖仍在，洒到乌头白恐难。空望奇军来李愬，有谁穷巷访袁安。松篁挫抑何从问，缟带银杯满眼看。

（录自《云左山房诗钞》卷六）

戏为塞外绝句
（1842 年秋冬）

裨海环成大九州，平生欲策六鳌游。短衣携得西凉笛，吹彻龙沙万里秋。

雄关楼堞倚云开，驻马边墙首重回。风雨满城人出塞，重阳前一日出关。黄花真笑逐臣来。黄花笑逐臣，太白流夜郎句也。

路出邮亭驿铎鸣，健儿三五道旁迎。谁知不是高轩过，阮籍如今亦步兵。

携将两个阿孩儿，走马穿林似衮师。彝、枢两儿俱好驰马。不及青莲夜郎去，拙妻龙剑许相随。

沙砾当途太不平，劳薪顽铁日交争。车箱簸似箕中粟，愁听隆隆乱石声。

天山万笏耸琼瑶，导我西行伴寂寥。我与山灵相对笑，满头晴雪共难消。

古戍空屯不见人，停车但与马牛亲。早旁一饭甘藜藿，半咽西风滚滚尘。

经丈圆轮引轴长，车如高屋太昂藏。晚晴风定搴帷坐，似倚楼头看夕阳。

仆御摇鞭正指挥，忽闻狂吼慑风威。前山松径低迷处，无翅牛羊欲乱飞。

百里荒程仅一家，颓垣半没乱坡斜。无端万斛黄尘里，偏著一枝含笑花。

塞外土妓近年始多。

（录自刘存仁《笃旧集》卷一）

哭故相王文恪公
（1842 年冬）

才锡元圭告禹功，公归遵渚咏飞鸿。休休岂屑争他技，蹇蹇俄惊失匪躬。下马有坟悲董相，只鸡无路奠桥公。伤心知己千行泪，洒向平沙大幕风。

廿载枢机赞画深，独悲时事涕难禁。艰屯谁是舟同济，献替其如突不黔。卫史遗言成永憾，晋卿祈死岂初心。黄扉闻道犹虚席，一鉴云亡未易任。

（录自《云左山房诗钞》卷七）

室人赋《述怀纪事》七古二章，
以手稿寄余，喜成四章
（1843 年 1 月中旬）

卅年凫雁镇相依，万里鹙鸧怅独飞。生别胜如归马革，壮游奚肯泣牛衣。只怜瘦骨支床久，想对残脂揽镜稀。忽得诗篇狂失喜，珠玑认是手亲挥。

忆昨姜芽曲未伸，每拈筠管苦吟颦。玉钩出掌能重展，钩弋夫人卧病六年，右手拳曲，忽于掌中搜出玉钩，手乃复展。金戺宣毫似有神。苏蕙回文常触绪，采鸾写韵不愁贫。述怀纪事无雕饰，肺腑倾来字字真。

闻向帷堂课女徒，一庭弦诵足清娱。但倾旧酿樽频注，便许行吟杖不扶。闻有药酒服之遂可试步，宜勿断也。索和妇能谐竟病，弄娇孙亦识之无。有时对弈楸枰展，瓜葛休嫌一著输。常与子妇儿女对弈，故戏及之。

白头岂复望还童，却病仍资摄卫功。老我难辞身集蓼，忆卿如见首飞蓬。近闻词伯多迁秩，且与儿郎作寓公。时京中大考翰詹，舟儿未与。农圃耦耕他日愿，来诗有"他日归来事农圃"之句。不妨庑下赁梁鸿。时眷属赁居青门。

（录自刘存仁《笃旧集》卷一）

伊江除夕书怀
（1843 年 1 月 28 日）

壬寅除夕书怀四首，录寄闻石先生粲政。

腊雪频添鬓影皤，春醪暂借病颜酡。三年飘泊居无定，庚子在岭南度岁，辛丑在中州河干，今在伊江。百岁光阴去已多。漫祭诗篇怀贾岛，畏挝更鼓似东坡。用坡公守岁诗语。边氓也唱迎年曲，到耳都成劳者歌。

新韶明日逐人来，迁客何时结伴回？空有灯光照虚耗，竟无神诀卖痴呆。荒陬幸少争春馆，远道翻为避债台。骨肉天涯三对影，时挈两儿在戍。思家奚益且衔杯。

流光代谢岁应除，天亦无心判菀枯。裂碎肝肠怜爆竹，借栖门户笑桃符。新幡彩胜如争奋，晚节冰柯也不孤。正是中原薪胆日，谁能高枕醉屠苏。

谪居本与世缘暌，青鸟东飞客在西。宦味真随残腊尽，病株敢望及春荑。朝元尚忆趋丹阙，赐福频叨湿紫泥。新岁傥闻宽大诏，玉关走马报金鸡。

濛池流寓林则徐漫草
（录自诗札手迹影印件）

元夕与嶰筠饮，遂出步月，口占一律
（1843 年 2 月 13 日）

春衣典得买今宵，逐客愁怀对酒消。踏月吟鞋凉似水，遏云歌板沸如潮。楼前夜市张灯灿，马上蛮儿傅粉娇。试问双幢开府日，可能恣此两逍遥。

（录自《云左山房诗钞》卷七）

送伊犁领军开子捷_{开明阿}
（1843 年 2 月 22 日）

鼓鼙思帅臣，爪牙讽圻父。静以绥中原，动以御外侮。致身须壮年，奇勋策天府。将军起长白，家世握牙琥。髫龀通钤韬，志行抗前古。读书慕儒将，礼义即干橹。宿卫屯羽林，钩陈出随扈。西望昆仑墟，百年拓疆宇。以君为长城，领军肃貔虎。三载无边烽，华夷悉安堵。帝曰尔来前，作股肱心膂。绝塞回轮蹄，中流赖砥柱。君感朝廷恩，心肝奉明主。临别索赠言，我欲倾肺腑。嗟哉时事艰，志士力须努。厝薪火难测，亡羊牢必补。从来户牖谋，彻桑迨未雨。矧当冰檗秋，敢恃干羽舞。蜂虿果慑威，犬羊庶堪抚。将士坚一心，讵不扬我武。貂婵［蝉］出兜鍪，丹青绘圭珇。行矣公勉旃，黑头致公辅。

（录自《云左山房诗钞》卷七）

金缕曲
春暮和嶰筠《绥定城看花》
（1843 年 4 月 17 日）

绝塞春犹媚。看芳邻、清漪漾碧，新芜铺翠。一骑穿尘鞭影瘦，夹道绿杨烟腻。听陌上、黄鹂声碎。杏雨梨云纷满树，更频婆、新染朝霞醉。联袂去，漫游戏。　　谪居枉作探花使。忍轻抛、韶光九十，番风廿四。寒玉未消冰岭雪，毳幕偏闻花气。算修了、边城春禊。怨绿愁红成底事，任花开、花谢皆天意。休问讯，春归未？

（录自《云左山房诗钞》附卷）

金缕曲 *
寄黄壶舟
（1843 年 4 月）

沦落谁知己？记相逢、一鞭风雪，题襟乌垒。同作羁臣犹间隔，斜月魂销千里。爱尺素、传来双鲤。为道玉壶春买尽，任狂歌、醉卧红山觜。风劲处，酒鳞起。来诗有"风劲红山起酒鳞"之句，仆极赏之。　　乌丝阑写清词美。看千行、珠玑流转，光盈蛮纸。苏室才吟残腊句，承录示《东坡生日》诗及和余除夕之作。君所居曰"步苏诗室"。瞬见绿阴如水。春去也、人犹居此。褪尽生花江管脱，怕诗人、漫作云泥拟。君和余句云"诗才无敌有云泥"，读之愧甚。今昔感，一弹指。

（录自黄浚《壶舟诗存》卷十一）

---

* 《云左山房诗钞》附卷收此词，文字有所改动。

七夕次巉筠韵
（1843 年 8 月 2 日）

金风吹老鬓边丝，如此良宵醉岂辞。莫说七襄天上事，早空杼柚有谁知？

漫道星桥七夕行，汉津波浪恐难平。银潢只见填乌鹊，壮士何年得洗兵。

针楼高处傍天墀，七孔穿成巧不移。但恐机丝虚夜月，昆明秋冷汉家池。

（录自《云左山房诗钞》卷七）

买陂塘
癸卯闰七夕
（1843 年 8 月 31 日）

记前番、明河如练，一双星影才渡。者回真算天孙巧，不待隔年来聚。谁作主？任月帐、云屏再绾同心缕。乌尼解事，看两度殷勤，毛衣秃尽，填出旧时路。　　含情处，脉脉一襟风露。天涯怅触离绪，追欢早把芳时误，此夕匏瓜如故。愁莫诉！怕再上针楼，又被黄姑妒。何时归去？盼白鹤重来，玉笙吹破，或与子乔遇。

（录自《云左山房诗钞》附卷）

送嶰筠赐环东归
（1843 年 9 月 10 日）

　　得脱穹庐似脱围，一鞭先著喜公归。白头到此同休戚，青史凭谁定是非。漫道识途仍骥伏，都从遵渚羡鸿飞。天山古雪成秋水，替浣劳臣短后衣。

　　回首沧溟共泪痕，雷霆雨露总君恩。魂招精卫曾忘死，病起维摩此告存。歧路又歧空有感，客中送客转无言。玉堂应是回翔地，不仅生还入玉门。

（录自《云左山房诗钞》卷七）

又和《中秋感怀》原韵
（1843 年秋）

　　三载羲娥卜坂轮，炎州回首剧伤神。招魂一恸登临地，己亥中秋与公及关滋圃同登虎门炮台望月，今不堪回首矣。投老相看坎壈人。玉宇琼楼寒旧梦，冰天雪窖著闲身。麻姑若道东溟事，莫使重扬海上尘。

　　雪月天山皎夜光，边声惯听唱伊凉。孤村白酒愁无赖，隔院红裙乐未央。宦味思之真烂熟，诗情老去转猖狂。遐荒今得连床话，岂似青蝇吊仲翔。

（录自《云左山房诗钞》卷七）

送文一飞河帅文冲入关归养
（1843 年秋）

　　昆仑小阁望慈云，君于伊江建此阁。帝鉴乌私许上闻。不费解骖归越石，先从隔幔慰宣文。太夫人在京师。几人谪宦能将母，此去娱亲要报君。萱自忘忧葵捧日，东山合起故将军。

　　频岁宣房屡负薪，可知前事不由人。忠宜补过先防口，志在安危岂爱身。悟到折肱功更进，君善医。炼成绕指用初神。精刀剑之术。天涯同是伤心侣，目送归鸿泪满巾。

（录自《云左山房诗钞》卷七）

哭张亨甫
（1844 年春）

　　尺素频从万里贻，吟成感事不胜悲。谁知绝塞开缄日，正是京门易箦时。狂态次公偏纵酒，鬼才长吉悔攻诗。修文定写平生志，犹诉苍苍塞漏卮。

（录自《云左山房诗钞》卷六）

壶舟以前后《放言》诗寄示，奉次二首
（1845 年 2 月 19 日）

　　漫将羞涩笑羁臣，此日中原正患贫。鸿集未闻安草泽，鹃声疑复到

天津。纷看绢树登华毂，恐少缁流度羽巾。时有以僧道度牒为筹边经费计者。海外蚨飞长不返，问谁夜气识金银。

狂魔枉向病身加，肯与穿墉竞鼠牙。古井无波恬一勺，歧途有路误三叉。带围屡减腰仍瘦，笋束成堆眼已花。索书者多，苦无以应。何日穹庐能解脱，宝刀盼上短辕车。

（录自《云左山房诗钞》卷七）

回疆竹枝词三十首
（1845 年 3 月至 7 月）

别谙拔尔回部第一世祖，见各史传。教初开，曾向中华款塞来。和卓运终三十世，至玛哈黑特止。天朝拓地置轮台。

百家玉子十家温，巴什何能比阿浑。为问千家明伯克，滋生可有毕图门。毕图门，回语一万也。近闻伯克派差，每一明定以万口。

爱曼都祈岁事丰，终年不雨却宜风。乱吹戈壁龙沙起，桃杏花开分外红。

不解耘锄不粪田，一经撒种便由天。幸多旷土凭人择，歇两年来种一年。

字名哈特势横斜，点画虽成尚可加。廿九字头都解识，便矜文雅号毛拉。官文作莫洛。

归化于今九十秋，怜他伦纪未全修。如何贵到阿奇木，犹有同宗阿葛抽。阿奇木之妻也。

太阳年与太阴年，算术斋期自古传。今尽昏昏忘岁月，弟兄生日问谁先。

众回摩顶似缁流，四品头衔发许留。怪底向人夸栉沐，燕齐回子替梳头。

金谷都从地窖埋，空囊枵腹不轻开。阿南普作巴郎普，积久难寻避债台。借债者，本钱谓之阿南普，利钱谓之巴郎普。

把斋须待见星餐，经卷同绻普鲁干。新月如钩才入则，爱伊谛会万人欢。

不从土偶折腰肢，长跪空中纳祃兹。何独叩头麻乍尔，长竿高挂马牛牦。

　　亢牛娄鬼四星期，城市喧阗八栅时。五十二番成一岁，是何月日不曾知。八栅尔即北方之集，南方谓之墟，盖指散而言。

　　城角高台广乐张，律谐夷则少宫商。苇笳八孔胡琴四，节拍都随击鼓镗。

　　厦屋虽成片瓦无，两头橑角总平铺。天窗开处名通溜，穴洞偏工作壁橱。

　　亦有高楼百尺夸，四周多被白杨遮。圆形爱学穹庐样，石粉围成满壁花。

　　准夷当日恣侵渔，骑马人来直造庐。穷户仅开三尺窦，至今依旧小门闾。

　　村落齐开百子塘，泉清树密好寻凉。奈他头上仍毡氍，一任淋漓汗似浆。

　　豚羬由来不入筵，割牲须见血毛鲜。稻粱蔬果成抓饭，和入羊脂味总膻。

　　桑葚才肥杏又黄，甜瓜沙枣亦糇粮。村村绝少炊烟起，冷饼盈怀唤作馕。回语馍名馕也。

　　宗亲多半结丝萝，数尺红丝发后拖。新帕盖头扶马上，巴郎今夕捉央哥。男名巴郎，女未适人名克丝，子妇名央哥。

　　才经花烛洞房宵，偏汲寒泉遍体浇。料是破瓜添内热，冷侵肌腑转魂消。

　　河鱼有疾问谁医，掘地通泉作小池。坦腹儿童教偃卧，脐中汩汩纳流澌。

　　赤脚经冰本耐寒，四时偏不脱皮冠。更饶数丈缠头布，留得缠尸不盖棺。

　　树窝随处产胡桐，天与严寒作火烘。乌恰克中烧不尽，燎原野火四围红。

　　小样葫芦凿窍匀，烧烟通水号麒麟。娇童合唤麒麟契，吹吸能供客数人。淡巴菰俗名烟袋，回人之烟桶头甚大，似壶芦样，名气琳。

　　柳树流泉似建瓴，众来排日讽番经。便如札答祈风雨，奇术惟推两事灵。

　　荒程迢递阻沙滩，暑月征途欲息难。却赖回官安亮噶，华人错唤作阑干。

海兰达尔发双垂，歌舞争趋努鲁斯。漫说灵魂解超度，亡人屋上恣游嬉。

作善人称倭布端，诵经邀福戒鸦瞒。若为黑玛娃儿事，不及供差有朵兰。

关内惟闻说教门，如今回部历辖轩。八城外有回城处，哈密伊犁吐鲁番。

（录自邱远猷藏钞本）

柬全小汀 全庆
（1845 年 8 月 8 日）

蓬山俦侣赋西征，累月边庭并辔行。时同使回疆议垦田事。荒碛长驱回鹘马，惊沙乱扑曼胡缨。但期绣陇成千顷，敢惮锋车历八城。丈室维摩虽示疾，御风仍喜往来轻。

频年迁客戍轮台，何意辖轩使节陪。归梦未逢生马角，游踪翻得遍龙堆。头衔笑被旁人问，齿让惭叼首座推。纵许生还吾老矣，看君勋业耀三台。

（录自《云左山房诗钞》卷七）

姜海珊大令以余游华山诗
装成长卷属题
（1846 年 10 月 4 日）

真恐山灵笑我顽，白头持节又生还。烦君玉女峰前问，可有移文到北山。

（录自《云左山房诗钞》卷八）

袁午桥礼部^{甲三}闻余乞疾寄赠，依韵答之
（1849 年秋）

星星短鬓笑劳人，回首光阴下坂轮。敢惜残年思养拙，难祛痼疾剧伤神。安心屡愧承温诏，两奉恩旨，皆令安心调理。止足原非羡逸民。辜负君恩三十载，况从绝塞起羁臣。

除书频忝姓名标，自入关来未入朝。谬向蛮方开节镇，犹闻洋舶逞天骄。澜沧昨岁鸮音革，珠海何年蜃气消。病榻呻吟忧未了，残灯孤枕警中宵。

枉赠新诗字字清，气和滇海掣长鲸。遥知画日趋三殿，径欲回澜障四瀛。激宕声情缘感事，轮囷肝胆喜论兵。吾衰才与官俱退，输尔豪吟剑槊横。

身似闲僧退院初，维摩丈室暗踟蹰。养疴只合颓然卧，怀旧真惭迹也疏。但得支公怜病鹤，肯同赵壹赋枯鱼。愿君早拥南天节，或许相逢退食余。

（录自《云左山房诗钞》卷八）

留别滇中同人
（1849 年 10 月）

恩叨再造愧兼圻，敢道抽簪学息机。壮志不随华发改，孱躯偏与素心违。霜侵病树怜秋叶，风劲边城淡夕晖。重镇岂宜容卧理，乞身泪满老臣衣。

五华山接点苍秋，卅载鸿泥两度留。昔喜龙门腾士气，谓己卯典试事。今劳虎旅破边愁。谓迤西督师事。济艰幸仗同舟力，定远还资曲突谋。莫恃征西烽火息，从来未雨合绸缪。

此邦父老共忘形，高会曾夸六百龄。今春与晴峰同年邀滇中耆旧修禊，会者八人，合六百有二岁。赠句韵联新旧雨，临歧踵接短长亭。铸金敢听炉香奉，省垣为余设香火，已力阻之。勒石休磨盾墨铭。迤西镌碑亟令除去。但祝彩云常现处，文昌星映老人星。

黄花时节别苴兰，为感舆情忍涕难。程缓不劳催马足，装轻未肯累猪肝。膏肓或起生犹幸，宠辱皆空意自安。独有恫瘝仍在抱，忧时长结寸心丹。

（录自刘存仁《笃旧集》卷一）

舆 纤
（1849 年）

山行也学上滩舟，牵挽因人不自由。一线划开云径晓，千寻曳入洞天秋。漫疑负弩经巴蜀，便当浮槎到女牛。不为丝绳标正直，此身谁致万峰头。

（录自《云左山房诗钞》卷八）

次家啸云树梅见赠韵
（1849 年）

瀛堧有奇士，才望重南金。将种论勋远，儒门殖学深。雄文腾剑气，雅咏写琴心。犹抱隆中膝，低徊梁父吟。

相逢话畴昔，感事愧疆臣。瘴海频年劫，冰天万里身。膏肓此泉石，扰攘几风尘。凭仗纤筹策，知君笔有神。

（录自《云左山房诗钞》卷八）

蔡香祖大令廷兰寄示《海南杂著》，读竟率题
（1850 年夏）

　　君家濒海习风涛，涉险归来气亦豪。天许鸿文传域外，惊魂才定亟拈毫。

　　大化遥沾古越裳，君以乙未秋航海归澎湖，遭风飘至越南，因纪其事。未通华语解文章。天朝才士来增重，响答诗筒侑客觞。

　　椎结争迎互笔谈，南交风土已深谙。回看渤澥来时路，曾历更程八十三。

　　缱绻情敦感异乡，却金仍自返空囊。早教越石知清节，肯羡西都陆贾装。

　　归寻驿路指中原，桂管藤州取次论。喜是倚闾人健在，为言剪纸误招魂。

　　始信神州稗海环，总凭忠信历人寰。瀛壖会有澄清日，凭仗纡筹靖百蛮。

（录自《云左山房诗钞》卷八）

又题《啸云丛记》二首
（1850 年秋）

　　两粤兵戈尚未除，几人筹策困军储。如何叱咤风云客，绝岛低头但著书。矮屋三间枕怒涛，狂歌纵酒那能豪。驰情员峤方壶外，甚欲从君踏六鳌。

（录自何丙仲藏手迹原件）

题明张忠烈公遗像 *

　　圣代重褒忠，谥典光泉壤。耿耿心不磨，临风每吊往。忆昔明季时，张公人共仰。卅城不日收，中兴如指掌。一木竟难支，精忠委丛莽。至今展遗容，神姿何英爽。焚香一再拜，灵风起虚幌。

东冶林则徐敬题

（录自中山大学历史系供《林文忠公书札墨宝》影印件）

---

　　* "题"字为编者所加。张煌言，谥忠烈。

林则徐年谱简编

1785 年（乾隆五十年乙巳）一岁

8 月 30 日，生于福州左营司巷林氏北院后祖室。父宾日，原名天翰，字孟养，号旸谷，嘉庆侯官岁贡生，是一个以教读为生的下层知识分子。母陈帙，闽县岁贡生陈圣灵之第五女。

1788 年（乾隆五十三年戊申）四岁

父在邻舍罗氏人家就馆，携入塾中，教以识字。

1791 年（乾隆五十六年辛亥）七岁

父教以属文。

1796 年（嘉庆元年丙辰）十二岁

2 月，颙琰继位，改年号为嘉庆，弘历称太上皇。本年鸦片输入一千零七十箱，嘉庆帝诏裁鸦片税额，禁止鸦片输入。

岁试充佾生。弟林霈霖生。父在文笔书院执教。家贫，因偿债入不敷出，母亲和姐妹从事剪扎"象生花"等手工艺劳动，以佐家计。

1797 年（嘉庆二年丁巳）十三岁

英国给东印度公司在印度制造鸦片的特权。

应府试第一。父成岁贡生。

1798 年（嘉庆三年戊午）十四岁

参加县试，考中秀才，就学鳌峰书院。与本城朱紫坊名儒、前河南永城县知县郑大谟的长女郑淑卿订婚。

1800 年（嘉庆五年庚申）十六岁

清政府再次申禁鸦片输入，并禁民间种植罂粟、吸食鸦片。

1803 年（嘉庆八年癸亥）十九岁

仍在鳌峰书院攻读。几年中，从书院山长郑光策治学，与陈寿祺、梁章钜等人相过从，究心经史之学，学风不涉时趋。

1804 年（嘉庆九年甲子）二十岁

历时九年、纵横北方五省的白莲教起义，于本年 10 月失败。

秋，参加乡试，中第二十九名举人。中举后，与郑淑卿结婚。

1805 年（嘉庆十年乙丑）二十一岁

1 月，偕郑夫人北上，赴京参加会试。落榜后，于 7 月离京师，12 月抵福州，以"家食难给"，外出当塾师。

1806 年（嘉庆十一年丙寅）二十二岁

6 月，嘉庆帝以"洋船私带烟土，其销路如福建之厦门等处，每年纹银出洋不下数百万"，通饬各直省督抚设立章程，严行查禁。

春，升任厦门海防同知的房永清署闽县知县，聘为书廪。秋，随侍父亲参加"真率会"的活动，作《〈林希五文集〉后序》。随房永清赴厦门，担任海防同知书记，初步了解海洋贸易和鸦片流毒情形。以所办文牍，为汀漳龙道百龄所赏识。

1807 年（嘉庆十二年丁卯）二十三岁

2 月，为福建巡抚张师诚识拔，招入幕府。12 月，父林宾日受张师诚荐，赴将乐县主正学书院。

1808 年（嘉庆十三年戊辰）二十四岁

8 月，英船强行闯入虎门，停泊黄埔，11 月始退出。

在张师诚幕府。11 月，离福州北上，第二次上京会试。

1809 年（嘉庆十四年己巳）二十五岁

6 月，清廷颁布《广东外洋商人贸易章程》，并在澳门、虎门、蕉门等海口设防。

4 月，在京会试失利。7 月返抵福州，仍入张师诚幕府。8 月至 10 月，随张师诚移驻厦门，参与镇压蔡牵起义，负责起草文移。

1810 年（嘉庆十五年庚午）二十六岁

9 月，清廷增设广东水师提督，驻扎虎门。

仍在张幕，曾与友人清理宋代抗金名臣李纲的墓址。几年来，在张师诚的指导下，"尽识先朝掌故及兵刑诸大政"。11 月，张师诚入觐，林则徐随行，准备第三次参加会试。

1811 年（嘉庆十六年辛未）二十七岁

春，参加会试，中式第七十四名，复试一等，殿试二甲第四名，朝考第五名，赐进士出身，选翰林院庶吉士，派习满文。10 月下旬，请假回乡取眷，离京南下。

1812 年（嘉庆十七年壬申）二十八岁

在福州。9 月 22 日，游光绎等发起祭李纲墓，与醵钱而未往。11 月 28 日，挈眷自福州北上。

1813 年（嘉庆十八年癸酉）二十九岁

1 月，途经南京，在两江总督百龄署中度岁。6 月 4 日，抵京师，寓莆阳馆。入庶常馆从成格、陈希曾、吴烜习满文。9 月，代张师诚勘定《御制全史诗》疏。12 月，移居粉坊琉璃街。

1814 年（嘉庆十九年甲戌）三十岁

春，在庶常馆习满文。1 月 24 日，长子林汝舟生。5 月散馆，授翰林院编修。8 月，充国史馆协修，移寓虎坊之东。自是益究心经世之学，"虽居清秘，于六曹因革、用人行政之得失，综核无遗"。开始注意探求畿辅水利问题，酝酿写作《北直水利书》。

1815 年（嘉庆二十年乙亥）三十一岁

4 月，清廷再次严禁鸦片输入，明定赏罚章程。

2 月 26 日，次子林秋柏生，三日即殇。3 月，承办《一统志·人物名宦》。4 月，充撰文官。10 月，派翻书房行走。

1816 年（嘉庆二十一年丙子）三十二岁

英国派特使阿美士德来华，争取扩大英商权益，保障东印度公司权利。因礼仪之争，未获觐见。本年英国输华鸦片突破五千箱。

3 月 3 日，长女林尘谭生。8 月 9 日，出京赴南昌，充江西乡试副考官。12 月 9 日回京复命，改派清秘堂办事，12 月 29 日到任。

1817 年（嘉庆二十二年丁丑）三十三岁

司馆。6 月，保送御史，引见记名。10 月 6 日，次女林金鸾生。

1818 年（嘉庆二十三年戊寅）三十四岁

3 月，大考翰詹，列三等二十九名。四五月间，郑夫人生女（即殇，未取名），次女林金鸾亦殇。夏，移居土地庙上斜街。

1819 年（嘉庆二十四年己卯）三十五岁

3 月，京察一等。4 月，充会试同考官，分校礼闱第十二房，得士状元陈沆等十三人。6 月 29 日，奉命出京赴滇，充云南乡试正考官。沿途所做诗，自编为《使滇小草》。

1820 年（嘉庆二十五年庚辰）三十六岁

8 月，嘉庆帝薨，次子旻宁继位，是为道光帝。

2月1日，自云南返抵京师。3月21日，嘉庆帝引见，补江南道监察御史。5月8日，奏请敕河南大吏严密查禁料贩囤积居奇，平价收买以济仪封南岸河工之需。5月10日，京察一等，复带记名。21日，特派充翻译会试阅差。6月3日，放浙江杭嘉湖道，26日，离京南下。在京期间，入"宣南诗社"。8月27日，抵杭州上任。在杭嘉湖道任上，注意农田水利，勘察海塘，兴筑新塘；讯朱丙章，镇压湖州府属农民抗粮斗争。年底，赴严州勘城。

1821年（道光元年辛巳）三十七岁

本年鸦片输入达七千箱，白银外流日益严重。

在杭嘉湖道任上。7月，作《〈启贤录〉序》。8月25日，以闻父病，挂印离任回闽。9月10日，三女林普晴生于建州大蒙州舟次。月底，抵福州。秋冬间，作《宗文义塾记》。

1822年（道光二年壬午）三十八岁

3月，清廷命广东督抚、海关监督严查出口洋船，杜绝白银偷漏。

3月23日，自福州起程入京。5月29日抵京，引见发往原省以道员用。6月19日出京，7月23日至杭州，暂委监试文闱。10月13日，在闱中得旨放江南淮海道，未即赴任。浙江巡抚帅承瀛兼理盐政，留署浙江盐运使。秋，作《重修于忠肃公祠墓记》。冬，作《杭嘉义塾添设孝廉田记》。

1823年（道光三年癸未）三十九岁

夏，江苏省沿江濒湖诸府县农田均被水淹，米价昂贵。8月20日，娄县饥民赴松江府署请愿闹事。

2月4日，至清江任淮海道。中旬，升任江苏按察使。3月，接任江苏按察使。在任期间，处理积案，密访严拿开设鸦片烟馆罪犯；处理灾区善后，倡捐劝济，免关税招徕川、湖米客，平抑米价。亲赴松江处理饥民闹事，得为首者置之法，余皆开释，民颂之为"林青天"。11月3日，奉命上京述职。12月10日到京，道光帝召对两次，15日出京返苏。本年作有《〈三吴同官录〉序》、《〈张孟平骈体文〉序》等。

1824年（道光四年甲申）四十岁

1月15日，抵苏接署江苏布政使。途中携淮北麦种，散播江南各乡。到任后，处理赈灾。9月，卸江苏按察使任，准备前往履勘，专办水利。24日，得母死之讣，回乡丁内艰。10月1日，三子林聪彝生。11日，抵福州。本年，作《〈慕中丞疏稿〉序》。

1825 年（道光五年乙酉）四十一岁

2 月，作《闽县义塾记》。3 月，奉旨"夺情"赴清江浦督催河工。4 月 12 日自福州起程，5 月 18 日到高家堰、山盱工地催工。代两江总督魏元煜起草漕粮改行海运奏稿。自绘《杏花红雨图》，为梁章钜作《〈沧浪亭图诗册〉序》。秋，琦善、陶澍奏准调其赴上海督办海运，因"积劳痁作"辞。10 月，回福州。弟林霈霖以降服男服阕，入闱领乡荐。

1826 年（道光六年丙戌）四十二岁

在福州丁母忧。6 月 15 日，奉旨以三品卿署两淮盐政，以疾辞，未行。7 月，作《重建华林寺碑记》。

1827 年（道光七年丁亥）四十三岁

1 月 18 日，四子林拱枢生。2 月，作《重修积翠寺记》。3 月 16 日，自福州起程赴京。4 月 19 日，途次苏州，为友人潘曾沂题《宣南诗社图卷》诗。5 月 20 日，抵京师。26 日，放陕西按察使。6 月 1 日出京，26 日抵西安，任陕西按察使，即署布政使。旋得旨擢江宁布政使，遣人回福州接父及眷属赴江宁。9 月 16 日，从西安赴略阳勘灾，兼勘移建县城事。本月，作《南湖郑祠祭田记》。10 月 13 日，返西安。10 月 20 日，作《跋〈沈毅斋墨迹〉》。12 月 7 日得父亡之讣，从陕南赶往奔丧。本年，手定《己卯以后诗稿》。

1828 年（道光八年戊子）四十四岁

1 月 24 日，赶到浙江衢州，扶父枢返乡。在籍丁忧期间，倡浚福州西湖，年底兴工。11 月，作《〈周易象理指掌〉序》。

1829 年（道光九年己丑）四十五岁

在家丁忧。9 月，浚福州西湖工成。11 月，兴工修李纲祠于西湖荷亭。

1830 年（道光十年庚寅）四十六岁

3 月 20 日，作《〈金匮要略浅注〉叙言》。5 月，服阕抵京。6 月 12 日，会辛未同年三十四人于宣南龙树院，作《龙树院雅集砂》。8 月 17 日，放湖北布政使。在京期间，曾与友人张维屏、黄爵滋、龚自珍、魏源、周凯、潘曾莹等相过从，携父绘《饲鹤图》遍索题咏。10 月 6 日，至武昌接任湖北布政使，办理赈灾、蠲缓、堤防。

1831 年（道光十一年辛卯）四十七岁

本年，英国输华鸦片达万余箱。

1月1日，郑夫人及子女自闽抵武昌。本月，调河南布政使，未即赴任。作《〈曹太傅师制义〉序》。4月11日，接任河南布政使，作《〈十一经音训〉序》。8月，代苏省采买河南米麦济灾。8月21日调江宁布政使，次日起身南下。9月8日，在扬州接印，沿途查勘灾情。11月，奉旨总司江北赈抚事宜，赴扬州勘灾。22日，奉旨擢东河河道总督，上疏恳辞。12月16日，因清廷不准辞免，即由扬州经运河赴山东。

1832年（道光十二年壬辰）四十八岁

1月9日，至山东邹县接任东河河道总督。2月，查验山东运河地段挑工。3月，赴河南查验黄河防治工程，初步形成改黄河由山东入海的治河方案。6月23日离任，7月5日接任江苏巡抚，即令苏松镇总兵关天培等驱逐窜至上海吴淞口外的胡夏米间谍船。7月下旬，赴江宁监临江南乡试文闱，整饬科举考试弊端。自是和两江总督陶澍共事，"志同道合，相得无间"，常延请魏源商议兴利除弊事宜。10月2日，赴扬州勘灾，并至清江严讯桃南厅决堤要犯。11月，作《〈筹济编〉序》。

1833年（道光十三年癸巳）四十九岁

在江苏巡抚任上。4月，与陶澍会奏，主张严禁鸦片、自铸银币，解决银昂钱贱问题。11月，以江苏灾荒严重，奏请缓征漕赋，道光帝严旨诘责。12月，单衔密疏沥陈江苏钱漕之重、被灾之苦，坚请缓征，"暂纾民力"。清廷不得不允所请。嘱友人、署江苏按察使李彦章汇辑《江南催耕课稻编》。作《〈绘水集〉序》。

1834年（道光十四年甲午）五十岁

本年，英国输华鸦片增至两万一千余箱。

在江苏巡抚任上。2月，作《〈刘闻石制义〉序》。3月，作《〈江南催耕课稻编〉叙》，在抚署后园置地，雇老农试种湘、闽各类早稻，以便推广。4月，挑浚白茆河、刘河，亲往查工。5月，和陶澍、陈銮等验收白茆河、刘河水利工程。两淮盐运使王凤生卒，为其手书墓志铭。7月，作《〈昭代丛书〉序》。9月至10月，到江宁监临江南秋闱。12月，赴镇江督催军船。本年，长子林汝舟娶妻陆氏。

1835年（道光十五年乙未）五十一岁

在江苏巡抚任上。2月，查验丹徒、丹阳运河挑浚工程。5月，赴镇江督催漕船。6月，以刘河挑浚工程节省银两，接挑各处河道，修元和县南塘宝带桥。7月，赴元和县查勘三江口宝带桥工程，命宝山县筹修海塘。9月，到江宁监临江南文闱。长子林汝舟在福州中举。12月，赴元和县查验宝带桥。至宝山、华亭查勘海塘。由门生冯桂芬等襄助，编成《北直水利书》（即《畿辅水利议》）。作《〈制义平秩集〉序》、《〈张孟平骈体文〉序》。12月，奉旨赴江宁接署两江总督兼两淮盐政。

1836 年（道光十六年丙申）五十二岁

6月，太常寺卿许乃济奏请变通禁例，弛禁鸦片。9月，内阁大学士朱嶟、兵科给事中许球上奏强烈反对。

1月，抵江宁接署两江总督兼两淮盐政。二三月间，兴办苏、松等处水利工程。继续在淮北推行票盐法。两淮盐运使俞德渊死，为其手撰墓志铭。6月，回任江苏巡抚。7月，赴宝山查勘海塘，并验苏、松、太等处水利河工。8月，陶澍赴安徽、江西阅兵，第二次接署两江总督兼两淮盐政，旋赴江宁。10月，移驻清江浦，督防秋汛，催攒回船。11月，由淮安府至盐城皮大河一带，访察民情政事及兴修水利事宜。12月，由清江回到江宁。本年作有《〈娄水文征〉序》、《〈庆芝堂诗〉序》、《〈湖滨崇善堂〉序》，自绘《饲鹤第二图》，由汤贻汾补景。

1837 年（道光十七年丁酉）五十三岁

英国再次爆发资本主义经济危机。本年鸦片输入骤增至三万箱。

1月，交卸两江督篆，自江宁起程，入京觐见。2月，道光帝召见，奉旨擢湖广总督。自绘《饲鹤第三图》，由吴荣光补景。4月，自京抵武昌，接任湖广总督。5月，验收江夏县长江岸堤石工，阅视督抚标官兵操练。6月29日，延俞正燮入幕，参订先入旧稿，校订《海国纪闻》。7月赴汉川、沔阳、天门、潜江、京山、荆门、钟祥、襄阳一带查看河堤，督防大汛。8月，至荆州督防荆江水患。9月至10月，赴湖南长沙、衡州、永州、宝庆、凤凰厅、永绥厅、辰州、常德等地校阅营伍。本年，作《〈楚南同官录〉序》。

1838 年（道光十八年戊戌）五十四岁

6月，鸿胪寺卿黄爵滋奏请厉禁鸦片，严塞漏厄。道光帝命各将军督抚各抒己见，妥筹章程。

在湖广总督任上。1月13日，长女林尘谭与刘齐衔结婚。2月，整顿盐务，严厉取缔私盐。6月，奏陈禁烟方策六条，支持黄爵滋严禁主张。8月，湖广禁烟初告成效，亲督焚毁汉阳、江夏缴获的烟枪。至汉川、沔阳、天门、潜江、荆门、京山、钟祥，督防大汛，查看堤工。10月初，上奏剖陈银贵钱贱和鸦片流毒日广的原因，全面驳斥反对禁烟谬论，重申严禁主张。10 月 27 日，在武昌校场亲督焚毁烟枪、鸦片。11月，奉旨入京觐见。12 月 26 日抵京，次日起，道光帝接连召见八次，商讨禁烟方略。31 日，受命为钦差大臣，节制广东水师，赴广东查办海口事件。本年，作《〈四书题解〉序》。

1839 年（道光十九年己亥）五十五岁

6 月 15 日，清廷颁布《钦定严禁鸦片烟条例》三十九条。7 月 7日，英船水手在尖沙嘴村纵酒闹事，殴死村民林维禧。8 月 31 日，英驻华海军司令官士密率舰"窝拉疑"号抵澳门。9 月 4 日，义律、士密挑起九龙海战。10 月 1 日，英国内阁会议决定发动侵华战争。12 月，道光帝下令断绝英国贸易，并示其罪状，宣布各国。

1 月 8 日，离京南下。沿途探访广东鸦片流毒情形，征询禁烟意见，密令逮捕重要烟犯。3 月 10 日，抵广州。18 日，召集十三行商人宣布谕帖，命各国烟贩限期呈缴鸦片。招致袁德辉等入幕，翻译英文《广州周报》等，了解外情动态。4 月，出赴虎门，查验收缴趸船烟箱。5 月，延梁进德为译员。6 月 3 日至 23 日，亲自在虎门海滩监督销毁没收的全部外国鸦片。7 月，先后在广州靖海门外、东炮台前煮化省内收缴的鸦片。借"观风试"，向诸生了解广东官兵包庇鸦片走私等情状；亲自审讯贪贿舞弊、放私入口的水师官弁梁恩升等人。责令义律交出林维禧案凶犯，饬袁德辉和美国传教士伯驾翻译瑞士人滑达尔著《各国律例》部分段落，了解国际法。8 月，以义律抗不交凶，下令断绝英船和在澳门英商的食物接济，撤其买办工人。23 日，下令驱逐澳门英商。9 月 3 日，抵澳门巡视，争取澳门葡萄牙当局保持"中立"。9 月 6 日起，驻扎虎门镇口，布置对英交涉和战备事宜。14 日，派余保纯等赴澳门和义律谈判。11 月，指挥兵勇坚垒固军，以守为战，接连挫败英国侵略者在穿鼻洋、官涌山的武装挑衅。从澳门等处密购葡萄牙和英国制造的新式铜、铁大炮，配置虎门各炮台。组织翻译英人慕瑞著《世界地理大全》（译后辑为《四洲志》）、德庇时的《中国人》、地尔洼的《在中国做鸦片贸易罪过论》（译文今佚）。11 月 26 日，奉旨出示，宣布从 12 月 6 日起停止英国贸易。12 月 16日，在广州天后宫接见遇难英船"杉达"号人员。拒绝义律在不交凶、具结的情况下求通贸易的要求。本年，作《〈海国纪闻〉序》（佚）。郑夫人在福州为三子林聪彝娶妻叶氏，林普晴与沈葆桢结婚，小女许字郑月亭。弟林霈霖在福州病逝。

1840年（道光二十年庚子）五十六岁

1月5日，道光帝放邓廷桢为两江总督（后改调闽浙总督），林则徐为两广总督。8日，士密宣布英舰自15日起封锁广州海口。2月20日，英国政府任命乔治·懿律和义律为侵华的正副全权公使。6月下旬，英国侵华远征军开抵澳门海口，28日封锁珠江口，鸦片战争正式爆发。30日，英军主力北上，进犯闽、浙沿海。7月3日，英舰"布朗底"号犯福建厦门，被守军击退。6日，英军攻陷浙江定海。8月中旬，英军抵天津大沽口外，琦善派员接受英国公文。19日，在粤英军偷袭关闸炮台。30日，琦善奉旨与义律谈判于大沽口南岸，答应惩治林、邓等，换取英军撤兵南返。9月15日，英舰起碇南下。17日，道光帝派琦善为钦差大臣，赴广东查办。28日，下旨将林则徐、邓廷桢交部议处。11月20日，懿律率英军返抵澳门海面。29日，懿律因病卸任，义律继任英国全权公使。12月4日，琦善接任两广总督，向义律议和。

1月5日，奉旨宣布正式封港，断绝英国贸易。2月3日，接任两广总督。20日，下令停止澳门贸易（3月初恢复）。春夏，招募水勇，督造战船，购置外国船只，组织兵勇操练，增建炮台。6月8日，水师兵勇火攻英船于磨刀外洋。8月17日，离广州赴狮子洋检阅水师兵勇联合演习。颁发《剿夷兵勇约法七章》，组织水师出洋剿办英军。31日，出洋水师败英舰于矶石洋。9月24日，上奏自请处分并沥陈制炮造船主张，要求赴浙江收复定海。10月20日，交卸督篆。25日，奉旨留广州以备查问原委，移住高第街连阳盐务公所。11月，向怡良献策，维持广东抗敌局面。12月，向琦善建议铸炮造船等事，琦善不准。

1841年（道光二十一年辛丑）五十七岁

1月，义律逼琦善给地寄寓，7日出兵攻陷大角、沙角炮台。11日，琦善答应"给口外外洋寄居一所"。20日，义律单方面宣布与琦善"签订了初步协定"。26日，英军强占香港。27、28日，琦善与义律在狮子洋莲花城会谈。30日，道光帝派奕山为"靖逆将军"，调动内地兵力赴粤剿办英军。2月10日，琦善与义律在镇远山后之蛇头湾会谈，未能对给香港一岛问题达成协议。26日，英军攻陷横档、虎门诸炮台，溯珠江而上，进逼广州。3月5日，参赞大臣杨芳至广州。13日，琦善被锁拿进京查办。20日，杨芳与义律议定休战协定。4月14日，靖逆将军奕山、参赞大臣隆文、新任两广总督祁𡎴抵达广州。30日，英国政府改派亨利·璞鼎查为侵华全权公使，扩大侵华战争。5月21日，奕山发动广州战役，失败。27 日签订《广州和约》。30 日至 31 日，广州三元里附近乡民痛歼英军。6 月 28 日，道光帝将林则徐从重发往伊犁效力赎罪。8 月 2 日，黄河在河南开封附近祥符决口，造成严重水患。19 日，道光帝命林则徐折往东河效力赎罪。26 日，英军攻陷厦门。10 月初，英军攻陷定海、镇海。13 日，宁波失陷。18 日，道光帝命奕经为"扬威将军"，率军赴浙剿办英军。12 月，英军攻陷余姚。

1 月，奉旨"协办夷务"。2 月，劝说怡良揭露琦善罪行。3 月，捐资招募壮勇，保卫广州。4 月，上书奕山，提出防御粤省方策六条，未被采纳。5 月 3 日，奉旨离开广州，赴浙省听候谕旨。6 月 10 日抵达浙江镇海军营。7 月 14 日，离开镇海军营，踏上遣戍伊犁途程。8 月，途经京口，将《四洲志》等资料交付魏源，嘱其编撰《海国图志》。9 月 2 日，在扬州仪征奉旨赴祥符河工工地"效力赎罪"。30 日，抵祥符工地。秋至冬，在祥符工地，积极襄助王鼎办理堵口工程。

1842 年（道光二十二年壬寅）五十八岁

3 月 10 日，奕经命清军分三路克复定海、镇海、宁波三城，大遭惨败。5 月，英军攻陷乍浦。6 月 16 日，英军陷吴淞炮台，上海失守。7 月 21 日，英军攻陷镇江。8 月，英军直逼江宁城下。清廷派伊里布、耆英赶至江宁求和。29 日，耆英与璞鼎查签订中英《江宁议定条约十三款》（即中英《南京条约》）。

1 月，上书两江总督牛鉴，建议铸炮造船，训练水军，未被采纳。3 月下旬，祥符河复，奉旨仍遣戍伊犁。途经洛阳小住，作有《同游龙门香山寺记》。5 月中旬，抵西安。8 月 11 日，离西安赴戍。9 月 3 日抵兰州。10 月 11 日，出嘉峪关。11 月 15 日，抵乌鲁木齐。12 月 10 日，抵达戍所伊犁惠远城。赴戍途中，写作大量诗篇，抒发爱国忧时情怀。

1843 年（道光二十三年癸卯）五十九岁

1 月，魏源编成《海国图志》，2 月刊行。6 月，耆英和璞鼎查在香港互换《南京条约》。7 月，订立中英《五口通商章程》。8 月，道光帝下命释放邓廷桢入关。10 月，耆英与璞鼎查在虎门签订《五口通商附粘善后条款》。

在伊犁戍所。不适应边塞水土气候，感冒、鼻衄、脾泄诸疾迭发。注意了解国家大事，研究西陲边防、屯田、水利，据京报资料，录有札记，后辑为《林文忠公衙斋杂录》；录关内友人来札言京师时事部分为

《软尘私札》。1月，为布彦泰草拟奏稿，坚请保留伊犁镇总兵建制。秋冬间，协助布彦泰办理阿齐乌苏废地垦务。

1844年（道光二十四年甲辰）六十岁

在伊犁戍所。协助布彦泰办理阿齐乌苏废地垦务，捐资认修龙口水渠工程，于6月兴工。

1845年（道光二十五年乙巳）六十一岁

1月5日，奉命赴南疆履勘新垦地亩。24日，自伊犁起程。3月27日，和全庆勘库车托依伯尔底垦地。4月7日，勘乌什垦地。14日，勘阿克苏朗哈里克垦地。5月8日至10日，勘和阗达瓦克、鸡克坦、爱海里、苏尔坦、叶里雅克、阿堤巴什垦地。23、24日，勘叶尔羌和尔罕垦地。6月2、3日，勘喀什噶尔巴依托海、阿奇克雅黑垦地。7月12日，勘库尔勒北山根垦地，18日，勘喀喇沙尔环城东南一带垦地。计历勘南疆七城垦地五十七万八千余亩。8月1日，自南疆返抵吐鲁番，17日到哈密。9月，奉命添勘吐鲁番伊拉里克垦地，23日折回吐鲁番。10月6日，勘伊拉里克垦地十一万一千亩及其续修水利工程。11月2日自吐鲁番起程，奉命往勘哈密塔尔纳沁垦地七千余亩。12月4日，在哈密奉旨释放，以四五品京堂回京候补。9日，从哈密起程入关。20日，在玉门县接旨，以三品顶戴署陕甘总督。

1846年（道光二十六年丙午）六十二岁

1月7日，在凉州接印，署陕甘总督。驻扎凉州，办理"番务"。委旧属黄冕仿照洋式，制造炸弹和陆路炮车。3月2日，自凉州至西宁，查办黑错寺杀害土司千户杨国成事件。4月下旬，返兰州就医。5月，奉旨任陕西巡抚，暂留甘肃会办"番务"。7月，清军捣平黑错寺。8月15日，离兰州。30日，在西安接任陕西巡抚。秋冬间，处理陕西赈灾，拘捕"刀客"和起义回民。作《书强忠烈公遗墨后》。

1847年（道光二十七年丁未）六十三岁

1月2日，因病奏请开缺，就地延医治疗。因道光帝不准开缺，于3月31日回任。5月14日，奉旨调任云贵总督。25日，携郑夫人和小女自西安起程，由四川赴滇。7月31日，在昆明就任云贵总督。9月，赴滇东、滇南校阅十三镇协营，整顿营伍。11月22日，郑夫人病逝于昆明。12月，受理丁灿庭、杜文秀京控案。

1848年（道光二十八年戊申）六十四岁

1月5日，云南保山汉族地主武装打劫屠杀回民解省对质要犯，次日再次屠杀保山县城回民。2月，云南赵州弥渡回民起义。12月，道光帝谕令云南、贵州、广西、四川等省督抚设法开采银矿，增辟银源。

在云贵总督任上。2月23日，自昆明起程，赴大理剿办保山汉族地主武装打劫要犯、屠杀回民事件。3月初，途经楚雄，折往云南县，督师镇压弥渡回民起义。中旬，驻扎大理，下旬移驻永平。4月，审办保山案犯。5月，招复保山回民二百余户。6月，移驻楚雄，处理姚州汉回互斗案。7月，返回昆明，了结丁灿庭、杜文秀京控案。以办理云南"回务"有功，得旨加太子太保，并赏花翎。本年，饬令地方官府镇压了云州、缅宁、顺宁、永平、邓川等地各族人民起义或反抗斗争。

1849 年（道光二十九年己酉）六十五岁

在云贵总督任上。春，整顿云南矿厂，主张"招集商民，听其朋资伙办"，开采银矿。整顿铜政，维护"放本收铜"政策。6月，云南腾越厅卡外少数民族起义，饬令迤西官兵镇压。7月3日，因病请假治疗。8月5日，以病情加剧，奏请开缺回乡调治。9月10日，道光帝下旨准予病免。10月12日，卸任。下旬，扶病东归，经贵州镇远，放舟入湘南。

1850 年（道光三十年庚戌）六十六岁

2月25日，道光帝薨，奕詝继位，改明年为咸丰元年。6月，咸丰帝下诏求贤，潘世恩、孙瑞珍、杜受田先后上疏荐林则徐，穆彰阿阻挠。12月，咸丰帝下旨宣召林则徐来京。9月，广西天地会起义军攻下龙州厅城，逼近桂林，清廷命徐广缙、张必禄赴桂林镇压。10月17日，咸丰帝下旨命林则徐为钦差大臣，驰驿前赴广西。12月15日，咸丰帝下诏晋赠林则徐太子太傅，照总督例赐恤，任内一切处分，悉予开复。

1月5日，招左宗棠至长沙湘江舟中夜谈。11日，舟行至萍乡登陆。下旬，至南昌，暂寓百花洲养病。4月14日，返抵福州，寓文藻山宅所。6至9月，联合福州士民，反对英人入城。整理旧稿，辑《云左山房诗钞》等，作《消暑随笔跋》、《重修福清县文庙碑记》，嘱刘存仁校勘《西北水利》（即《畿辅水利议》）。咸丰帝宣召来京，以疾辞。11月5日，奉旨为钦差大臣，带病从福州起程，前往广西镇压天地会起义。16日至广东潮州，病情恶化，吐泻不止。22日，死于普宁县行馆。12月，归葬福州北郊金狮山山首南麓林氏墓地。

中国近代思想家文库

方东树、唐鉴卷	黄爱平　编
包世臣卷	刘平、郑大华　主编
林则徐卷	杨国桢　编
姚莹卷	施立业　编
魏源卷	夏剑钦　编
徐继畬卷	潘振平　编
冯桂芬卷	熊月之　编
曾国藩卷	董丛林　编
左宗棠卷	杨东梁　编
洪秀全、洪仁玕卷	夏春涛　编
郭嵩焘卷	熊月之　编
王韬卷	沈巍　编
张之洞卷	吴剑杰　编
杨仁山卷	何建明　编
薛福成卷	马忠文、任青　编
经元善卷	朱浒　编
沈家本卷	李欣荣　编
马相伯卷	李天纲　编
王先谦、叶德辉卷	王维江　编
郑观应卷	任智勇　编
黄遵宪卷	陈铮　编
皮锡瑞卷	吴仰湘　编
廖平卷	蒙默、蒙怀敬　编
严复卷	黄克武　编
夏震武卷	王波　编
汤寿潜卷	汪林茂　编
辜鸿铭卷	黄兴涛　编
康有为卷	张荣华　编

宋育仁卷	王东杰 编
汪康年卷	汪林茂 编
宋恕卷	邱涛 编
夏曾佑卷	杨琥 编
谭嗣同卷	汤仁泽 编
吴稚晖卷	金以林 编
孙中山卷	张磊、张苹 编
蔡元培卷	欧阳哲生 编
章太炎卷	姜义华 编
吴雷川卷	何建明 编
唐群英、金天翮、秋瑾、吕碧城卷	夏晓虹 编
欧阳渐卷	何建明 编
杨毓麟、陈天华、邹容卷	严昌洪、何广 编
梁启超卷	汤志钧 编
杜亚泉卷	周月峰 编
吴虞卷	罗志田 编
张尔田、柳诒徵卷	孙文阁、张笑川 编
王国维卷	彭林 编
邓实卷	王波 编
黄炎培卷	余子侠 编
胡汉民卷	陈红民 编
陈独秀卷	萧延中 编
陈撄宁卷	郭武 编
鲁迅卷	孙郁 编
章士钊卷	郭双林 编
宋教仁卷	郭汉民 编
蒋百里、杨杰卷	皮明勇 编
江亢虎卷	汪佩伟 编
马一浮卷	吴光 编
刘师复卷	唐仕春 编
刘师培卷	李帆 编
朱执信卷	谷小水 编
周作人卷	孙郁 编

高一涵卷	郭双林 编
熊十力卷	郭齐勇 编
任鸿隽卷	樊洪业、潘涛 编
蒋梦麟卷	马勇 编
张东荪卷	左玉河 编
丁文江卷	宋广波 编
钱玄同卷	张荣华 编
张君劢卷	翁贺凯 编
赵紫宸卷	赵晓阳 编
李大钊卷	杨琥 编
太虚卷	何建明 编
李达卷	宋俭、宋镜明 编
张慰慈卷	黄兴涛 编
晏阳初卷	宋恩荣 编
陶行知卷	余子侠 编
戴季陶卷	桑兵 编
胡适卷	耿云志 编
曾琦、李璜卷	田嵩燕 编
郭沫若卷	谢保成 编
卢作孚卷	王果 编
汤用彤卷	汤一介 编
吴耀宗卷	赵晓阳 编
顾颉刚卷	顾潮 编
张申府卷	雷颐 编
梁漱溟卷	王宗昱 编
恽代英卷	刘辉 编
金岳霖卷	王中江 编
钱穆卷	彭林 编
刘咸炘卷	罗志田 编
傅斯年卷	欧阳哲生 编
罗家伦卷	张晓京 编
常乃惪卷	查晓英 编
余家菊卷	余子侠、郑刚 编

瞿秋白卷   陈铁健 编

潘光旦卷   吕文浩 编

朱谦之卷   黄夏年 编

陶希圣卷   陈峰 编

钱端升卷   孙宏云 编

王亚南卷   夏明方 编

黄文山卷   赵立彬 编

雷海宗、林同济卷   江沛 编

贺麟卷   高全喜 编

陈序经卷   田彤 编

徐复观卷   干春松 编

巨赞卷   黄夏年 编

唐君毅卷   单波 编

牟宗三卷   王兴国 编

费孝通卷   吕文浩 编

殷海光卷   何卓恩 编

图书在版编目（CIP）数据

中国近代思想家文库．林则徐卷/杨国桢编．—北京：中国人民大学出版社，2013.3
ISBN 978-7-300-17136-4

Ⅰ.①中…　Ⅱ.①杨…　Ⅲ.①思想史-研究-中国-近代②林则徐（1785～1850）-思想评论　Ⅳ.①B250.5

中国版本图书馆 CIP 数据核字（2013）第 048592 号

中国近代思想家文库
林则徐卷
杨国桢　编
Lin Zexu Juan

出版发行	中国人民大学出版社		
社　　址	北京中关村大街 31 号	邮政编码	100080
电　　话	010 - 62511242（总编室）	010 - 62511770（质管部）	
	010 - 82501766（邮购部）	010 - 62514148（门市部）	
	010 - 62515195（发行公司）	010 - 62515275（盗版举报）	
网　　址	http://www.crup.com.cn		
经　　销	新华书店		
印　　刷	涿州市星河印刷有限公司		
开　　本	720 mm×1000 mm　1/16	版　　次	2013 年 4 月第 1 版
印　　张	29.5 插页 1	印　　次	2024 年 7 月第 3 次印刷
字　　数	476 000	定　　价	93.00 元